图书在版编目（CIP）数据

上海市省吾中学创办史 / 季勤先, 陈瑾瑜编著. —— 上海：同济大学出版社, 2024.7
ISBN 978-7-5765-1127-7

Ⅰ.①上… Ⅱ.①季… ②陈… Ⅲ.①省吾中学—校史 Ⅳ.① G639.285.13

中国国家版本馆 CIP 数据核字（2024）第 080101 号

上海市省吾中学创办史

上海市延安中学附属省吾学校　组编
季勤先　陈瑾瑜　编著

责任编辑	陈立群（clq8384@126.com）
装帧设计	景嵘设计
电脑制作	朱丹天
责任校对	徐春莲

出版发行　同济大学出版社　www.tongjipress.com.cn
　　　　　（地址：上海市四平路 1239 号　邮编：200092　电话：021-65985622）
经　　销　全国各地新华书店
印　　刷　上海锦良印刷厂有限公司
成品规格　170mm×213mm　432 面
字　　数　400 000
版　　次　2024 年 7 月第 1 版
印　　次　2024 年 7 月第 1 次印刷
书　　号　ISBN 978-7-5765-1127-7
定　　价　128.00 元

本书若有印装问题，请向本社发行部调换　　版权所有　侵权必究

上海市省吾中学创办史

上海市延安中学附属省吾学校　组编
季勤先　陈瑾瑜　编著

同济大学出版社·上海

编委会

李德元　李学芳　强　薇　费国华
刘玉伯　曹建琴　陈瑾瑜

祝省吾中学再创辉煌（代序）

马飞海

1943年到1944年，世界反法西斯战争和中国抗日战争都发生了根本性的转折。1944年6月5日，中共中央发出《关于城市工作指示》，指出要把城市工作与根据地工作提到同等重要的地位；城市工作要准备武装起义，里应外合地驱逐日寇，并占领大城市与交通要道。为此，城市工作在战略上要迅速实现从分散到集中、从防守到进攻的转变。民主革命面临着决战和胜利的历史时期，在城市学校工作方面就要建立作为革命基地的"民主堡垒"，开展学生中的抗日斗争，培养和聚积革命人才。在这一形势下，由圣约翰大学学生地下党总支作出决定，创办的省吾中学，是最早一所党办的作为革命据点的新型学校。在抗战胜利后，国民党反动派背信弃义，坚持媚外卖国、全面内战、残酷压迫人民的反动政策，对此我们坚决放手发动广大师生，大胆地有理、有利、有节地开展反对和推翻国民党反动统治的斗争，为发展人民爱国民主运动，争取第二条战线的胜利，解放全国人民作出贡献。在解放战争时期，省吾中学光荣地完成了历史任务。建国后，省吾在党的领导下，经过不少曲折，一直坚持办到现在，取得了很好的教育教学成绩，成为革命传统教育的基地，闻名全市。

从创办后到上海解放，省吾中学先后有约20名地下党员担任行政职务和教师工作。学生党员从1946年3月的4人，发展到1949年初的24人，先后建成三届很有战斗力的党支部。省吾中学的学生有的为革命和建设献出了自己年轻的生命。第三届地下学生党支部组织委员陈仲信，在迎接上海解放时，担任长宁区人民保安队第二大队大队长。1949年5月25日清晨，沪西地区首先解放，他骑自行车到设在约大的指挥部执行任务时，不幸被国民党残余军队的子弹击中要害而牺牲。解放后有在抗美援朝战争中牺牲的周维民和参军后以身殉职被追认为烈士的唐林宝。省吾中学培养的大批学生成为革命和建设各方面的人才，有中国工程院院士、大学教授、高级工程师和高科技研究人员，有影视业的高级拟音师、有制造我国第一颗原子弹和第一架国产飞机的参与者，有人民解放军的指战员，有新中国第一代女飞行员等。省吾中学名誉校长季勤先同志克服无数困难，为学校发展不懈努力，她热爱学生，她提议编写的《省吾人》中，就介绍了很多校友的生动事迹。

上海解放前，由我党直接办（支部办、党员合办）的中学还有建承、惠民、华模、复夏和暨光中学，其中惠民中学于1949年停办，后两校已与他校合并；社会团体与民主人士创办的，而党掌握实际领导权的有泉漳、慈联职业、储能、麦伦（现继光）、比乐、鄞光中学和南洋女中（现向东）。其中泉漳中学早已停办，慈联职业学校于1940年为国民党势力所篡夺，鄞光中学在上海解放后结束；另有更多的是受党影响（地下党员在起作用）的进步学校。这些在白区白色恐怖下，党办的或掌握领导权的学校，都认真贯彻"隐蔽精干、长期埋伏、积蓄力量、以待时机"的白区工作基本方针，做到办校人忠于职守，教师教好书，学生读好书，严格学校纪律，培养优良学风，树立社会威信，争取社会和家长支持，使学校立住脚跟。

这些学校的办学方针和要求，同国民党政府办的学校，以及各种私立学校有根本区别。解放前我曾参加中共上海地下党市委教师工作委员会，回忆当时党办学的思路和要求是十分明确的。在培养什么人才上，强调教育就是教书育人，教人做一个合格的爱国者、革命者以至怀有共产主义远大理想的人。在给学生什么知识上，首先强调要教育学生学会正确认识世界，立志改造世界，就是说要给予马克思主义的理论教育；其次强调要教育学生获得最基本的语文训练和自然、文史学科的基础知识。在培养学生具有什么品质上，强调要教育学生全面发展，具有关心国家大事、为人民服务和善于团结人的高贵品德。在如何培养上，强调通过实践，让学生投身革命活动，在群众火热的斗争过程中"转变我的一生"，锻炼成为坚强的革命战士。在校内营造什么样的学习环境上，强调要有生动活泼、激励人心、教人向上的政治环境，使学校成为革命的大熔炉、大家庭和"关起门来的解放区"。

这些党办的和党掌握领导权的学校既要进行革命教育和革命活动，又要避过敌人破坏，这是很大的矛盾。但办校的员工和教师，党员和进步分子，一方面认真贯彻党的教育方针，办好学校，取得合法社会地位；另一方面又谨慎工作，防止"左"的错误，以免暴露红色面目，并通过各种掩护和合法斗争，把学校坚持办下去。在解放战争极为困难的环境中，这些党办的、党领导的和受党影响的学校，没有受到敌人破坏，发挥了民主堡垒作用，培养了大批革命人才。完成了任务，是十分可贵的。

回忆这一历史过程，我十分激动。我相信省吾中学广大师生也会为过去已经历的60年的艰苦斗争和光辉的历史受到鼓舞。我相信省吾中学在已有基础上今后将办得更好，为祖国建设的伟大事业，培养更多合格人才。我祝贺省吾中学广大师生取得辉煌再辉煌的胜利。

省吾中学诞生的时代背景

陈一鸣

省吾中学是地下党在上海创办和领导的一所新型革命学校,她是中国共产党正确路线、方针政策的体现,是上海的党员和群众根据上海学校环境的实际,创造性工作的成果。

1944年后,世界反法西斯战争面临最后胜利,我国的抗日战争也开始转入反攻阶段。6月,中共中央发出《关于城市工作的指示》,指出应准备在时机成熟时,里应外合夺取大城市和交通要道,最后驱逐日寇出中国。城市工作要争取千百万群众,在各界中,包括青年学生、儿童、妇女中进行广泛而妥善的工作。

当时,上海党的工作领导机构已是设立在淮南抗日民主根据地的华中局城市工作部,部长刘长胜(原部长刘晓已去延安)。他召集上海各系统的领导讨论了如何根据党中央指示,调整工作部署,改变工作方式,放手发动和组织广大群众。城工部决定成立新一届的学生运动委员会,由张本任书记,吴学谦和我为委员。学委研究了中央指示,分析了上海学生工作的实际,商讨了贯彻意见。长胜同志也提出了一些重要指导思想,作出了决定。其中,包括下列方针政策:

① 要发扬青年学生在大革命事变前夜活跃、宣扬真理的先锋作用,积极争取广大人民,号召同舟共济,一致对付日寇。

② 实行群众工作转变,从此前以学业为中心,以学校中系、班级为单位,以党员为核心团结群众,分散、小型的活动形式,转变为较集中的,具有组织规模的活动方式;要利用一切合法形式,运用和建立跨班级的、全校性的以及跨学校、校际性的合法群众组织,配合政治宣传,团结广大群众。

③学生青年和社会各阶层的力量结合,学生运动要进一步发展为社会青年运动。要开展生活助学的合作,为争取群众继续求学和保存群众基础而奋斗;继续团结毕业青年,开展社会各界工作,为新中国培养人才。要培养大批优秀的、有能力的、有觉悟的先进分子,更有效地联系教育广大群众。

有关后一条,早在1942年秋,领导上海党工作的中共江苏省委就作出了战略性决策:根据学生流动性、过渡性的特点,许多大中学校的党员正陆续毕业进入社会的情况,学生工作应有计划地将党员和先进群众输送到各界去,扩展为社会青年工作。组织关系仍保持在学委系统内。这一有远见的方针政策,是为争取革命胜利及而后建设新中国做好革命人才的储备。到了1945年春,面临新的形势,社会青年工作又有较大发展的情况,学委决定成立两个社会青年区委,加强领导,分别由吴学谦和我联系。1944年起,我们就组织了大学各科毕业生的几个进步群众团体,其中包括圣约翰大学毕业学生的"一九团"。

1945年春,学委领导了全市大规模的助学运动,通过统战工作,由男女青年会举办救济失学义卖市场。40多所大中学校的一千多名学生骨干参加了活动,圣约翰大学的学生骨干是其主力。十多万人次光顾了义卖市场,使助学运动取得了很大的成功,也冲破了沉闷的政治局面,成为学生工作的一个转折点,圣约翰大学的进步力量也迅速壮大。

省吾中学的诞生,是处在以上的大背景形势下。1945年上半年,学委在讨论工作时,我听到张本同志的介绍,她当时已直接领导约大的党总支。她称,约大由男女生支部合建成的党总支,为迎接抗日胜利,对群众工作的转变作出了全面研究部署。教育系方面的总支委员夏孟英,当时任系的助教,深得系主任信任。她鉴于1944年和1945年的教育系同学先后毕业,陆续走上社会而当时又存在着毕业就是失业的社会压力情势,建议以教育系的几个地下党员为核心,团结同学,创办一所中学,作为革命人才培养据点。对此,总支同意。我们学委在讨论中肯定这一倡议,认为建立这一教育阵地,有利于解放上海和建设新中国的革命人才的培养。

我们了解到，此工作由夏孟英领导，蔡怡曾和李蕊珍二人实际负责学校筹建工作，同时联系教育系的党员陈秀煐（我的二妹）、孟繁俊（助教、教育系原有实验中学的校长），形成核心，团结一批进步同学着手工作。鉴于当时仍在日寇统治下，解决校舍和立案比较困难，同学唐馥珍积极通过她的父亲——时任（汪伪）交通银行行长，设法在该行所办中华商业专科学校下附设了此校。到1945年8月抗战胜利后，商专停办，就另组校董会，请约大教授沈有乾和教育家陈鹤琴先后担任董事长，并通过广泛团结校董，定名为省吾中学，于1945年9月15日正式开学。主要由约大教育系1944及1945届本科毕业生中部分党员和进步校友担任教务、训育主任、导师和文科教学工作，保持了一支坚强的师资队伍。在省吾中学工作的李蕊珍的党组织关系转到了学委所属社会青年区委，由曹宝贞领导。此后，季勤先同志来校任教，她的组织关系转到了教师工作委员会。学委所属社会区委已陆续并入党的其他各委，以适应革命形势发展需要。至于省吾中学中建立起来的学生党支部仍属学委所辖中学区委。在教委与学委领导下，它们分别发挥着团结全校师生的重大作用，使省吾中学始终成为一座"民主堡垒"。

继承光荣传统，坚定办学方向

吕型伟

省吾是一所有非常光荣历史的普通中学。可能每一所学校都有值得自豪的光荣历史，譬如：有的历史悠久办学认真校风很好，赢得了社会信誉；有的创办者是名人，有的培养过若干十分优秀的人才等。但省吾的光荣历史不同于一般，她是当年在国民党黑暗统治下的上海教育界的一盏明灯，一个革命熔炉，一个顽强战斗在白色恐怖下的"解放区"。她的创办人是几个刚从大学毕业不久的年轻地下党员和进步青年。她没有宽敞的校舍和良好的设备，她培养的学生中似乎还没有十分著名的科学家、作家，但是她培养了一大批献身人民事业的革命干部。为人民服务是他们唯一的宗旨。忠心耿耿，埋头苦干，不计名利，有的甚至不惜献出自己的生命。解放前的省吾师生，就是这样为省吾谱写了一部非常光荣的历史。非常者，非同寻常也！

也许有人会说，这是老皇历了，现在还老提这些有什么意思？这话不对，我认为意思还大得很呢？用一句大家都知道的话来说，就是我们正在开始进行一次新的长征。这次长征的任务，就是一个革命政党在夺取政权以后，按照自己的理想目标来进行建设，把我国建设成为富强、文明、民主的社会主义现代化国家。现在就是要动员全国人民来完成这样一个光荣的任务。其中关键在人才，在于整个民族的素质。

人们往往从升学率高低来看教育质量的高低，这并没有把问题说到根本上。衡量教育质量高低的根本标准，在于教育的社会效益。即要看从这所学校毕业的学生，是否真正愿为人民服务，愿意为社会主义建设献身。一个人智力有高低，能力有大小，同样可以作出贡献，做对人民有益的事；如果没有为人民服务的思想，再聪明，再能干，再有才华，也难以做出对人民真正有益的事。有人曾说："智育不好是次品，体育不好是废品，德育不好是危险品。"我看有一定道理。这不是说过去省吾的学生智育不好，而是当时全国的任务是革命，是要推倒三座大山，而不是建设。因此，当时省吾学生的主要精力不是去钻研科学，继续深造。如果他们生活在今天，用他们为革命献身的思想去攀登科学高峰，一定会有不少人在科学上取得大的成就，做到既有好思想，又有好学问，好本领，这是可以肯定的。

上面两段话，集中起来就是想说明这一点，就是省吾的精神并不过时，而只是要根据时代的要求，在继承的基础上加以发展。看今天的省吾办得好不好，不能只看升学率，主要是看从这里出去的学生，不论升学或就业，是否都有一颗为人民服务的心，都有为社会主义建设献身的好思想。

省吾从创办到现在已有四十年了，拿一个人来比喻，是已过了所谓的"不惑之年"了。四十年的实践证明省吾过去所走过的道路是对的，办学方向是正确的，那么现在就应当坚定地走下去，不管社会上的压力有多大，也不应在办学方向上犹豫动摇。

1987.4

写在前面的话

本书写的是一所学校的诞生和一群朝气蓬勃的年轻人，他们身处黎明前的黑暗，有着一个理想：建立新中国。有两个群体，教师群体和学生群体。他们都是年轻人，刚出校门的大学生和贫穷又渴望读书的少年。他们共处于一个校园中，活动中心围绕着烽火亭和星火亭，表面看来教师对学生管束严格，然而他们的心是相通的，为了同一个目标，心照不宣默默奋斗。

如今他们都已进入耄耋之年，也有一些已经离开了我们，然而他们留下的精神遗产是我们今天的宝贵财富。

谨以此书献给那些为创办这所学校不懈奋斗的教师和他们培养的新中国第一批建设者和保卫者！

目 录

祝省吾中学再创辉煌（代序） 马飞海 /5
省吾中学诞生的时代背景 陈一鸣 /8
继承光荣传统，坚定办学方向 吕型伟 /11
写在前面的话 /13

上篇　上海市省吾中学创办史

第一章　圣约翰校园里的一群年轻人 /21
第二章　二次迁校和"省吾"校名的确定 /29
第三章　迁入长宁支路111号 /39
第四章　陈鹤琴校长制定校训和"活教育"原则 /46
第五章　学生党组织的建立和发展 /55
第六章　教师党员和中等教育研究会活动 /65
第七章　勤学、勤业、交朋友 /71
第八章　在学生运动中锻炼成长 /81
第九章　《学生报》与《中学时代》 /91
第十章　工人夜校 /98
第十一章　编辑刻写《新华通讯》 /104

第十二章　迎接上海解放　/ 108

第十三章　陈仲信牺牲　/ 121

第十四章　北上南下，参军参干　/ 128

第十五章　省吾要继续办下去　/ 136

第十六章　教　师　/ 147

第十七章　毕业生　/ 155

第十八章　继往开来　/ 168

下篇　师生回忆

教师回忆

创办省吾中学的领导人——夏孟英　/ 176

创办省吾的一群大学生　/ 177

祝铨寿校长为学校命名"省吾"　/ 180

沈立人校长与省吾立案　/ 182

陈鹤琴校长为省吾制定校训"服务创造"　/ 184

慈祥的陈鹤琴校长　/ 185

记忆中的往事片段——省吾三年　/ 186

我所知道的省吾中学创办过程　/ 201

中等教育研究会　/ 206

绿树成荫　/ 209

回忆红色据点"省吾"　/ 215

约大校友在省吾就学的亲友　/ 218

在迎接上海解放的日子里　/ 220

党支部公开　/ 223

难忘省吾同事　/ 225

音乐老师董兼济　/ 227

党组织营救蔡怡曾 /228

宁折勿弯　宁死不屈——记董思林同志 /231

我与省吾 /234

省吾中学青少年教育基地建设纪实 /240

校友回忆

省吾中学第一届中共学生地下党支部工作回顾（1946.4~1947.8） /246

回忆母校往事 /250

与众不同的学校 /254

反会考 /258

怀念董思林老师 /259

半年奠基石 /262

回忆省吾中学学生运动的片断 /264

难忘的两年 /269

回忆在省吾中学时的片段 /273

我们从这里走上了革命的道路 /276

在"熔炉"中锻炼成长 /279

激昂交响曲中的几个小节拍 /282

继承优良校风，发扬光荣传统 /285

关于省吾中学"新青联"的情况 /290

回忆在省吾中学的学习生活 /295

忆省吾若干片断 /298

我在省吾参加《学生报》的地下发行工作 /305

我在省吾迎接上海解放 /308

省吾半年 /312

在迎接上海解放的日子里——我校的"应变会"情况 /314

难忘的 1949　/316

日记片段　/319

在省吾参加的爱国学生运动　/326

日记五则——回忆在省吾中学参加的学生运动　/328

我在省吾学会了唱歌　/331

在省吾参加"反美扶日"追忆　/333

回忆"省吾"片断　/335

难忘的岁月　/338

回忆片断　/345

回忆母校省吾中学　/349

深深的怀念　/356

省吾——我的母校，哺育我们成长　/358

省吾中学人民宣传队活动片断回忆　/363

我爱省吾　/365

老师的光亮照我一生　/370

上海解放那一天陈仲信牺牲　/374

我在省吾立下革命志　/376

回忆在省吾中学受到的革命启蒙教育　/379

省吾引领我走上革命之路　/382

我参加了"反美扶日"大游行　/383

省吾——我成长的起点　/386

助学募捐活动使我们认识社会、得到锻炼　/389

我们坐上了头班车——省吾第一届团支部成立　/393

忆省吾中学　/395

回忆我的母校省吾中学　/397

我从省吾参加志愿军　/405

琐事回忆 /406
继承省吾精神，做省吾人 /408
省吾革命精神的延伸——省吾夜校 /411
陈仲信在建承中学的革命实践 /414
忆仲信在清心男中 /417
维民永远活在我心中 /420
怀念我的舅舅唐志烈士 /422

参考资料 /427
后　记 /428

上篇
上海市省吾中学创办史

第一章　圣约翰校园里的一群年轻人

上海沪西区，梵皇渡路上，正对着兆丰公园后门的圣约翰大学，一名年轻女士此时正急急走进校门。她脚步匆匆，落在主干道上的树叶在她脚下发出沙沙的声音，行道梧桐树的绿荫罩在她身上，阳光透过树叶的空隙洒在水泥地上，斑斑驳驳的树叶影

圣约翰大学

子摇曳着,随着她急促的脚步晃动。她就是教育系1944届毕业生夏孟英,现在是系主任傅统先教授的助教。

1945年春,欧洲战场已进入尾声,德国法西斯即将灭亡。在东方大国的上海西部,兆丰公园里驻扎着穿戴毛皮领子军大衣和高筒皮靴的日本兵,绿茵茵的草地上散发出一股马粪的臭味,一群高头大马发出嘶鸣,蹄子将草地踩得杂乱肮脏。形势骤然紧张,原来日本人将东北的"关东军"调来了,正在加紧部署东南亚的兵力,准备作最后挣扎。

紧邻兆丰公园后门的圣约翰大学校园里,中共上海地下党总支也正在根据中共中央《关于城市工作的指示》,讨论驱逐日寇,迎接抗日战争胜利的工作。一个议案经上级党组织讨论被批准了,面临1944届、1945届学生毕业即失业的严峻就业形势,有同学提出由教育系的毕业生自己来办一所学校。上级党组织认为,这个议案好,有一所完全掌握在自己手中的学校,可以为新中国培养和储存青年干部力量。这个任务交给了党总支委员夏孟英。

从1938年初,圣约翰校园里出现第一名中共地下党员开始,随着抗日救国浪潮的高涨,7年来党的力量有了很大发展,夏孟英就是在1942年由教育系比她高两届的曹宝贞发展入党的。那时,正是太平洋战争爆发后,学校里外籍教师都被关进了集中营,日方派人在校内监督,校园笼罩在一片白色恐怖气氛中。夏孟英是在1941年夏天,从圣玛利亚女中毕业后进入圣约翰大学教育系的。1941年夏,"上海联"在圣约翰大学办了大学夏令营,活动结束后,一些积极分子在党支部引导下,成立了一个团契。由于第一批参加者是十九个,因此起名"一九团"。"一九团"吸收积极分子参加,组织读书活动,教唱歌曲,讨论社会发展趋势和人生观问题。夏孟英在圣玛利亚女中时就喜欢写一些触及时弊的小杂文,关心国家命运。她的表现很快引起了圣约翰大学党组织的注意,曹宝贞了解到夏孟英的曾祖父是为杨乃武、小白菜的冤案出力翻案的清户部侍郎夏同善。父亲留学美国后在银行工作,母亲是明代王族后人。但是她的母亲有重男轻女的封建思想,反对女孩子出来读书,夏孟英为了争取读书的权利一直非常自强,也激发了她反抗旧社会的思想。曹宝贞15岁时在中西女中加入中国共产党,1939年9月进入圣约翰大学教育系。1940年初夏,曹宝贞接替了支部书记的工作,夏孟英正是通过曹宝贞的考察发展入党的。

时至1943年,圣约翰大学的党员人数已达30余人,建立了党总支,有男、女生两个平行支部,夏孟英先任女生分支部书记,后任总支委员。此时曹宝贞已从圣约翰大学毕业,去负责社会区委的工作,但还联系着圣约翰大学搞统战工作的党员。

这天夏孟英正带着上级党组织的指示回来,上级联系人曹宝贞告诉她,经上级党组织研究,认为这是一个可行的方案。曹宝贞说,办学校这件事可以通过教育系1944届、1945届的党员来做。此时,夏孟英正要去找同届党员李蕊珍和蔡怡曾来传达这个决定。

圣约翰大学的校园里,碧绿又宽阔的南草坪,起伏的草地似一个高尔夫球场,沿着草坪四边散落着一些小洋房,住着外籍教师和各系主任家庭。正是下午课外活动时间,垒球队员们正在草地上挥汗训练,那棵远东闻名的大樟树,张开粗大的枝干,顶着巨大的树冠,像一座小山那样矗立在草坪中央。整个校园洋溢着一种宁静又有点肃穆的氛围。

夏孟英从校长楼前打弯,直接朝罗氏图书馆走去。这里是她七年来最爱去的地方,1939年她升入圣玛利亚女校高中时,就在图书馆旁的斐蔚堂上课。那时,几乎每天

曹宝贞

夏孟英

蔡怡曾

李蕊珍

她都要到这里来。走进图书馆,就有一种亲切感。她走上楼梯,到了阅览室,一眼便看到蔡怡曾和李蕊珍正坐在靠东边窗下最后一排两个座位上。她们两人都是教育系1944届毕业生,蔡怡曾此时已在读教育学硕士学位,她是夏孟英在1945年2月发展的一名党员。蔡怡曾接触进步思想是从1939年暑假,参加在中西女中举办的"上海联中学夏令营"活动开始的,那时她是清心女中的代表。1940年中学毕业,她先进入沪江大学新闻系,以后又转学圣约翰大学教育系,其间她先后参加了"上海联"服务部、联络部的工作,由陈鹤琴先生的女儿陈秀霞引导而接触共产党。1942年她向党组织提出了入党申请,那时她就认定了争取妇女解放和民族独立,只有跟着共产党才是正确的道路。陈秀霞去内地以后,蔡怡曾继续寻找共产党,她发现夏孟英特别优秀,不仅聪明能干,而且热心助人,她相信圣约翰大学有共产党,她跟着夏孟英积极参加各种活动,读好书,热心为大家做事。终于经受了党组织三年考察,于1945年2月和陈秀霞的妹妹陈秀煐一起加入了中国共产党。李蕊珍也是教育系1944届文学士,

圣约翰大学校长楼向前便是罗氏图书馆

比蔡怡曾早入党,当时在一所小学任教。早在1944年初春,她和几个同学在课堂上就议论过自己来办一所学校的事,有几名同学对办学这件事很有兴趣,她将这情况向党组织汇报过。今天夏孟英通知她下午课后到图书馆来,有事商量。她知道党组织有任务要交给她。

　　图书馆里十分安静,夏孟英看了她们一眼,看到她们已经会意了,便借了一本书后往外走。蔡怡曾和李蕊珍也不慌不忙收拾起桌上的书本向外面走去。在斐蔚堂后面的路上,她们三人才会合。宁静的校园,莘莘学子正在用功读书,北面的小草坪边上,有一张圆形石桌和几条石凳,隐蔽在两棵高大乔木和一些常绿灌木丛中,周围一个人也没有。她们三人便在石凳上坐下。夏孟英小声告诉她们,组织上已经研究了她们的建议,决定要办一所中学,用以储备革命力量。夏孟英向她们传达了约大党总支的决定,由夏孟英领导,成立三人小组,负责筹建一所完全由党掌握的学校,作为储备革命力量的红色堡垒。

　　筹备创办一所中学的工作从这一天开始了。她们先商量了筹建小组的核心人选。首先要联系教育系的其他几名党员陈秀煐、邢泽和孟繁俊。孟繁俊是1945年初夏入党的党员,1943年毕业后任圣约翰大学附属中学初中部主任。邢泽则是和夏孟英从圣玛利亚女中到约大十年的同窗,1945年3月入党。她们又分析同学的思想动态:参加"一九团"活动的很多同学,虽然大多出身富裕家庭,但日寇侵略,沦陷区人民生活在屈辱中,生活水平已大大降低。青年失学,大学毕业即失业,马路上随处可见饿殍和乞丐,让她们悲愤。她们大都有教育救国的思想,尤其在参加了全市大学生助学义卖活动和平民义校的义务教学工作后,学教育的她们都有强烈的抢救失学者的意愿。办一所收费低廉,招收失学青年的学校,这个想法正是大家商议出来的。这些同学都是这次办学校的依靠力量啊!大家一个个提出名单:唐馥珍、郑淑瑛、吴新智、吴励理、唐月娟、蔡小谢。这些同学中有些家长有一定社会地位或是工商业者,可以帮助解决办校中的困难;有些已经是党组织的考察对象。她们都是"一九团"的成员。

　　办学校首先要解决校舍和经费问题。夏孟英考虑到唐馥珍的父亲时任(汪伪)交通银行行长,可以通过唐父的关系,解决校舍、设备、立案等问题。另外,学生办校没有经验,还要争取教育系师长支持。家长们也是一支要争取的重要力量。三个人议了一会,觉得有些问题先要请示党组织,还要开一个党员核心小组会,然后才能召集12名同学一起来商量办学的事。

夕阳已经落下,星星点点的灯光在宿舍和自修教室里亮起。昏黄的路灯照着影影绰绰的行道树,三个人商量完工作便分头走了。

唐馥珍的父亲时任交通银行行长。唐馥珍是教育系1945届学生,还没有毕业。前年在听"教育概论"课时,她的座位正在夏孟英旁边,那时,她刚升入大学二年级。在这乱世之中,唐馥珍心绪很乱,听课时常走神,笔记也没有记全,她很焦急。夏孟英看在眼里,便把自己的笔记借给她,嘱她补齐抄全。以后的一个月,每周三次,夏孟英都把自己完整的笔记借给唐馥珍抄,帮她解决了困难。以后她们便成了好朋友。她很敬佩夏孟英。

圣约翰校园里的主干道

党组织同意了动员唐馥珍争取她父亲支持的建议,夏孟英将这个任务交给了李蕊珍。李蕊珍早就是唐馥珍的朋友,她父亲在国民政府高层工作,有着良好的社会关系掩护。她和夏孟英两人多次到过唐馥珍家里,认识她家每一个人。她对唐馥珍说:"我现在一所小学里工作半年,等你毕业,我们一起来办学校。"唐馥珍对办学校的事情很热心,李蕊珍觉得她有教育救国的思想,也有一定的办事能力。

办学校,一要有校舍设备,二还不能在伪教育局立案。看来要动脑筋借用交通银行商业专科学校的校舍和校名做掩护了。李蕊珍了解过，商专有多余的教室，要想法借用。学校招生就用商专附中的名义，可以避免立案，便于掩护。她对唐馥珍说了想法，希望她去和父亲商量。唐馥珍是个聪明人，一听就明白了。她找了个机会，说服了父亲，父亲给她写了张便条，让她去找商专校长唐伯源。

  第二天放学后，唐馥珍便匆匆赶往慕尔鸣路（今茂名北路），在商专校长办公室里找到唐校长。在椅子上坐下后，她便递上父亲写的信，直截了当向唐校长提出了两个具体要求：一是圣约翰大学的学生要办学校，但目前还没有校舍设备，商专有空教室，希望能先借用。二是办学校不想去教育局立案，就用商专附中名义招生。唐校长听完唐馥珍的话，对第一条他满口应允。对第二条他提出异议："这两所学校性质不同，商专是专科学校，你们办的是普通中学，怎么能做商专的附中？这一条非常不妥。"唐馥珍见唐校长不答应，非常着急，一再解释，恳求。唐校长只是不发一声，双方僵持了很久，唐校长才开口说："明白了，你们是想在铁扇公主肚子里当孙悟空吧。"一句话将唐馥珍说笑了。

  唐校长说："你们要钻到铁扇公主肚子里，可不能大闹天宫哦！否则我的学校也要保不牢了。你们要办学校，我也要办学校，我们和平共处，两不相干。我也要对你们提出几点要求，第一，附中招生不能登报，不能宣传；第二，要注意隐蔽，不能闹事；第三，要有一名年长的男性担任附中主任，便于应付外面的事情；第四，我只管商专的事，不过问附中的事，对外只提附中主任，不要提我；第五，附中师生进出和商专分开，使用慕尔鸣路正门出入，尽量不用通向交通银行的侧门。以上这五条，你们一定要遵守，这样才能保证我们办学顺利。"唐馥珍一一答应，唐校长这才点头。唐馥珍很高兴，事情终于顺利解决了，便向唐校长告辞。唐校长送到门口，一再关照："当前环境险恶，稍有不慎，就会有危险。你们年轻，还未涉世事，要少出头露面，尽量不要和交行的人照面。当然你个人有困难，我是一定会帮忙的。有事尽可以来找我的。不过你们自己办学，我不来过问你们学校内部的事，也不对你们学校负责。"

唐馥珍　　　约大教育系主任傅统先　　约大教授陈选善　　约大教授孙王国秀

　　知道唐馥珍已经解决了两个重要问题，夏孟英和李蕊珍非常高兴，夏孟英召集了6名党员，在自己家里开了一个会，明确了办学方向和后面要做的工作，第二天便在教育系的教室里召集筹备组12个人开会。

　　圣约翰大学的建筑都是四合院式、中西合璧的建筑风格，褚红色的墙体，拱形门洞，进门正面是一座塔楼，四方形庭院，两层楼，楼下是教室，楼上是学生宿舍。西式圆拱外廊配上中式外翘屋顶，集西方修道院建筑和中国古典园林建筑于一体。教育系的教室就在这拱形门洞里。

　　夏孟英早就是深具威望的学生领袖，现在又是教育系助教，同学们都对她十分敬佩。参加建校筹备工作的除了6名党员，另外几个，唐月娟是1943年教育系毕业生，吴新智是1944届的，都是党组织的考察对象；蔡小谢是圣玛利亚女中1940届毕业生，约大经济系1943届文学士，也是夏孟英的朋友。吴励理也是教育系的，她和吴新智的父亲都是工商界的。这样的12个人组成了一个建校筹备小组。

　　有夏孟英领头办学校，大家都信心十足，纷纷出主意。有说发动家长筹款的，有说要去动员教授来做顾问的，一个个摩拳擦掌，跃跃欲试。会议以后大家分头行动。蔡怡曾和筹备组其他几位同学分头动员教育系的教授们，她们争取了教育系主任傅统先、心理学教授沈有乾、陈选善，历史学教授孙王国秀等人来做顾问。吴新智、吴励理的父亲及吴新智其他几名办实业的亲戚也都愿意为办学校出力，帮助筹款。

　　三个月后，开学的准备工作就绪了，也迎来了抗日战争的胜利。

第二章 二次迁校和"省吾"校名的确定

1945年9月15日,一所没有校牌,名义上是交通银行商业专科学校附中的学校开学了。一共招收了四个班学生,初一、初二、高一、高二。学生中有很多是创办人及圣约翰校友的弟妹、子侄,还有一些是家境比较贫困的失学青年。夏孟英的小姑夏乐仁,李蕊珍的妹妹李萼珍,蔡怡曾的妹妹蔡玲曾、弟弟蔡勤曾,唐馥珍的堂妹唐嗣珍,邢泽的弟弟邢志清、邢志汶,吴新智的侄女吴文安、侄子吴文海,吴文成,约大校友周少春的侄儿周维民、章妙英的妹妹章剑平、陈保齐的妹妹陈保宁都在第一时间报名入学。还有家境贫寒的陈咸鸿、张华寅、褚萱萱、郭丰年等同学。黄丁晖至今记得,1945年9月,因原来就读的学校校风不好,误人子弟,他转学去报考家附近刚开办的商专附中高中二年级插班生时的情景,"笔试之后,训育主任李蕊珍老师主持口试,

慕尔鸣路515号　　　　　　　　　　省吾中学创办缘起

她简单地问过我的学历和家庭状况，就说：'你告诉我，这几天有什么新闻？'我当时只懂捧书本，准备让老师提问书本知识，没想会问这些，一时语塞，可是为了考分，还是硬着头皮答道：'是日本投降，我们胜利了。'李老师微笑说：'日本帝国主义投降是上月的事，大家早知道，算不得新闻了。'并用责备的眼光望着我说：'你要关心时事啊！'"黄丁晖很惊讶，以前学校和家长总是叮嘱学生要埋头读书，莫谈国事，政府从不准老百姓过问政治的，这里却要学生关心时事。这是一所多么与众不同的学校啊！

慕尔鸣路（今茂名北路）515号是一幢欧式的二层楼小洋房，靠近静安寺路（今南京西路），旁边就是交通银行。紧邻交通银行的一条弄堂走到底，有一扇门可以进去。环境幽静，圆拱形的欧式门窗框架，有走廊，有小绿地，有几间房间做教室和办公室。李蕊珍和唐馥珍来到这里，察看学校环境。可以独立使用一幢小洋房，环境还算满意。学校要开学了，唐馥珍已从圣约翰大学毕业了。李蕊珍担任训育主任，唐馥珍担任教务主任，吴新智担任总务主任，郑淑英担任文书。另外聘请沪江大学读会计的居佩芳担任会计。此外在筹备时期应商专唐校长的要求，曾聘请过来自苏州东吴大学的陆仰苏先生作为附中主任。陆先生到任不久，抗战胜利后即返回苏州。又聘了第一任校长祝铨寿（近仁）先生，他来自江阴，原来是江阴征存中学校长。蔡怡曾在开学后被组织安排到上海幼儿师范学校去协助陈鹤琴先生办学，但她还到学校兼课。

在筹备办学过程中，吴新智和唐月娟已经于1945年6月发展入党了。开学了，党组织又安排了一些党员来校，有些是兼职，有些是作为掩护职业。1945年秋，圣约翰校友、李蕊珍的朋友，作曲家瞿希贤介绍董兼济到省吾中学教音乐课。董兼济也是党员，长得高大，身材魁梧，唱起歌来声音洪亮，指挥合唱激情澎湃。他的到来为刚创办的学校增加了一股阳刚之气。1946年2月，学委中学区委书记龚兆源的上级吴学谦告诉他，可以到省吾任教；季勤先的党组织关系在《新少年报》，到省吾中学工作后，组织关系于1947年5月转到教委。1946年9月，任学委女中分区委书记的杜淑贞和原来在昆山民众教育馆工作的董思林也来任教了。此外还有作为职业掩护的吕甦、通过地下党学委和社会区委安排来的严忠璞，顾以庄、华佑民、孙以敏、孟昭方、施增琦等同志。

由于地下工作的特殊性，党的纪律严格，不允许建立校内师生合一的党支部。虽然大家都心里明白，这是自己的学校，教师中不是党员就是党外积极分子，但大家都严格遵守纪律，从不互相打听情况。在每周一次的级任导师会上见到面也只是笑嘻嘻地点点头，暗暗观察，判断。

学校由地下党学委社会区委领导，单线联系人是曹宝贞。李蕊珍和吴新智同曹宝贞联系，根据上级党组织的指示，具体负责学校行政与校董会的各项工作。此外，党员教师都是按各自的系统，在市委统一领导下，各自为战，默契配合，在学校里从不发生横向关系。

开学第一个学期在抗战胜利的和平气氛中平安度过。

第二个学期一开学即遇到了一系列棘手问题。首先学校经费没有固定来源，比较紧张；另外商专停办了，交通银行面临迫迁，学校面临另觅校舍的问题。交行迫迁，要讨回借出的房子；另一方面，地区的流氓、地痞、青红帮，逢年过节，登门讨地段保护费。有一次唐馥珍接连出面应对三个流氓，忍气吞声，乖乖缴纳三次保护费。因为她明白，学校是隐蔽所，不能发生争端引人注意。在这种情况下，几名党员商量，并请示上级党组织，认为一定要另外觅校舍，以保证这所党创办的学校能坚持办下去。

还有一个问题，筹备时期抗战还未胜利，学校作为商专附中招生可以免去伪教育局登记的麻烦。现在抗战胜利了，商专又要停办，大家都认为学校应该有一个自己的名字了。时任校长祝铨寿为学校起名"省吾"。后来省吾中学的名誉校长季勤先1973年10月去江阴拜访祝铨寿先生时了解到："'省吾'这个校名是有特定含义的。""表面上是取曾子说的'吾日三省吾身'中的'省吾'，这两个字和'醒悟'谐音，实际上是希望学生都觉醒起来的意思。"祝铨寿先生解放后曾任江阴县副县长，江阴县政协副主席，他思维清晰，他说这个校名是他提出后经校董会讨论决定的。并且"省吾"的校名和学校的办校宗旨也相吻合。

在筹备办校时虽然聘请了一些校董,但还从未正式开过一次会,校董会实际上还未正式成立。现在学校正式开学已经一个学期了,有很多问题需要董事们来讨论解决,必须正式成立校董会了。

1946年初春的一天,在江宁路新闸路约大同学王重仍家客厅里,召开了校董会成立会暨第一次董事会议。会议要讨论的几个问题由吴新智事先准备一个发言,向董事们报告。在董事会议前几天,几名党员和吴新智一起商量,为她出主意,将要在这次会上需要解决的问题考虑周全,吴新智仔细准备发言报告。开会那天一清早,她就和李蕊珍、唐馥珍几个人赶到新闸路王家花园里等待校董莅临。

私立省吾中学校董事会

姓名	性别	董事会职务	社会职务
祝平	男	名誉董事长	上海市地政局局长、前成都地政局局长
沈有乾	男	首任董事长 常务董事	圣约翰大学教授、前工部局教育处副处长
陈鹤琴	男	第二任董事长	前上海工部局教育处处长、上海市立幼稚师范学校校长,国立中央大学、中正大学教授
吴云山	男	常务董事 基金保管	上海新生纱厂协理、江苏泰县工商会长
吴启周	男	常务董事	同福绸庄经理
吴文政	男	董事	大中纺织染厂经理
黄铭新	男	董事	圣约翰大学医学博士、美国麦本雪尼大学医学博士
孙王国秀	女	董事	美国哥伦比亚大学硕士、金陵女子大学历史教授、大夏大学史学系主任、圣约翰大学史学系主任
陆筱波	男	董事	江苏省镇江市商会主席
曹子言	男	董事	前教育部浙江战区巡回教育团副主任
邓传楷	男	董事	前教育部浙江战区巡回教育团主任
叶叔重	男	董事	上海禹贡古玩公司经理

续表

姓名	性别	董事会职务	社会职务
徐士浩	男	董事	上海市政府法律顾问、北京大学法学士
盛安孙	男	董事	上海煤业银行董事
傅统先	男	董事	圣约翰大学教育系主任、上海市参议员
沈立人	男	董事	交通大学教授、会计师
陆君秀	男	董事	新生纱厂
邓仲和	男	董事	上海安乐毛绒厂总经理
王志莘	男	董事	新华银行总经理
邢浩真	男	董事	大中毛纺厂协理
姚肇弟	男	董事	律师
黄萱平	男	董事	通惠机器公司经理、圣约翰大学校董、圣约翰大学同学会会长、公益协进社总干事、中华麻风救济会常务董事
蔡仁抱	男	董事	华恒针织厂总经理
祝铨寿	男	董事	江阴私立征存中学校长
李荸侯	男	董事	—
沈克菲	男	董事	
王翰伯	男	董事	
吴新智	女	秘书	省吾中学创始人、教师，曾任总务主任，后任省吾中学校务委员会第一任主任

校董们对于这次董事会都很重视，能出席的董事都出席了。这是校董会第一次正式会议，出席的有约大教授沈有乾、傅统先、孙王国秀，吴励理父亲吴启周、表姐夫叶叔重，吴新智父亲吴云山、表姐夫吴文政，亲戚陆君秀、叶叔重，律师姚肇弟等人。由沈有乾教授主持，讨论了这样几个内容：

①学校名称，同意祝近仁校长提出的校名"上海私立省吾中学"，意思取自《论语·学而》篇，曾子曰"吾日三省吾身……"之义。寓含启发学生觉醒，做对社会有

用的人之意。

② 选举校董会董事长，推举沈有乾先生兼任校董会董事长。

③ 聘请专职校长，祝近仁先生，原是江阴征存中学校长，有办学经验，由校董会聘为上海私立省吾中学校长。

④ 推举常务校董，请吴启周、吴云山担任常务校董，负责筹集学校经常费用。

⑤ 解决校舍问题，决定从中华商专搬出，校舍先向其他学校租赁。

另外，叶叔重校董赠给学校一幢六亩多地的别墅，在江湾。校董吴启周介绍一位姜太太，愿资助办学。

第一次校董会后，李蕊珍、唐馥珍、吴新智便四处积极寻找校舍。经过几个星期寻找，终于找到一处校舍。这就是位于爱文义路（今北京西路）970号，乐群中学屋顶平台上的养正中学。由于这所学校是原东吴大学附中教师逃难来沪后合资创办的，

省吾中学校董会首任董事长沈有乾

常务董事兼基金保管员吴云山

爱文义路970号三楼平台（1946.9～1947.5）

当时东吴大学复校了,东吴附中的教师也急着要回苏州复职,决定关闭学校,转让校舍。

这是一幢三层楼矩形建筑,砖木结构,每一层楼是一所学校。乐群中学用三楼,在三楼屋顶平台上,用木头搭了两排简陋教室。李蕊珍、唐馥珍去看的时候,这幢楼门口挂了四块校牌,这在抗战胜利后的上海很普遍,当时私校多,校舍非常紧张。好在养正中学负责人之一,范烟桥先生是唐馥珍高中的语文教师,又是她大哥赴美留学前的班主任,凭着这层关系,范烟桥才口头答应了唐馥珍。但是他们急需一笔转让费,说他们也是出了钱才弄到这处校舍,现在教师们要回苏州,急需一笔迁家费。

为了这笔费用,李蕊珍整天东奔西跑,到处筹措。正在这时,半路杀出个程咬金,中统特务沈某也看中了养正的房子,要办一所中学,当学店老板。他表示,立即付钱,将校名、校舍设备全部买下来。唐馥珍立即找到范烟桥交涉,坚决不让步。交行迫迁紧逼,省吾急需找到校舍。况且范老师早已口头答应,省吾有约在先,只要筹到钱,立即迁校。范老师左右为难,他的同事们被沈某立即全部付清转让费所吸引,愿意将校名、校舍转让给沈某。为了打破僵局,范老师决定要省吾和沈某合用养正校舍。养正用上午,省吾用下午,都只上半天课。省吾当时已无路可走,只得答应。但沈某并不甘心,决心要赶走省吾,等范老师他们离开后,立即和省吾中学开始了抢校舍之争。他组织了流氓学生恶作剧,对省吾师生骂脏话,向上楼师生身上撒电车轨道两边的细沙子,伸出一腿占据唯一通道小木楼梯……幸亏省吾中学有身材魁梧的董兼济老师,他是女教师和学生的保护人,他声音洪亮,装出凶神恶煞的样子一声吼,流氓学生也怕三分。沈某见流氓学生未能吓倒省吾,露出党棍面目,利用国民党三青团团报,登了一篇长达整个版面的谩骂文章,妄图为省吾戴上一顶红帽子。

其间教师没有办公室,只能在自己家里备课,每周一次到李蕊珍家里开级任导师会。商量一两周的具体工作安排。中午时,李蕊珍妈妈为大家准备可口的午餐。大家对这位可敬的老人十分感谢。教师间关系十分融洽,大家一心办学,也不计较报酬。为了量入为出,学校制定了工资发放原则:先发外聘兼职教师工资,再发有家庭负担教师的工资,然后发约大校友教师的工资,最后发唐馥珍和李蕊珍的工资。虽然开学前吴新智已通过一些办实业的董事亲戚筹集到一些款子，但给予教师的报酬还是很少。尽管这样，对于一些由党组织安排来，以此为职业掩护的同志已是很好的支持。杜淑贞回忆说，当时她和丈夫龚兆源在学委系统分别担任女中分区委书记和中学区委书记，因为工作很忙，又不容易找到合适又不暴露身份的掩护工作，寄住在舅父家。回家晚了，虽然有时一天粒米未沾，怕引起怀疑，也只能说吃过了。上级领导吴学谦同志安排他们到省吾教书，每月每人有40万旧币工资，除了两人生活费需要40万元外，还能上缴40万元给组织，解决两名脱产同志的生活。这段时间也是两人生活中经济最宽裕的时期。

1946年7月祝铨寿校长辞去省吾职务，回江阴任征存中学校长。校董会董事长沈有乾到美国去了。此时省吾初高中已经有六个年级了，由于省吾和养正两校师生作风不同，政治理想各异，引起矛盾，尤其在上下楼梯时，学生间发生争执，互不相让。省吾学生家境大多贫穷，学习踏实，思想纯正，要求进步。因此感到两校在同一校舍内长期共处是有困难的。

因为发生了以上问题，李蕊珍和吴新智、唐馥珍商量后，又邀请常务校董商量，他们决定召开第二次全体校董会议。这次会议召开时间是在1946年9月，是要解决校长和独立校舍问题。同时为了使省吾中学取得合法办学资格，必须要向教育局申请立案。

当时陈鹤琴先生已由内地回沪，担任上海幼师校长。校董会决定推举陈鹤琴先生为第二任董事长，并聘请陈先生任校长。陈校长任职很认真，他经常到学校视察。对于校舍问题，校董们一致同意要购买独立校舍，并委托校董姚肇弟律师物色和办理手续。

在这次会上，校董会作出决定：

① 买房费用的解决办法：将购为学校校舍的房地产契约，向金城银行作抵押借款。

② 学校经常性开支来源：向社会募捐集资，设专人负责。由吴新智担任校董会秘书，作为校董会和学校行政的联系人。

③由教务主任唐馥珍、训育主任李蕊珍向校董会提出，任命吴新智为校务主任，以掌握整个学校行政事务，包括经济。得到校董会同意。

④学校应立即向市教育局申请立案。

1946年12月学校向市教育局呈报立案申请。但当时规定要立案必须要有基金和固定校舍，这对于省吾来说是一个大难题。1947年春，姚律师物色到曹家渡有一罗姓急于卖出房产，是一占地三亩多的假三层花园洋房，结构好，底层有厅可作礼堂，楼上楼下房间也可改为六间教室，地段闹中取静，比较隐蔽。房主开价500两黄金，校董会决定买下。吴新智得悉同乡祝平到上海任上海地政局局长，经请示上海地下党组织，同意邀请祝平为省吾校董，以利解决立案问题。1947年春节期间，为解决立案经费问题，又开了一次校董会。这次校董会，祝平参加了，会议讨论结果：全体通过邀请祝平为名誉董事长，并委托他办理学校校舍、江湾土地过户（市地政局职能）。会上祝平提出邀请江阴同乡，上海巨商邓仲和为校董，还提出将购进的新校舍大厅内所有红木家具全套给邓，赠与江阴同乡会，邓捐助2000万元，也通过了。会后，吴新智到邓仲和的办公室，拿到一张2000万元的支票，在捐款收取簿上写"今收到

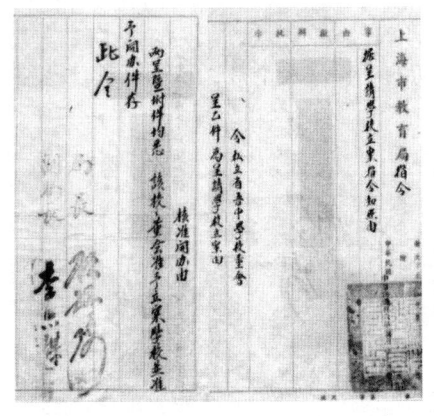

陈鹤琴校长请呈立案书及教育局批复

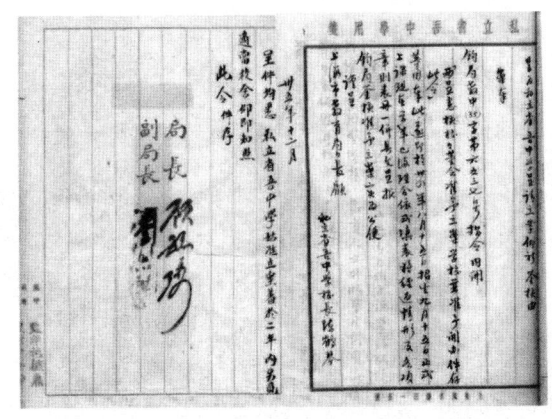

教育局指令校董会准予立案学校准予开办批文

×××2000万元整"，下面括号内说明是"以红木家具全堂抵押"，交与邓仲和。

1947年2月，学校第二次呈报立案申请。立案基金除由校董吴启周、吴云山、吴文政等已筹集的外，另由叶叔重校董捐赠江湾联义山庄地六亩五分，内有假两层房约六间。通过孙王国秀校董以该房地契向金城银行押款，用银行存折照片报教育局。知道省吾的顾问沈立人教授（时任交大教授）与市教育局长李熙谋是交大同事，李蕊珍和吴新智一起去沈教授家，希望他能帮助与李熙谋联系，让省吾早日批准立案。沈教授听完她们的话，二话不说，马上拿起电话，和李熙谋打电话，李熙谋问："谁是校长？"沈答："是陈鹤琴。"李熙谋说："陈鹤琴？不行！他是市立幼儿师范的校长，有规定不能兼任私校校长。"李蕊珍和吴新智在旁边听到他们对话，赶快对沈教授说："问他，你担任校长可以吗？"沈立人马上问李熙谋："那么我任校长可以吗？"李熙谋说："那当然可以。""那么我们明天来人办手续？"得到李熙谋肯定的答复后，李蕊珍和吴新智非常高兴。

李蕊珍和事务主任董兼济一起到教育局去，找到原经办人，请他拿出原来呈报表，董老师用带来的小刀将陈鹤琴的名字挖掉，贴上小纸条，写上沈立人的名字。事后，吴新智和李蕊珍向校董会说明情况，由校董会聘请沈立人为校长。1947年5月27日，教育局有批文称："姑准立案。着两年内解决校舍。"其实，这时姚肇弟律师已经买好了长宁支路111号校舍。

在艰难困苦中，省吾师生度过了建校以来最初的一年零八个月，总算有了自己独立的校舍。全校师生都非常高兴。

第三章 迁入长宁支路111号

1947年5月29日,省吾中学搬进了长宁支路111号新校址。从筹办到这天,历时二年,省吾中学终于有了自己独立的校舍。省吾中学在校董支持下和全体教师通力合作支撑下,终于走出了最困难的一段路,眼前的新校舍让大家的心里都充满了新的希望。

李蕊珍这天一早就到学校,她穿着一件荷绿色旗袍,气度非凡地站在校门口迎接着每一名进校师生。大家都笑嘻嘻地和她打招呼。爱笑活泼的唐月娟老师、严肃睿智的季勤先老师、优雅有风度的蔡小谢老师、忠厚朴实的严忠璞老师、和气开朗的郑淑瑛老师、喜欢沉思的董思林老师、侃侃而谈的吕型伟老师,还有声如洪钟的董兼济老

长宁支路111号教学楼主楼(1947.5.29~1958.9)

师。大家见了面都互相问好，高高兴兴走进自己新的工作场所。

吴新智也来了，高高兴兴和李蕊珍打了声招呼。新校舍是根据校董会决议，由姚律师负全责订契约成交，花费了500两黄金。买房费用是吴新智和李蕊珍拿着契约找校董孙王国秀教授，让她做她丈夫金城银行行长孙传瓛的工作，以房契押给银行，贷到500两黄金数额的货币交于房屋卖主。以后，每个月由吴新智负责将校董会募来的捐款，月月付清购房款利息，不足之数由常务校董补足。后来由于物价飞涨，到1948年原500两黄金份额的贷款只剩50两了，于是，由两名常务校董吴启周、吴云山对半分担，将全部债务还清。

长宁支路111号是一幢占地三亩多的假三层花园洋房，地处曹家渡。虽在闹中取静的一条支路上，周围环境并不很理想。校门前是弹硌路，也就是用一块块小花岗岩石头铺就的小路。弹硌路前是一条臭河浜。臭河浜上架着粗木棍、木板，搭起了陋棚，开设小吃店，有夜市，有康乐球摊、卖杂货的小店。校门附近设有菜场，清晨三四点，菜场的喧哗声就传了出来，一直要闹腾到上午九十点。附近居民密集，都为单开间联排两层楼石库门房子，也有较简易的自建平房。路不宽，但行人很多，特别是早上，行人、自行车、运菜的黄鱼车，来来往往，拥挤不堪。下雨天，路上很泥泞，下雪后更是多日不干，走路要特别小心。

学校大门墨绿色，很漂亮。从中间拉开是两扇大铁门，可以开汽车。大铁门左右两边各有一扇小铁门，早上、中午、下午上学和放学时，打开东边小铁门，师生进出。平时进出，走传达室边门。校门的水泥大方柱上，挂一块铜制校牌，上镌"上海市私立省吾中学"。

校门东面靠围墙有一幢两层小楼，底层隔为两间，西面一间是传达室及工友宿舍；东面一间做音乐教室。楼上分为三小间，是男教师宿舍。这幢小楼后来被老师们戏称为"西伯利亚"。

铁门西面沿着西、南两面围墙有一个三角形大花坛。五月的天气，正是鲜花盛开的季节，玫瑰红的月季花，粉红色的杜鹃花正张着笑脸迎接新来的主人。还有一排矮矮的黄杨木，常绿常青。花儿散发出甜丝丝的香味，一进校门，一股清新的空气扑面而来。

正对大门是一条宽阔的水泥路，路的东面有用紫竹制作的镂空艺术围栏，有一人多高，透过镂空的几何图形可以看到小花园里的假山、石笋，和天鹅绒般的草坪。几棵高大的落叶乔木靠着东面水泥砌成的镂空花格围墙，墙上爬满了牵牛花。花园的北端有一葡萄棚，紫藤缠绕着架子，紫色的小花一串串从棚上垂下来。左右两旁有水泥拱形门，拱门里面是一个大草地，可以作为操场。

大门正对着的水泥路尽端是一幢假三层小洋房。

作为校园主建筑的小洋楼，是一幢中轴对称的法式建筑，二层主建筑之上还有一个假三层。底层入口的五级台阶正对着圆拱形门洞，门洞左右两侧各是一个同样格局的圆拱形走廊窗洞，下半部是油漆成红色的木栅栏。二楼正中是同样圆拱形的三扇明亮大窗。建筑左右两侧是半个正六棱柱，像欧洲中世纪堡垒。三个面对外，另外三个面隐藏在建筑内部。对外的三个面，上下共有六扇狭长的窗。

走上五级石阶，有宽阔的走廊，正中对着一个大厅，可以作礼堂。礼堂西侧是壁炉间，有两扇木制大拉门。拉开拉门，可以搭舞台，开联欢会。礼堂北面正前方中央放了一块木板，顶端挂上了陈鹤琴校长写的校训"服务创造"匾额。底楼东西两侧有三间教室。西北的一间，有一块地板是活动的。翻开活动地板，下面是一间大地下室，原是烧暖气的锅炉房，正好可以用作密室。礼堂旁边有楼梯，走上楼梯，右手边有一小间，作图书室。朝南中间有两间，前面有阳台，靠西面的做教务主任、训育主任办公室，东面做会议室，前面的阳台做教师办公室。两侧和北面也有三间教室，北面一间最大，可坐40多人，用作初一年级教室。两侧南面各有半个六边形小阳台。两侧中间另各有一小间做学生会办公室和事务室。三楼的假三层呈十字形，作女教师宿舍。宿舍南面是个大阳台，阳台西侧是一座大凉亭，从凉亭上可以俯瞰校门口和整个校园，亭子北面是斜面屋顶，弯下腰伸手可触到瓦面。屋顶下的瓦片是藏匿秘密文件的好地方。女教师们将凉亭命名为"烽火亭"。

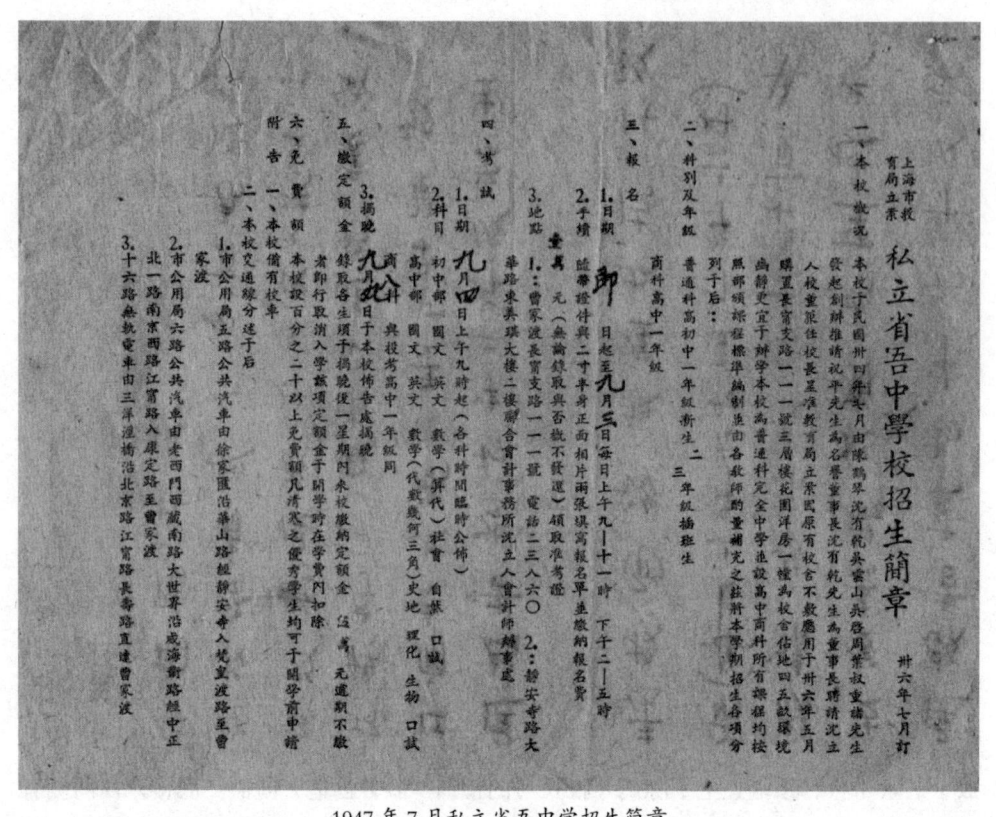

1947年7月私立省吾中学招生简章

主建筑西侧是一座六角形玻璃花棚,有七八平方米大,换上新稻草顶,内外修缮一新。这个花棚被定名为"星火亭",供学生活动用。陈仲信烈士牺牲后,命名为"仲信亭",纪念烈士。

大楼后面有一个天井,厨房在天井里,穿过天井是学校后门。从后门出去有居民房,七八间一排,三排两层楼房。

新校舍的准备工作,制作课桌椅、黑板及其他一切必要设备,早在上半年就开始了,现在已运到了教室和办公室里。

搬到新校舍不久就开始放暑假了,学校人事也有了变化,唐馥珍离开了省吾中学,由浙江大学师范学院毕业的吕型伟任教务主任。吕型伟1946年大学毕业后到省吾工作，他17岁时就自己在乡村办了一所学校，是先当"校长"再学教育。有着丰富的教学经验和教育学理论知识。他有一句名言："教育是事业，其意义在于奉献；教育是科学，其价值在于求真；教育是艺术，其生命在于创新。"

这年暑假，学校招生，12岁的陈秀兰被她二哥陈一飞送进了省吾中学。家里为了让最小的妹妹有一个好的成长环境，便让她进了这所二姐陈秀煐参与创办的学校。家住梵皇渡路的王昭德，小学毕业参加教会学校会考时获得第一名，得了全额奖学金，放弃了保送进天主教学校的机会，在堂姐动员下报考了刚从北京西路搬来的省吾中学。后来才知道，堂姐也是地下党员。李亦琴因积极从事党的工作，被务本女中开除，还有一年高中毕业，她很着急。有党内同志告诉她，曹家渡有所省吾中学，凡被学校无故开除的都能录取，抱着半信半疑的态度去报考，果然被录取了。她高兴得几乎要跳起来，不仅能重新读书，而且又能为党工作了。叶良眪因参加学生运动，被青年会中学勒令退学，初中毕业证也拿不到，听人介绍来报考省吾中学，也被录取了。他去和初中同学陈林才、王宝善说了，他们也因同样原因没有拿到毕业证书，过了一段时间，这两位同学也来到省吾中学。

曹家渡地区的居民大多是贫苦的底层民众，小学教师、摊贩、小商人、工人，报名进省吾读书的也都是这些家庭的子弟。学校为学生着想，组织高年级帮助低年级解决教材问题，并支持学生参加劝募助学金活动。

王昭德回忆："一进省吾，学生活动就蛮多的。第一件印象深刻的事，就是筹措教科书。我们同学绝大多数家境贫寒，买教科书也是一笔不小的经济负担。学校及早地公布各年级教科书目录，注明书名、作者、编者、出版书局、出版年月，让大家早作准备。学校里学姐、学兄们将他们用过的并符合学校要求的教科书或借或送给我们学弟学妹。再缺的话，就自发三五成组地去善钟路（今常熟路）、辣斐德路（今复兴中路）、四马路（今福州路）的旧书店去淘，因是旧书，价格一般很低廉，巧的话，跑一天就淘齐了。我的教科书也是这样解决的。"

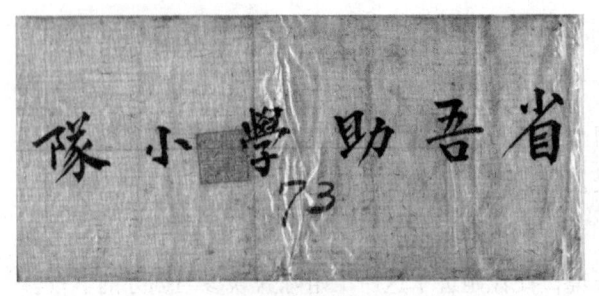 

助学募捐臂章　　　　　　　　　　助学纪念章

当年在高二的陈咸鸿已经在1947年1月入党,他回忆:"1947年5月底,学校从北京西路迁到长宁支路新校舍。不久就开始放暑假。当时物价飞涨,许多同学家境清寒,付不起学费,面临失学威胁。我们按照党的指示,团结同学广泛开展助学活动。这件事不仅得到同学及其家长的拥护,也受到市民的支持。""当年7月,在上级党指示下,我校与华模、复夏、华光三中、建承、上海女中、肇光等十一所中学联合成立了'十一校助学联',推选我任该助学联主席,举行了全市范围的三天劝募助学金的活动。共出动了几百名同学,在社会上产生了一定的影响。"

省吾中学的助学募捐是全校发动的,学生按照年级编成小组。

搬进长宁支路111号后,学校组织的第一个活动就是劝募助学。省吾的学生大多家境清寒,1947年物价飞涨,每个家庭都感到了经济压力。为了不让一个同学失学,同学们在老师动员和组织下,编成三四个人一个小组,高年级同学向低年级同学传授经验,大家走上街头投入了募捐助学活动。

丁惠康回忆:"我初到省吾时还未正式开学,就参加'助学联'举办的助学活动,与初中几个同学组成一个小组,拿了助学金捐款簿,到各种场所募捐,还进行抵制日货,推销国货的助学活动(将推销货款的一半作为助学金之用)。这是学生组织团结同学互相帮助解决贫困学生入学而发起的,使我感到很新鲜,感到省吾和其他学校不一样。"

王昭德则和沈永华、单海根三人一组,每天吃了早中饭就出发,按照高年级同学传授的经验,沿着愚园路、静安寺、南京路,一路找中高档舞厅、饭店、酒楼、理发店劝募。巧的是他们劝募的第一个对象竟是在静安寺百乐门对面荣康酒家吃饭的沈立人校长。那天是他们第一次去募捐，战战兢兢，怕被人赶出来，走到静安寺，百乐门舞厅还没开门，就走进对门的荣康酒家，恰巧看到沈校长，他们恭恭敬敬走上前，叫了一声："沈校长好！"沈校长看到他们手里拿了捐款簿，就买了一枚助学纪念章。于是三人信心大增，觉得募捐也不怎么难，就这么干起来了。

在省吾的助学运动中，李蕊珍老师带领初中小同学上街募捐。她穿着上流社会的漂亮衣服，带着学生出入大饭店，为不让一个学生失学奔忙。

搬进长宁支路111号新校舍的第一仗劝募助学，就这样打响了。在物价飞涨的1947年，无论是老同学还是新同学，省吾中学没有一个同学失学。

第四章 陈鹤琴校长制定校训和"活教育"原则

陈鹤琴先生是中国著名的教育家、儿童教育专家,从省吾创办开始就关心着这所学校。那时,李蕊珍经常和陈秀煐一起去见陈先生,听取陈先生对她们办学校的建议。一次陈先生在听完李蕊珍汇报后,指着桌上一个笔筒上刻的两个字说:"要注意'藏峰'。"这对于处于地下工作环境的年轻人来说,是提醒,更是关心。李蕊珍感到心头暖暖的。

1946年9月校董会聘陈先生为省吾中学校长,他为学校提出了"服务创造"的校训和"活教育"的三大目标:"一、做人,做中国人,做现代中国人。二、大自然,

陈鹤琴校长兼第二任董事长

陈鹤琴先生和创办省吾的一群大学生

大社会，都是活教材。三、做中学，做中教，做中求进步。"这三大目标为省吾定下了育人目标、教材课程、教学方法，让省吾的教育从一开始就走上了正道。1947年2月因立案需要，在事先没有和陈先生商量的情况下就换了沈立人校长，事后才和陈先生说，他十分理解。为了学校发展，他还是十分关心学校。他为省吾中学制定的校训和三大目标已深入人心。在省吾，处处可看到"服务创造"精神和"活教育"原则的运用。

学生自己设计校旗、校徽

丁雪英回忆，学校开展设计省吾校徽、校旗活动，很有意思。"初中班利用美术课进行，高中班利用自修课，老师先从校名讲起，大意是讲'吾日三省吾身'。为什么不能念省 shěng 而念 xǐng。动员后每个人设计，画好图样交给教师，选出几个好的图样贴在走廊上。让全校同学评选。最后选了我班吴文成同学设计的图样（边上附有说明），立即送去工厂定做，这就是上白下紫中间有五道自下而上指形线条，象征陈鹤琴校长提倡的五指活动。"长方形的省吾中学校旗，三角形的校徽，五指向上，是

陈鹤琴校长为省吾中学制定校训"服务创造"

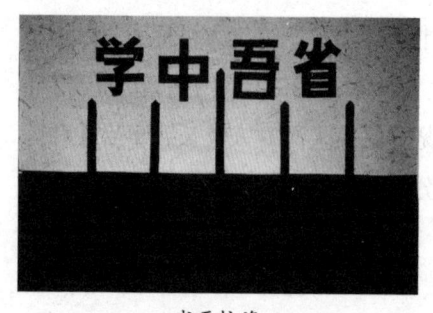 

省吾校旗　　省吾校徽

省吾"活教育"精神和朝气蓬勃、积极向上的象征。吴文成同学的这个设计构思十分简洁，又十分缜密地诠释了陈鹤琴先生的"活教育"思想和"五指活动"理论。

陈鹤琴先生以人的五个连为一体的手指作比喻，创造性地提出了课程结构的"五指活动"理论。他认为，五指活动包括以下五个方面：

① 健康活动：饮食、睡眠、早操、游戏、户外活动、散步等。
② 社会活动：朝夕会、周会、纪念日、集会、每天的谈话、政治常识等。
③ 科学活动：栽培植物、饲养动物、研究自然、认识环境等。
④ 艺术活动：音乐（唱歌、节奏、欣赏）、图画、手工等。
⑤ 语文活动：故事、儿歌、谜语、读法等。

这五个方面是相互联系的，就像人的五个手指，共同构成了具有整体功能的手掌。省吾中学的"活教育"贯穿于学校生活的各个方面。

课程可以跨年级

丁雪英是1948年8月考进省吾中学的，一进学校就感到："省吾教学有几点与其他中学不同。一是数学与语文课。进校以后先经过考试。然后将初中学生按实际的语文程度进行分班上课。一般来讲，初一的学生大部分仍在初一上课，有三四名较好的学生则到初二班去上课，而初二班也可能有3~5名学生由于基础差一点则仍在初一班上课，所以全校语文课都在同一时间内进行。记得数学课也有这种试验。这可能是体现了因材施教，并且抓了基础吧。"

丁惠康回忆:"省吾中学在当时成立时间不长,绝大部分是年轻教师,在教学上也是敢于作一些新的尝试,例如语文课和英文课上课时间全校统一,高中一二三年级学生根据实际程度差别重新组成 A、B、C 三组,如果学生学得好,高一的,高二的可以到高三班的 A 组去上课,程度差的,高三可退到高二 B 组上课。还有为培养同学们学习兴趣把某一周定为 ×× 周。有一次,我记得是'英文周',在那一周内,全校各年级开展许多提高英文读写能力的活动。有朗读英文作品,有用英语作演讲,最后由校长沈立人先生在周会上用英文发表演说,对这次'英文周'作总结。我也从那时起试用英文写一点日记。"

陈咸鸿由于在初三成绩特别优异,学校允许他破格跳级,直接读高二。

自选自编教材

季勤先老师回忆,省吾以"大社会"为"活教材",在公民课上,师生读报,初一读《新少年报》,漫谈形势,专题讨论,有时甚至选出好的歌曲,如《山那边呀好地方》《我们的队伍来了》;语文课有时选用活页文选,并介绍鲁迅和其他国内外进步作家著作;史地课由教师自列提纲、自编讲义,要求同学阅读参考资料,在课堂里讲解讨论;英语课,初中将《辛格瑞拉》原版英语剧本(就是有名的"水晶鞋",当时译成"灰姑娘")作教材。教高三年级英语的孟昭方老师一次竟选用《密勒氏评论报》上刊登的中共中央在西柏坡召开的七届二中全会的文件。

杜淑贞老师回忆:"那时的语文教学是可以由教师自择教材的,我就有意识地选择《开明活页文选》中一些思想性、艺术性都强而又适合初中水平的文章。例如《诗经》中的《七月》《硕鼠》《伐檀》和鲁迅的一些散文以及李煜的词和易卜生、左拉的短篇小说作为教材,既使学生们感兴趣,又无形中进行了阶级教育、爱国主义教育和培养先人后己的精神。"

丁惠康回忆,进校后就感到省吾老师讲课内容与一般中学教材不同,董思林老师从历史书籍中摘录材料编写讲义,讲授从原始共产主义社会母系氏族社会发展到奴隶制、分封制的历史进程，简直就是在宣讲社会发展史；吕型伟老师讲解"中国近现代文学史"，从五四运动提倡白话文的新文化运动，到以鲁迅为代表的30年代左翼文化运动和文化战线上的斗争。

文科教学广泛阅读、开展讨论

省吾的老师反对死读书。文科教学，初中让学生广泛阅读，开阔视野；高中开展讨论、辩论，提高学生的分辨和认识能力。

黄丁晖回忆："母校提倡'活教育'，反对死读书……老师经常带我们去阅览室，挑选图书。书本是知识的海洋，我们开始看到《民主》《文萃》等进步杂志。其中许多文章，有议论国事的，有呼吁要民主的，文字比较尖锐，与反动当局对立。我印象较深的是一篇白话诗《先生，我是靠死薪水过日子的人哪》，它代表普通百姓向国民党政府的控诉。我们不少同学来自薪水阶层的家庭，看了有共鸣，课余作为朗诵材料，倒也舒心爽口。"

姚解生对高中的文科教学印象最深刻的是课堂讨论。老师提出专题，全班同学分头回去搜集材料，经过独立思考后的讨论，常有新的认识。有时争得面红耳赤，收获却终生难忘。老师最后的总结起了画龙点睛作用。董思林老师曾在课堂上组织过"资产阶级是怎样发家致富的？"和"原则问题和技术问题的关系"的讨论，引导学生解剖资本主义社会，学习马克思的剩余价值基本原理，以及辩证唯物主义的哲学思辨方法。吕型伟老师在语文课上喜欢拿老八股文来作反面教材。他讲鲁迅反对老八股，对老八股的起、承、转、合巧妙地进行无情鞭挞和讽刺，大家在哈哈大笑中对八股文的迂腐留下了深刻印象。

陈咸鸿回忆："班主任唐月娟老师在讲授语文课时，热情鼓励学生阅读进步的文艺书籍，并要求认真撰写阅读笔记，轮流在课堂上向大家作报告。回想起来，对自己帮助极大。记得在短短一年多时间里，我阅读了一批中国和苏联的革命文艺作品，包括鲁迅先生的许多小说、杂文，高尔基、茅盾的一些小说等。印象最深的是《钢铁是怎样炼成的》和《西行漫记》这两本书……使我第一次打开了眼界，知道世界上有无产阶级的事业，中国有共产党领导的二万五千里长征和抗日军队，抗日根据地。这使我看到了中国的希望。"

黄丁晖提到，省吾的文科教学还有两项活动：一项是每学期全校开展一次作文竞赛，人人都要参加；另一项是演讲比赛，每个班选出代表参加。这两项竞赛型性活动，激励着学生文科学习的积极性。

理科教学动手动脑外出参观

省吾的理科教学，提倡理论联系实际，动手动脑。虽然那时学校的条件比较简陋，但理科教学还是想尽办法，创造条件，让学生做实验，参观工厂。

丁惠康回忆："当时学校设备条件很差，一共只有一幢房屋，教室、办公室、部分老师的宿舍都在内，根本没有实验室，为了提高教学质量，千方百计通过教育局到设备较好的格致中学的实验室作生物、物理、化学实验。从显微镜观察植物切片到青蛙的解剖，从物质比热的测定到自己制作果子露、雪花膏。另外还组织同学参观工厂生产，工业展览。总之，克服困难，创造条件，增加同学们的实践知识。"

姚解生的印象中，施增琦老师的解析几何教得很活。他根据几何图形和方程对应的原理，和大家共同探讨过许多实际问题，如火车做匀速直线运动，机车主动轮（大轮）和从动轮（小轮）连杆上任意点 P，P 点运动轨迹作几何图形来描述，又用列方程来表示。施老师还用初等函数的理念和方法解决高等数学问题。恩格斯说："解析几何是通向高等数学的桥梁。"施老师让他们明白，

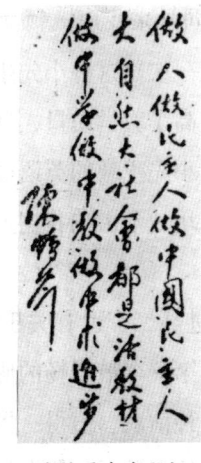

陈鹤琴先生题词

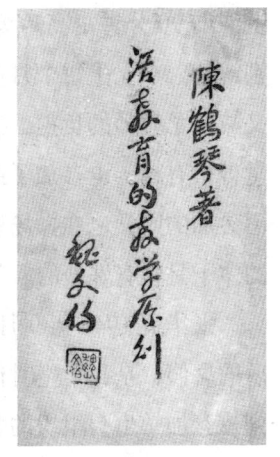

陈鹤琴先生著作

为什么说解析几何是这座桥梁。

陈咸鸿则对参观肥皂厂和"关于建立长江三峡水电站可行性"的辩论印象深刻。另外学校在江湾有联义山庄,也组织同学去联义山庄种植劳动,学习活的生物学知识,感受农村生活,并用自己种植的蔬菜改善师生生活。

动手、动脑,是省吾理科教学和其他教学活动的重要一环,不仅让学生将理论和实践结合,融会贯通理解所学的知识,而且培养了学生的动手能力和劳动观念。

"小先生制"互帮互助锻炼能力

省吾有"小先生制",高年级同学做低年级同学的小先生,也有同班同学互帮互助。"小先生制"使同学间关系更密切,既锻炼了小先生的能力,又减轻了老师负担。

丁雪英1948年9月进省吾后一个月就发现,省吾有高中年级对应着初中年级的小先生制度。"解放前夕省吾中学并没有晚自习或者集体辅导课。一般在学习中发现了问题,学生自己互相讨论,或者课外活动时去办公室找老师。我们往往都是选择前面的做法。上了一个多月的课后,一天中午我在教室里发现有两三名高中年级的男女同学在问我们课程是否能全听懂?有什么疑难。然后通知我们,每周一、三、五下午上课前20分钟由高年级同学来我班,领读英语单词、课文或作语法分析。数学是个别解答。小先生每个月换一次。这种小先生制度既密切了高低年级同学之间的关系;又减轻了教师的负担,提高了教学质量,并且锻炼了高年级学生的工作能力。当时我觉得很有趣,也参加了由小先生教的英语课(几乎有三分之二的同学都来参加,就是不参加的同学也在操场里玩。不影响我们上课)。现在看来,小先生制对于增长学生的才干是大有好处的。"

张华寅1946年9月进高二,也有关于"小先生制"的回忆:"在第一学期结束后的暑假,是我学生时代第一个最舒畅的假期。整个暑假期间,同学们大多仍然每天到校参加学生会组织的各种活动。值得一提的是我们的暑假补习班,搞得有点特色,也有成效。同学们在老师的指导下,能者为师,互教互学。补习班专为期终考试成绩不理想的同学有重点、有计划地复习。我们高二班的李行健、黄丁晖、吴文安、蔡玲曾等几名同学根据各自的学业特长当'小先生',分别负责初中弟妹班的辅导。我当时曾辅导初二班的'平面几何'。暑假补习班结束时,进行了认真的测验。我们担任辅导的高班同学履行'小先生'的职责,负责命题、监考、批卷、评分。测验的结果,成绩是好的。同学们自然很高兴,老师们也都表示满意,校领导还宣布认定我们暑期补习班测验的评分可作为补考的成绩,对我们这一项活动作了充分肯定。"

顾联瑜刚到省吾时,季光中让他搞一个"英文研究会",就是在每天早晨正式上课前到高一班去辅导英文,把高一课本中老师还没有教到的部分先给大家讲讲。当时英文课本的内容都是一个个有趣的故事,顾联瑜在讲故事中间结合句子结构讲点英文文法,这种高三同学帮助高一同学做好预习,在其他学校也是少见的。

丁惠康 1947 年 9 月进高一,他回忆:"在省吾时,团结友爱的同学关系给我的印象很深刻……我们班上有'小先生制',由功课比较好的几个同学帮助比较差的同学复习功课共同提高。不但在学习上是如此,高年级的进步同学,抓紧机会,对像我这样政治上幼稚,思想上不怎么开展的同学,讲革命道理,提高思想觉悟。解放后,有那么多同学主动停止学业,参加'西南服务团','南下服务团',配合人民解放军将革命进行到底,是与当时地下党的领导教育和这些进步同学的帮助分不开的。"

"小先生制"不只起到了帮助搞懂功课的作用,还提高了同学思想觉悟。

课外活动丰富多样走出校门

省吾的课外活动丰富多样,只要是健康有益的学校就支持。

省吾的级会和学生自治会组织由学生自己选举产生,级会和学生会出版墙报和油印刊物,组织郊游、参观活动、团契活动和助学活动。高二、高三曾组织同学骑自行车到高桥海滨旅行;去昆山和川沙郊游;去育才学校、联义山庄搞活动。特别是在 1948 年 10 月组织了一次有 40 多人参加的苏州秋游。由夏乐仁同学提供苏州老家大宅子供住宿,为大家烧大锅饭,让同学们在 7 天的苏州游中联络了感情,提高了认识。

省吾的文娱活动也渗透着民主进步的精神。在旧上海，随处可闻靡靡之音，庸俗不堪。但是在董兼济老师的音乐课上教的都是健康有益的歌曲。像《游击队员之歌》《黄河大合唱》《团结就是力量》《沂蒙山小调》《巷战歌》《抗日军（红军）不怕远征难》《古怪歌》《军民合作垦春泥》《茶馆小调》，等等，同学们百唱不厌。不仅本校老师教，而且请外校老师指导，有时一唱两三课时，歌声此起彼落，充满了青春活力。曹林同学也在课余教大家唱歌。张华寅、励汝敏有洪亮的歌喉，唱独唱歌曲《黄河颂》《伏尔加船夫曲》，让人激动不已。后来成为专业音乐工作者的曹中同学回忆："董老师除了在音乐课上教我们唱歌、学歌外，他还介绍我参加地下党组织的校外音乐活动。董先生介绍我参加的学生合唱团，除了每周固定排练演出，还举办过多次音乐会。在战争年代，举办这种文化活动大大鼓舞了青年学生们的斗志和士气。"黄丁晖回忆："那时班级也有自己的班歌，《让我们来比一比，看谁在进步中》是张华寅同学作词，借用美国影片《钟楼怪人》的插曲写成的，全班讨论通过的。班级的级徽是白象，取纯洁合群之意。因为要求团结和进步是同学们的愿望。"

蔡玲曾记得："印象最深的是上海音专陈良、茹伟等来校开展歌咏活动，推动了学校丰富多彩的文艺活动。1946年的迎新年大联欢，演出了满台节目，有歌咏、舞蹈、朗诵，还有李健吾的小话剧和独创的影子戏——黄水谣。"

如今由李蕊珍老师捐款塑造的陈鹤琴校长的铜像摆放在省吾中学教学楼底层正中，"服务创造"的精神和"活教育"思想继续贯彻在学校工作的各个方面。

陈鹤琴先生长子陈一鸣和陈鹤琴教育思想研究会会长夏秀蓉为陈鹤琴铜像揭幕

第五章 学生党组织的建立和发展

一、学生党组织的建立和第一届党支部时期

蔡玲曾1945年9月转学来到省吾中学读高二,她姐姐蔡怡曾是这所学校的创办人之一,受姐姐影响,蔡玲曾接受了民主进步思想,1946年初加入了中国共产党。3月,上级领导吕甦同志通知她,已把她的组织关系转到省吾中学,同时转入的还有同班同学陈国钧、初二同学叶梅娟、夏乐仁三人。蔡玲曾回忆:那一天,在夏乐仁的家里,"上级领导人潘文铮同志向我们宣布,省吾中学党小组正式成立,由蔡玲曾任党小组长。从此我们在潘文铮同志的领导下,在省吾中学开展了党的工作"。

省吾中学教职员中有不少中共地下党员,因此学校气氛和一般中学大不一样。董兼济老师教唱歌曲,朝气蓬勃;老师上课讲革命道理,同学关系亲密无间,女老师与女同学亲如姐妹,校内到处洋溢着团结友爱民主进步的气氛。在党小组成立前,蔡玲曾就和一些同学分头参加了几次由中共地下党领导的学生运动。

1946年7月,学期结束,陈国钧转到其他学校去了。叶梅娟是1946年3月在校外由王芷涯发展入党的,由于被舅舅发现参加进步学生活动,不让她再在上海读书,要她回苏州去。她本人想去解放区,但经党组织研究,决定让她回苏州读书,因为一旦她去了解放区,王芷涯同志就会暴露。她的组织关系也转出去了。夏乐仁是1945年8月,14岁时入党的"老"党员,是省吾中学创办人夏孟英的小姑,从小就受到夏孟英和她两个也是地下党员的兄弟影响。她在夏孟英他们开会时帮助望风,有时还帮助送信。她是省吾中学第一个学生党员,从初二入党到高二,是省吾党小组及三届

党支部成员，经常资助党组织和经济有困难的党员，她家里的自行车也常常成为大家公用的交通工具。由于年龄小，一直是预备党员，直到1949年7月参加西南服务团后，年龄满了18岁才转为正式党员。

新的学期开始，蔡玲曾的组织关系有了变化，由郭坤和接替潘文铮来联系。

蔡玲曾回忆说："郭坤和同志经常对我进行党的教育，有一次，还教我唱'你是灯塔，照耀着黎明前的海洋，你是舵手，掌握着航行的方向……'，边走边教，鼓舞着我的斗志。"

"我们还及时研究新情况，在校内成立读书小组。11月读书小组开始活动，我们学习了《方生未死之间》《光荣归于民主》等，大大提高了大家对形势的认识，尤其对中国革命的长期性、艰巨性有了深刻的认识和充分的思想准备，决心要为中国革命贡献出自己的力量。"

高三的级任董思林老师也对蔡玲曾的工作给予帮助，他经常和蔡玲曾交流班里同学的思想情况，研究班级工作，还为读书小组开出了阅读书目，指导读书小组活动。

党小组考察了陈咸鸿和励汝敏两人，向郭坤和同志汇报，1946年底郭坤和同意发展陈咸鸿和励汝敏两人入党，由蔡玲曾找他们谈话，经过谈话他们分别写了入党申请报告，由蔡玲曾转交组织审查。

1947年1月25日，在陈咸鸿家里，由郭坤和宣布批准陈咸鸿、励汝敏两人入党并进行入党宣誓。接着成立党支部，选举蔡玲曾为支部书记，陈咸鸿为组织委员，励汝敏为宣传委员。这是省吾中学的第一届党支部。这一学期又从校外转来两名学生党员，吴小村、水海寰，他们和夏乐仁组成一个党小组，由组织委员陈咸鸿联系。

党支部在开展活动的同时，在实际斗争中考察积极分子。经支部研究，决定发展邢志清（由励汝敏负责）、倪汉卿（由陈咸鸿负责）、毕业班吴文安、张华寅（由蔡玲曾负责），分头进行谈话。邢志清和倪汉卿很快交了入党申请报告，1947年7月6日批准，由郭坤和同志主持宣誓并参加支部活动。支部党员增至8人，比党小组

第一、第二届学生党支部委员

时增了一倍。吴文安、张华寅在省吾支部发展，经上级党组织批准，但未和省吾学生党支部接上关系，他们两人是毕业离校后到新单位才接上组织关系的。

1947年7月蔡玲曾、吴文安、张华寅毕业离校，陈咸鸿和励汝敏因党的工作需要，考入外校。留下党员倪汉卿暂时负责省吾学生党的工作。

在这一届高三还有巢次辰和李行健，考进大夏大学后，边读书，边帮助省吾做教务处工作、担任省吾夜校教师和协助董思林老师处的《中学时代》发行工作。于1948年3月由董思林老师和蔡玲曾发展为党员。

二、第二届学生党支部时期

省吾中学第二届学生党支部成立于1947年9月。党支部书记濮秀丽，1945年在上海务光女中入党，因参加进步学生运动，被务光女中校长找去谈话，不能再在学校呆下去。同样不能在务光女中待下去的还有李亦琴，她也是地下党员。由党内同志介绍，她们报考省吾中学，被录取。

李亦琴到省吾支部后任宣传委员，倪汉卿任组织委员。过了一段时间，在校外入党的籍传慧的组织关系转入省吾，由籍传慧任宣传委员，李亦琴由上级领导张显崇单线联系，专门做小同学的工作。

这一学期还有从上海法学院附中转来的程传泰，因为组织了沈崇事件罢课，并被推选为抗美暴行委员会附中部主席，被学校除名。同时被除名的共有六个人，其中陈云和张鑫华两人也和程传泰一起转学到省吾中学。他们都是积极分子。程传泰由籍传慧联系考察后发展入党。后程传泰任宣传委员，籍传慧由上级领导张显崇单线联系。1948年上半年，籍传慧仍在省吾中学，党的组织关系转到校外，担任秘密电台的工作。后来程传泰又发展了陈云入党。

党支部委员做了分工，由倪汉卿单线联系蔡达峰、夏绍英和水海寰；邢志清、夏乐仁和王文安成立一个党小组，由程传泰联系党小组长邢志清。由于秘密工作原则，当时没有直接联系的党员之间互不知晓，直到解放后见面交谈时才得知。

程传泰回忆："第二届省吾中学学生党支部的上级领导是张显崇同志。每次会议都是在濮秀丽家亭子间里召开，秘密信号是窗台上放一盆花，如果窗台上没有盆花，就表示有危险，任何党员都不准进入。开会必须准点，只要一个人晚到5分钟，全体必须马上离开，以免党组织被破坏。党员平时走在马路上必须利用穿马路的机会观察有无尾巴跟踪，如有必须设法甩掉尾巴。张显崇同志教育我们，党员个人利益必须服从革命利益，如果被捕绝不出卖同志，要不惜自我牺牲。他每次开会都讲形势，讲任务，讲党的方针政策，讲得通俗易懂，布置工作细心周到。在他的教育下，我们对共产党员是无产阶级先锋队的认识更深刻了。"

第二届党支部成立后的第一项任务就是做好改选学生会和各班委的工作。由于宣传深入，党员和积极分子得到了大多数同学拥护，程传泰当选为学生会主席，其他党员和积极分子也都被选上了学生会和各班级的级长，进步力量掌握了各级学生组织的领导权，对于后来党的工作开展起到了组织上的保障作用。

第二届党支部从1947年9月到1948年9月期间，发动同学参加了追悼于子三活动，声援同济"一·二九"斗争，抗议九龙暴行，声援申新九厂工人罢工，"反美扶日"示威游行等爱国学生运动。

处于地下斗争状态下的党组织对于党员的要求很高，程传泰回忆："1948年白色恐怖严重，国民党反动派对进步学生的迫害日益加剧，支部里有一名党员害怕了，不敢参加学生运动。张显崇同志就在支委会上宣布，某某同志不敢参加对敌斗争，不够一个共产党员的条件，但他过去还是做了不少工作，可以劝他退党，这样可以不伤感情，同时要求他保守党的秘密。这名同志后来仍以积极分子身份活动，大家仍友好相处。"

省吾中学第二届学生党支部前后共有15名党员：濮秀丽、倪汉卿、李亦琴、籍传慧、程传泰、夏乐仁、邢志清、水海寰、陈云、陈林才、王文安、张莳英、李丽莉、蔡达峰、夏绍英。他们在上级党组织领导下，延续了第一届党支部的工作，在国民党的白色恐怖日益加剧的情况下，带领全校同学投身于"反内战、争民主"的轰轰烈烈的学生运动，提高了广大同学的觉悟，壮大了党的队伍，显示了省吾学生党组织的战斗力量，在"民主堡垒"里发挥了应有的作用。

1948年下半年，因陈云暴露，组织上调他去解放区，并要他带积极分子一起去，程传泰就动员张鑫华和他一起到解放区去。张鑫华到解放区参了军，入了党，改名张云川。解放后他成为雷锋团的政治处主任，离休后回到上海，给不少中小学生作雷锋成长的报告。

陈云到解放区后改名周济，解放上海时他是军管会成员，后来担任上海电视台副台长，离休后还去美国的大学讲了两年课，回国后为翻译外国电视影集笔耕不止。

1948年暑假，程传泰从省吾中学高中毕业，党组织要求他带领过去学运中的积极分子一起投考大夏大学。因大夏大学的党组织力量在一次学生运动中受到较大损失。

潘文铮　　　　　　张显崇　　　　　　朱立人

程传泰动员了上海法学院附中因参加学运被学校勒令退学的黄怀云、叶水水、张鑫华一起去考大夏大学。李亦琴也动员吕和俭去考大夏。一同去考大夏的还有倪汉卿。党组织专门派了范建平老师来帮助复习数理化，地点选在黄怀云哥哥的空房，侯家弄1号平房内。由于复习任务重，范老师累得肺病复发，一次上课中间吐了半痰盂血，但为了帮助同学们复习好，范老师没有停一天课。结果7人全部考上了大夏大学，补充了大夏大学革命力量的不足。不久，在大夏班级、系、学生应变自治会以及各社团改选中，中共地下党员和积极分子全部掌握了主导权。

三、第三届学生党支部时期

第三届党支部成立于1948年9月，支部书记范敬业，组织委员陈仲信，宣传委员姚解生。范敬业是从中正中学转学过来的，陈仲信是从清心中学转学过来的，当年他们是建承中学同窗，接受了进步思想影响，1946年6月初三时入党。初中毕业时，党组织要求陈仲信考进清心中学，范敬业考进中正中学去开辟工作，他们都出色完成了党的任务。由于开展工作，被学校察觉，遭退学和开除。姚解生在浦东中学因组织小同学参加学生运动，被学校勒令退学。1948年9月，这3名旧社会的造反者同时转学省吾中学就读高中三年级。

1948年9月第三届学生党支部第一次支委会在姚解生家三楼亭子间召开，上级联系人是张显崇，为了保密，他让3名同学称他"阿张"。张显崇的名字是他们解放后才知道的。

第三届党支部成立后碰到了一件事，学校后操场上有个篮球架，高三有两个喜欢打篮球的思想落后学生，用打球吸引了一些初中小同学。这件事引起了党支部注意，支委会研究，不能让这个阵地失控，决定派积极分子高炜去占领这个阵地。范敬业找高炜个别谈话，让他组织篮球队，把小同学组织起来。姚解生和范敬业还找了初二的励汝丰和陈保宁谈话，让他们一起做爱打篮球小同学的工作，让他们参加高炜的篮球队。一场球场争夺战开始了，经历两个回合，那两个学生就从球场灰溜溜地走了，后来高炜就把爱打篮球的初中小同学组织起来，高炜成了球队政委。高炜努力完成党支部交给他的工作任务，本人有入党要求，支部同意他入党并报上级批准后，吸收他入党。

第三届党支部支委左起陈仲信、姚解生、范敬业（右2）、党员高炜（中）、季光中（右），身后茅草顶亭子为星火亭，陈仲信牺牲后改名仲信亭，是学生会和新青联团员活动的地方。

季光中是在杭州新群高中念完二年级上学期后被学校开除，走投无路的他到上海来找在交通大学读书的哥哥，在报纸上发现上海市中等教育研究会招收免费生的广告，报考后被录取到省吾中学。他在上海没有家，没有经济来源，学校安排他住校，董思林老师给他介绍家教，以解决伙食费问题。第三届党支部成立后即在学校里成立了读书会，学习政治理论，推荐阅读进步文艺书籍，季光中认真参加学习，有了入党的迫切要求。姚解生负责和他联系，发展他入党后和高炜编在一个党小组，由姚解生联系。

1949年2月14日党支部发展初二陈保宁、励汝丰两名16岁的少年为中共预备党员，在陈保宁家客堂里，范敬业庄严宣布：经党组织审查同意，批准他们为中共预备党员。并进行了入党宣誓。

解放战争形势发展势如破竹，每天，党的地下组织都传来解放战争胜利的消息。不能只让党员知道，要把信息传递给每个同学，口头宣传，传送《学生报》是惯用的手段，但这满足不了广大同学的要求。党支部在礼堂板壁上贴上了一大张全国地图，解放军每解放一个地方就在这个地方插上一面红旗。济南解放了，插上一面红旗，徐州解放了，再插上一面。插一面红旗，振奋一次人心。同学们天天站在地图前看着红旗在地图上越插越多，心里好高兴。党员和积极分子乘机向全校同学大张旗鼓宣传解放军的辉煌战果。

张显崇同志经常向支委们讲共产党员的修养、讲革命气节，介绍王孝和烈士的事迹。他传达文件《目前形势和我们的任务》和《将革命进行到底》，能够整段整段背诵。他还经常督促检查党员联系群众的情况，他细致地要求姚解生汇报高炜的篮球队到底有多少初中小同学，经常参加活动的人叫什么名字，还有哪些初中生喜欢打篮球却跟着高三思想落后的学生跑。姚解生深受教育，以后也养成了细致踏实的工作作风。

1949年2月，张显崇同志另有工作，上级派朱立人同志来领导。朱立人向党支部布置"应变"工作。党支部决定在夜校中成立党小组。省吾中学从1947年下半年起办民校，从10来个人发展到100来人，这是一支重要力量。朱立人同志指示，要夜校在过去工作基础上，着手筹建工人纠察队，迎接上海解放。夜校党小组组长谭文修，组员石良耘、唐林宝，支委由陈仲信负责联系。谭文修是约大校友谭雅修的妹妹，1949年3月入党，1948年9月从上海震旦女中高中部转入省吾中学高中二年级。石良耘1949年1月转学到省吾中学读高三下半学期，家境贫寒。一进校就感受到省吾大家庭的温暖，她参加了读书小组活动，思想觉悟提高了，参加了新青联。到夜校工作后，1949年3月由谭文修介绍加入中国共产党。唐林宝1948年6月在鄞光中学入党，1949年初投考省吾中学高中。夜校党小组承担了在工人中发展积极分子加入地下工人协会，组织民校学生参加人民保安队，组建工人纠察队的任务。夜校党小组的工作直接向朱立人同志请示报告。

1949年4月，党支部细致地做了"应变"工作安排，发动党员告诉每个同学，家里要备点粮食、煤球、柴爿。这等于公开宣传解放军快兵临上海了，大家准备迎接吧！

早在1948年冬天的一次支委会上，张显崇同志传达了一项重要指示，在全国即将解放的形势下，中央考虑建立全国性的新民主主义青年团组织。上海一些有条件的学校经过上级党组织批准已经开始筹备了。省吾党支部周围已经团结了一批经过学运斗争考验的积极分子，希望也能建立类似组织。名称不能用新青团，各学校可以自取。省吾党支部决定用"新民主主义青年联盟"，简称"新青联"。党支部讨论了新青联盟员的发展条件，拟了几条，通过各党小组向全体党员传达，要求各党小组根据支部拟定的盟员条件，拟出发展对象名单，报支委会分析、审查、筛选，最后确定一个四十人的名单，由各党小组分头个别发展。没有党小组的低年级，由支部指定高年级党员去发展。经过个别谈话，保密教育，报支部批准，最后通知本人。这项工作从1948年12月一直持续到1949年4月。在应变工作中，新青联盟员发挥了重要作用。

上海解放前夕，支委会又在姚解生家开会。开会时已能听到炮声，大家会意地微笑。朱立人同志传达了上级通知，解放上海市区，解放军很可能从西部突破，省吾中学是一个要冲地，要求陈仲信组织夜校工人，带领工人纠察队和人民解放军一道担任警卫工作。那天开会晚了，姚解生留陈仲信在家吃饭，他破例同意了，吃的是蛋炒饭。陈仲信说，他的任务和大家不一样，必须住在学校。不幸的是，1949年5月25日早晨，在去圣约翰大学参加人民保安队会议时，陈仲信被苏州河对岸残敌的冷枪击中牺牲。

从1948年9月至1949年6月省吾中学第三届学生党支部共有党员23名：范敬业、陈仲信、姚解生、夏乐仁、张莳英、陈林才、季光中、高炜、石良耘、励汝丰、陈保宁、陈淑芬、王宝善、谭文修、王文安、唐林宝、赵小玲、沈廷鸾、曹瑞英、吴宗茂、籍传和、蒋宗华、朱传棻。还有一名学生党员章剑平，是校外系统的。

另外，还知道曹林和顾联瑜是失去组织联系的党员，一直和他们亲密相处。全校共有学生党员26名。

叶良昞是积极分子，因为要他出头当学生会主席，所以没有发展他入党。另外他说梦话太严重，恐怕他泄密。

省吾中学学生党组织从1946年3月4人党小组起步，三年来，发展至三届党支部共有党员45名，并有40人左右的外围组织"新青联"，培养和积蓄了青年干部力量。

第六章 教师党员和中等教育研究会活动

省吾中学教师中党员很多,但处于地下斗争环境中,除了组织安排的上下线关系外,党员间不能发生横向关系。在省吾中学有学委社会青年区委曹宝贞领导的负责办校的蔡怡曾、李蕊珍、吴新智;有学委男中女中区委系统的曹锦焕、龚兆源、吕甦、杜淑贞、董思林、章妙英;有教委系统的唐月娟、季勤先、严忠璞、华佑民、顾以庄、施增琦、孙以敏、孟昭方、吕型伟;还有其他系统的董兼济、乐嘉树、刘亦云、周少春。从1945年9月到1949年7月,前后共有23名党员教师在省吾中学工作过。其他非党教师,大部分是党外积极分子。就连门房间的袁学贵伯伯和勤杂工丁师母都是可靠的群众,懂得主动观察学校周围情况,帮学生藏好厨房柴堆里的宣传品。在这样的环境中工作,教师们都感到心情愉快。

杜淑贞老师在1946年9月因为职业掩护,进入省吾中学教书。她回忆:"1946年暑假后开学,我就进入省吾担任初中三年级的级任老师并教语文、史地等课,这时学校已迁至北京西路江宁路东。按照地下党的纪律,我和省吾的老师不在同一组织中工作,是不能和他们发生'横关系'的,也决不能暴露彼此的党员身份。但是学校里的民主进步空气扑面而来,使人心情舒畅。"

"那时在学校主管工作的是李蕊珍老师和唐馥珍老师,李是训育主任,唐是教务主任。蕊珍老师能力很强,处事果断,也有办法,能够承担全面的管理工作。她很瘦削,长得十分清秀;但脸色苍白而又微微带点青涩,掩盖不住疲劳的样子。唐是富家闺秀,长得很漂亮,透着大家风范,穿着比较得体但又不显奢华,处事能力也很强。

我从谈吐中琢磨着李可能是党员，唐可能是积极分子。在老师中，给我留下最深印象的是季勤先老师，她衣着朴素，身体单薄，一条胳膊可能因为病伤而不能弯曲。不苟言笑，但从不知疲倦地工作着，说话不多，眉宇间透出一股凛然正气。我猜想她也是党员。每天放学和我一路走的是唐月娟老师，她很朴实，也很单纯，爱笑，说话时、生气时、激动时都会满脸涨得通红。我们同路走时，她爱问我时事形势以及有些想不通看不惯的问题，非常直率，胸无城府。我和她交谈最多。我想她也是入党较早的党员。蔡小谢老师，语言不多，但气质很好，很有教养，我想她可能不是党员，但是位忠诚于教育事业的好老师。严忠璞老师，同她的名字一样既忠厚，又朴实，后来与董思林老师（老龚和我的老战友）结婚，可惜董老师在'文革'中冤屈而死，太可惜了。还有郑淑瑛老师，广东人，爱说爱笑，非常和气，她在这个穷学校里当文书，肯定遇到不少困难和麻烦，却掩盖不住乐观的天性。最引人注目的是音乐老师董兼济，他歌声洪亮，擅长指挥，在学生运动的许多场合中都曾见到过他指挥合唱革命歌曲的身影，很有点知名度。他是兼课老师，又很忙，所以上课后就走了，却获得学生们的喜爱，并引起校外一些反动分子的注意。"

省吾的教师党员就是这样，各自保守着自身秘密，在自己岗位上为党工作，心照

省吾教师杭州春游

省吾教师郊游

曹宝贞和李蕊珍重返学校

不宣互相配合，同时又认真负责为未来的新中国培养建设人才。

1945年10月，唐月娟参加了她所在党支部的会议，讨论在全市成立"中等教育研究会"。在中共上海市委委员、学委书记马飞海同志直接领导下，1946年1月26日"中等教育研究会"正式成立了，省吾中学教师全体参加了中教研究会。

一年后，参加中等教育研究会的人越来越多，成员覆盖全市大部分中学，在中学教师中的影响越来越大。反动派曾扬言要取缔中教研究会。地下党组织经研究认为，要使中教研究会在白色恐怖下仍能坚持，并做好团结教师群众工作，需要在会员比较集中的地区建立区分会，按区分会组织活动。

1947年9月，中等教育研究会西区分会成立了，同时成立的还有南区、东区、中区、北区分会。西区分会成立大会在中振小学礼堂举行，有会员学校共34所，包括今普陀、静安、长宁三个区。会员人数约200人，其中地下党员50多名，党的力量比较强，群众基础较好。

党组织决定季勤先同志负责西区分会党的工作，同年暑期，党组织又安排胡文巧同志为华模中学副校长并担任中教会西区分会主席。当时领导西区分会的是陶漠如同志，教委领导是马飞海同志。凡遇有重要指示，马飞海同志亲自向有关党员传达并组织学习。

西区分会以省吾、华模、复夏三所中学为骨干学校，这三所学校都是地下党领导下的学校。尤其是省吾中学，校舍较大，经常作为西区分会活动场所。

作为西区分会党内负责人，季勤先回忆了西区分会成立后曾经做过的工作："1947年7月8日和1948年1月，中教会为救济失学学生、抢救教育危机举办过两届清寒学生免费助学考试，把录取的学生分别保送到捐名额的中学上学。国民党市教育局对助学考试竭力诽谤、破坏，中教会就利用报刊给予严正驳斥，坚持如期举行免费学生考试．我们区分会的任务是发动会员向所在学校领导募捐免费生的捐赠名额，并协助做好免费助学生考试的出题、监考、阅卷、纠察等工作。"

被录取到省吾中学的季光中同学也回忆了那场在反动派压迫下的紧张考试："一

天，突然在报纸上发现上海市中等教育研究会招收免费生的广告。我喜出望外，立即去报了名。不料没过几天，国民党反动当局竟在上海各大报登载了所谓揭露上海中等教育研究会黑幕的消息。我看后非常气愤，报考的决心更加坚决了。考试那两天，气氛十分紧张。监考老师和同学们生怕特务前来破坏，大家都很警惕。然而报名参加考试的人却很踊跃，据说足有五六百人。我幸运地被录取到省吾中学，从而开始了我人生道路新的里程。"

这场冲破阻力的招生考试也有力揭穿了反动派的谣言，帮助450多名濒临失学的青少年圆了升学梦，他们后来都成了新中国建设人才中的一员。

西区分会还在1947年下半年，为教师分发由联合国善后救济总署运来的一批救济物资，有罐头、瓶装鱼肝油、奶粉等，分送有病的经济困难会员。省吾中学为这批

中教研究会揭露国民党市教育局对助学考试的诽谤

物品的储藏和分发做了大量工作。1948年1月,中教会制售热心教育章,筹募捐款,救济清寒学生,还为清寒学生义务辅导功课。西区分会的会员都积极热情帮助推销热心教育章。季勤先回忆:

"1948年6月28日,私立小学教师开展反饥饿、求生存斗争,到市教育局请愿,近千名小学教师通宵静坐在教育局门口。第二天清晨倾盆大雨,队伍仍然不动。29日一早,党组织派陶漠如同志赶来通知,决定中教去支援小教的斗争。很快,西区分会以省吾、华模,复夏的教师为核心,再发动其他学校的会员凑了钱买面包,组成一支西区中学教师声援队伍,赶到市教育局门前。这时看到四面八方来的支援队伍,有家长、小学生的队伍,有其他各区中教分会的队伍,越聚越多,影响很大。市教育局不得不接受教师的要求,下午6时静坐队伍解散,取得斗争的胜利。"

"西区分会为了联络会员间的感情,增进友谊,广交朋友,做好宣传教育工作,1948年共举行两次游园会和一次消夏会。春季游园会是在周家花园内举行,这是一个在华山路上的私人花园,里面景色秀丽,小桥流水,石桥、石亭,鲜花盛开,满园春色。许多会员和积极分子都来参加,活动内容有唱歌、游戏、猜谜、跳集体舞、漫谈时事、余兴节目。教唱的歌有《逼上梁山》《不得了》《不要皱眉头》等。大家玩得很高兴,也受到教育。秋季的一次游园活动在哈同花园举行。平时这个私人花园对外不开放,会员们听说到这里来活动,大家都很高兴,老朋友、新朋友带了不少人。大家见面,跳啊,唱啊,谈啊,使参加者乐而忘返。平时教师的生活非常清苦,在那

中教研究会热心教育章

中教研究会教师节章

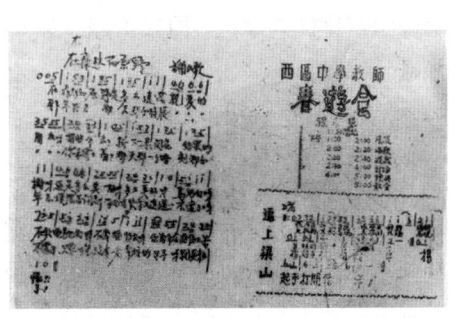
中教研究会活动时的宣教材料

白色恐怖下的艰苦岁月里，能为大家提供一点点小小的欢乐条件，激起为向往光明的明天而努力奋斗的热情，这样的活动是非常有效的。"

同年暑期又举办了一次消夏会，以省吾、华模、复夏三校教师为主，吸收西区分会进步教师和积极分子参加，共80多人，地点在省吾中学，办了3天。活动内容有报告会（请李正文同志讲时事形势）、讨论会、文艺演出、猜谜、歌咏、集体舞蹈和化装晚会等。大家认为这样的活动很快活，很有意义。

"西区分会还为生活困难的老师解决临时急用，举办会员互助储金会。参加储蓄的会员有特殊需要时可以借支，约6个月归还。教师的孩子生病，一时付不出医药费、住院费，都可暂时借用。事情虽微不足道，但教师们从中体会到只有依靠集体，才有办法解决一切困难。"（季勤先回忆）

1948年，随着形势变化，省吾中学教师党员担任的工作也有了一些变化。1948年8月，创办人、校务主任吴新智出国离校。不久创办人、训育主任兼校务主任李蕊珍也由上级党组织通知撤离学校。学校工作由原任总务主任的季勤先兼任校务主任，同时学校成立了由吕型伟、姚精华、严忠璞三人组成的训育委员会，由教务主任吕型伟兼任训育主任。1948年底，中教会为形势所迫转入隐蔽，活动暂停。西区分会在季勤先同志建议下，把中教活动转移到女青年会，成立女教师团契，与西区小学教师活动结合起来，继续开展工作。

为迎接上海解放，地下党建立上海市教育协会来统一领导教师团体工作。西区分会党组织则转入地区。原来由陶漠如同志联系改由沪西区委李德鸿同志联系，季勤先、胡文巧、许海涛（省吾、华模、复夏的负责人）编成一个党支部，主要工作是保卫地区，保护学校，避免在战乱中受损失，使学校完好无损回到人民手中，并做好迎接上海解放的准备工作。

中教西区分会许多会员，在地下党领导下，通过各种活动在斗争中锻炼成长。他们不论在解放前夕的护校斗争还是在解放后的接管工作中，以及改造旧学校，建设人民教育事业方面都作出了重要贡献。

第七章 勤学、勤业、交朋友

在姚解生家的亭子间里,省吾中学第三届学生党支部的三名支委范敬业、陈仲信、姚解生正在愉快交谈,这是他们转学省吾中学以来的第一次支委会。姚解生虽然和他们认识时间不长,但是共同的理想,让他们一见如故。姚解生一面在一张废纸上随手画着什么,一面问陈仲信来自哪个学校。陈仲信一手按住了他的纸,轻轻对他说:"这个习惯不好,容易泄密。"姚解生不好意思停住了手,把纸收了起来。上级联系人阿张同志今天来给他们传达上级指示。省吾中学自1946年3月建立学生党组织以来,已经建立了一届党小组和三届党支部,工作开展十分顺利。阿张同志今天来就是要向他们介绍前两届党支部联系群众的好传统。早在上海沦为孤岛时期,为执行"隐蔽精干、积蓄力量、长期埋伏、以待时机"这一敌占区工作总方针,党的学生工作学委就要求党员"勤学、勤业、交朋友"。要求党员带领群众一起学习好、广交朋友,在群众中树立威信,发现积极分子,发展和壮大党的力量。抗战胜利后,这仍然是国统区中共地下党学委对学校党员的要求。

阿张同志介绍了前两届党支部组织读书小组,开展读书活动的情况,以及各届党支部里党员"勤学、勤业、交朋友"的突出事例。姚解生特别佩服第二届党支部里的"老博士"程传泰,他十分善于做小同学的工作,小同学碰到各种疑难问题都愿意跟他讲,他总是很乐意为他们排忧解难,因而深受小同学尊敬。在他周围团结了很多初中小同学。还有第一届党支部的陈咸鸿,学习成绩门门优等,从初三跳级到高二,还考了第一名。他社会工作多,既是学生会主席,在助学活动中还担任了十一校助学联主席，在同学中很有威信。阿张同志要求支委们用自己的模范行动在群众中树立威信，团结和影响更多同学。

第三届党支部书记范敬业，多才多艺，会吹口琴会画画。大家都知道他是带头的，但是不知道他是党支部书记，这是秘密。在他身边有很多初中小朋友，像陈秀兰、杨菊菊、李定勋、励汝丰、陈保宁等。在范敬业引导下，励汝丰，陈保宁后来成为省吾中学年龄最小的地下党员。

组织委员陈仲信也是学习优秀、关心同学，受大家尊敬的好学生。石良耘回忆，她刚转学省吾，陈仲信就主动问她学习上有什么困难，书本都备齐了没有。当他知道石良耘还有书没有借到时，就帮她把书找来了。陈仲信说他和石良耘的弟弟在建承中学曾经同学过，因此知道她的家庭情况。

陈仲信（右）与同学们在兆丰公园

高炜佩服陈仲信功课好，待人亲切。他对陈仲信的印象是："剃平头，夏天穿件衬衫，冬天穿件西装领的布棉袄。话不多，总是笑眯眯的，但他引起我注意的并不是他朴素的衣着，而是他各门功课优秀的成绩。这对一个又要学习又要工作的学生来说绝非易事。正因为他功课好，待人亲切，所以同学都很尊重他，愿意和他接近，这就为他在同学中开展工作创造了条件。后来，当我知道他担任的工作如此繁重——省吾学生党支部委员，夜校党小组负责人、高三级长、西二区保安队大队长等，我就更佩服他了。"

桂荫泉1949年初和唐林宝同为高一年级学生，两人共用一张课桌，共坐一条板凳。桂荫泉回忆："那时我是个政治上一无所知，思想上很单纯的学生，但他已是一个无产阶级先锋战士——共产党员了（当时我不知道），工作任务在夜校。在和我日常的交往、闲谈中，他经常用一些现实的社会现象和具体事例来帮助我认识当时的社会本质和统治阶级的腐败。他还经常讲一些他所知道的被捕同学在狱中英勇斗争、坚贞不屈的事迹和他们巧妙的斗争策略来鼓励我参加地下党领导的学生运动。在母校的进步环境影响和唐林宝同学的帮助鼓励下，我入学不久，思想上即发生了变化，很快就参加了各项学生运动。在母校的半年对我这一辈子起着决定性的作用。"

为更好团结和发现积极分子，范敬业发动几个同学组织了读书会。以复习功课为名义，最早有范敬业、姚解生、季光中、宋凯耀、吴文建、高炜、石良耘、王碧云等几个高三班志同道合的同学，一起学习政治理论和文艺书籍，如艾思奇的《大众哲学》、苏联小说《钢铁是怎样炼成的》《青年近卫军》《日日夜夜》等，大家在自学基础上利用星期天集中座谈学习体会和心得。慢慢扩大到全校有五六十人参加。

胡润森也是1949届高三学生，他回忆参加读书会的收获："经常性的讨论、辩论和追求真理，使我养成自觉地学习和钻研的习惯。我阅读了《社会发展史》《钢铁是怎样炼成的》《西行漫记》《死魂灵》《大众哲学》《新人生观》《文萃》以及时代社出版的《时代》杂志和报纸。这些报刊书籍的革命道理和进步思想武装了我的头脑，增加了我政治、哲学、历史等知识，为我的思想进步建立起很好的基础。"

省吾师生 1946 年春到上海郊区虹桥社会考察

省吾学生夏令营活动

董思林老师与学生一起高桥海滨戏水

经过学习和思想启蒙，季光中、高炜、石良耘、王碧云等都相继加入了共产党、新青联。

那时，学生中唯一公开的组织是学生自治会，每年选举一次，各班自己推举候选人，自己出海报介绍本班候选人，由上一届学生会主持选举工作。当时还是初一的丁雪英记得刚进校那年的选举情况，"我记得进校第一年大家都选范敬业为学生会主席。所以能记住他的大名，因为他经常主持全校开的大会，代表学生会讲话，并以能吹双口琴而出名，每次组织的游艺会上，必定有学生要拉他吹上几曲。其次是一名叫王宝善的男同学，个子不高，戴着一副眼镜。其实我们也并不认识他。只因他的名字与上海话'黄包车'相近，平时他班上同学就喊他'黄包车'，选举时，把他的大名画成一辆黄包车的模样，叫大家投他的票，中午或下午放学时，经过小径，就能边看墙上的漫画，边议论，十分热闹。选举时还有唱票开票的人员，当众宣布选举结果。这种民主的空气，从我们入学第一年起就熏陶着我们幼小的心灵。"

党员就是这样用自己的模范行动和热心为大家服务的精神赢得了群众信任，被选为学生会和各级的级长。

级联会成立后，除了出墙报、组织讨论会外，还通过几次大的活动来团结、教育同学。王宝善记得有三件事对他影响最大。

一是在1948年10月,党支部决定组织一次到苏州的秋游活动,好更广泛团结同学。一共有40多名同学参加了苏州秋游活动。活动时间七天,这么长时间在外面,同学们的钱却不多,怎么办?夏乐仁老家在苏州,她提出让同学们都住到她家在苏州的大宅子里去。大宅子很大,有好几进,可以容纳全部旅游的同学。她自告奋勇为大家做大锅饭,解决了经济困难同学的七天食宿。大家在虎丘、拙政园、灵岩山上指点江山,激扬文字,交流思想,增进友谊。互相间的感情无形中亲密了。在三大战役已经打响的大好形势下,党支部争取到了一周时间,以苏州夏乐仁家为根据地,范敬业对大家讲形势,姚解生和小同学交朋友。初一、初二年级一些小同学在参加秋游后就成为班上开展学生运动的骨干。钱纪康没钱,他本来不好意思去,但在同学鼓动下,也参加了苏州游和几次郊游活动,他不知道是谁帮他付了路费,给他买了大饼油条。参加了活动,听到了不少革命道理,思想上进步不少,后来成了第一批"新青联"盟员。

二是在1948年12月24日晚上,在初二费国华同学家里——南市的一个茶馆里,组织了有80多同学参加的晚会。从表演节目开始,节目结束后,收听陕北新华电台的广播。收音机发生故障后,就由范敬业讲解形势。高二年级同学25日晚上又在夏乐仁同学家中,由圣诞娱乐活动转入学习解放区批评与自我批评的方法,同学间互相提意见,搞好团结。大家都感到很新鲜,受到深刻教育。那天半夜里大家肚子饿了,就起来生炉子煮鸡蛋,天亮后又到复兴公园跳集体舞。

三是1949年寒假时,在省吾校园里举行募捐助学活动。由于国民党政权面临崩溃,物价上涨,很多同学缴不起学费,报上又登载了禁止上街募捐的助学运动。为了粉碎反动派的阴谋,在学生地下党支部领导下,首先召开了级联会扩大会。范敬业讲解了当时情况和校内助学的意义,带头捐出了自己的手表,叶良畇捐出了自行车,高炜和叶佩也捐出了手表,季光中生活很困难,但他也把哥哥节衣缩食为他做的一套新黄卡其学生装捐出来。初二的陈保宁背着父母把床上的毛毯也捐献出来了,其他同学也捐出了衣物和各种实物。接着在1948年除夕下午全校举行了"师生联欢会",会上最后一个节目是沈廷鸾、赵小玲等几个同学演出的自编活报剧《让我们读书》。演剧一结束，范敬业即登台讲话，揭露国民党反动派禁止助学运动的阴谋，号召大家互助捐献，帮助经济困难的同学升学。接着一个个同学捐献物品和讲话，季勤先老师代表教师讲了话，全体教师捐献半个月薪水。先后发言的有20多人，捐献了相当数量款物。从下午4时开始，在激动的发言和热烈的掌声中，一直开到8时，天已黑了。连来看节目的其他学校一些同学也深受感动，捐献了两支当时还较罕见的圆珠钢笔。省吾的这一校内募捐助学方式，很快传播出去，在《学生报》和《中学时代》上登出了介绍文章。其他学校也采用这一方式，揭露敌人，团结同学。

的确，那时省吾同学间的关系亲密无间，这是一种志向、目标一致，在黑暗势力高压下凝聚起来的互相理解、信任、依赖的感情。

陈云回忆："当时吕和俭家境比较困难，李莉丽就把她母亲给的一个人的生活费同吕和俭合用。倪汉卿在缴不出学费的困难关头，籍传慧把自己心爱的一枚小戒指脱下来交给他。李亦琴收到父亲寄给她的钱，她都以缴党费形式拿出来作公用基金。石纪勋以自己的家，当作地下党和进步同学的活动据点，程传泰、张鑫华、李亦琴等人，在局势紧张的时候都到石家住过。有许多次，同学们集中在他家刻钢板印宣传品。特别是有一次另外一所学校的一名地下党员处境危急，由李亦琴带她到石家避风。石纪勋，包括他的父母亲，都毫不犹豫地一次又一次地敢担风险。"

这种同学之间由于志向一致而凝聚起来的关系比亲兄弟姐妹还要亲。范敬业回忆："饭盒子里的饭菜我们匀着吃，衣服可以相互换着穿。有些同学因白色恐怖严重，吃饭睡觉都不能回家，同学们知道以后就争着接待他们。我自己受到多少同学的接待，真是数也数不清了。在我们学校里，一人有难，众人相帮。1949年初，初三同学王文安家里发生了火灾，那天下午，我们刚上完课，全校同学立即出动。同学们勇敢地冲向火场，由于火势太猛，王家又在一大片被烧着了的棚户包围之中，无法抢救，但同学们都不肯离去，大家帮助王文安家里把抢救出来的东西搬到中山公园草坪上认真看守着，许多女同学陪伴和安慰着王文安，许多男同学仍徘徊于火场附近，不等火势熄灭就冲进现场，希望在瓦砾堆中找到一些幸存之物，直到天黑，王家已安顿好善后，

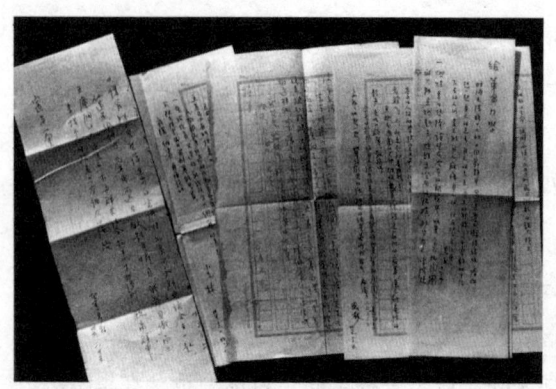

董思林老师给张华寅的信

董思林老师与1947届学生在长宁支路111号校园内合影

才各自回家。"后来王文安及她的父母就住在学校,度过了这一段困难时期。

省吾的老师们也用自己渊博的知识和人格魅力吸引、影响身边的学生,使他们在受到民主进步思想启蒙教育后走上革命道路。

杜淑贞、董思林、吕型伟、季勤先、严忠璞、姚精华老师都给学生留下了深刻印象,成为学生思想的启蒙者。

赵怡男那时在初中,她回忆:"杜淑贞老师是我们的班主任老师,也是语文老师。我坐在教室第一排,和老师的距离靠得最近。就这样,我还不免眼睛睁得大大的,倾听她娓娓的讲解。她所教的课文太吸引人了,是她指点我进入从未听说的文学之门。从《硕鼠》《伐檀》等不朽篇章,我平生第一次尝到一勺勺祖国诗歌源头的甘泉。鲁迅、普希金、易卜生这些大师的名字由陌生而熟悉,我不由产生敬仰之情,对语言文学的兴趣沛然而兴。参加革命后,我能长期在报社、出版社做编辑工作直到退休，饮水思源，得力于杜老师对我的启蒙，对我的熏陶。"

张华寅回忆："我曾先后从师董思林、吕型伟老师，从而开始了系统地接受革命理论的启蒙教育，逐步树立起革命人生观，踏上了革命征途。我在省吾的一年半，是我一生中的关键时期。省吾的老师们循循善诱、诲人不倦、言传身教的精心培育，对我的一生起了决定性的作用。尤其是董思林老师，指导我们读进步文学著作，介绍我们读《大众哲学》等革命理论，又赠给我《新经济学大纲》，后来（1947年春）还经常留我在他的宿舍里读《灯塔小丛书》……"尤其在他思想苦闷时，董思林老师五次深夜命笔，写信给他，向他纵谈时局，解剖人生哲理，让他从苦闷中走出来，成为"点燃起周围的火种"的人。在1947年临近暑假，即将毕业之际，董老师把张华寅领进由他筹划主持创办的《中学时代》，鼓励他投身于为民主、自由新中国而斗争的行列。

同样受到董思林老师教诲的还有巢次辰同学，作为班主任的董老师像关心自己弟妹一样关心全班15名学生。他支持同学参加进步学生运动，他和同学一起去川沙海滨郊游，他从周记里了解同学的思想。有一次巢次辰在周记里问："国民党反动政府应该垮台，但共产党究竟怎样呢？"董思林老师就在上面批："这个问题提得好。"并提示从几个方面对比国民党和共产党，从而理解共产党的历史使命和政策。在董老师启蒙下，到毕业时，全班有五位同学参加了中国共产党，占全班总人数的三分之一。

在吴文海印象中，教数学的季勤先老师一言一行都透着严谨朴实，教书极其认真，一丝不苟。她右手伤残，却用左手写出十分工整的板书，听她讲课，我们都带着敬意，严肃认真。

1948年9月进初一的刘鸿魁对省吾新型的师生关系印象特别好。"教师学生相互尊重平等。当时班主任严忠璞老师和课任老师姚精华及吕型伟、季勤先等老师和蔼可亲的态度，至今还留着深刻的印象。同学间友爱，更使人感到温暖。特别是高中的同学像大哥哥大姐姐一样辅导我功课，使我们较快地熟悉中学生活。学校根据需要有时演出活报剧，有时请陈鹤琴先生讲美国见闻，这样，我们进校不久，被吸引在大哥大姐的周围。我这个班组学习干事，也参加学校图书馆工作，乐意为同学服务，我们

歌咏组的学生们

政治上很幼稚,高中同学章剑平、高炜帮助我们成立了学习小组,为我们讲解形势,有时也带来学联印的油印刊物,学习后即毁掉,使我们从懵懂中逐渐开窍。"

省吾中学的学生党支部和教师党员们就是这样将"勤学、勤业、交朋友"的方针落实,影响和带动了一所学校的一代青少年走上了革命的道路。

第八章　在学生运动中锻炼成长

1946年3月，当新中国航船的桅杆已经出现在地平线上时，省吾中学有了第一个学生党组织，在党组织带领下，省吾中学的同学们投入了争取民主、自由的斗争。

一、第一届学生党支部时期

早在省吾中学成立党小组不久，就发动同学参加了1946年6月23日欢送请愿团去南京的反内战示威游行。

当时还在初二的党员叶梅娟回忆："我印象较深的一次是1946年6月研究怎样发动和团结同学去参加'六·二三'示威游行，到火车站欢送上海各界人民代表请愿团去南京向国民党政府请愿。当时的口号是要民主、要和平、反暴政、反内战、反饥饿。后来发生了下关事件，雷洁琼教授等都遭到国民党特务的殴打而受伤。国民党政府进一步暴露了自己的反动本质，引起了全国人民和学生的愤怒和声讨。"

蔡玲曾时任党小组长，她回忆："那天一早，同学们陆续都来了，一路上大家情绪高昂，高呼'反内战，要和平！'口号，向北站进发。回来时队伍遇到特务的捣乱，大家非常气愤。下午4、5点钟时，队伍完整地回到了学校。正在这时，励汝敏从大会会场回来，他是欢送大会指挥唱歌的十个分指挥之一，他告诉大家代表在抵达南京车站时即遭到国民党特务殴打的消息。大家群情激愤，进一步认清了反动派的无耻嘴脸。"

1946年秋季开学不久，教育当局颁布对高中毕业生实施全国统一会考的决定，激起各校高中毕业班同学的愤慨、抗议。全体高三同学都出动向教育行政当局请愿。第二天到校看到学校布告栏上，赫然告示（大意）："……高三班全体学生，无故旷课一天，决定给予警告处分……"大家都想不通，酝酿着要同校领导说理。张华寅回忆："有老师批评我们幼稚、不识大体，严肃地反问：'教育局一旦发现了你们全班旷课，查问学校行政，怎么交代？……'一个反问，点破了谜团，我们恍然大悟。原来老师们事先明明知道我们的动向，而没有阻拦，这岂不是一如既往的同情和支持吗？而事后的警告，分明是多么高超的斗争艺术、斗争策略。这一着'马后炮'真是有案可查，而又无懈可击的有力声援。我们有什么可委屈的呢？"

第一届党支部成立后，正逢梁仁达惨案发生。1947年2月9日永安公司职工梁仁达到南京路劝工大楼参加"爱用国货，抵制美货筹备会"的成立大会，一百多个暴徒手持凶器，袭击会场，殴打群众，梁仁达挺身而出怒斥暴徒，遭暴徒毒打致死。党支部深入各班宣传揭露国民党的暴行，组织了声援活动。

到了1947年5月，国民党统治区的各种危机进一步加剧，公费大专院校学生每人每天的菜金只能买两根半油条，学生中患肺结核、贫血病的占15%以上。上海地下党学委提出"抢救教育危机"的口号，以争取社会同情。5月19日上海各校学生赴北站送代表赴南京请愿，省吾有80多人参加了游行。5月20日南京、上海、杭州、苏州等城市16所专科以上学校代表在南京举行了6000人的请愿游行，遭到国民党军警宪特毒打和消防龙头镇压，造成震惊全国的"五二〇"惨案。党支部按照上级党组织的布置，执行市学联的决议，发动全校同学举行二天罢课。这个行动通过召开级联会讨论决定，有个别阻力较大的班级，党支部派人去班级做宣传动员，终于全校同学都参加了罢课，还组织了部分同学上街宣传、张贴标语。

二、第二届学生党支部时期

第二届党支部成立于1947年9月，这一年间正是上海的学生爱国民主运动风起云涌的时期，大批青年学生目睹物价飞涨、饿殍遍地、民不聊生的社会现状，在党的引导下，逐渐觉悟。越来越多的青年学生投入于党领导下的爱国学生运动。从1947年9月至1948年7月，省吾中学第二届学生党支部在中共上海地下党学委领导下，组织同学参加了悼念于子三、劝募寒衣、支援同济"一·二九"斗争、抗议"九龙暴行"、声援"申新九厂"工人罢工、抗议"四一"惨案和"反美扶日"示威游行。投身于爱国民主运动，极大提高了同学们的思想觉悟，奠定了他们的政治信仰和人生观、世界观基础。

1. 悼念于子三

1947年10月29日，浙江大学学生自治会主席于子三在杭州监狱里被害，消息传出，上海地下党学委指示，要对敌人进行有力反击。上海学联发表抗议书，号召各校同学在11月11日以罢课、鸣钟、素食、捐款等方式，表示哀悼和抗议。

省吾中学第二届学生党支部书记濮秀丽根据上级党的指示，召开了支委会，决定在校内举行一次悼念活动。1947年11月11日，学校底楼礼堂里，白色挽联高挂，门窗关闭，光线黯淡，烛光摇曳。一场悼念浙江大学学生会主席于子三的追悼会将要举行，台上点燃的白蜡烛烛泪流淌，台下站立着面容严肃，眼神悲切的全校师生。

追悼会由学生自治会出面筹备，学生自治会主席程传泰主持，他在悼词中介绍了于子三同学的斗争事迹及受迫害致死的经过，出示了于子三受折磨后惨死的现场照片，强烈控诉和抗议反动派的罪行。他号召同学们加强团结，化悲愤为力量；一个人倒下去，千万个人站起来，积极投入反迫害、争民主的斗争。他那有力的控诉，激起了同学们悲愤的情绪。悲壮的挽歌，由几位同学领头唱起来了，大家开始低声随唱：

"安息吧！死难的同学，别再为祖国担忧。你们的血照亮了路，我们将继续前走。

"你们真值得骄傲，你们为真理而斗争。冬天有凄凉的风，却是春天的摇篮。

"安息吧，死难的同学，别再为祖国担忧。现在是我们的责任。去争取民主自由。"

挽歌声愈来愈响亮，愈来愈悲壮。歌声中隐含着轻轻的抽泣声和渐渐增强的呜咽声，震撼着场内同学们的心。

1948年春天，清明节前，上海地下党学委决定利用春假到杭州举行悼念于子三的公祭活动，由市学联出面组织。省吾党支部发动同学参加这次活动。活动以赴杭州春游名义组织，党员利用平日联系群众的网，层层动员，有的小同学家长不放心孩子外出，大同学就上门向家长保证一定照顾好他们。有的同学经济上有困难，老师就解囊相助。总共组织起一支150人左右浩浩荡荡的春游队伍，约占全校同学的三分之二。

1948年清明节时，省吾学生150人赴杭州参加悼念于子三活动

旅途中、车厢里，同学们欢歌笑语，促膝谈心；西子湖、岳王坟、三潭印月、九溪十八涧……同学们饱览杭州的湖光山色、名胜古迹。浙江大学、之江大学等把教室腾出来，并组织了接待工作，去杭州的同学都住在浙大等校内。晚上，坐在浙江大学大草坪上，参加沪杭两地学校联合举办的万人文艺晚会。围绕争民主、反迫害这一主题，会上演出了许多歌舞和活报剧等文艺节目。省吾也带去了元旦师生联欢会上演过的《蒋光头绞杀民主》的活报剧，带上全部道具，有同学专门剃了光头，表示为了革命，即使牺牲也不怕。这种为了民主，不怕牺牲，视死如归的精神，值得省吾人自豪。

春游最后一天，正是清明节。大家来到杭州城外，凤凰山麓，肃立在于子三墓前，举行了公祭。仪式简单隆重，庄严肃穆。阵阵哀乐，首首挽歌，篇篇挽词，句句祭文，

市学联号召全市大中学生开展劝募寒衣运动　　　省吾同学将寒衣送给灾民

体现了同学们的悲愤心情，鼓舞同学们的斗争意志。省吾中学学生自治会主席叶良昞，被推派为上海学生代表之一，参加陪祭，并代表省吾致了挽词。

高三班女同学席秀弟和蒋有爱事后回忆："我们原来读书用功，有正义感，但不大过问政治。那年到杭州春游，从活报剧，从浙大同学对反动派迫害于子三的罪行的揭露，以及到凤凰山于子三墓前悼念，使我们体会到中学生要有出路、有前途，首要的问题是推翻反动统治。……我们从此觉醒了。在地下党支部的领导下，也参加了各项政治斗争，为揭露反动派的罪恶，为唤起更多的青年，唤起群众，为推翻国民党反动统治而斗争。"

2. 深入社会、了解民众、提高认识

1947年12月，天气特别寒冷，每天路上都有冻毙的流浪者。市学联号召全市大中学校开展劝募寒衣运动。省吾中学全校师生都参加了劝募寒衣，同学们分班级、分小组在街头宣传，并将劝募到的钱和衣物送到苏州河北面的棚户区发放。尽管省吾学生本身家庭经济状况也都不富裕，但是当他们将寒衣送到灾民手中时，他们真正被震撼了，在滚地龙，破席棚里的难民，真是家徒四壁，一无所有，骨瘦如柴。同学们真

切看到了"朱门酒肉臭,路有冻死骨"的社会不平等现状。

转眼到了1948年1月,港英当局以武力强拆民房,造成流血惨案。1月16日,省吾党支部组织了有两个班的初高中同学,参加在交通大学举行的"反英大会"和当晚的火炬游行。1月17日市学联动员1万学生到英国使馆门前示威,省吾党支部接到通知动员同学下午两点到外滩参加游行示威。由于这次游行通知时间紧迫,事前没有与学校联系,在出发前被李蕊珍老师拦住不让走。说,"你们再这样不上课,被教育局知道了,学校要停办了。"学生党支部商量后决定派一部分同学去,其余同学留在学校照常上课。于是,前门李蕊珍老师锁住大铁门不放人,后门季勤先老师借买菜需要打开门放学生出去。这次有40多名同学参加了外滩英国领事馆前的抗议示威游行,同学们在外滩公园门前张贴了很多标语。

1948年1月同济大学学生在选举新一届学生自治会过程中遭校方反动势力迫害,他们开展了"反迫害、争民主"的斗争,1月29日又遭到反动军警镇压,逮捕学生二百余人。3月15日,省吾中学接到上级党组织通知,组织了一百多名同学赶赴法院声援同济"一·二九"被捕学生,并向同济大学被捕学生赠送锦旗:"我们永远做你们的后盾!"

1948年2月2日申新九厂工人在反动军警包围镇压下,举行罢工绝食斗争。党支部接到上级指示,带领全体同学去工厂声援。支委讨论,由李亦琴说服助学金委员会,用二百元买了一麻袋面包,同学们轮流背着大麻袋向工厂进发,一路上喊口号:"支援申新九厂工人罢工!""工人学生是一家!"。同学们看到工人们已经饿得连话都说不出来了,只是摇手点头,心里十分难过。

三大战役的胜利,中国共产党已经解放了长江以北大片土地,国民党面临军事上一败涂地。这时蒋介石引退,李宗仁上台。1949年4月1日开始国共和平谈判,南京11所大专学生六千多人举行声势浩大的示威游行,要求南京政府接受中共实现和平的八项条件,遭国民党军警特务血腥镇压,死2人,伤一百余人,制造了震惊全国的南京"四一"惨案。上海学联即发表抗议宣言,号召各校召开追悼会,募捐慰问死难者家属，罢课声援。并在交大举行声援南京"四一"惨案集会。为避免敌人注意，省吾学生50多人分批离校到交大参加追悼会，撒了很多传单和进步歌纸，还以省吾同学的名义送给大会一副对联："谈什么和平和平！还不是杀人杀人！"交大同学将此对联贴在追悼会场大门两边。

3. 五四营火晚会和"反美扶日"示威游行

1948年5月4日交大民主广场举行营火晚会，全市120余所大中学校，15000学生听孟宪章教授演讲，揭露美国扶植日本军国主义的事实。会上成立"上海市学生反对美国扶植日本，抢救民族危机联合会"。并发起10万人反对美国扶植日本的签名运动。省吾中学有60余人参加了5月4日的大会，散会后同学们和不少其他中学的学生一起，留在交大。那天夜里，大家都整夜未睡。学唱反美扶日歌曲，练习"团结

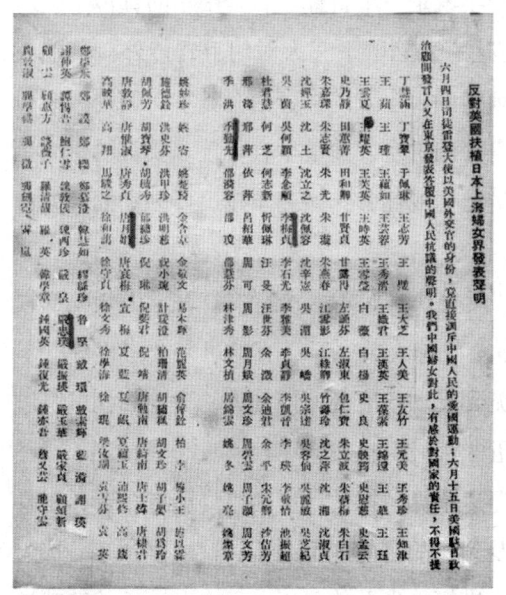

反美扶日上海妇女界发表声明，画线处是省吾教师名字

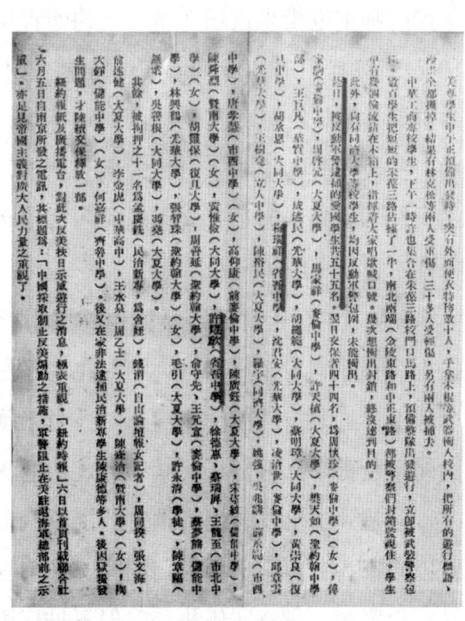

反美扶日游行中被捕学生名单，画线处是省吾学生名字

就是力量"的集体舞。交大同学始终陪同大家,细致讲解国内形势,深入宣传反美扶日意义,要大家回校后积极征集签名,完成反美扶日宣传任务。

参加了交大的五四营火晚会后,省吾中学党支部决定也在自己学校操场上举行一次营火晚会,以更广泛地发动同学投入运动。

叶良昞是学生会主席,他负责邀请民主人士张綱伯来校演讲。张綱伯非常热情,不嫌省吾人少校小,一说就答应,并应约准时赶到,发表了发扬"五四"光荣传统,反对卖国独裁,反对美国扶植日本的讲话。同学们表演了歌舞、朗诵和活报剧。这是省吾中学第一次开营火晚会,熊熊烈火照亮了每个人的心。这一根根木柴都是同学捐献的。营火晚会不仅震动了全校师生,当时在校门外聚集围观的附近居民,也受到了教育。

会后,省吾又组织起宣传队,到附近几所中学宣传反对美国扶植日本,动员兄弟学校的师生也投入这场斗争。圣约翰青年中学就是一个目标。省吾中学的宣传小组约10人,备有标语、传单。宣传队员一到传达室,除留下三人对门卫宣传外,其他人乘机溜进学校,分兵三路,两人贴标语、画漫画,余下的直奔两个教室。敲开教室门后,一人向教师说明来意,一人马上占领空着的讲台,向学生宣传反美扶日的重大意义。等学校领导闻讯赶来驱赶时,宣传队员已完成任务,撤离学校,再去别的地方,每校不过半小时。

6月5日,上海几万学生到外滩举行"反美扶日"示威游行。省吾学生党支部根据上级指示,发动了80多人参加,几乎占全校总人数一半,有的班是全班出动,不少从不参加游行的同学也出来了。由于预见到反动政府会使用暴力,党支部就组织以大同学负责带好看好小同学的形式,把队伍严密组织起来。

但是到了出发时间,预定的出租汽车迟迟不见,据估计反动当局已有布置,于是就以搬家为名再向出租公司要车,把出发及到达的目的地都改了,这才要到车。那天气氛很紧张,虽有队伍集合,但不见标语、横幅。省吾的队伍一下汽车,长竹竿就被人没收。待走到北京东路外滩,只见学生队伍前反动军警林立,由于交大、同济、光华等大学的学生被拦在校内出不来,外滩只有五千多中学生。党支部书记濮秀丽要大家小心,喊口号要集体喊,不要暴露领头的同学。下午四点钟警察向学生动手了,省吾的队伍被从中分割成二,一部分朝北过英国领事馆,从儿童公园转弯,顺苏州河方向走到四川路桥附近解散。一部分则又在南京东路上汇集了其他学校的五百多学生开始了游行。在混乱中,省吾中学高二学生许耀欣及初二学生梅瑞祥被捕。他们在外白渡桥附近被押上警车送到黄浦区警察分局关押。那天共有六十多人被捕。由于上海市学联主席张渝民受伤,为了减少伤亡,他下令撤出外滩。省吾同学把旗帜卷起,从小路绕道到南京路永安、先施公司,又打起旗帜进行宣传。公司店员拿出小方凳让同学们站在上面向市民宣传"反美扶日"的意义,得到在场市民热烈欢迎。

那天省吾高二同学周维民担任本校总纠察,用自己强壮的身躯挡着保护小同学和女同学。陈云等一些大同学还直接将小同学送到家里。

2名被捕同学第二天由学校出面保释回家,李蕊珍和吕型伟老师去警察局将他们接回家。上级党组织领导人指定籍传慧、程传泰两人立即去许家表示慰问,虽然警觉到这也许是反动政府设下的陷阱,但即使如此,也一定得去,因为这是许耀欣第一次出去参加活动,同学的慰问,对他的情绪以及今后的政治倾向,关系非常大。许耀欣受伤较重,叶良呙、程传泰帮他联系医生,季勤先老师介绍他到圣约翰医学院附属医院去就医。

在省吾例行的周会上,全校师生像迎接凯旋归来的战士一样热烈欢迎被捕同学返校。学生自治会向他们分别赠送一面绣有"民主战士"字样的锦旗。会上许耀欣谈了自己被捕及与反动军警特务作斗争的经历,出示了自己身上的多处伤痕,强烈控诉了国民党反动派的罪行。绝大多数同学都第一次亲眼看到国民党特务抓人,第一次看到同学被殴打的斑斑伤痕,从而更看清了反动当局的狰狞面目,更多同学觉醒起来了。叶良呙在会上作了总结发言,指出,"反动派的日子就像门口那棵在风雨中飘摇的柳树一样,长不了了。"

这次示威游行给同学们以深刻的教育,很多同学事后都写下了自己的感想。

省吾中学的学生在1948年6月5日"反美扶日"的游行队伍中

40年后,范敬业在北京中国革命历史博物馆发现,陈列着一幅当年省吾同学参加"反对美国扶植日本"示威游行的照片,这是珍贵的历史记录。

省吾中学的同学们在争取民主、自由的斗争中锻炼成长着。1949年4月中旬,解放军已奉命集结在长江北岸,上海解放已指日可待。第三届党支部承担着组织应变,迎接上海解放的任务。

第九章 《学生报》与《中学时代》

教学楼的西侧,六角形的茅草小亭子——"星火亭"是学生自治会的活动室,同时也是《中学时代》《学生报》等报刊分发点和进步书籍借阅点。据丁惠康回忆:"在当时的省吾,由于地下党领导的进步力量比较活跃,能买到地下学联编的《学生报》,有公开发行的进步学生刊物——《中学时代》,有借阅进步书籍的借书亭,我记得当我借到描写美国工人运动的《相持》《怒火之花》和记载鲁迅先生战斗一生的《鲁迅传》等文艺读物时,是那样如饥似渴地阅读。"

修建工作继续了整两个月,感谢校方师长和所有同学给予我们许多鼓励帮助。我们克服困难完成星火亭的建设,有一分光发一分热是我们工作的动机。我们所以全力

"星火亭"匾额及上面的文字

来建亭,就是为了要学习怎样建设我们的学校,留下星火的微光,照亮着同学们前进!

三八星火级全体学生敬立
三十七年一月于母校

《学生报》是上海市学联的机关报,1947年6月1日创刊,是一份地下报纸,编辑、出版、印刷和发行,都按照党的地下工作纪律进行。省吾中学高三学生顾联瑜便是《学生报》的地下发行员。他所在小组共5人,其中1人负责到地下印刷厂取来报纸分发给大家。每个发行员负责向固定的几所学校运送报纸,但不能直接送到学校,要送到学联在每个学校选定的校代表家中,以免暴露。

送报到校代表家中时,是按约定时间到达(不能提前或拖后)。先看清有没有暗号(例如窗台上摆的一盆花,或者开着的窗户挂一个拖把),然后敲门,见面后对暗语,一般都是课堂学习内容。暗语对上了,把报纸交出去,就完成了任务。

顾联瑜一边在省吾上学,一边担任《学生报》的发行工作。拿到每期报纸后,先在家里按各校份数分好,装进书包。到校后,把装有《学生报》的书包藏到季光中同学的宿舍,放学后去分送。可以说省吾是《学生报》地下发行的据点之一。在省吾学生中《学生报》半公开地在同学间传阅。

季光中是《学生报》的通讯员兼发行员,他回忆:"新到一个环境,我学习比较刻苦,比较勤奋。开始时和同学们接触较少,大部分课余时间都在教室里自学。后来,我被选为组长,和老师、同学们的接触很自然地多了些。不久,我发现有些同学暗地传看着一份油印小报,于是我好奇地向一名很要好的同学借来一份,一看原来是上海市学联出的《学生报》。它的内容深深地吸引了我,字字句句都好像说出了同学们埋在心底里的话。从此以后,每期《学生报》我都要借来看,几乎是一字不漏地看完。过了约一两个月,高三同学陈云介绍我参加了地下学联,担任省吾中学的校代表,任务是给《学生报》写稿,反映同学们的意见、要求,并做好发行工作。我高兴地接受了这个任务。又过了一段时间,董老师也给了我一项具体任务,就是帮助油印《学生

 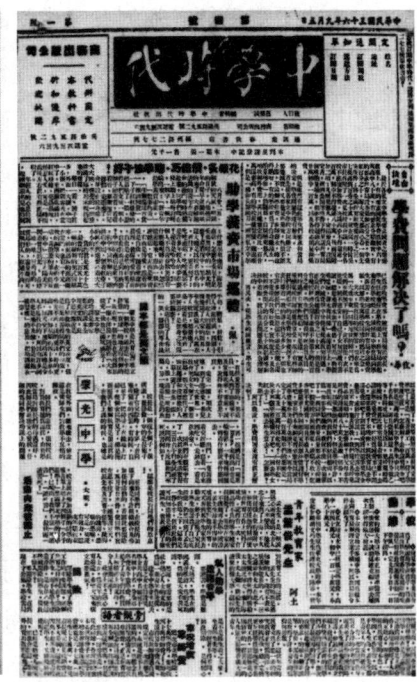

《学生报》与《中学时代》

报》。后来还印了些政治资料，如《将革命进行到底》的社论，我们就印了几百份，通过这两件工作，使我有机会仔细地阅读每期的《学生报》和有关的时事政治资料，政治上、思想认识上都有了一定的提高。"

地下党学委为了巩固"五二〇"反饥饿、反内战运动的成果，加强对广大中学生的革命启蒙教育，决定专门为中学生创办《中学时代》杂志。上级领导抽调省吾中学教师董思林去负责《中学时代》的编辑出版工作。

学委对这份刊物的定位是：一份公开发行的刊物，要以合法身份出现，内容要具有进步性、知识性和群众性。读者对象针对广大政治态度中间和进步的中学生，对中学生进行革命启蒙教育。

由马福龙所写的《中学时代》一文（《解放战争时期上海学生运动史》

P514~520）叙述了董思林老师创办《中学时代》的艰难：

"当时由中学区委委员龚兆源、毕玲分头负责调集人员筹备。龚兆源找了在省吾中学教书的中共党员董思林研究搭班子、确定办报方针，以及解决办报的纸张及经费等问题。中学区委还陆续调来党员王种兰、许竹安、刘筠、朱传慧、杨希康等人，并确定由董思林总负责。董思林通过在省吾中学任教务主任的吕型伟，找到当时任国民党上海一个区的副区长的吕的哥哥吕型诚。吕型诚和社会局一名处长有关系，本人又有办刊物的想法，就以吕型诚为刊物发行人，借此取得了《中学时代》的登记证。许竹安的舅父在福州路开了一家春秋书局，许就在那里工作，由许设法通过书局帮助解决《中学时代》出版的纸张、发行，并以书局作为《中学时代》对外的通讯处。王种兰负责编辑工作，刘筠负责通联工作。这样，经董思林等同志奔走忙碌，积极筹备，大家凑了点钱，终于把《中学时代》办起来了。以后，并成立了由吕型诚、吕型伟、董思林、许竹安、王种兰、刘筠等人参加的社务委员会。"

杜淑贞老师作为女中区委书记，中间也参与了《中学时代》的联系工作。她回忆："1947年上半年，听到老龚告诉我，董思林同志联合了一些中学的师生，创办了一个反映中学生活的刊物，开始似乎是一份油印的报纸。后来又听说地下党学委领导很重视这个刊物，要求把它办成一份公开发行的、以中间偏左面目出现的、更多反映中学生的思想和生活的杂志。不久又听说他们在积极筹集资金，利用合法条件物色与国民党当局有一定关系的社会人士担任发行人，同时还进行了出版印刷等大量工作。为了这一切而奔走忙碌的就是董思林同志，这个刊物就是曾经在当时中学生中起过启蒙作用的《中学时代》杂志。"

"这一年冬季，经组织决定，《中学时代》交由女中区委领导，具体分工由我去联系。这时杂志已办成一本十六开有好几个栏目的、相当吸引人的刊物了，并且已有好几名党员和一批积极分子在其中工作。《中学时代》党组成立了，由董思林、王种兰、杨希康等三同志组成，并由董思林同志负责。我们重新见面是多么高兴啊！我们常在一名义务为杂志工作的教师家里研究杂志的内容、版面并审稿，王种兰同志分管编辑组,杨希康同志分管通联,董思林同志除负责全面外,还要管印刷、发行、经济等工作。过不了多久,杨希康同志因暴露而转移了,通联工作也由董思林同志一并抓起来,他总是那样默默地、孜孜不倦地埋头苦干,从不叫苦。这一时期,他团结教育在杂志中义务工作的青年同志,热情地启发他们的觉悟,并且发展了两名积极分子入党。到了1948年春,《中学时代》又交回男中区委。"

《中学时代》内容重视时事形势教育,帮助学生了解时事和解放战争形势,结合历史知识,启发学生联想国民党反动派的倒行逆施。刊物还设有专栏交流中学生的学习、生活和斗争,以及他们遇到的一些问题。

负责《中学时代》编辑工作的董思林老师

由于物价飞涨,每次的纸张和印刷费用都会遇到很大的困难,因此为《中学时代》写稿是没有稿费的,有时几名老师还要从微薄的工资中拿出钱来资助刊物。

《中学时代》第一期出版于1947年6月28日。一开始《中学时代》是像报纸的四开四版。从1947年11月10日起,改为16开杂志型刊物,每期12~14页,最多一期为20页。

《中学时代》通过春秋书局门市部和书报摊向社会公开发行,还有就是通过同学向一个个学校推广发行。开始主要在上海发行,后来影响慢慢扩大,也扩展至邻近各省甚至边远地区。发行量至3000份,最后被勒令停刊的一期,发行量至5000份。

由于《中学时代》贴近中学生的生活,读者来信增多,很多同学都写出了自己读后的感想、收获、困惑。后来的《中学时代》将70%版面留给学生,让学生写出自己对学费负担,毕业出路的担心,参加救饥救寒运动后的感受,对中国今后前途的思索。还有30%版面请导师们写稿,对同学们关心的热点问题进行指导。

省吾中学由于董思林、吕型伟两名老师的关系，几乎成为《中学时代》的根据地。吕型伟经常在省吾中学内主持召开社务委员会会议。一部分邮寄的《中学时代》在省吾中学卷装寄发。不少省吾中学学生参加了《中学时代》的通讯发行工作，受到董思林老师的教导和影响。

省吾中学第一任学生党支部书记蔡玲曾也是《中学时代》发行通联组成员。学生季光中、李行健、张华寅、巢次辰等都是《中学时代》的发行员。党小组成员叶梅娟离开省吾后，在苏州读书的学校也担任了《中学时代》的发行员。

李行健同学回忆："学校为解决我家庭经济困难，照顾我半工半读。我因担负着一点学校的工作，增加了与老师接触的机会，受教育也就多些。我和班主任董思林老师住在一个宿舍里，还帮助他担负《中学时代》刊物几个领导人之间的联系，所以听到的革命道理也多些，受他的活动的感化也深些。以后我就参加了党，走上了革命的道路。"

巢次辰在高中毕业考进大学后，还留在省吾帮助教务处做些工作，他一面在大夏大学读经济学，另一方面帮助董思林老师做一些《中学时代》的发行工作，负责联系几个学校。他上午在大学念书，下午在省吾日校做工，晚上在省吾夜校义务上课，生活十分紧张，但十分愉快和兴奋。后来董思林老师又通知巢次辰和李行健，组织上让他们转移到解放区去。在临行前，尽管当时学校经费很困难，还拿出一些钱作为他们在学校工作一年的报酬。他们就拿这笔钱买了几件衣服化装去解放区。1948年5月，他们的关系转到交通部门，就此与省吾断了关系，告别了心爱的母校。

张华寅也是深受董思林老师影响的学生，他在离别省吾之际回忆："高中毕业考试结束了，暑假又将开始，我怀着殷切而圣洁的期盼和无限思念之情，将要同我的母校、敬爱的老师们和亲爱的同学们告别我的中学时代了。虽然，我有可能会带着我的那份《中学时代》通讯发行任务而去。正当我处于期盼和惜别之际，省吾中学的学生党支部书记在新校园里向我庄重宣布：批准我参加中国共产党。回首往事，我深感：我在省吾的一年半，是我一生中的关键时期。省吾的老师们，尤其是董思林老师对我的一生起了决定性的作用。"

通讯员马信德并非省吾学生，他回忆："1948年秋，我18岁，在上海民治新专念书，又在地下党领导的《中学时代》杂志从事通讯、发行工作，当时由王景同志和我联系工作。由于我在上海没有住处，就由他介绍寄宿在省吾中学，平时在学校里做点杂事，算是半工半读吧。我借住于校门口的汽车间楼上，这座两层小楼，楼下是音乐教室，楼上前间是吕型伟老师住，后间是我和季光中睡在一个大铺上。旁边一间约10平方米的小间，就是董思林同志住房了，除了一张床一张桌子、一把椅子，就没有任何活动余地了。以后我才知道董思林老师曾是《中学时代》地下党组织负责人，但按照地下党的组织原则，我们没有发生'横的关系'。开始时，我还是一个追求进步的青年学生，虽然不满现实，但是也不懂得什么是共产主义理论和革命道理，光凭一点革命热情在工作，他在看到我在深夜灯光不灭、默默地在为《中学时代》复信，到第二天清早就招呼我：'夜里累了吧，可别睡得这么晚。'叮嘱我安排好自己的生活。"

《中学时代》只有山东路春秋书局的通讯处，没有编辑部地址，省吾中学实际上就是《中学时代》的小本营，稿件从这儿发出，刊物印好也送到这儿。平时就藏在音乐教室，风声紧了，就搬到底层教室的地下室。当停刊令下达时，刚好还有最后一期刊物没有发出，邮局已经不能送了，王景同志来开了一夜的会，最后决定由积极分子分头送出去，于是同学们一书包一书包地将最后一期《中学时代》送到各个学校。

《中学时代》自1947年6月28日创刊，到1949年3月22日，被国民党当局勒令停刊，共出版31期。

第十章　工人夜校

1947年下半年，省吾中学搬到长宁支路111号，有了自己独立的校舍后，经常有人来商量晚上借校舍。为了学校安全，也为了给附近工厂失学青年工人有读书和认识社会的机会，省吾决定自己办夜校，由地下党员严忠璞老师兼任夜校校长，高年级学生中的地下党员、积极分子担任教师。

省吾筹备开办夜校，严忠璞老师带领初高中学生到曹家渡周围各工厂去宣传，动员工人来报名。竺再琴当时在荣成绸厂做工，听省吾学生黄素琴介绍后，她和同厂的俞碧慧、王慧珍一起来报名。最初的学生人数只有十来个人，1947年11月份开始上课。

不久又有丽新纱厂李植誉，纺织印刷厂吴志明、孙文标，煤球店袁锦民等20多名职工来报名读书，严忠璞老师将夜校分低、中、高三个班级上课。以后又陆续有周文炳、陈文斌、鲍惠民、何耘、俞仁根等人来报名，学生人数增加到60多人。到1949年5月上海解放时，夜校学生已有100多人。

夜校的教学和行政工作由严忠璞老师负责，有时董思林老师也会给夜校学生上语文课。1947届的巢次辰和李行健，高中毕业后，考进大夏大学，但并没有离开省吾，在省吾帮助教务处做点工作，晚上就在省吾夜校上课。这是夜校最早的教师。后来他们两人由蔡玲曾和董思林老师发展入党。1948年4月，巢次辰和李行健由组织安排转移去解放区。

在第二届学生党支部里，李亦琴和程传泰都是夜校教师。程传泰毕业考进大夏大学后，仍然来省吾夜校上课。1949年3月第三届学生党支部建立了夜校党小组，党

省吾夜校校长严忠璞老师（1999）　　夜校党小组与夜校学生，前左起：谭文修、石良耘、冯伟倩；后左起：袁锦民、钟海云、唐林宝

小组长谭文修，组员唐林宝、石良耘，支委陈仲信负责联系。他们四人也都是夜校教师。另外还有一些非党积极分子和圣约翰大学的学生也来夜校上课。

省吾夜校也是地下党培养革命力量的一个阵地，特别是高班的20个学生，文化程度已达到小学六年级，有一定觉悟。夜校开展"导生制"，由日校的高中生为夜校学生上课，带领参加活动。1948年春季正式上课时，夜校老师已有20名。

夜校学生成立了学生会，由李植誉担任省吾夜校学生会主席。后因李植誉工作繁忙，改选何耘为学生会主席。

夜校上课的内容有语文、数学、政治，另外也教唱歌、舞蹈、排演节目。

夜校让这些青年工人不但提高了文化，而且了解了形势，懂得了革命道理。

竺再琴回忆："在夜校里，金兴杨、程传泰、陈仲信、唐林宝担任政治老师，在课堂上轮流宣传革命形势，如老解放区人民的民主平等的幸福生活，解放战争胜利战况，如淮海战役、平津战役、辽沈战役等等。宣传社会发展史，历史唯物主义，分析蒋经国限价失败的原因。学生们从中受到了启蒙教育并增加了革命知识。

"语文课的内容以鲁迅文章为主,如《药》《孔乙己》……旨在揭露旧社会的黑暗,分析劳动人民所受各种苦难和被压迫的原因。严忠璞校长和巢次辰、李行建、周维民等任语文课老师。董思林老师有时也来代语文课,他上课深入浅出、分析透彻,学生们听得聚精会神,津津有味。

"数学课是由褚萱萱、李亦琴、过国民等为任课老师,主要教一些加、减、乘、除及四则运算。

"严校长也担任英语老师,教学生26个大小英文字母,要求能背诵,默写,使学生对英语有初步了解,李行健老师还教英语歌曲,逗得大家哈哈大笑。"

已经考进大夏大学的地下党员程传泰,在政治课上给工人学生讲工人为什么这样苦,我们身受哪三座大山的压迫,资本家是怎样剥削工人的,等等道理。

唐林宝教高年级政治,周维民教语文,他们经常宣传解放区人民的生活情况和解放军节节胜利的喜讯。使工人们对解放战争的形势有了了解。他们有时也谈艾思奇的辩证法,讲政治经济学,联系马克思的剩余价值讲资本家如何剥削工人等。他们的讲课深入浅出通俗易懂,使工人们懂得工人是受三重压迫的,要站起来向黑暗社会作斗争,要自己起来解放自己。

夜校老师还经常教学生们唱一些革命歌曲。周维民教学生的第一首歌曲是《国际歌》,接着教《你是灯塔》《团结就是力量》《山那边呀好地方》等。有一天晚上上完算术课,陈仲信教工人们唱《工人歌》,这是十月革命前的歌曲。歌词是:"生活像泥河一样地流,机器吃我们的肉……常见父亲打他的儿子,丈夫敲他们的老婆。全世界工人兄弟,团结联合一条心,为了光明的新社会,快把斗争来展开。"在唱歌的时候,陈仲信发现有些工人唱到"常见父亲打他儿子……"时,工人们沉思,唱不上来。难道工人就这样粗暴,不讲道理吗? 他就引导大家讨论,大家纷纷发言。有的说"老板不是东西,物价飞涨,他发钞票晚,生活过不去。"有的说:"我本来不想光火,也不知怎么的,回家就发脾气,事后也很懊悔。"于是从经济生活追到政治原因,大家认识到蒋介石不倒老百姓就不得太平,思想上来了一个大飞跃。以后教唱《工人歌》,

虽说人不多，可是心齐，唱得特别有力量。夜校还请水海寰同学教唱歌、舞蹈。

1948年元旦，日校和夜校学生一起准备联欢会。从没有表演过节目的夜校学生也在老师的指导下演出了几个精彩节目。褚萱萱老师教学生舞蹈《朱大嫂送鸡蛋》，石良耘老师教学生扭秧歌舞等，最精彩的是严忠璞校长和周维民老师导演的活报剧《国民党抽壮丁》。周维民导演从未上过台的夜校学生排演节目，由竺再琴扮演病危的母亲，陈文斌扮儿子，俞碧慧扮女儿，再有几个同学扮反动军官，强拉儿子去当壮丁，母女俩拼命拉住儿子不放手，结果，妈妈被反动军官打死，儿子被拉走去当壮丁，造成家破人亡的悲剧。观看的工人和同学通过这样的形象教育，更加痛恨黑暗的社会，激发他们自觉起来投入革命的行列。这个节目还到附近的工厂去演过几次。

夜校的工人们觉悟提高了，有些人也跟着日校的同学去参加学生运动。1948年5月4日，"反美扶日"宣传活动开始，夜校也有六名工友跟随日校同学到交通大学参加"五四青年节"活动，唱革命歌曲《团结就是力量》《你是灯塔》；看活报剧《打倒地主恶霸》。那天交大校门口被国民党警察层层包围，直到5月5日天明才突出包围，回厂做工。

1948年6月5日，六名夜校同学由周维民老师和日校同学带领，跟随到外滩参加"反美扶日"游行。被反动警察层层包围，看到带头呼口号的同学被打得鲜血淋淋，衣服也打破了。队伍被冲散，在混乱中俞碧慧机智地将前排学生的一捆标语和漫画安全转移。通过参加实际斗争，夜校学生的觉悟得到快速提高。

夜校党小组经常研究工作，为了避免引起不相干人的注意，党小组会常以研究夜校工作为名召开。有时陈仲信带着党小组的同志到兆丰公园草地上去开会。一般情况下，陈仲信单独联系谭文修，由谭文修向组员传达。有时上完夜课回家，陈仲信自行车上带上石良耘或谭文修，一路上问一些情况或交代一些工作。夜校党小组的情况是直接向朱立人同志汇报的。朱立人向党支部布置"应变"工作，指令在夜校过去工作的基础上，着手筹建工人纠察队，迎接上海解放。

在省吾夜校，除了学生党支部所属夜校党小组外，还有另外三方面党的力量在起作用。严忠璞老师是职工业余教育系统的地下党员，程传泰是大夏大学的地下党员，工人学生中瞿保康是胶州路实验民校地下党组织委员，杨锦然是江南造纸厂地下党员，陆宗德是菜场地下党员。在夜校学生中还有党员冯伟倩、杨美娟、夏伟明、陈秀珍、顾杏娣等八人，虽然他们分属不同系统，不能发生横向关系，但相互间心照不宣，默契配合，成为省吾夜校的中坚力量。

工人党员也在夜校中起了积极作用。早在1948年4月，瞿保康发展竺再琴、俞碧慧、王慧珍、何耘等四人参加了"工人协会"，还曾两次带领俞碧慧、王慧珍、竺再琴、何耘、俞仁根等去胶州路实验民校参加中共地下党组织的报告会，让工人们明确了要准备迎接上海解放，要做好护厂、护交通、护水电等"三护"工作。

1949年4月陈仲信向夜校党小组传达上级指示，要在工人学生中慎重发展地下工人协会会员，使他们成为民校工人同学中的骨干，同时也可以到他们工作的厂里去开展工作。

党小组成员经过一段时间工作，在1949年4月分别发展了袁锦民、宗海云、冯伟倩（女）三个工人同志加入"工协"。李辉在丽新纱厂也参加了"工协"。

1949年省吾夜校已有100多名学生，朱立人同志指示，要在夜校学生中组织工人纠察队。5月初，陈仲信和夜校工人党员陆宗德、瞿保康等发展"工协"会员参加人民保安队迎接解放，保卫工厂。

党组织要陈仲信担任西二区人民保安队大队长。他白天和同学们一起在课堂上学习，晚上骑着一辆旧自行车，到工厂去联系，在沪西地区小工厂中发展"工人协会"会员，组织人民保安队。夜深了，传来一声声警车尖利的叫声，但是陈仲信仍然沉着、仔细地听着汇报，对每个人民保安队队员，每个干部的情况，他都了解得很详细。他了解到泰利铁工厂工人机智勇敢地在为人民保安队筹集武器，磨制匕首，便到泰利铁工厂去，神不知鬼不觉做了实地观察。

省吾夜校的唐林宝老师也担任人民保安队工作，夜校工人党员瞿保康、工协会员袁锦民是人民保安队小队长。夜校学生会在地下党领导下，积极开展"应变""奉献"

等活动。竺再琴、袁锦民等同学把厂里发的几十斤应变米和募捐到的一些应变费都送到民校交给严忠璞老师,随时备用。

5月25日一早,参加"工协"的夜

原荣成绸厂童工俞碧慧后参军立功

30年后夜校部分学生合影

校同学在人民保安队小队长瞿保康、袁锦民带领下,展开护厂、护校、护水电交通的三护工作,白天在江苏路华山路一带担任人民保安队做纠察,吃饭到圣约翰大学,晚上就睡在课堂里,直至5月27日上海全部解放。听到陈仲信老师在执行任务中不幸牺牲的消息,同学们怀着万分悲痛的心情参加追悼会,送别自己敬爱的老师。

1949年7月至9月,省吾夜校的同学也和日校的同学一起报名参军。9月周维民、卞炳章老师带领夜校学生石峰、吕曾、徐俊、陈平、朱俊、王岳清、蔡美宝、李辉、李琴十位师生报名参加三野九兵团二十七军八十师文工团。在报名参军前,十名师生在李辉家里由周维民老师带领宣誓,宣誓内容是:要跟中国共产党走,要向中国人民解放军学习,要革命到底不动摇,在革命需要时,要随时准备牺牲自己的一切,甚至自己的生命。1951年2月22日周维民老师不幸在朝鲜前线行军时被敌机炸弹击中牺牲,他以自己的生命实践了自己的誓言。

竺再琴和李辉都在1950年参加中国共产党,陈文斌于1953年入党,石峰(俞碧慧)、吕曾(王慧珍)也分别在1952年和1954年在部队入党,省吾夜校的师生们都在不同岗位上实践着自己的誓言。

第十一章　编辑刻写《新华通讯》

1949年初,解放战争形势发展迅猛,二月,中共上海地下党市委决定将原来按学委、教委、工委、职委等系统的垂直领导改为按地区划分的沪东、沪西、沪南、沪北、沪中、新静长、北郊、徐龙、浦东等九个党的地区委员会,以便在不久的将来解放军进军上海时,上海地下党能适应被分割状态下的独立作战。省吾中学是在沪西区,季勤先自1948年吴新智离开省吾后,即兼任校务委员会主任和总务主任双重责任。在党内由原来负责中等教育研究会西区分会的工作,改为搞地区宣传工作,由区委委员李德鸿同志领导。

三月初,李德鸿同志告诉季勤先,市委要沪西区委出版一份面向工人的秘密小报,因为沪西区是工厂集中地,在目前形势下,要加强对工人宣传党的方针、城市工作政策、解放战争发展形势并介绍解放区的情况。组织上要季勤先和施增琦承担起编辑和刻写报纸的任务。小报名称就定为《新华通讯》。上级领导对这项工作明确了分工:收听新华社广播、记录文稿,由华东模范中学的一名党员负责;印刷由李维嵩同志负责。并要季勤先设法买20令白报纸储存备用。

接受了任务,季勤先找了单线联系的施增琦,向他传达了上级党组织的重要指示。施增琦毕业于之江大学化工科,能写一手漂亮的仿宋体,1948年9月由组织安排从华东模范中学调到省吾中学工作。接受这项新的任务,让他们俩感到万分兴奋。他们想到可以比别人更早看到党中央的指示和有关解放的消息,又能够让广大工人同志也及时获得革命不断胜利的消息,做好迎接上海解放的工作,心里十分高兴。

施增琦明确了自己的任务，立刻就行动起来。他先与承担印刷的小李同志接上了关系，接着将从省吾中学总务处借来的一千多张八开白报纸用棉被包裹紧，外面用绳子扎成井字形，伪装成行李卷，用三轮车送到李维嵩家亭子间。

3月12日晚上，吃完晚饭，施增琦对季勤先打个招呼，说要出去一次，便骑上自行车走了。季勤先知道他是去华东模范中学取新华社的广播记录稿了。她坐在二楼阳台的办公桌前备课、改作业，一面等着施增琦。不一会，施增琦笑眯眯回来了，对季勤先轻声说："拿来了。"便去自己办公桌前做事了。这时夜校学生还在上课呢，他们还不能开始工作，还要在办公室继续备课、改作业。

等到夜校放学，已是十点多钟，周围安静下来了，住宿师生和周围居民差不多都睡了。这时，季勤先和施增琦两人来到二楼东面教室后面的事务室，这是原来这幢小洋楼里的一个卫生间，现在改成事务老师的独用办公室兼储藏室。窗外有阳台，阳台有门通向二楼走廊。事务室里有办公桌椅，施增琦进去后把玻璃窗和百叶窗全部关好，气窗已糊好黑纸，光线不会泄漏出去，然后开灯，拿出钢板、铁笔和蜡纸。季勤先看到他做好了准备工作，就把办公室门在外面反锁好，这样即使有人走过，也不知道里

施增琦老师在省吾中学

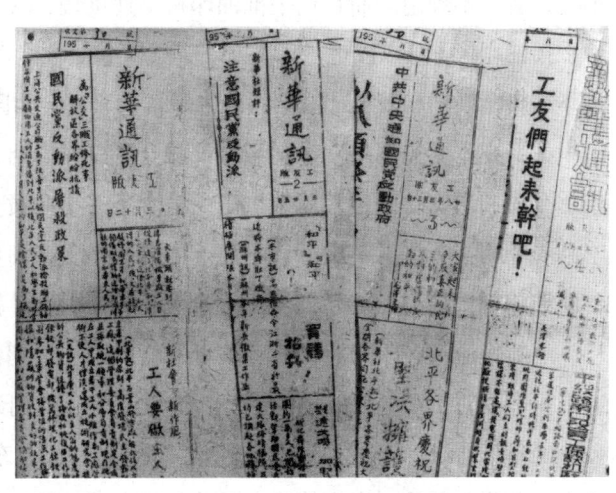

发往工厂的秘密小报《新华通讯》

面有人。施增琦拿出取来的新闻稿，抑制不住内心激动，先快速浏览一遍，看解放军最新战报，然后就在小写字台上专心致志设计和编排，只听见铁笔在蜡纸上沙沙地响。不知不觉几个小时过去了，蜡纸刻完天也快亮了，他就从窗口跳出来到阳台上，然后打开阳台的门走到二楼走廊。开始的时候，因为没有想到留钥匙，从窗口跳出来后只能让窗户虚掩，事务老师第二天来上班觉得很奇怪，自己前一天下班时明明插好了窗销，怎么会被打开呢？就去告诉季勤先老师，季老师问她，少了什么东西吗？她说，没有。这样事情就过去了，大家也就心照不宣的。后来就注意了，季勤先老师把锁开好后就将钥匙交给施增琦，然后关门，将门用挂锁锁住。施增琦拿到钥匙，在跳出来后，再开门进去，将窗插销插好，再锁上门，才回宿舍，去合一下眼，第二天继续上班。等放学后，施增琦将蜡纸卷起来放到打气筒里，骑着自行车，将打气筒带在车上，到武定路李维嵩家，进门前先要看一下亭子间的窗外有没有一盆花，有花就表示安全，可以进去。敲门进去后，将蜡纸交给李维嵩就算完成任务了。

李维嵩亭子间里有一台手推滚筒油印机，他拿到蜡纸连夜赶印。第一期用手推油印机印，由于油墨不均匀，印出的《新华通讯》字迹有深有浅，有的地方字迹太浅看不清，效果不理想。而且用手推油印机，速度慢，又有声响，危险性也大。最好有一台手摇油印机，可以改进油印效果，速度又快，危险性也小。季勤先想到有一名党员，是华东模范中学副校长胡文巧。在中等教育研究会西区分会内，她任西区分会分会长，组织关系在季勤先那里。她父亲在外滩开了一家商店，家庭条件比较好。上级党组织要季勤先和胡文巧商量，请她拿出一根金条（十两黄金）帮助购买一台手摇油印机。季勤先和胡文巧讲了，她二话不说，回去和她父亲商量，拿到了钱。这样就买到了一台新油印机，从第二期起，《新华通讯》的印刷质量就大大改进了。

《新华通讯》印好后，就有负责发行的同志送到各家工厂，工人同志们从《新华通讯》上及时了解解放战争的形势，非常高兴，他们说，我们能看到自己的报纸了。

《新华通讯》转发了新华社北平、天津、沈阳、东北、华北、华东、中原、陕北、延安、苏州、嵊县、吉安等地电讯稿，还发了法国、巴黎、仰光、南朝鲜、苏联等地国际工人消息。

《新华通讯》创刊号头版头条登载了解放区各界抗议国民党反动派屠杀上海职工运动领袖钟泉周、王元、顾伯康三同志的消息。3月25日的报纸,转载了新华社短评:"注意国民党反动派布置新战争的阴谋",还登载了国民党最大军舰"重庆"号开到解放区;C46运输机起义;芜湖二八二师渡江起义等。3月30日的通讯上转发了新华社广播,中共中央决定和南京国民党政府以中共所提八项条件为基础谈判的决定。4月6日的《新华通讯》上有"傅作义通电愿为人民立功",以及"毛主席的复电"。此外还将新华社两篇社论《南京政府向何处去》《要求南京政府向人民投降》印发了专刊。

《新华通讯》从1949年3月12日出版创刊号,到4月6日一共出版了4期,由于革命形势发展迅速,从公开报纸上也能了解到当时国共两党的主张和形势发展进程了,不需要再印刷《新华通讯》来宣传了,于是就停刊了。

1949年4月,省吾中学党员教师和学生党组织都将工作重点放在迎接上海解放的"应变"工作上了。

第十二章　迎接上海解放

时间进入了 1949 年 4 月，国共两党谈判尚在进行，人民解放军集结在长江北岸沿线，正等待着渡江命令。

上海正处于黎明前的黑暗中，中共上海地下党接过了国民党当局"应变"的口号，发动群众做好"应变"工作。

做好"应变"宣传

省吾学生地下党按照上级党组织指示，在群众中开展宣传工作，帮助大家认清当前形势，做好护校、应变工作。

宋凯耀原来是育才中学的，1948 年秋转学省吾中学，同时转来的还有范敬业、陈仲信、姚解生、高炜、吴文建等 10 人，都是高三学生，分别来自不同学校。他们在原来学校都因为带头参加学生运动被勒令退学或开除。一群年轻革命者汇聚在一起，他们将自己的年级取名为"星火级"。在省吾的红色堡垒里，宋凯耀加入了"新青联"，他负责班级《星火报》的编辑、出版和发行工作。解放战争迅猛推进，北平和平解放了，大家都翘盼上海快解放。姚解生、季光中等都纷纷向《星火报》投稿，姚解生写了《论时局》，季光中写了《北平解放话上海》等，对形势发展做了精辟分析。宋凯耀为了把报办得更好，晚上到吴文建家中去收听新华社短波新闻，整理后登载在《星火报》上。陈仲信是高三级的级长，认为这份《星火报》内容很好，可以帮助同学认清形势，就在班上发起了一次"上海向何处去？"的讨论会，引起同学们热烈讨论。

有希望像北平那样和平解放的，有认为解放军和汤恩伯的部队必有一场激战，总之，大家都盼望上海早日解放。陈仲信做总结发言，希望大家保持警惕，注意斗争策略，不做无谓牺牲。

在多种宣传形式中，活报剧是一种新兴的宣传形式，顾名思义是"活的报纸"，将一些新闻事件编成短剧表演，以揭露黑暗、讽刺当局，针对性很强。临近上海解放时，省吾学生自治会也自己编排活报剧，用以揭露反动派，激励大家迎接解放。范敬业、高炜、顾联瑜等人放学后就聚集在姚解生家里编剧本，写了几个通宵，每人编出了一个剧。虽然这些剧本只有剧情、人物，没有完整的台词，但同学们情绪高涨。第二天就在学校礼堂里拉起了幕布，演出了。顾联瑜编的剧本讲物价飞涨，老百姓生活困苦。此外还有写特务镇压学生运动和丘八抓壮丁等内容的。几个分配到角色的同学根据剧情自己发挥编台词，初三同学朱松涛回忆，他演一个四川籍国民党特务，王宝善演拉黄包车工人。还请了夜校学生和附近工人来看演出。虽然演得一般，但因为是同学自编自演，大家感到很贴心，能理解，受到热烈欢迎。

为了宣传党的各项城市工作政策，省吾同学在学生自治会布置下，多次采用分散邮寄的方式将传单寄给一些商号，他们用不同信封，不同笔迹，投递在全市各邮筒里。叶良昞为了验证邮寄的这些信确实能被这些商号收到，还寄了一份到王宝善家，后来王宝善告诉他，他父亲收到了。

陈保宁回忆，在迎接解放的日子里，经常接受组织交给的传递传单的任务。那天范敬业要他们去伪警察局发传单，争取警察弃暗投明。这种工作都要在深夜进行，穿上黑色衣服，不容易暴露。执行任务前，范敬业问她："如果被敌人抓住，你怎么办？"陈保宁回答："一定像王孝和、于子三那样，宁死不屈。"陈保宁那年只有16岁，是支部里最年轻的党员。陈仲信也亲自在深夜把传单送到五马路一带高房子住户的门缝里、信箱里。

绘制地图

临近解放，党组织还向党员布置绘制周围地图的任务。季勤先老师回忆："属区领导后，李德鸿代表区委，向我们几名教师地下党员布置了一项重要工作：绘地图。要求搜集学校附近地区国民党要害部门的地址、地形和动态，哪里驻扎有国民党军队，哪里有国民党的党政机关部门等，是我们必须注意和采取措施的；同时，要搜集学校附近地区工厂、商店、学校等单位的情况和沿途高压电线等重要市政设施的情况，是需要我们重点保护好的，并要将上述内容绘制成简明地图，以供解放和接管上海之用。"

接到这个任务后，省吾的几名教师党员分头行动。季勤先老师负责收集从曹家渡到大自鸣钟长寿路两侧情况。由于平时不走这条路，季勤先特意雇了一辆黄包车，用一只小书包作掩护，边心记，边手写，从曹家渡到大自鸣钟，又从大自鸣钟到曹家渡，一次记南面，一次记北面。

搜集完情况后，大家就到住在华山路的地下党员孙以敏家里汇总情况、绘地图。孙以敏是在1948年9月被组织安排到省吾中学工作的，她父亲是一家面粉厂老板，住在一栋花园洋房里，比较安全。地图画在一张大的铅画纸上，填好地图，就把铅画纸卷成一卷，也不做什么伪装，用线扎起来，交给孙以敏。地图要送到上级党组织指定的地方去。由季勤先护送孙以敏送地图，孙以敏平时烫发，穿旗袍，打扮得比较时髦，不易引起怀疑。乘上公交车后，孙以敏坐在靠近司机的前座，季勤先坐在最末一排，两人装作不认识。为的是预防国民党有时要搞"闪电式逮捕"。到站后，季勤先等孙以敏先下车后再下车，远远跟在后面。终于顺利将地图送出去了。

学生党支部也向新青社员布置了侦察周围环境的任务。

高一的顾联璧（辛玉）回忆，有一次新青社的会上布置到曹家渡地区的一个范围内走街串巷，了解地理人情，选择以后宣传地点。会后，我们小组的男女同学，进行了这个"侦察"活动。

当时读初一的陈秀兰是新青社员，她回忆陈仲信在1949年4月，要求她摸清从家到校沿途有什么敌特军警等部门或住宅，弄清其中情况。

黎明前的黑暗

　　1949年4月26日，即将灭亡的国民党政权作垂死挣扎，在汤恩伯的京沪杭警备总司令部统一部署下，淞沪警备司令部、市警察总局、市政府调查处、宪兵九团等，出动一万人以上军警宪特，到交大、同济等十几所高校搜捕学生。在这白色恐怖中，党组织通知一些有危险的党员和积极分子暂时避一避。顾联瑜在市学联工作，在同济附中时，因领导学生运动上过国民党的黑名单。到了省吾后一直做隐蔽的《学生报》发行工作。上级党组织命令他不准回家住，要隐蔽起来。时间很紧迫，一时找不到合适住处，今天这家，明天换另一家，还曾住过同学宋凯耀中行别墅的家。不过那时他不知道，直到解放后，在宋凯耀同学的回忆里看到才知道。他白天仍坚持到校上课和送报。其中有一次，顾联瑜去自己家拿衣服，意外碰到季光中住在他家。季光中也是因家里不能住，住到外面。想来警察不会到顾联瑜家去抓季光中的吧。

　　季光中也回忆："记得1949年春，为了保存实力，迎接解放，党组织要求我们几个平时比较暴露的同志暂时隐蔽起来。当时，我和高炜编在一个小组。开始时，我们隐蔽在吴宗茂同学家里。之后，又迁移到董兼济老师的亲戚家里，作迎接解放的准备。有一天下午，党支部通知我们到学校碰头，研究下一步工作，正在研究时，突然宣布全市紧急戒严。各交通要道都有宪兵队把守，巡回搜查行人。支部书记范敬业当即召集有关同志在我宿舍里研究对策，有人提出消灭内患，就地隐蔽，等待解放。想在学校地下室就地隐蔽起来。大家都感到如上海不能很快解放，时间一长，容易造成被动，甚至造成损失。最后，陈仲信想到原来中学的一个同学，有单独的书房，离学校不远，若能借住，则比较安全。范敬业即派陈仲信前去联系，不多一会，陈仲信回来说，已经联系妥当，这同学家的女佣人，思想比较进步，可以通过她，打开后门，直接进入书房，借住一宿，不让他家大人知道。于是大家都同意采纳这一方案。到了傍晚，由陈仲信领路，四五个人各骑一辆自行车，我没有自行车，由高炜带我。我们沿着小弄堂，骑不多久，就安全到达目的地。我记得当时有五人，范敬业、高炜、可能还有姚解生。陈仲信把我们安排好以后，就回家去了。我们四人在那里住了一宿，第二天清早,各自安全回到了原定的住处。"

　　高炜回忆:"那一段时间,地下党组织也特别关心我们的安全,我们不再每天住在家里,而是常变换住宿地点。我和季光中就在初二同学乐嘉纯家里住过好几天。我还记得,乐嘉纯同学家里是做手帕的,他把我们安顿在楼上的一间小屋里,而且告诉我们,万一有什么动静,可以从屋顶上逃跑。虽然是初二的小同学,但他的觉悟远远超出了他的年龄。解放后,我一直没有见到乐嘉纯,但我一直在想念他。越是临近解放,国民党越加疯狂,兄弟学校学生被捕的消息也不时传来。有一次,我也险遭麻烦。那天傍晚,我骑自行车带了几份要分发出去的《学生报》离校,路上碰到了宪兵。他们拦住我,盘问了我半天,又把我挂在胸前的红色助学纪念章翻来覆去看了半天。幸好,他们没有发现我藏在自行车坐垫下的《学生报》,宪兵把我放了,我也意识到可

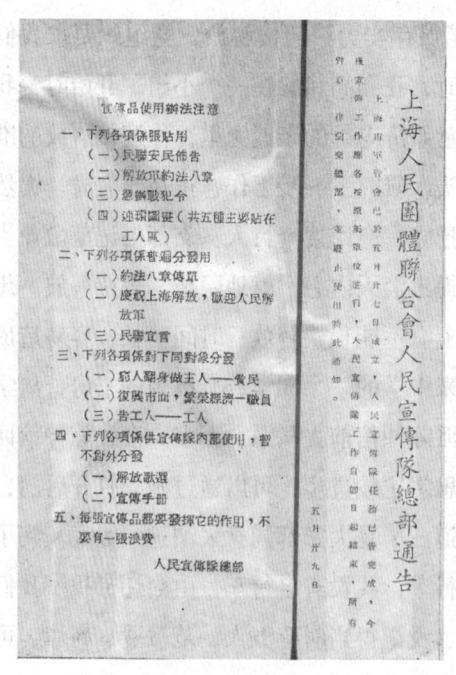

人民宣传队通告

中国人民解放军布告

能是胸前的红色纪念章惹来了麻烦。"

成立应变委员会

省吾中学应变工作的准备是由 6 名老师和 8 名同学成立的"应变委员会"负责的。季勤先老师回忆:"按照地下党市委决定,各单位要成立应变组织,把本单位群众组织起来,以便护厂、护校,如果发生巷战,或遇国民党军队溃退时进行破坏、抢劫、烧杀等情况,就可以采取有力措施。省吾中学由 6 名老师 8 名同学组成,下设联络组、文书宣传组、救护组,保卫组等。各组分头开展工作。"

参加应变组织的王宝善回忆:"1949 年 4 月下旬,在老师们的建议下,由 6 名老师和高二、高三同学 8 人一起在高三教室开会,讨论成立应变会,迎接解放。当时分工是季勤先老师、严忠璞老师、范敬业和王宝善四人负责联络,主持工作。吕型伟老师、高炜、吴文建负责文书宣传工作。姚解生,张荩英和教化学的路英芝老师负责救护。还有一保卫组,具体负责人记不起来了。当时目的是把全校师生组织起来。如发生巷战,就保护学校,救护伤员,开展迎接解放的宣传工作。以后参加救护组的同学还在课后举行了两次担架包扎的学习活动。并召开了一次全校大会,进行准备应变、迎接解放的思想教育。"

还有保卫工作,学生党支部的党员都是值班负责人。值班人夜里睡觉就睡在课桌或者地板上。保卫的一个重要任务,是防火,买了灭火器和铅桶,铅桶里面装满了黄

范敬业绘制的省吾中学人民宣传队队旗

人民宣传队臂章

沙。住在附近的学生还从家里带来了大米、面粉、煤球、木柴等生活用品，拿到学校藏好，以备万一交通阻断，护校师生可以开伙。

省吾中学约四十名新青社员参加了人民宣传队的工作，有个别党员如陈仲信、唐林宝等担负了人民保安队的领导工作。

"应变会"的工作做得很细致，告诉每一个同学，家里要备点粮食、煤球、柴爿，等于公开宣传解放军快兵临上海城了，大家准备迎接吧！

5月上旬，范敬业筹集了支部几位同学的零用钱，由他母亲去商店买回红布，在极端秘密的情况下，在家里缝制了两面红旗，用黄色油漆画上火把，在两边用白色油漆写上"省"、"吾"校名，准备用作解放后宣传队外出宣传时的标帜（其中一面在陈仲信同学牺牲后，于入殓悼念时覆盖在遗体上了）。他的双亲在他工作时为他守门。

1949年5月初，省吾中学在学生中建立了人民宣传队，夜校工人学生参加人民保安队。王宝善回忆："在5月初的一天下午，召集了高二、初三、初二的一些同学（主要是参加了新青联的）在级联会办公室开会，范敬业同学讲了上海就要解放，我们要作好迎接解放的宣传工作。规定了工作纪律和保密的原则。大家起立表态：'严格遵守'，会场上气氛既喜悦又严肃。决定夏乐仁和王宝善分别担任中队长。同学们分工参加油印、文娱、宣传等工作。"

顾联璧回忆："当时我在省吾中学高一班读书，学校不少地下党员和进步同学都组织在人民宣传队中，编为若干小组。我所在的小组大约有七八个同学。开过几次会，有一次是明确任务：解放军入城后，宣传队要立即上街贴标语，发传单，作口头演讲，宣传共产党和解放军的政策，消除国民党反共宣传的影响，安定民心。还有一次会，给我的印象很深，那就是在临解放时，学习解放军入城'约法八章'（《中国人民解放军布告》）。在国统区，敌人的鼻子底下，看到以毛主席和朱总司令的名义发布的解放军布告，感到解放的曙光即将照耀上海人民，心情是异常兴奋的。小组的同学们，互相帮助着理解，消化布告的内容，为以后宣传作准备。"

会后，顾联璧还承担了保管《中国人民解放军布告》的任务，他将布告卷起来，

省吾中学的宣传队标志　　　　省吾中学宣传队小队长标志

塞进自行车把手的钢管里，带回家后又塞进一个柜子的夹缝里，一直藏到解放，拿到学校供宣传队用。

上海解放前夕，宣传队员集中三天，在王宝善同学家中通宵做五角星、大红花，写宣传标语口号，大家心情激动极了。

应变会组织同学成立护校队，将高年级同学和低年级同学穿插编组，轮流值班。当紧要关头的那几天，有不少同学住在学校里。学校地方小，又没有这么多床铺，到了晚上，因陋就简把课桌拼起来当床铺，当夜深人静时，经常可听到零零星星的机枪声和爆炸声。由于教室里人多，也就不觉得怕了。

随着形势发展，学校不再上课了，但是不少同学还是每天坚持到校，主动听候分配，积极承担任务。有的参加值班护校，有的忙着赶写标语，也有的刻蜡纸、印材料。更多同学积极排练歌舞，以备上海解放时，立即拉出街头宣传。校园里一派热气腾腾，朝气蓬勃的景象。

上海解放前夜

1949年5月24日是解放军进入上海的前一天，国民党军队纷纷溃逃，从西站方向溃退而来的国民党军警人员很多，在天还未黑的傍晚，有一个国民党警察用刀敲着校门，死皮赖脸要进来躲一躲。值班同学严正对他说："这里是学校，你不能进来！你要改邪归正，脱下老虎皮，不再为国民党卖命，不再欺压老百姓，真心诚意地回到人民一边来。躲来躲去有啥用？"那警察听了这几句话，只好走了。

那天晚上陈仲信和大家一起在学校守着黎明前的黑夜，听着解放军隆隆的炮声，兴奋得心都要跳出来了，三三两两交谈着。陈仲信在校园里巡视一圈后，回来坐在教室地板上，压低声音兴奋地对石良耘说："你听，我们的大炮，上海就要解放了！黑暗即将过去，黎明就要来到。我们要加紧地工作来迎接胜利。"接着他幸福地向往着美好的未来："解放了，我们该多么幸福。如果我们还在学校里，我们一定要认真地读书。过去我们学得太少了。如果需要我们去工作，不管什么工作，我们都要贡献出全部力量，努力去干好。"那天晚上，陈仲信那炯炯发亮的眼睛和激动人心的话语一直在石良耘的脑海中回旋。

大家日夜盼望着解放军，而当解放军真的到来时，却又错过了这第一时间的见面。

高炜和王宝善都回忆过一件事，5月25日凌晨，范敬业、王宝善、高炜等男同学就睡在传达室隔壁的音乐教室里，他们将几条长凳拼起来当床铺。夜深了，听着不

上海市民庆祝上海解放的游行队伍

时划破长夜的炮声、枪声，大家谈论着解放，盼望着解放军。突然传来了敲门声，大家都很紧张，不知是谁，说了不要动，闭上眼睛睡觉。一会儿门打开了，人进来了，手电筒在脸上晃来晃去。又一会儿响起了门的吱哑声，大门打开人走了。大家不约而同跳了起来。看门的袁大爷进来笑呵呵地说："不要紧张，是解放军。"这时候大家一个个都傻了。真是解放军吗？ 上海解放了吗？ 有那么快吗，日夜盼望的解放眼看已变成现实，却又怀疑起来了。

5月25日后的四天四夜

5月25日上海苏州河南面解放了。但战斗还未结束，苏州河北岸的国民党残兵还在负隅顽抗，阵阵冷枪声清晰可闻，划破清晨的长空，发出一声声凄厉的呼啸。

住在校内值班的同学正在忙着写标语，做纸花，印传单，为宣传队上街宣传做准备。在校的同学相约去通知在家里的同学，9时到校集合。一些同学接到通知很快就到学校来了，大家拿着宣传品沿街去贴，由于外面还在打枪，贴完传单就回校了。陈秀兰中午回到家，接到电话，被告知陈仲信在苏州河畔牺牲了。她赶紧到学校报告了这一不幸消息。大家简直不敢相信。

组织上通知省吾中学，参加"人民宣传队"和"人民保安队"的同学5月26日上午7时到静安寺约大校友联谊会集合。那天早上集合后，范敬业叫来励汝丰，告知陈仲信之事，让他去核实。

顾联璧也在5月25日下午三点钟接到夏乐仁、王文安通知，下午五点到学校集中。于是他带着事先藏在家里的一捆红绿标语纸骑上自行车，飞驰到学校。没有电灯，窗外是枪声和火光，大家点起蜡烛和油灯，兴高采烈写标语，印传单，学新歌。半夜困了，就在二楼中间走廊里和衣席地而睡。

曹林当时在青年会学生合唱团任主席，受党组织委托，在准备迎接解放的歌曲。他邀请王宝善一起来搞，因为不会作曲，曹林就把秧歌调填词"我伲大家来欢迎，欢迎人民解放军"。王宝善就填《四季调》的歌词："春季到来百花香，人民的军队到上海啊"等。后来在5月25日到5月27日迎接解放军的宣传活动中，这两首歌是唱得最普遍的，一些私营广播电台，在节目中也播放了这两首歌。

5月27日。苏州河北岸也解放了，上海全市解放了！省吾宣传队由姚解生带领在曹家渡和静安寺设点宣传。范敬业去处理陈仲信后事。大家都抑制着对陈仲信烈士牺牲的悲哀，积极投入庆祝上海解放的工作。以唱歌、跳舞、演讲、散发传单等形式，宣传党和人民政府的方针、政策，使之家喻户晓。曹林同学主动承担唱歌指挥，王宝善同学连夜编写歌词，王碧云同学为合唱队拉手风琴伴奏。解放初的曹家渡五角场一下子沉浸在欢乐的气氛中，显得热闹非凡。在一片歌声、腰鼓声、秧歌舞和演讲声中，被吸引来的群众真是人山人海。

宣传队连续工作了四天四夜。

省吾中学的党员教师在这四天四夜中也各自承担着不同任务。

季勤先老师回忆："5月25日凌晨，知道解放军已进入上海市区，我立即赶回学校。马路上行人都喜笑颜开地奔走着，秩序井然。我走进校门，见护校师生疲倦的脸上都笑盈盈的，大家站在礼堂门前的台阶上互相祝贺，谈论着昨夜的情况。我查看了校舍，向留校师生交代了工作，叮嘱他们注意安全，自己即到党组织事先通知的集合地点去。我沿万航渡路走到忻康里附近时，见陈仲信正骑车沿马路右侧向静安寺方向去。李德鸿同志带领我们步行到胶州路601号实验民校。上海市人民团体联合会人民宣传队第七区队部就设在这里。我一到即打电话通知施增琦马上来参加工作。接着其他同志也都来了。解放前在地下印刷厂印的蓝布黑字加盖公章的人民宣传队臂章，已经刻好的人民宣传队印章，各种标语纸，手摇油印机，以及20令白报纸，还有传单、布告、约法八章、城市政策等各种宣传用具、宣传品都陆续运来了。我们在各个教室里设起摊头，很快各宣传队都来把宣传品领去，立即在各条马路的显要地段开展了宣传活动。我们区队部的同志日夜工作，倦了就在教室长凳上躺一会。整整四昼夜，集中宣传工作始告一段落。"

而在市学联工作的顾联瑜同学这几天里接受的新任务是往各区宣传站运送印刷好

人民宣传队第七区队部工作证和印章

人民保安队臂章

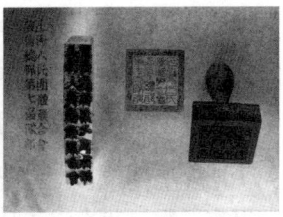

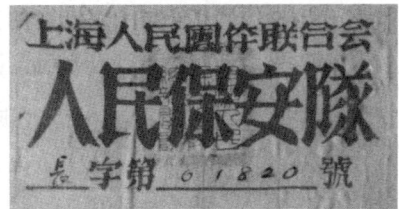

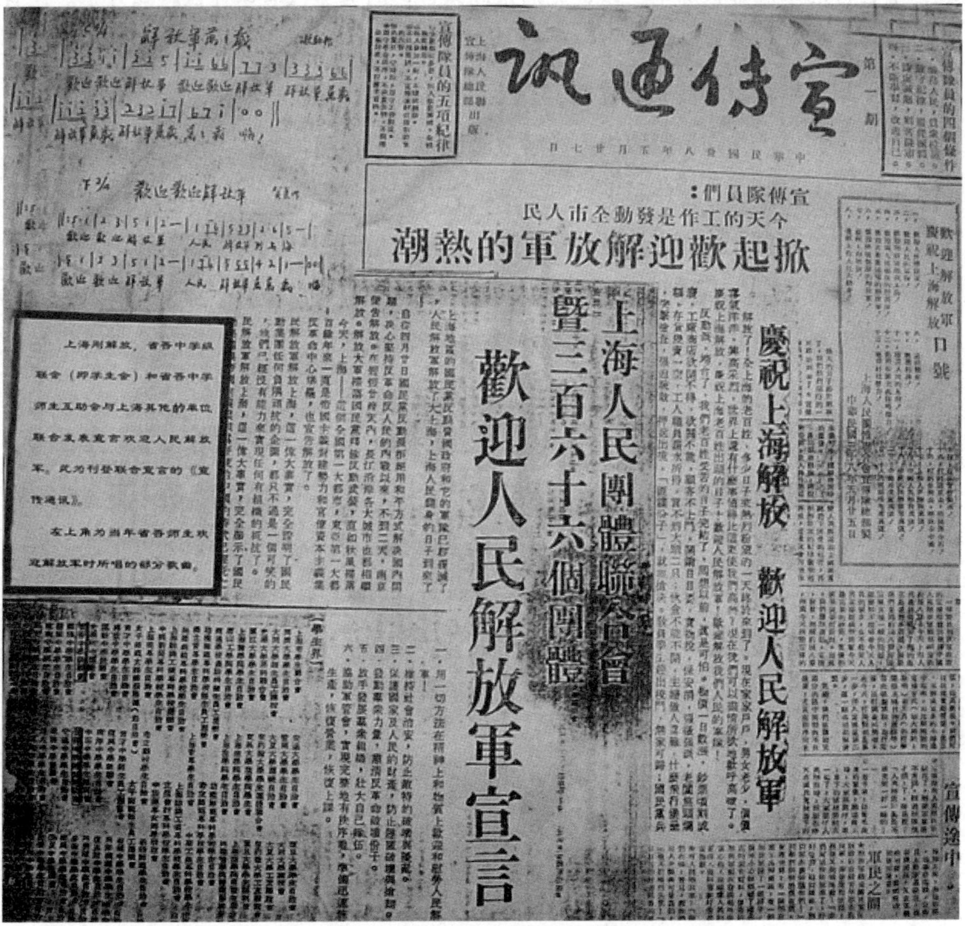

宣傳通訊 第一期

上海人民團體聯合會出版

中華民國卅八年五月廿七日

宣傳隊員的五項紀律

宣傳隊員的四個條件

宣傳隊員們：

今天的工作是發動全市人民

掀起歡迎解放軍的熱潮

上海人民團體聯合會暨三百六十六個團體

歡迎人民解放軍宣言

慶祝上海解放 歡迎人民解放軍

歡迎解放軍 慶祝上海解放 口號

上海刚解放，省吾中学级联会（即学生会）和省吾中学师生互助会与上海其他的单位联合会发表宣言欢迎人民解放军。此为刊登联合宣言的《宣传通讯》。

左上角为当年省吾师生欢迎解放军时所唱的部分歌曲。

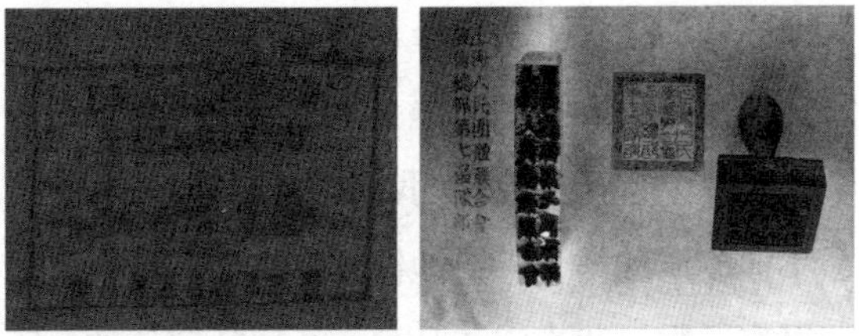

刊登省吾中学联合宣言的《宣传通讯》

的宣传品。他回忆："上海解放的第二天，我们接受了新任务。这时《学生报》已不再出版，我们发行员全体转移到上海人民团体联合会宣传总部工作，具体任务是往各区宣传站运送印刷好的宣传品。当时马路上还有枪声、流弹，我们坐在卡车里到处转，也顾不得危险了。我们几个人挤在一个小印刷所的楼上，打地铺，吃大锅饭，都不回家，过着军事共产主义的生活。""记得有一次，我送宣传品到一个区的宣传站，正遇到了省吾的季老师在那里工作，见面很高兴，但时间紧没有谈什么就离开了。还有一次我送宣传品到静安区的一个宣传站，这个宣传站就设在我家弄堂隔壁的小学里，可能我下车进小学校时被邻居看到了，马上去告知我母亲，等我出来要上车时母亲赶来和我见了面说了几句话。因为上海解放了我也一直没有回家，家里当然是着急的，此次见到了人好好的，就放心了。"

省吾的其他党员教师唐月娟、吕型伟、孟昭方、董思林等都到中教接管处去工作，准备接管学校。施增琦老师5月25日清晨，被派到人民保安队沪西总部（设在国棉一厂）去做接收、登记和保管从国民党军手中缴获或丢弃的武器弹药工作。其他同志也都各有新的任务，他们就此走上了新的工作岗位。

5月29日，上级党组织通知结束工作。省吾中学的党员教师只留下了季勤先老师一人，回到学校做毕业考试及学期结束工作。顾联瑜同学没有参加完毕业考试即奉上级指示离开学校参加革命工作。范敬业同学没有来得及参加毕业典礼就被调去做专职青年工作。

省吾中学迎接上海解放的工作胜利结束。

第十三章 陈仲信牺牲

1949年5月25日下午,正当省吾中学参加护校同学在校园里欢欣鼓舞为迎接上海解放忙碌时,突然传来了一个令师生们十分震惊的消息——陈仲信牺牲了。

陈仲信是在学校值了一夜班,早上一清早骑着自行车走的。临出校门时遇到谭文修,说,要去圣约翰大学开会。外面,苏州河北岸的枪声还在不时响起,谭文修对他说:"外面危险,等会再走。"但是陈仲信说:"这个会是一定要参加的,我会注意

陈仲信烈士

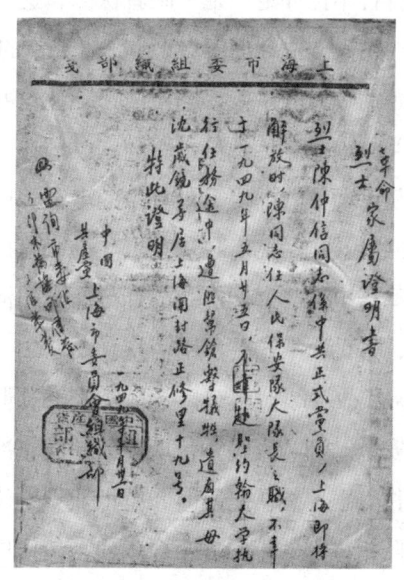

上海市委组织部开具的革命烈士家属证明书

的，放心好了。"说完，义无反顾出了校门。那天陈仲信骑的是陈一飞送给他的自行车，口袋里装的是谭文修给他的自行车执照。

季勤先老师最后看到陈仲信的时间是在5月25日早晨，她在前往集合地点的路上，看到陈仲信骑着自行车向静安寺方向去了。

5月25日下午，有人拿着谭文修的自行车执照，找到谭文修的家，对谭家人说："谭文修是不是你们家的人，他已经被冷枪打死。这是我从他口袋里找到的一张自行车执照。"谭文修的妈妈一听急了，马上让谭文修大哥陪同，坐上三轮车赶到学校，想问个究竟。谭文修正在学校里学跳秧歌舞，一听同学来告知，以为她妈要抓她回家，急忙想躲起来，但是已经被她妈发现了。她妈看到女儿在，松了一口气，告诉了她们自行车执照的事。谭文修已经忘记自己的自行车执照借给谁了，心里很着急，不知道是谁遭遇了不测，怎么也不敢想就是大家爱戴的陈仲信同学。

5月25日清晨，陈秀兰接到通知，到学校参加活动，刚进校门，就看见陈仲信推着自行车往外走，她一眼就认出，这车是她二哥陈一飞以前骑的。陈仲信说，他要到圣约翰大学去开保安会议，布置下午的保安工作。陈秀兰是陈仲信发展的新青社员，也是她的单线联系人。临出门，陈仲信嘱咐陈秀兰，多在家里留守电话，注意安全。陈秀兰是人民宣传队员，跟随同学们在外面贴完宣传品后，中午回家吃饭，接到上级组织从已经军管的警察局打来的电话，问："陈一飞在哪里？有没有骑自行车？"陈秀兰回答："一飞尚在沪东区（尚未解放），自行车今早由陈仲信骑到约大。"饭后不久又接电话，告知确认陈仲信在苏州河边被碉堡内残匪枪击身亡。陈秀兰立即赶到学校，告诉大家这一不幸消息。

5月26日上午七时，省吾中学的同学在静安寺约大校友联谊会集合，参加"人民保安队"和"人民宣传队"的同学正准备配合人民解放军去做宣传工作和维持治安的工作。正要整队出发时，范敬业把励汝丰叫到一旁，对他说："陈仲信去约大筹备保安队指挥部的工作，至今未回，传说中山路桥头国民党残匪打死了一个青年，现派你去调查是否陈仲信同志出了事。"并关照励汝丰："争取从中山公园穿过去，躲开桥头国民党残匪的射击,如中山公园不让通过,就从周家桥绕道过去。如果那一段残匪还未消灭,你千万注意冷枪。"励汝丰叫上姚家棣,两人骑车穿过中山公园,发现对岸的敌人已经被解放军缴械了。西面不远处一群人围着,励汝丰的心怦怦跳着,一丝不祥的预感袭上心头。他推开人群进去一看,正是陈仲信,他躺在马路中间,左手按住受伤的肋下,从肋下渗透出 5～6 厘米直径的一摊鲜血,染红了他的白衬衫,大概是在地上翻滚过的缘故,身上、脸上都是泥土。励汝丰赶紧回到静安寺指挥部向范敬业汇报,又叫姚家棣在现场看守,直到中午指挥部派车去收殓。

朱松涛回忆,那天在陈仲信牺牲现场,"一名高年级同学,让我找个照相师傅给烈士拍下现场镜头,由于刚解放,给我派了一辆轿车,从霞飞路姚主教路口,请王开照相馆一名师傅,带上大照相机给烈士照了一张牺牲现场照片(这张照片的样片,我一直保留到 1979 年夏托王惠雅同学寄到上海龙华烈士公墓)。我记得这张照片刊登在上海解放后刚出版的《解放日报》上。"

大家在悲痛之余,为陈仲信惋惜。已经解放了,他反而牺牲了。然而在回顾事情的全过程后,大家又为他奋不顾身的工作精神所感动,一致认为他的牺牲是值得的!

据联系省吾中学党支部的朱立人同志回忆:"5 月 25 日早上,上海苏州河以南已解放,我和季梅先、黄素痕(陈麟)、曹锦焕几个同志集中在新闸路常德路口的一位党员家中开了一个短会,研究如何迅速去指挥站开展工作的问题。会后我们就乘一辆小汽车(由这个党员担任司机)去当时的指挥站。人民保安队长宁区指挥站设在当时的圣约翰大学。我们的车子到中山公园门口时,因为中山公园当时大门封闭,不能穿过公园就近去约大。为了赶时间,就决定绕道西站转往,长宁区中山公园一路是人民解放军攻入市区的一条重要路线,此时沿途还有几位牺牲的战士躺在路边上。汽车绕过西站,经过炸坏的铁路桥口,沿着苏州河向约大冲去。河对岸还没有解放,国民党匪军居高临下,站在房子上向汽车开枪,并且喝令停车,我们没有理他们,向约大急驰,进入约大,把指挥站建立起来。对岸还在向约大打枪,房子的玻璃窗都打碎了,但我们还是开始了工作。

"陈仲信同志由于没有及时联络上,赶到集中地点时,我们已经离去。于是继续骑自行车顺着我们的路线,沿着梵皇渡路赶来。由于他身躯暴露在外边,因此经过苏州河一段时,被对岸的匪军枪击,以致不幸牺牲在路上。

"我们在当天上午听到有人来报告,说是看到几百公尺以外沿苏州河那段路上有人骑自行车中了枪弹,倒在路上,翻滚了一阵就不动了。我们估计可能是陈仲信同志牺牲了,虽然很着急,但由于对岸还继续在打枪,没有能及时地抢抬回来,直到第二天才由陈保齐等同志联系救护车把遗体运回来。第三天我们在约大交谊厅举行了入殓仪式,大厅中间放着陈仲信烈士的棺木,棺盖没有盖没,长宁区全体人民保安队成员列队绕着棺木,一个一个地瞻仰了陈烈士的遗容,这是第三天的情况。"

朱立人同志的回忆告诉了我们事情发生的经过情况,从5月25日上午到5月27日,

1949年5月27日陈仲信烈士遗体在圣约翰大学体育馆入殓

1949年7月1日陈仲信烈士追悼会在圣约翰大学交谊厅举行

这三天里围绕陈仲信烈士的牺牲发生的事情。

5月27日下午,在圣约翰大学体育馆举行了陈仲信烈士遗体入殓仪式,参加入殓仪式的有长宁区全体人民保安队的队员和全体省吾中学的师生。陈仲信烈士的遗体上覆盖着省吾中学人民宣传队的队旗。

陈仲信同志是为了能及时赶到指挥站,开展人民保安队的工作奋不顾身前进才牺牲的。苏州河对岸的残匪,站在房顶上,居高临下,先打汽车,没有打着,就瞄准跟在后面,骑在自行车上的陈仲信。为了及早开展工作,他没有畏惧,没有退缩,他是一位勇敢、刚毅的战士。

陈仲信烈士追悼会由上海人民团体联合会、上海总工会筹委会、上海学生联合会、上海中小学教职员联合会、上海私立省吾中学学生自治会,陈烈士家属等共同发起追悼。

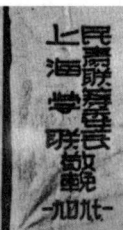

上海市学联的挽联

1949年7月1日下午14:50，在圣约翰大学交谊厅，当仪韵女中的乐队奏起哀乐时，宋凯耀和另外三名同学将一面鲜红的画有火炬和省吾两字的红旗轻轻覆盖在烈士灵柩上，这面省吾中学人民宣传队的旗帜是范敬业亲手绘制的。哀乐声中，大家怀着沉痛的心情默默向烈士告别。

参加追悼会的共有工厂学校63个单位，600多人，上海市副市长韦悫亲自到场致哀，祭堂内挂满了白色挽幛。主祭人是上海市学联代表黄寿龄，陪祭人是四人，有省吾中学代表范敬业，人民团体联合会代表杨之骏，总工会代表曹诗辉，家属陈仲义。

关于1949年7月1日这一天的追悼会，陈仲信的同班同学宋凯耀在当天的日记里有记载："陈仲信烈士今天安葬，清晨八时半，我和吴新宝两人赶到乐园殡仪馆去领陈仲信烈士的灵柩。陈仲信的哥哥陈仲义也来了，带来了三支香，点了一点，就到账房处去办手续，办完后，把灵柩放上祥生汽车，直向约大驶去。这时约大门口已经等了许多同志，一名军管会的同志接过遗像，捧向约大礼堂台上。大家没有顾得上吃饭，吃了点干粮。下午二时，追悼会开始，先由仪韵女中的乐队奏哀乐，大家向陈仲信烈士三鞠躬、默哀，接着由同学代表石良耘宣读陈仲信烈士的生平，建承中学的同学代表读祭文，范敬业代表学校报告陈仲信烈士的牺牲经过。后由副市长韦悫讲了话，市公安局局长也讲了几句话。家属陈仲义致了答词，再奏哀乐，我们几个同学把写有'省吾'校名的大红旗慢慢地盖在陈仲信烈士的灵柩上。追悼会结束后，车子把我们送到八仙桥公墓，在那里安葬了陈仲信烈士的棺木。大家心情十分难过，站在那里，久久不愿离开和我们一起战斗过的亲密的战友。"

在这篇日记里宋凯耀所说的读祭文的"建承中学的同学代表",其实是杨之骏。杨之骏不是"建承中学的同学代表",他是代表上海人民团体联合会梅达君先生来陪祭的。他个人的身份是圣约翰大学医学系的学生,同时在一年半之前,当他还是圣约翰附中高三学生的时候,曾经和陈仲信、陈一飞三个人是一个党小组的战友。那时陈仲信是清心中学的学生,陈一飞是麦伦中学的学生,他们三人是跨校的教会男中党小组。陈仲信从建承中学初中毕业之后,服从组织要求,考进清心男中,独立开展工作。他在艰苦的工作条件下,打开局面,被学校察觉,1948年7月不得不离开清心中学。1948年9月杨之骏和陈一飞都考进了大学,陈仲信到了省吾中学,他们党小组还发展了一名陈仲信在清心中学时做好工作的党员,然后解散。从1948年1月到1948年10月,他们在一起战斗了整整10个月。杨之骏后来是上海瑞金医院烧伤科主任,1958年抢救钢铁工人邱财康的功臣之一。

追悼会上警备部宣传部长郑宇洪,新青团上海工作委员会代表李继陶也先后致悼词,四时半大会在"跟着共产党走"的歌声中结束。由主祭团体送陈烈士灵柩到八仙桥公墓安葬。如今陈仲信烈士的墓已迁至上海龙华烈士陵园烈士陵区,每年清明节,省吾中学的师生都会去为他们的这位大哥哥扫墓,以缅怀烈士,继承烈士遗志。

八仙桥陈仲信烈士墓

龙华烈士陵园陈仲信烈士墓

第十四章　北上南下，参军参干

1949年6月对于省吾中学大部分同学来说，注定是一个人生的转折点！

同学们经历了5月下旬上海的解放和亲密的同学陈仲信的牺牲，内心的不平静可想而知。数年来在省吾中学接受民主进步的教育，让全校绝大部分同学在这新时代到来的时刻心中充满了革命激情和对参加革命的向往。6月4日新青联进行选举，选举结果，季光中担任主席，高炜担任组织部长，陈保宁担任宣传部长，教育部长是吴南屏、顾联璧。

6月5日，省吾中学学生党支部第一次举行了全体党员大会。原来处于地下状态的党员只和自己的直接联系人联系，今天是第一次和支部其他党员见面，原来这些平时熟悉的好同学都是自己的同志，心中真有说不出的高兴。在二楼西面高三的教室里，大家一面沉浸在解放了的胜利喜悦中，一面思念牺牲的陈仲信同学。围绕着"解放、胜利、怀念"，慢慢地话题自然而然集中到"解放了，我们干什么？"上来了。支部大会上，长宁区分区委组织委员朱立人同志传达了市委关于迅速恢复社会秩序，学校要立即恢复上课等指示；讨论了党支部增补支委的问题，补选王宝善为支委；还要求大家走访同学，通知回校上课；还要选举新一届学生自治会。一些同学急不可耐向上级领导提出要求参加工作，领导的答复是"听候组织安排，现在要读好书，准备参加建设"。

6月7日学生自治会进行了选举。高三同学对新选出的学生自治会进行工作指导。李蕊珍老师穿着军装，从解放区回到上海参加接管工作。1948年下半年到解放区的陈云同学也参加了接管上海的军管会工作，李行健在解放区就参加了南下福建的华东随军服务团，现在也回到了上海。他们回到学校看望大家，同学们围着他们问了又问，亲热异常。大家都非常羡慕他们身上穿的绿军装，看了又看，摸了又摸，有人甚至要陈云将军装脱下来，试着穿一穿。

学期就要结束了，高三同学就要毕业离开母校了。校门外面，革命形势发展迅速而热烈；校门里面同学们按照学校的要求，复习迎考，以优异成绩迎接新中国的建设事业。尽管如此，向往革命的同学们还是在复习迎考同时参加了全市性的学生活动。

在宋凯耀的日记中记载着："六月一日，晴，星期三。下午到约大去参加'五卅'纪念大会，这次大会参加的人数有一千五百人，其中有工人，有教师，有学生，气氛十分热烈。因为中心会场在交大，所以，在约大是收听转播情况。陈毅市长作报告，会场上响起了热烈的掌声。报告后，参加大会的同志纷纷乘卡车上街宣传，工人们扭着秧歌，学生们演出街头剧，号召全市工人、学生和各界人士复工、复校、复业。"

6月11日是星期六，第二天就要举行毕业考了，但是新青联盟员们还是积极地参加了反银元投机的宣传工作。省吾中学的队伍到梵皇渡路永乐村前面的一块场地上进行街头宣传，同学们边讲边唱，又分散到各商店去宣传反对银元投机的意义。下午到育才中学去宣传。

6月12日以后的几天是省吾中学的高三毕业考和期末考试时间。也是反银元投机宣传的第三天。省吾中学的同学们上午参加考试，下午参加反银元投机的游行。有一百多名宣传队员到学校集合后，跟随着校旗，浩浩荡荡地向兆丰公园走去。一路上，大家唱着《你是灯塔》《金圆券调》《打得好》等歌曲，两旁观看的行人都鼓掌叫好。游行队伍和其他学校的队伍汇合后又向静安寺进发，进入胶州公园，举行反银元投机宣传演出。由市学联组织，同济同学表演反银元斗争节目，新安旅行团表演《银元秧歌》《腰鼓》等节目。交大、大夏、光华、圣约翰、华模、复夏、仪韵等几十所学校参加。回到家已是晚上八点半，大家静下心来复习功课，准备第二天的考试。

6月15日，西二区学委的夏禹龙同志参加了省吾学生党支部的支委会，根据中共

张家口军事工程学校省吾校友

华东随军服务团省吾校友

中央《关于调度准备随军渡江南进干部的指示》文件精神，夏禹龙同志向支委们传达了华东局、上海市委的决定，根据形势发展，要在上海动员部分大、中学生参加工作和南下福建、西南重庆。并且分配给省吾中学去中央团校、张家口军校、南下服务团的名额。王宝善回忆："支委会当即按报名的条件确定了人员名单。在讨论中，年龄条件成了重要问题，除高三同学年满18岁外，其他同学都未达到年龄，就放宽至16岁来安排。夏禹龙同志又强调了在解放仅半个月的时间就开展这项工作，要做好宣传，党员、新青年联盟成员要带头，同学中要互助。"

支委会后，分别召开了党小组会、新青联盟小组会进行动员。6月16日下午新青联开会，出席人数有四十多人。会上传达了动员报名的事。范敬业已经接到通知，到长宁区委去做专职青年工作。根据组织安排：姚解生、宋凯耀、褚萱萱、章剑平参加上海市中学政治教育研究工作；季光中、高炜、石良耘、吴宗茂到北京中央团校工作，其他从初三到高三同学可以报名参加南下工作。

各小组在讨论中都群情激动，兴高采烈服从分配，并表示要做好同学的思想工作，动员更多同学报名南下。党支部在全校提出了响亮口号："纪念陈仲信烈士，参加南下工作团，解放全中国。"

大家心情都很激动，新的时代开始了，省吾中学是红色堡垒，现在这些红色种子即将播撒出去，为解放全中国和新中国的建设事业贡献力量。

6月17日,最后一天的国文考试刚结束,底楼礼堂已布置成会场,华模的同学也来和省吾同学一起开会。西二区委的工作同志来做动员,会上有几名北平南下工作团的同志向大家介绍了解放区的生活,宣传了南下工作的意义和具体安排。周秀宝同学介绍说服家长同意的经过。季勤先老师宣布,为了支持同学们参加革命,省吾高中停办。

很多同学踊跃报名南下。省吾中学根据西二区委安排还组织了一批同学到民光、文化等四所中学去宣传动员,取得了不错成绩,文化中学当场就有30多名同学报名。

高二钱纪康,家境贫寒,姐姐和弟弟都做童工,父亲为了光宗耀祖,省吃俭用,供他读书,希望家里出一个读书人。钱纪康瞒着家里,报名南下。还帮邻居程天萍报了名。1949年6月29日《解放日报》公布了第一批参加西南服务团的名单,在省吾

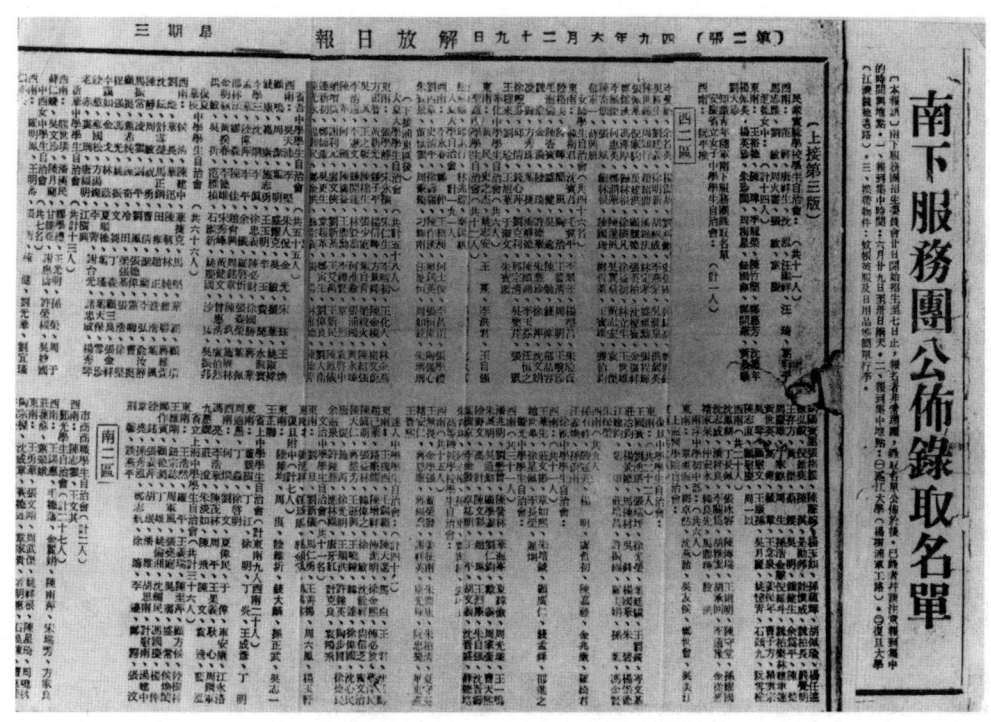

1949年6月29日《解放日报》公布录取南下名单

中学名单中有钱康,他父亲看到后问他:"这是不是你?"钱纪康回答:"我叫钱纪康,怎么会是我呢? 钱康是我们同学。"这样瞒过了父亲。第二天凌晨他未拿任何衣物,悄悄离开了家去大夏大学报到。同时托初二的陈璞同学回南京后,从南京帮他寄回家一封信,谎称他在南京考学校。到了重庆后才告诉家里参加革命的真相。他的父亲很高兴,鼓励他跟着共产党走。省吾中学像钱康这样改了名字报名的人很多,夏乐仁改名孟华,张蒔英改名沈炯,谭文修改名李真,姚淑祎改名姚祎,王文安改名王焕,朱传棻改名李平,李丽莉改名李毅,周秀宝改名周洁,宋曼莉改名宋珏,王宝善改名叶佩,顾联璧改名辛玉,籍传和改名籍康,朱承祖改名朱侃,金兴达改名金光,吴增樑改名吴敏等。他们说服家长,勇敢迈出了革命第一步。

省吾36名同学参加南下服务团

全市在市青委领导下，市学联召开了全市和分区动员大会，时任南京军管会副主任的宋任穷同志也亲自到上海，在育才中学礼堂向中学生代表作了动员报告。从6月下旬起在全市的大、中学里掀起了一个参加南下工作团的热潮。

6月24日下午，省吾、华模、复夏这三所由中共地下党创办的学校联合召开南下欢送大会，这三所学校初三以上同学大多报名南下了，会议由省吾初二李定勋主持。团区委同志来给大家做报告，讲南下工作需要树立的创业和吃苦的思想准备。已报名南下的同学个个摩拳擦掌，焦急等待着批准名单的公布。

6月29日《解放日报》上公布了南下工作服务团名单，省吾中学共录取了55人。南下同学说："上海虽然繁华，留不住我们革命的青年；上海虽然有我们的双亲，但南方有更多等待着我们的亲人""要把解放的红旗插遍全中国。"

省吾的同学有10人被批准加入"华东随军服务团"，随军入闽。他们是：马丙海、沈洪三、俞宗彝、沈吾宝、唐铮、唐斌、吕和俭、陈燕如、张佩学、盛祖勋。

有36人批准参加"西南服务团"，进军重庆。他们是：吴汉祖、李坚、朱承祖、金兴达、宋曼莉、王文安、顾大鸣、周秀宝、吴增梁、姚淑祎、钱纪康、籍传和、王玉明、顾联璧、费闻、水海寰、张莳英、谭文修、徐国胜、蒋宗华、夏乐仁、朱传棻、王宝善、邵林法、沙猛、金铭、丁顺德、叶良眒、赵小玲、曹瑞英、沈延鸾、张金标、邢志汶、唐冠英、李丽莉、罗崇毅。

自名单公布后，同学们互相告别，互赠纪念物。各年级召开欢送会，帮助家里有困难的同学准备衣物。大家互相勉励："要为解放全中国，建设新中国做出贡献！"

1949年6月29日省吾中学参加"华东服务团"的10名同学分别到沪江、复旦

华东随军服务团胸章　　胸章反面三大队二中队盛祖勋　　西南服务团胸章　　重庆市军管会通行证

大学报到。他们被分配在不同大队里,沈洪三、俞宗彝分在文艺队;马丙海,张佩学分在一大队四中队;盛祖勋分在三大队二中队;吕和俭、陈燕如分在三大队三中队;沈吾宝分在三大队五中队;唐斌、唐铮分在四大队三中队。报到后,就进行了严格的抗大式培训,进行政治学习和军事训练,过严格的军事生活。1948年4月已经到解放区的李行健也在"华东服务团"。

　　1949年6月30日清晨8时,省吾中学30多名参加"西南服务团"的同学,其中有8名党员,14名新青联盟员,最大的不满19岁,最小的14岁,集合在大夏大学校门口,和勤光、真如、市北、光华附中等同学一起首批向团部报到,开始了他们

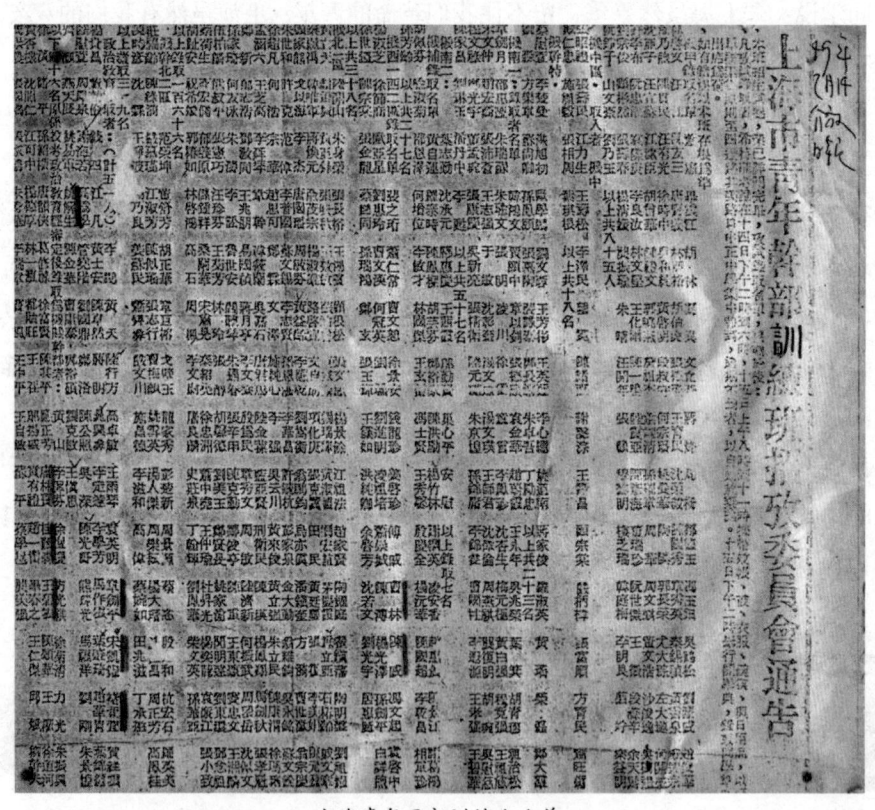

上海青年干部训练班名单

人生中新的一页。

1949年7月14日《解放日报》上公布了上海市青年干训班招生录取的名单，省吾中学有：章剑平、宋凯耀、褚萱萱、姚解生、王碧云、桂荫森、陈咸文、曹林、唐林宝等九人。其中章剑平、褚萱萱、宋凯耀、姚解生四人经过政治、国文考试，录取在政教班，集中到震旦大学学习，将来从事政治教育工作。王碧云、桂荫森、陈咸文、曹林、唐林宝和陈保宁六人到张家口军事工程学校。学习外语和通信技术。

被分配到中央团校的高炜、季光中、吴宗茂、石良耘，羡慕参加"西南服务团"的同学，每人发一支枪，步行去重庆，艰苦的行军，伟大的壮举，英雄的使命。到大夏大学去陪伴了他们几天，但最后还是不得不背上行李，按期去华东团工委报到。他们到河北省良乡县学习，破庙是教室，城头是课堂，住宿在老乡家，三顿是窝头。但是穿上了黄军装，成了一名革命战士，大家都很高兴。

7月24日，"西南服务团"奔赴大西南。在上海的省吾同学去大夏大学送别背着背包、穿着军装，雄赳赳，气昂昂出发的队伍。

7月25日，上海市青年干部培训学校在震旦大学开学，一批未来从事青年工作和政治教育工作的同学，章剑平、宋凯耀、褚萱萱、姚解生，告别了中学生活，进入了理论研究领域。

1949年夏天，从初二到高三，一大批省吾中学的学生投身解放全中国和建设新中国的洪流，四年来，省吾中学出色完成了储备革命力量的红色堡垒的使命！

第十五章　省吾要继续办下去

1949年7月，欢送了大哥哥大姐姐们参军参干后，李定勋和初一初二的小伙伴还沉浸在对陈仲信大哥哥的怀念中。陈仲信大哥哥留给他们印象太深了，他带领他们参加在交大的活动，送他们回家。他一路和他们讲故事，告诉他们很多道理。他们中的好些人都是陈仲信来谈话，发展加入新青联的。

李定勋和几名同学回到学校，下学期他们就要升入初三了，季勤先老师已经在欢送会上宣布，省吾高中停办，初三以上一些同学已经转学到其他学校去了，剩下的初一、初二同学只剩二三十个人了，听说储能、建承、华模、复夏、鄞光等原地下党领导的学校已停办，省吾还会继续办下去吗？很快季老师就到学校来了，她告诉大家，接到区委通知，省吾作为一所有光荣革命传统的学校，还是要坚持办下去，马上就要

季勤先副校长

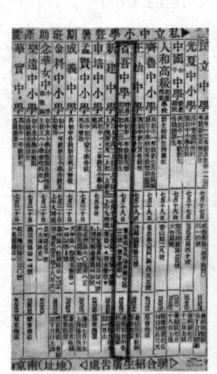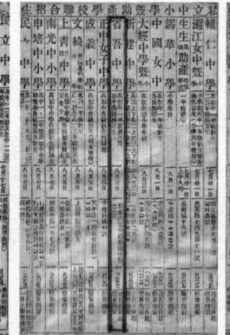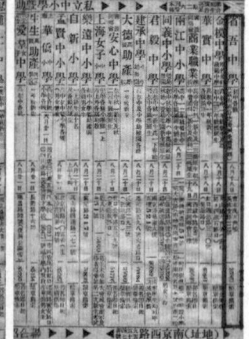

1949年7-8月省吾中学三次刊登招生广告

开始招生。听到这个消息，李定勋和同学们很高兴，大家对省吾有感情了，对这个校园也有感情了，都希望能留在这里继续学习。

党组织通知季老师去参加市委党校第一期学习，但她在星期天还是回到学校和留在学校的蔡小谢、姚精华、路英芝、陈季珠、傅鸣皋等老师商量招生工作。那年暑期在报纸上登了三次招生广告，开学前通过在校学生介绍又招了一次生，先后招生四次，招满109名学生，新学期开学省吾就有了初一至初三三个年级。教职工10人。

季勤先老师在上海市教育局碰到李蕊珍老师，李蕊珍老师是作为军管会代表从解放区来上海接管教育系统的，两个原来不在一个系统里的地下党员见面后十分激动。四年前，李蕊珍老师接受了上级党组织的任务，和圣约翰大学的其他几名地下党员一

上海市第八业余中学（市立曹家渡夜中学）全体教职员暨初中部第一届毕业同学合影（1954.7）

起创办了一所为新中国培养和储备干部人才的堡垒学校,四年后季勤先老师再一次接受了组织交给的光荣任务,要将这所有着光荣革命传统的学校继续办下去,办好,为新中国输送更多的建设人才。季老师说:"我是又一个接受党组织重托的省吾人。"她从接到徐长区委妇委陶励同志的通知,"区委决定省吾中学要继续办下去,迎接经济建设后到来的文化建设高潮",就把尽心尽力办好省吾当作党交给的最大、最重、最实的任务。她将陈鹤琴先生的"活教育"思想始终作为省吾办学的指导思想。

虽然解放了,但是人民政府接收的是国民党留下来的一副"烂摊子",人民很穷,政府很困难。省吾是一所民办学校,办学费用要自己筹集,免费生名额不能少。学校仍然没有摆脱困境,而且比以前更困难。季老师对老师们说,我们要艰苦奋斗,厉行节约。教师工资很低,学校开支尽量节省。市教育局知道后,支持省吾办夜中学。1949年9月省吾就先办起了妇女补习班,以满足学校附近中青年妇女求知的要求。补习班在校门口音乐教室上课,共招收了学生35人,由杨谨修教语文,蔡小谢教算术,姚精华教常识,季勤先任班主任。课本由学校免费供给。1950年9月正式开办了"市立曹家渡夜中学",以夜校行政费贴补日校开支。

1949年12月,团区委开始第一批在学校建团组织,省吾早在1948年冬天就建立了"新民主主义青年联盟",初一、初二学生中也有"新青联"盟员,因此,也是第一批建立学校团支部的单位之一。1949年12月11日,省吾的团员和一部分积极分子列队步行到中西女中,在中西女中大礼堂,团区委召开全区建团大会,徐长区十几所学校的团员和积极分子出席了大会。会上举行了入团宣誓仪式。省吾的团员与中西、约中、奉中、立人等五所学校的团员一起,站在中西女中的大礼堂台上宣誓:"我自愿加入中国新民主主义青年

1952年的省吾毕业证书

团,坚决拥护中国共产党的主张,努力学习马列主义、毛泽东思想,遵守团的纪律,执行团的决议,全心全意为人民服务,在各种革命工作中起模范作用,团结广大青年群众,为新民主主义中国的建设、全人类的彻底解放,奋斗到底。谨此立誓。"姚家棣、李定勋、范起强、黄鑫章、黄祥龙、顾志良等新青团员举起右手,紧握拳头,跟着团区委的同志一字一句宣读誓词,他们的心里泛起了一种使命感,往日带领他们,帮助他们,引导他们的大哥哥大姐姐们都已经离校了,往后他们就要像这些大哥哥大姐姐们那样担当起责任来。虽然已经解放了,但是革命的任务还没有完,我们要建设一个独立、自由、民主、统一、富强的新中国,要保卫我们的祖国,要为全人类的彻底解放而奋斗!

省吾中学选举了首届团支部书记李定勋。据李定勋回忆:"团支部成立后,我们做的第一件事就是要尽快解决团支部开展活动的场地问题。由于那时候长宁支路的校舍小、条件差,拿不出地方来,而没有一个相对固定的场所,必将影响工作的开展。怎么办?大家想来想去,最后还是决定自己动手、解决困难,于是大家欢快地干了起来。有的做木工,有的做油漆工……终于把已经破旧了的大花棚改成的亭子,整修一新,成为团支部开展活动的场所。

"第二件事就是开展向陈仲信烈士学习活动。因为他既是地下党员,又是'新青联'盟员,而且是省吾'新青联'的创建人之一。陈仲信烈士是我们学校的光荣,也是我们做人的榜样。我们要永远学习他、纪念他。为此,我们把团支部活动场地命名为'仲信亭',并举行了命名仪式。让陈仲信烈士永远活在我们心中。

"第三件事就是团员要以

省吾中学第一届团支部,书记李定勋(后右2)

品学兼优的实际行动，团结带领广大同学，为建设新中国而努力学习，陈仲信烈士就是一个品学兼优的好学生，把学习陈仲信烈士和提高学习成绩，做品学兼优的好学生结合起来开展活动是团支部工作的主要内容也是经常性工作。"

1950年2月经校董事会决定，聘请季勤先为副校长，此后不再设校务主任。为发扬民主，群策群力，学校设立校务委员会，派学生代表列席参与重大事情讨论。初三姚家棣是学生会主席，李定勋是团支部书记，作为学生代表参加校务会议。

上级将省吾中学与圣谊中学、新华中学的党员编入一个党支部，季勤先任支部书记。1950年8月28日长宁区委批准党支部公开，在党支部所属三所学校贴出了支部公开的公告：定于9月3日下午6时30分在省吾中学礼堂召开党支部公开大会，欢迎三校教师群众参加。公告上写的党支部名称是中共上海市长宁区中教支部。书记季勤先（省吾中学），正式党员；竺宜伟（圣谊中学）；李定达（新华中学）。1950年9月3日课后，在省吾礼堂屏板上，第一次公开挂起了鲜红的党旗。中国共产党领导党员群众在这里奋斗了整整五年，今天终于可以堂堂正正公开了。党支部成立后，在初三学生中发展了两名党员，黄鑫章、黄祥龙。

新中国建立后，教育事业大发展。政府提出向工农子女开门，设立助学金、奖学金、免费生，使家庭贫困学生都有读书机会。省吾地处曹家渡地区，居民生活困难的多，学费收费标准一般低于其他中学约五分之二。为了克服办学经费困难，学校组织师生勤工俭学。省吾有叶叔重校董捐赠江湾联义山庄地六亩五分。学校就安排生物老师在那里给学生上生物课，轮流安排学生去那里开荒种豆，养鱼喂鸡，捉虫拔草。到了收获季节，果实累累，一片丰收景象，十分喜人。联谊山庄的劳动，一方面进行了理论联系实际的教学，一方面将农产品补贴办学经费，还为师生改善伙食增加了新鲜蔬菜。

学生多了，教室少了，操场小了，就将音乐教室、男教师宿舍都改作教室，将水泥围栏拆掉，使操场和跑道连通，增加了每天早上做广播操的场地。苏朝琨老师回忆，那年暑假要将前面男教师宿舍改建为教室，并要添置150套课桌椅，但是教师都要去参加学习，只留下两名老师负责这项工作，事务老师跑遍了木材行、锯木厂、家具店，

学生在静安寺站列队等车去联义山庄劳动

师生在地里捉害虫

反复计算、比较、以最低价格购进了较好的课桌椅和材料。他们发动工友和家长，群策群力，还自己动手，在炎炎夏日，每天干得满头大汗。开学了，教室修好了，课桌椅也做好了，每套课桌椅比其他学校便宜2.30元，150套课桌椅竟为学校节省了345元。被市教育局知道了，前来总结学习经验。

杨谨修老师回忆，当时省吾教师的薪金比一般学校低，但是大家向解放区来的供给制干部学习，以苦为乐，以苦为荣。学校的一切都厉行节约，学生日常小测验用纸都是一面已经用过的废纸；印刷用纸张，必须仔细按大小裁开，不浪费一页纸。图书室的书少，就发动教师、家长捐赠；有一年纸张紧张，图书室为了节约包书纸。发动同学搜集电影院广告纸和家里的旧画片纸等来包书。为了节约粮食，发动同学从家里带来淘米泔水打浆糊。

学生活动需要鼓号，就向有关人士劝募，募来的钱购买了一面大鼓，四只小鼓，四个铜号，组成了一个小型乐队。成立少先队后，活动时鼓号齐鸣，十分有气势。

季勤先老师作为学校领导，每晚下班前检查每一间教室窗户是否关好，因此师生也养成了离开教室检查门窗的习惯，省吾的窗玻璃很少有打碎的。

省吾对师生的思想教育很严，学校进步气氛很浓。严衍芳、苏朝琨、胡净芙三位老师回忆，他们1951年8月后到省吾报到，报到那天，一走进校门，就看见"陈仲信烈士纪念亭",印象深刻。每次开学,领导都要做陈仲信烈士事迹报告。在领导以身作则下,老师们都能爱校如家。大家每天早上班、晚下班,在学生未到校前,教师们都已在办公室开始工作了。学生一到校,老师立刻进教室督促早自修,直到下午学生课外活动结束后才离校。晚上还要去进行家庭访问。

解放初期新进省吾的教师,有的过去是家庭妇女,有的过去是教小学的,搞业余教育的,还有的是外单位转业来的。正式大学毕业的只有一半,所以思想不稳定,遇到困难,对教学工作就不安心。季校长总是耐心帮助,让老教师收徒弟,帮助新教师,还经常争取让老师去进修,提高业务水平。使这些半路出家的教师能安心工作,热爱教育事业,省吾的教育也获得了较快发展。

省吾对学生的思想教育也很严格。范起强记得,班上有个同学在教室内打篮球,不慎将玻璃打碎;同学之间发生矛盾,用刀片在毛料上衣上划一刀,这些都由季老师

1950年5月庆祝建校5周年师生合影

进行教育后作赔偿处理，以后同学中再也没有发生类似事情。

学校的教育贯彻陈鹤琴"活教育"原则。李定勋记得，为了改善环境，学校发动师生，自己平整操场，搬掉乱石堆，建起篮球场，在围墙边开辟花圃，种植鲜花。学生轮班参加劳动，也培养了劳动观念。除了参加校园劳动和联义山庄的农村劳动外，还组织去益民食品厂参观冰棒与罐头食品生产线，食品厂小卖部冰棒比外面便宜一半，同学们大饱口福。还组织参观解放军驻地，并和解放军比了一场篮球，双方握手言和。学校的合唱团活动也十分红火，每周两次练唱，由一名黄姓同学教唱与指挥，还到纺织厂演出，受到工人们热烈欢迎。

为了锻炼学生的工作能力，学校还和附近工厂联系，安排团员到附近纺织厂去教女工学文化。初三团员丁雪英、王桢威、王桢华、胡麦赛四人晚上去纺织厂教工人学文化，她们给工人读报纸，先教各人认写自己的名字，再教一些常用的词。有一次都讲完了，怎么办呢？就把墙上挂的各国共产党的领袖名字与国家名称当教材。无形中模仿老师的种种教法。女工中有的年龄比她们稍大一点，有的像阿姨辈分。课余休息，常常给她们讲自己的身世，有的就要求帮她们写一封平安家信。团员们在授课中逐渐养成了关心国家大事和看报的习惯，也增长了工作能力。

1950年5月，省吾建校五周年了，学校举行了校庆活动。那天天气特别晴朗，上午开庆祝大会，校董会董事长陈鹤琴先生来校讲话，还请范敬业来做报告。范敬业那时在区委做青年工作，他来给学生们介绍学校历史，讲陈仲信烈士的故事。庆典结束，全校师生和来宾在大礼堂前合影。下午各班演出文娱节目，在大礼堂里用课桌搭起舞台，课桌上铺上毯子，在壁炉间门上拉上幕布，舞台就完成了。演完节目，拆掉舞台，又把课桌拼成方桌，八个同学一桌聚餐，全校老师也一起参加。虽然只有馒头和一盘带汤的菜，大家吃得很开心，满场欢声笑语。老师们都到各个桌子转转，看看，问大家："吃饱了没有？"师生间无拘无束，亲密无间。这是建校以来第一次校庆活动，也是解放后第一次校庆活动。

1950年6月25日，朝鲜战争爆发，在老师指导下，同学们绘制了宣传画，设计

欢送第一批参军同学　　　　欢送第二批参军同学　　　　欢送第三批参军同学

了展览版面，举办了一次"时事学习参考资料展览会"。不仅全校同学参观，而且对家长和附近工厂职工、居民开放，收到了很好效果。展览会激发了同学们的爱国热情，当年就有初三毕业同学积极要求参军，第一批批准了张思农、顾志良、张广仁三名同学。顾志良在学校里参军，他母亲去"南京海校"探望，回沪后在区里作报告，说："儿子长高了，懂事了，把孩子交给解放军我们做父母的真是一百个放心啊。"听了她的报告，范起强1951年7月初中毕业，响应祖国号召，也报名上军事干校，学校赠送一本日记本，季校长在日记本上题词，这题词在范起强成长道路上一直激励着他，他深切体会到，自从踏入社会，取得的每一微小成绩与进步无不与省吾的教育有着密切关系。丁雪英也有一腔报国热忱，作为团员，她带头响应号召，报名上军校。回家做母亲工作，将先有国后有家的大道理翻来覆去讲，好不容易做通了家长工作，和王桢华一起报了名，还在全校动员会上发了言，结果因为右眼视力只有0.1，未被批准，王桢华被批准了。为此，季校长还特意把丁雪英和王桢华叫到办公室去，给丁雪英讲了未被批准的原因，鼓励她在其他岗位上为国作贡献。她还以自己身残不气馁的事实开导丁雪英，丁雪英想通了，高高兴兴送别好友参军，自己安心学习。后来成了一名人民教师。

　　1950年9月姚家棣、李定勋毕业后，选举了新的学生会主席初二马木咸、团支部书记陈嘉桢。省吾的传统在发扬，在新一代身上延续。马木咸受到学长影响，在担任学生会干部后也以学长为榜样，努力为同学服务。暑假里，他和陈嘉桢商量，按照以往学校对新同学家访的传统，也利用暑假对新同学进行一次家访。于是他们当即决定召开一次团支部委员、学生会委员联席会议，动员和组织"学生干部"们一起参加家访活动。马木咸和陈嘉桢作为学生代表列席学校的校务会议，因此他们能及时了解学校领导对学校工作的安排，也能及时将了解到的学生中的情况向校方反映。尤其是在家访中了解到的同学中经济困难家庭的情况。学校针对贫困家庭的情况，采取多项措施，帮助同学解决入学困难，不让一个同学因贫困而失学。省吾爱校、尊师、爱生的精神在传承和发扬。

　　1954年暑假，市教育局在长宁区新增了三所中学。7月中，市教育局通知抽调季勤先老师去新建的番禺中学任校长兼党支部书记。上午电话通知下午就得去接受招生任务。季老师怀着依依不舍心情告别了师生们，履新上任，但是她的心还是和省吾在一起。

　　二十年后，她在患甲状腺癌动完手术恢复期间，上北京、下福建、赴重庆，重新和省吾的学生建立了联系，开始搜集和发动大家撰写回忆的工作。又过了十年，迎来了改革开放的新时代。1985年8月31日，长宁区人民政府任命季勤先老师为省吾中学名誉校长，她更是将发扬革命传统，纪念革命先烈当作自己的主要工作来做。

　　1989年10月14日，省吾中学被命名为上海市青少年教育基地。

　　在季老师的亲力亲为和发动下，省吾中学的青少年教育基地教育内容不断充实。1984年5月出版了《陈仲信周维民烈士纪念册》；1991年5月出版了《奉献》，收录了陈仲信、周维民、唐林宝三位烈士的事迹。1988年5月出版《熔炉》，是校友

1950年朝鲜战争爆发，省吾师生绘制"时事学习参考资料展览会"

省吾之光纪念浮雕

们撰写的校史回忆录。2004年6月出版《省吾人（一）》，2005年10月出版《省吾人（二）》，这两本书收录了省吾校友的成长过程与工作成就。

1988年第一次将校史内容制作展板，在校史陈列室展出；1989年5月扩建充实校史陈列室；1995年10月校史陈列室再次扩建充实。

1992年和长宁区关心下一代影视部合作，联合摄制校史纪录片《熔炉》，使教育内容从文字走向影像，更加形象化。

1995年10月建校五十周年庆典前，"省吾之光"纪念浮雕在省吾中学校园里落成。原上海地下党学委领导，时任国务院副总理钱其琛为这幅浮雕题名"省吾之光"。七位英姿勃勃的年轻人，代表着少先队员、共青团员、军人、干部、科技工作者、教育工作者及其他各行各业的代表。代表烈士精神的光芒长虹及老校舍"民主堡垒"的建筑顶端，象征着省吾精神永驻人心。

"省吾之光"在新时代得到了发扬光大！

第十六章 教　师

　　中共地下党创办的省吾中学，当年创办人员有 12 名：夏孟英、蔡怡曾、李蕊珍、陈秀煐、邢泽、孟繁俊、唐馥珍、唐月娟、吴新智、蔡小谢、郑淑瑛、吴励理。其中有 8 名是中共党员，其余 4 名也都是圣约翰大学教育系和经济系毕业生。在这 12 人

省吾中学的 12 位创办人

中有蔡怡曾、李蕊珍、唐馥珍、唐月娟、吴新智、蔡小谢、郑淑瑛、吴励理8人后来在省吾中学任教任职。

1945年9月省吾中学正式开学后，共有全职和兼职教职员22人，根据1945年度第一学期薪津发放表确定，这22位教职员是：唐馥珍、李蕊珍、郑淑瑛、居佩芳、蔡小谢、张茂群、丁斌士、孙葆芝、邱调梅、陆仰苏、吴鸣皋、王祖仪、蔡德粹、李庆贤、王永豪、唐月娟、丁兆梅、蔡怡曾、陆吉勉、吴新智、张崇应、郭大敏。其中有党员4人，他们是李蕊珍、蔡怡曾、吴新智、唐月娟。除陆仰苏为特意请来的不领薪酬的附中主任、郑淑瑛任教务员、居佩芳任事务员外，其余均是由创办人或圣约翰校友推荐来的教师。

开学以后中共上海地下党将一些原来专职从事党的工作的干部推荐进省吾任教，使之有一个合适的掩护职业。龚兆源、吕甦、曹锦焕就是党组织推荐进校的。董兼济由李蕊珍的朋友，圣约翰校友瞿希贤推荐。过了半年，又有杜淑贞、董思林、季勤先、严忠璞、顾以庄、华佑民、孙以敏、孟昭方、施增琦、乐嘉树等党员由各系统推荐进省吾。吕型伟1946年从浙江大学师范学院教育系毕业后进省吾任教，1949年4月由董思林发展入党。章妙英、周少春、章剑青等圣约翰大学地下党员也到省吾来兼职。省吾中学教师中党员的人数增加了，力量增强了，虽然相互间并不发生组织关系，但

首任校长祝铨寿

第二任校长陈鹤琴

第三任校长沈立人

大家心里都明白，这里工作的环境和其他地方不一样。

省吾中学1952年前有三任校长，他们是祝铨寿、陈鹤琴、沈立人。

祝铨寿校长是江阴人，原江阴征存中学校长，因抗战逃难来到上海。省吾初办，需要一位有经验的校长，董事会聘请了祝铨寿任校长，任职时间从1945年9月到1946年7月。祝铨寿校长为学校命名"上海私立省吾中学"。抗战胜利后，江阴征存中学复校，祝校长就回江阴复职去了。解放后任江阴县副县长，江阴县政协副主席。

陈鹤琴是第二任校长，任职时间是1946年9月到1947年2月。祝铨寿校长离职回江阴后，董事会又聘请了已从内地回沪的陈鹤琴为校长。陈鹤琴任校长后为省吾中学制定了"服务创造"的校训和"活教育"原则。在此同时他又是上海市立幼儿师范校长。他是中国著名的教育家、儿童教育专家。

沈立人是第三任校长，任职时间从1947年2月到1952年7月。沈立人是交通大学教授，在省吾申报立案时，因陈鹤琴校长是市立学校校长，按规定不能兼任私校校长，因而换了沈立人校长。在沈立人校长任上完成了省吾的立案和购置新校舍，省吾中学自此有了自己独立的校舍，保证了学校的安全和发展。

唐馥珍是省吾第一任教务主任，1945年圣约翰大学教育系毕业，虽是非党人士，但为省吾的创办和早期发展做出了重要贡献。她同情中国共产党，1946年秋，当夏孟英遭特务跟踪的危急关头，唐馥珍帮助夏孟英摆脱了危险。1947年7月唐馥珍离开省吾中学。以后一直在教育系统工作。

李蕊珍是省吾第一任训育主任，1944年圣约翰大学教育系毕业，1945年1月加入中国共产党。在夏孟英领导下，是筹备创建省吾中学的三人小组成员之一，在带领群众创办学校中起了重要作用。省吾建校后任训育主任，直至1948年冬遵照党组织安排撤离上海。1949年随军南下回沪。上海解放初，在军管会市政教育处工作。以后调南京和北京工作。

吴新智是省吾第一任总务主任和校务委员会主任，圣约翰大学1944年教育系毕业，1945年6月加入中国共产党，是省吾中学创办人之一。她动员父亲和亲友资助

 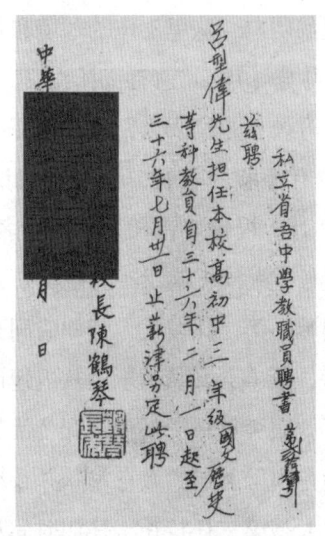

第二任教务主任吕型伟　　　陈鹤琴校长为吕型伟签发的教师聘任书

省吾办学，为早期的省吾中学解决财务上的问题出力不少。1948年离开省吾中学赴美留学。改革开放后任北京市朝阳区政协委员。

吕型伟1946年浙江大学师范学院毕业，1946年9月到省吾任教语文学科，深受学生欢迎。在唐馥珍离职后任省吾中学教务主任。1949年4月加入中国共产党，是《中学时代》主要编辑人员。解放后曾任市东中学校长、上海市教育局副局长。是当代基础教育专家，著有教育专著《吕型伟教育文集》全四册及其他有关教育的散文、论著。获得中国第二届内藤国际育儿奖和宋庆龄樟树奖；联合国教科文组织授予"亚太地区普教专家"称号。

季勤先1942年6月加入中国共产党，1945年2月大夏大学教育系毕业。1946年2月到省吾中学任教。1948年任总务主任，1949年任校务委员会主任，1950年2月任副校长。1954年7月调番禺中学任校长、支部书记。1957年3月任长宁区教育局副局长。在十年浩劫中，地下党都被诬蔑为叛徒、特务、走资派，她在遭受迫害后患了癌症，又经受了三次手术。与疾病作斗争的日子里，她北上、南下，联系省吾校友，为留住省吾历史殚精竭虑，以建设爱国主义教育基地作为自己后半生的事业。1985年8月31日长宁区人民政府命名季勤先为省吾中学名誉校长。她把后半生的全部精力都用在建设爱国主义教育基地省吾中学上。

董兼济是兼职音乐教师，共产党员，他在省吾建校之初就来到了学校，是由圣约翰校友，作曲家瞿希贤介绍到省吾的。董兼济教唱革命歌曲，指挥大合唱。在省吾中学还没有独立校舍的早期，是师生的保护神，深得师生敬重。他是省吾教师中引起反动派注意的第一人。

杜淑贞1943年2月加入中国共产党，沪江大学外文系肄业，新四军江淮大学学习后派回上海做地下工作。抗战胜利后调学委系统女中区任区委委员和书记。1946年9月以职业掩护进省吾中学任教初中语文，深受学生喜爱，对学生思想产生深远影响。解放后长期在上海团市委、市委从事党政工作，曾任全国政协委员。

施增琦老师是当时最年轻的教师，地下党员，陈仲信、周维民两位烈士的班主任，解放前夕地下党的秘密刊物《新华通讯》的编排刻写者。所带高三毕业班同学毕业时近三分之一为中共党员。解放后主动要求去东北从事经济建设工作，参加三大化工基地的创建和扩建工程。1956年调化工部工作，曾任部直属北京化工设计院院长、部政策研究室主任、化工部世界银行办公室主任、中国城市化工联合会理事长、名誉理

省吾教师在茂名路校舍合影

早期省吾中学教师

事长。1992年获国家突出贡献政府特殊津贴奖。

蔡小谢是在省吾任教时间最长的老教师，1943年圣约翰大学经济系毕业，参与了省吾的创办工作。从1945年9月开始就在省吾任教英语，1962年调上海市第三女子中学任教，1964年调上海外国语学院附中任教，1977年从上外附中退休，是一名优秀外语教师。

蔡怡曾1945年2月加入中国共产党，圣约翰大学教育系1944年本科，1946年硕士。虽然在省吾任教时间不长，但是在省吾创办时是三人小组成员，起了重要作用。以后由组织安排到上海幼儿师范学校协助陈鹤琴先生办学。但她还到省吾兼课至1946年1月。党内工作任上海地下党学委女中区委书记，1948年5月9日由于叛徒出卖，蔡怡曾被捕了，在狱中她受尽酷刑坚贞不屈。在党组织营救下，她在保外就医时摆脱了特务跟踪，撤退到解放区。1949年随军南下回沪，负责上海市青委少年儿童工作，是上海市教育局第一任少年部长。十年浩劫中，她顶着"叛徒"的恶名，遭受残酷折磨，身体又一次受到极大摧残。但她以共产党人的坚强意志坚持不说假话。她怀着信念、怀着对党的深厚情感、怀着对家庭子女的社会责任，坚强地活下来。1979年，她再次提出申诉，终于在1983年离休前得到彻底改正。1948年的狱中酷刑和"文革"中的残酷折磨摧残了她的身体，1992年1月1日过早去世，享年69岁。

董思林早年在抗战时期参加中国共产党领导下的浙东游击队，并入了党。1945年抗战胜利后国民党准备发动内战，浙东新四军北撤苏北，在漂海途中遇到大风浪，董思林同部队失去联络。他隐蔽下来，一直在寻找党的关系，终于在昆山民众教育馆工作时，找到了党，经过考察了解，1946年春他又重新回到党的怀抱。1946年下半年董思林由组织介绍来到省吾中学任教语文历史学科。以民主进步思想引导学生，接受组织任务编辑《中学时代》期刊。在蔡怡曾被捕后，董思林接受了营救蔡怡曾出狱的任务。他为同志的勇敢坚强高兴，为同志遭受酷刑担忧。在烈日当头时，他为传递情况，请党抓紧营救急得满头大汗。在十年浩劫中，这件事，竟成了董思林同志招致杀身之祸的原因之一。他终至不堪毒打、凌辱、污蔑，愤而出走以致过早去世。他是宁折勿弯，宁死不屈的共产党员。解放后董思林老师从事普教工作，曾当选全国"人大"代表。

夏孟英是圣约翰大学教育系1944届毕业生，1942年加入中国共产党，圣约翰大学教育系助教。圣约翰大学党总支委员。虽然夏孟英并未在省吾中学任教过，但是省吾的诞生离不开夏孟英，是夏孟英在支委会上提出建议获得了党组织肯定，是夏孟英领导着李蕊珍、蔡怡曾组成三人小组，开始了创办省吾中学的工作。1946年夏孟英去解放区工作，1952年奉调到北京，先后担任世界工会联合会亚澳联络局印度组副组长、中华全国总工会国际部处长、国际工运研究所副所长等职。十年浩劫中夏孟英遭受无端迫害，一位在白色恐怖中舍家为革命的共产党员，一位引导了家中数人参加

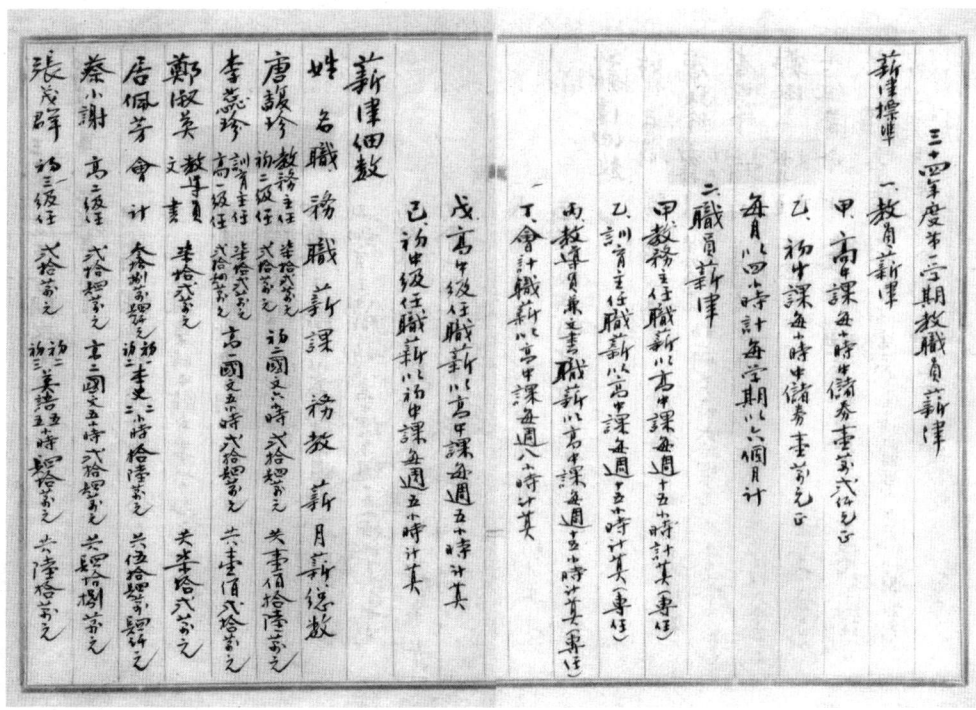

省吾中学教职员薪津表（1945）

革命的共产党员,一位对党无限热爱,对建设一个独立、自由、民主、统一、富强的新中国无限憧憬,满怀热情投入新中国建设事业的共产党员,却在那样一个黑暗时期,蒙受了无法言说的冤屈。1968年1月6日她留有遗书"罗织。冤哉!冤哉!我想不通……","诬枉无罪者,亦成其罪也"(语出《后汉书》),含冤跳楼去世。当年她的曾外祖父夏同善为杨乃武与小白菜平反冤案,然而他的曾外孙女却身陷冤案,宁死也不肯屈打成招。

省吾中学的教师队伍中,党员教师起着骨干作用。负责夜校工作的严忠璞老师,将《密勒氏评论报》上的"七届二中全会公报"引进英语课堂教学的孟昭方老师;指导学生阅读《钢铁是怎样炼成的》和《西行漫记》的唐月娟老师,都是共产党员。他们以对党的忠诚为新中国培养着干部人才。上海一解放,省吾中学就有大批有觉悟的学生参军参干,北上南下,投身解放全中国的革命洪流。省吾教师把学校打造成了一座淬炼革命者的大熔炉,为新中国培养了一批有坚定的理想信念的青年学生,他们成为后来新中国建设的中坚力量。

第十七章　毕业生

1978年是一个充满春意的年头。这年春天，省吾中学各地校友和老师分别三十年后第一次聚会在母校，筹备成立校友会。这些师生都可说是劫后余生！十年浩劫中，当年的地下党都被污蔑为"叛徒""特务""走资派"，遭到了无情批判，有的身心受到了极大伤害，有的甚至失去了宝贵生命。在那"黑云压城城欲摧"的年代，他们坚持初心，坚持原则，坚持不说假话。他们坚信当年紧跟共产党，投身争取民族独立、民主自由、建立新中国的革命初衷没有错！他们记得当年听到领导同志传达延安召开的"七大"会议精神时是那样激动。1945年春天，中国共产党第七次全国代表大会在延安召开，"七大"确定党的奋斗目标是：领导全国人民打败日本侵略者，解放全中国，建立一个独立、自由、民主、统一、富强的新民主主义国家。党的最终目标实现共产主义。无数志士仁人为了这个目标，聚集到中国共产党的旗帜下。为了实现这个目标，省吾中学牺牲了陈仲信、周维民、唐林宝三位烈士，他们是省吾中学的骄傲！

1978年12月，党的十一届三中全会召开，开始了拨乱反正和平反冤假错案。省吾中学的校友网重又编织了起来。从1975年开始，季勤先老师在患病休养期间，就先后到了苏州、杭州、南京、重庆、成都、大连、鞍山、北京等地，看到了几十名校友，她成了校友们的总联络人，被"文革"撕破的师生情谊网又重新织补了起来。季勤先老师提出成立校友会，大家都赞成。

1985年5月29日建校40周年时成立"上海市省吾中学校友会"，季勤先老师任第一届理事会会长。

1978年，各地校友第一次聚会在母校

校友会成立了，校友的情况也陆续反馈到校友会，他们中有不少当年南下的同学都已经担任了各单位领导，经受了"文革"中的考验。还有不少同学在科学研究、教育、文化艺术和其他各行各业做出了杰出成就。

周维民烈士是省吾中学1949届毕业生，1949年9月21日，周维民被批准参加中国人民解放军三野九兵团二七军八十师文工团。1950年9月立了四等功。朝鲜战争爆发后，周维民所在部队编入中国人民志愿军二七军八十师文工团，1950年10月中旬出发开赴朝鲜前线。1951年2月21日，部队在永兴郡执行一次战斗任务中，连夜行军，遭敌机扫射，子弹打中周维民腹部。由于伤势严重，又缺医少药，经卫生员抢救无效，于22日清晨牺牲。周维民的姑母是仅比他大7岁的圣约翰大学教育系校友周少春，他姑父梁于藩是上海圣约翰校友会会长，他们都是中共地下党员。梁于藩同志曾为省吾校庆五十周年题词："毋忘过去，面向未来；再接再厉，培育英才。"以烈士精神鼓励省吾师生。

唐林宝烈士是省吾中学1949年高一学生，1949年7月15日唐林宝改名唐志，服从组织安排进上海市青年干部训练班学习，8月10日结业，参加中国人民解放军，于月底到中央军委工程学校五大队学习，历任班长、政治干事。1951年调北京，在军委直属政治部保

周维民烈士　　　唐林宝烈士

卫处工作，任总参政治部保卫干事。他承担过保卫领袖安全的工作，参加过青海剿匪战斗，后在军委参谋部保卫处"技侦组"工作。为了做好侦破工作，他刻苦自学各种技能和知识，掌握无线电半导体组装技能，学会开摩托车，自学俄语、小提琴、吉他、绘画等多方面技能。1974年4月唐林宝受理一件刑事侦破案，连续几个晚上未睡觉，过于疲劳引发脑蛛网膜血管破裂。于1974年5月2日因公逝世，终年42岁。1983年被国务院民政部批准为革命烈士。

1949年第一个从省吾走上革命工作岗位的顾联瑜，先到《青年报》社工作，以后又到中国青年出版社。随着我国报刊发行方针的调整，顾联瑜的工作单位也由青年出版社变为新华书店，再变为邮政部门。担任了邮政部门领导和两所邮政高校的"客座教授"，参与了两本高校教材的编写工作，在报刊上发表了一百多篇文章，接受电视媒体采访几十次，被誉为半路出家的邮政专家。

范敬业1949年6月底就被组织分配到长宁区委做青年工作，以后又负责青年宫宣传组工作。他服从组织安排，干一行爱一行，专一行。青年宫开放时间是每天下午和晚上，然而上午他也从来不休息，这对于患肺结核切除半个肺的范敬业来说是对健康的极大伤害。为了办好各种大型展览会，他对于摄影技术反复研究，成为有较高水准的摄影专家，他的作品在一些杂志上作为封面和封底，并在摄影展上获奖。同事们说，

杰出的舞蹈家邢志汶

国家一级演奏员王碧云

他是一位实干的领导。肺结核损害了他的健康,他以64岁的年龄过早告别了这个世界。

1949年7月北上、南下和参军的一些同学也都在各自岗位上为国家做出了贡献。他们中有的后来在文化艺术方面作出了杰出贡献,如:

邢志汶,1946年初二肄业。参加西南服务团进川,曾任重庆市文化局副局长,四川省人大代表,中国舞蹈家协会副主席、书记处书记等。著名舞蹈家,杰出的舞蹈组织活动家,国家一级演出监督,国务院政府特殊津贴获得者。

王碧云,1949年高中毕业。1949年参军后在总政歌舞团工作,曾荣立三等功二次。国家一级演奏员,全国人大代表,全国政协委员。

有的从事文化工作,担任了文化部门领导,如:

高炜,1949年高中毕业。中共地下党员。解放后进中央团校第二期学习,1951年起在中国青年报社工作,任常务副总编辑、党组副书记等职务。高级编辑,国务院政府特殊津贴获得者。

陈淑芬,1949年高一肄业。中共地下党员。曾参加进步刊物《中学时代》的通联工作。解放后曾任中国文联第六届全国委员,中国摄影家协会副主席、党组副书记,《中国摄影报》社长,中国摄影函授学院院长,北京电影学院摄影学院副院长等职。国务院政府特殊津贴获得者。

程传泰，1948年高中毕业。中共地下党员。解放后参军，立三等功、四等功各一次。转业后在北京医科大学先后任校刊编辑和机关总支副书记等。离休后获卫生部"老有所为精英奖"。

李毅（李丽莉），1948年高中毕业。中共地下党员。1949年参加西南服务团进川，后调北京科技情报研究所工作，副研究员。被评为国家科委科技情报工作先进工作者。

章剑平，1949年高二肄业。中共地下党员。解放前曾是上海市学联秘密刊物《中学时代》的发行员。离休前为科教电影制片厂高级编导。

有的立了战功，并继续留在军队。如：

陈平，1946年初中毕业。1949年11月参加中国人民解放军，1951年参加志愿军赴朝作战，在朝鲜荣立三等功一次，获朝鲜人民共和国功勋章一枚。

陈秀兰，1949年7月初二肄业。15岁参军，到南京第五军医大学学习后，分配到西北军区第一陆军医院任外科军医。在西北参加平叛剿匪斗争中受到嘉奖，被授予中国人民解放军兰州军区先进工作者称号。1977年调至南京军区南京总医院，先后任外科主治军医及外科副主任医师，曾获中国人民解放军科学技术进步三等奖。

胡润森，1949年高中毕业。1959年8月在武汉军区空军工作，在新疆茫茫的戈

荣立战功的志愿军陈平

女军医陈秀兰

女飞行员沈靓

壁滩上，修建飞机场。这些飞机场在1962年10月到11月中印边界自卫反击战中，起了很大作用。为解决飞机跑道面凹凸不平的技术难题，部队在新疆戈壁滩上建立起第一个科研实验室，对跑道的土床材料进行了定性定量分析和精密计算，胡润森写出论文列入了空军工程学院的教材，为解决技术难题，开发西部提供了技术支持。

有的成了新中国第一代女飞行员、女拖拉机手，如：

沈靓，1947年初中毕业生。解放后参军成为我国第一代女飞行员。1952年3月8日驾机在天安门上空接受检阅，3月24日在中南海接受毛主席和中央首长接见并合影。

陈燕如，1947年初一肄业。解放后参加解放军南下服务团进福建，成为宁德市农机局干部。1958年成为闽东第一个女拖拉机手。

有的从政，成为人民的好书记，如：

王玉明，1949届高三毕业。参加西南服务团，在重庆任九龙坡区区委书记，市委委员，带领干部群众发展经济，被誉为实事书记。

有的担任了中央领导的秘书，如：

叶梅娟，1946年初中肄业。中共地下党员。1950年调北京全国妇联工作，1976年粉碎"四人帮"后任康克清秘书。

他们都忠诚于自己当年所选择的道路，忠诚于中国共产党的奋斗目标，并为之奋斗一生！

闽东第一个女拖拉机手陈燕如

王玉明

继续升学的同学也在科学技术、文化艺术、教育和其他方面做出了杰出贡献,他们中有:

郭豫元,是省吾中学1949届高中毕业生,是省吾中学第一位中国工程院院士。1949年郭豫元考取清华大学农学院,1952年院系调整,合并为北京农业大学。1953年于农大植保系毕业,分配到宁夏回族自治区(当时为宁夏省)农业厅农技站推广处工作。1982年调中国农科院植保所工作至今。他对我国有害生物综合防治理论与实践的发展做出了重要贡献。郭豫元是全国政协委员、1990年获农业部"有突出贡献中青年专家"称号;1996年被聘为国家"85"攀登计划"粮棉作物五大病虫害灾变规律及控制技术的基础研究"项目首席科学家;2001—2003年被科技部聘为"国家重点基础研究(973)发展计划"第二届专家顾问组成员;2001年被中国科学技术协会评为"全国优秀科技工作者",同年当选为中国工程院院士和中国植物保护学会第八届理事会副理事长;2002年被国家人事部等四部授予"全国杰出专业技术人才"称号。至今郭豫元院士仍在植保领域中奋斗。

郭丰年,1947年高二肄业,是省吾创办初期进校的学生。大学毕业后,1952年到鞍钢,1958年到重庆钢铁厂,1977年由冶金部调动,到上海宝山钢铁公司,建设具有国际先进水平、年产600万吨的钢铁生产基地。在鞍钢时为向苏联专家请教,学习俄语,到了宝钢,要和日商进行技术谈判,又改学日语。从鞍钢的"大型轧钢厂""无

郭豫元院士

郭丰年高级工程师

缝钢管厂"到宝钢的现代化钢铁基地，郭丰年成为钢铁方面的专家，发明创造和著作论文及所得奖项甚多，是教授级高级工程师。

还有在国防军工方面作出了重要贡献的校友，他们是：

朱营福，1950年初中毕业生，1958年西安工业大学毕业后进西安航空发动机工厂，是飞机制造高级工程师。他参加了制造新中国第一架轰炸机和第一颗原子弹的工作。在中苏关系破裂，苏联专家撤走后，朱营福和同志们一起根据图纸资料，自力更生，攻克技术难关，终于按时完成任务，让"轰六"飞机在1959年国庆十周年时在天安门广场上空接受检阅。1964年朱营福再次被调去担任试制原子弹壳体的任务。10月，完工一个，前方就试爆一个，终于出色完成任务。

王苏民，1952届初中毕业生。1955年参军，毕业于哈尔滨军事工程学院。高级工程师、副军职。他担任总设计师，设计的09型核潜艇鱼雷指挥仪荣获全国科技大会奖。另一项科研成果获国防科技成果二等奖。先后荣立三等功二次。

杭正中，1952年初中毕业。1960年北京工业学院计算机系毕业后，分配至部队工作，同年参加中国人民解放军，后转业航天部下属机构，长期从事设备设计制造的技术工作。高级工程师，国务院政府特殊津贴获得者。

朱营福高级工程师　　王苏民高级工程师　　杭正中高级工程师

张劲挺，1953年初中毕业。哈尔滨军事工程学院毕业，高级工程师。曾任中国直升机设计研究所研究室主任。被国家科委评为全国科技情报系统先进工作者。

苏麟南，1953年初中毕业，1956年参加中国人民解放军海军，曾立三等功。1971年复员至上海船厂曾任造机分厂厂长，主要负责国外大功率柴油机引进的制造及调试，达到同期国际水平，1985、1986年分别获得上海市优秀新产品奖，船舶总公司技术进步二等奖，国产化二等奖及国家技术进步三等奖。高级工程师，国务院政府特殊津贴获得者。

另有一些校友在其他科技领域里工作，也作出了出色成绩。他们是：

顾月翠，1948年初中毕业生。重庆市中药研究院工作，副研究员。发表论文二十多篇，1981年、1982年分获四川省人民政府重大科技成果二等奖和三等奖。1982年又获卫生部二等乙级科技成果荣誉奖。

丁惠康，1949年高二肄业。浙江大学毕业后，在北京第五机械工业部第五设计院工作，高级工程师，历任总设计师、院长、管理局局长等职务。1987年6月任香港利达时国际发展有限公司总经理；1991年5月到银华国际发展有限公司担任总经理。

陈嘉桢，1952届初中毕业生。高级工程师，曾任中国建筑科学院所长，曾获国家星火奖和部科技成果二等、三等奖各一项。

在高校和普教系统从事教育工作的校友，桃李满天下。

张劲挺高级工程师　　　　苏麟南高级工程师

顾月翠副研究员　　　丁惠康高级工程师　　　陈嘉桢高级工程师

吴南屏，1949年高二肄业。1956年交通大学研究生毕业，西安交通大学教授，担任全国电器绝缘材料与绝缘技术专业委员会副主任委员等职。主要著作有大学教材《电工材料学》等及论文二十多篇。

张澄，1952年初中毕业。同济大学副教授。同济大学机电系毕业，先后在浙江省水电设计院和同济大学热能工程系工作。科研成果曾获市科技进步三等奖。

吴新余，1953年初中毕业生。1961年哈尔滨军事工程学院航空系毕业留校任教。1979年9月至今在南京邮电学院任教。曾先后三次应邀到美国作访问教授，1994年12月参加意大利罗马细胞神经网络国际会议。主要编著有《现代网络分析》，译著《陈惠开教授论文选集》等和论文80篇。多次荣获江苏省教委颁发的一类优秀课程奖和教学成果一等奖，还被评为江苏省优秀硕士生教师。南京邮电学院教授，博士生导师，国务院政府特殊津贴获得者。

王昌畴，1946年7月省吾第一届初中毕业生。终身从事教育工作，桃李满天下，陶行知教育思想研究专家，任安徽省陶行知研究会副会长。

刘鸿魁，1949年6月初一肄业。上海师范大学毕业后主动去郊县宝山刘行中学任教，为当地培养农业生产技术骨干，副教授，曾先后被评为县、市教育、科技先进工作者。

在音乐、美术、出版等文化艺术领域取得成绩的有：

吴南屏教授

张澄教授

吴新余教授

陶行知思想研究专家
王昌畴

曹中，1949年高二肄业。音乐编辑家、宁夏儿童音乐学会会长、中国音乐家协会会员、其所创歌曲，多次获省、市级和国家级奖项。银川市政协委员。

先进教育工作者刘鸿魁

陆全根，1957年初中毕业生。上海人民美术出版社编审，《中国美术全集》和《世界美术全集》的总设计者，多次荣获国际国内图书艺术设计大奖、为我国优秀的图书出版工作者。他还是上海文史馆馆员，上海市人大代表，国务院政府特殊津贴获得者。

陆潜，1957年初中毕业生。《书讯》报的创办人，主编，著作甚多。对中国民族音乐和戏曲音乐有较深的造诣。任中国出版科学研究所的特约研究员，上海百老德育讲师团团员和上海新闻出版局、音像电子出版物的审读员。

此外，还有获得劳动模范、先进工作者称号的校友：

吴文建，1949年高中毕业生，1949年加入新民主主义青年联盟。上海农业局离休干部，农艺师。获上海市委组织部颁发的"离休干部先进个人奖"。

陆福泉，1954年初中毕业生。1957年从上海电机制造学校毕业后，先后在多家化工厂工作，1989年被评为全国化学工业劳动模范。高级工程师，国务院政府特殊津贴获得者。

韩镇春，1955届初中毕业生。1958年在新疆石油管理局任地调测量组副组长，创造日测33公里的全国纪录，得到朱德总司令接见，后又参加大庆油田会战，被评为先进工作者。

在省吾的历史上，还有一些夜校的工人学生，他们从省吾参军，立了功，受了奖，他们也把这些成绩的取得归功于在省吾夜校所受的教育。他们是：

吕曾（王慧珍），1949年省吾夜校学生，荣成绸厂女童工，解放后参军，赴朝作战荣立战功，被评为英模；复员后在工作中破生产纪录，被评为市劳模，二次进京参加全国代表大会，退休后担任居委工作，年年被评为优秀共产党员。

石峰（俞碧慧），省吾夜校学生，荣成绸厂女童工，曾和省吾学生一起参加过上海爱国民主运动。解放后参军，曾荣立三等功一次，复员后继续深造，在南京工作，被评为高级工程师。

袁锦民，省吾夜校学生，中共地下党员，1949年参加工协及人民保安队，任小队长。1951年1月参加上海市公安局常熟公安分局（即徐汇分局）工作，曾获区局、市局的先进奖项。

纵观40年代和50年代的校友，当年在省吾中学受到的教育，深深影响了他们日后的人生观、价值观、世界观。他们是一群有着坚定理想、高尚情操、无私忘我精神

音乐编辑家曹中

上海人民美术出版社编审陆全根

《书讯》报创办人，主编陆潜

陆福泉高级工程师　　　　　石油系统先进工作者韩镇春

的人。他们的一生是为国家、为人民的一生,无论是在顺境,还是逆境,甚至是在遭受污蔑和冤屈的情况下,他们的理想信念永不变。这里还要提到两位校友,他们就是1947届的巢次辰和张华寅。巢次辰参加革命后改名张开。他在1948年3月加入中国共产党,1948年6月由组织安排撤退到山东解放区,1949年1月在杨帆领导下工作。1955年后因杨帆问题,长期受到不公正对待。1966年6月"文革"开始,张开被"隔离审查"长达8年。他于1980年4月被调回上海市政法系统工作。对于所受冤屈,他从没在亲人面前说过,仍然忠心耿耿,呕心沥血,忘我工作。

张华寅,1947年7月入党。由于当时党处于秘密状态下,他只有一个入党介绍人,而入党介绍人在"文革"中也正在接受审查。造反派硬说他是"假党员",他坚持实事求是的原则,决不说假话,相信总有一天会真相大白。这种坚强的信念,来自青年时代,植入内心深处的对党的根本宗旨的深刻理解啊!

在熔炉里锻炼成长的省吾学子们,用自己的人生谱写着一曲深沉激昂的省吾之歌!

第十八章　继往开来

2009年5月17日,参加圣约翰大学第八届全球校友联谊会的部分原省吾中学教师、创办人和圣约翰校友会代表蔡小谢、顾和、陈保齐、洪侣明和省吾中学名誉校长季勤先老师等12人来到已经恢复公办的省吾中学新校区。

新校区的两幢教学楼已经在暑假里装修一新,一进校门,左手边一片小草地上矗立着一个半身塑像,这是中国现代教育家陶行知。陶行知的"生活即教育"理论,提倡"教学做合一"和陈鹤琴的"活教育理论"是中国现代基础教育的重要思想,都反对死读书,提倡深入实践,在实践中学习活的知识。

右边建筑的山墙上塑着一幅浮雕,孔子头像上方,整齐排列着竹简状的《论语·为

2009年5月17日圣约翰校友访问恢复公办的省吾中学

政》篇——子曰:"学而不思则罔,思而不学则殆"。《论语·学而》篇——曾子曰:"吾日三省吾身,为人谋而不忠乎?"浮雕上象征中国古代文明的符号——甲骨文、编钟、鼎等图案错落有致分布在右半边。右上角,一个戴着红领巾的女孩在专心致志读书,她的身下是风起云涌的时代浪潮。浮雕下方是陈鹤琴先生为省吾中学制定的校训"服务创造"四个大字。浮雕寓意十分贴切,从校名意义到教育原则教学方法,全浓缩在这堵山墙上。校友们在浮雕前驻足凝神,细细端详。

徐步走上教学楼五级台阶,迎面走廊正中靠墙是一座陈鹤琴校长的半身塑像,白色底座,紫铜色的塑像,既庄严又亲切。"服务创造"四个金色的字竖直排列在白色底座上。塑像身后,是陈先生的文章"活的教育的目的论",占了半面墙壁。这座塑像是省吾中学创办人之一李蕊珍老师捐资塑造的。省吾中学是陈鹤琴教育思想实验基地,这些年来一直致力于"活教育"的教育实践。

在底楼大厅南北墙上,陈列着12位创始人的照片、校歌,及对学校发展做出重要贡献的老教师照片。校友们一面参观新校舍的环境布置,一面围着蔡小谢老师,不时向她询问着。蔡小谢老师从参与创办开始,在省吾工作了17年,直到1962年才调出省吾到上海市第三女子中学任教,1964年到上海外国语学院附中任教。她是一位

2009年5月17日圣约翰校友与省吾校领导的座谈会

优秀外语教师，也是省吾创办历史的见证人。

座谈会在三楼会议室召开，老校友、老教师和时任校长陈依群进行了亲切友好的交流。名誉校长季勤先是1954年7月离开省吾中学的，她回顾了省吾这些年来的发展历程：1956年省吾中学转为公办，"文革"后由初级中学升格为完全中学。1958年7月省吾中学从长宁支路111号搬到了武定西路1251弄20号。学校规模最大时，有49个教学班，2693名学生，130多名教职员工，成为长宁区规模较大的一所中学。1996年6月28日，省吾中学高中部改制为上海市21世纪省吾高级中学，实行董事会领导下的校长负责制。1998年秋，省吾中学和21世纪省吾高级中学合并为一所公办转制试点学校——上海市省吾中学。经历了12年的转制时期，随着上海市就学人数的减少，在创办人和老同志要求下，2008年9月，省吾中学迁移至长宁支路315弄2号，恢复公办。

省吾的创办很不容易，省吾的发展历经曲折，省吾的今天前途光明。校友们祝贺省吾中学今后越办越好，赠送一面锦旗，上书："省吾中学：继承爱国传统，培育创新人才。"落款为"圣约翰大学上海校友会 二〇〇九年五月"。圣约翰校友，原中共地下党员顾和与陈保齐将锦旗递交给陈依群校长。接着校友洪侣明捧着《上海圣约

原圣约翰地下党员顾和、陈保齐向学校赠送锦旗

圣约翰校友洪侣明展示李蕊珍文章中12位创始人照片

翰大学》一书上前,她翻到李蕊珍老师写的那篇"教育系创办的'民主堡垒'——省吾中学"一文,展示给大家看12个创办人的照片及文章。座谈会勾起了大家对往事的回忆,大家缅怀夏孟英、邢泽、蔡怡曾等已经去世的创办人,遥念着远在北京和其他各地的李蕊珍、陈秀煐、唐馥珍、唐月娟、吴新智、吴励理、郑淑瑛等创办人,畅谈着对省吾今后发展寄予的希望和良好祝福。

在省吾中学近80年历程中,培养了两万多名祖国建设者和保卫者,60年代后又涌现了新一代的杰出人才,他们中有城市交通规划专家陆锡明、女性问题专家林华、旅法科学家陈肯、旅法著名画家冯骁鸣、著名影视演员刘昌伟、中央电视台少儿频道《异想天开》栏目魔术节目主持人傅琰东等。

2022年2月12日,省吾中学挂牌上海市延安中学附属省吾学校,为省吾中学的发展提供了新的更高平台。

学校的后操场,"省吾之光"浮雕已从武定西路校区移来,按原样复原在校园的围墙边,浮雕前面是一排青翠碧绿的黄杨木,两棵香樟树分列于浮雕的两边。省吾精神将在新的校园里植根、发展、壮大。

圣约翰校友在省吾之光浮雕前合影

下篇
师生回忆

下篇
神经网络

教师回忆

创办省吾中学的领导人——夏孟英

曹宝贞

夏孟英（即林北铭）1923年生于上海。曾祖父夏同善是清朝户部侍郎，父亲留学美国后在银行工作，母亲是明代王族后人。夏孟英极富正义感，虽生活在富裕家庭中，早年受进步书籍影响，对旧社会强烈不满。她在圣玛利亚女中读书时，常针对时弊写些讽刺小文，因而有"小鲁迅"之称。她聪明过人，学习成绩突出，屡受校方嘉奖并被保送圣约翰大学（简称约大）学习。

夏在约大于白色恐怖下毅然参加中国共产党，全身心团结教育群众，坚决和日本侵略者斗争。她敢于工作、善于工作，能广泛团结各种群众，先后担任地下党约大分支部书记和总支委员。在抗战胜利后反对校方镇压学生运动时，夏孟英组织同学与家长举行记者招待会，取得社会舆论支持，校方被迫收回成命。这次胜利，大大鼓舞了全市学生的斗志。

夏在约大教育系威信很高。她积极推动教学改革，当时系主任增设课程、聘请校外教授讲学等都和她商量。她促使教育系创办了实验中学，成立教育学会并增设研究生班。在她领导下，教育系党员还争取社会上层开明人士支持，购置校舍，创办了一所红色据点学校——省吾中学。该校绝大部分学生，在上海解放时随军南下，参加接管工作。她领导的一个由外围干部组成的"一九"团契还为党购置了在抗战胜利时开设的第一家进步书店——"上海书屋"。夏在1946年去解放区工作，1952年奉调北京，先后担任世界工会联合会亚澳联络局印度组副组长、中华全国总工会国际部处长、国际工运研究所副所长等职。她看问题敏锐深刻，善于独立思考，敢于大胆负责，作风既稳重又泼辣，和国际友人相处融洽，在政策掌握上恰如其分，受到同志们好评。

夏孟英品德高尚，为人正直，忠于理想，严于操守，在对待家庭、孩子、亲友、左邻右舍和同志们的关系上都坦诚相待，关心他人，严以律己，乐于助人，表现了一个共产党员的优秀品质！

创办省吾的一群大学生

蔡怡曾

省吾是在抗战胜利前夕，由上海地下党直接创办和领导的一所新型革命学校。1944年6月，中共中央《关于城市工作的指示》中指出，为了准备总反攻，把日寇完全驱逐出中国，"必须把争取敌占一切大中小城市与交通要道及准备群众武装起义这种工作，提到极重要的地位""里应外合的思想，是我党从大城市驱逐敌人的根本思想。"当时，地下党学委指示，要放手发动群众，改变工作方式，以各种公开方式组织群众，迅速壮大积极分子队伍，打开工作局面，来迎接抗战胜利。同时，党从学生进入社会的流动性特点出发，早就指示学委，应该将从学校毕业的党员和积极分子群众组织起来，发展成为社会知识青年运动，并为新中国培养建设力量。因此，1945年春季，在学委大学区委领导下的圣约翰大学党总支决定，面对约大教育系44、45届毕业生即将陆续走入社会的情况，决定以教育系几个地下党员为核心，团结进步校友，创办一所中学，作为迎接上海的解放，积蓄、发展力量的斗争据点；并为新中国实施新民主主义教育培养建设力量。

1945年5月，由约大总支委员夏孟英向教育系党员蔡怡曾和李蕊珍传达了党总支的这个决定。在夏孟英领导下，成立三人小组，负责学校筹建工作。

开始，以蔡、李二人为主，联系教育系其他党员陈秀煐、邢泽、孟繁俊形成核心，团结44、45届部分进步校友和同学唐馥珍、唐月娟、吴新智、蔡小谢、郑淑瑛、吴励理等，作为发起人，着手进行一系列筹备工作。为了解决办学经费、学校校舍和设备等问题，在党领导下，我们开展了统一战线工作。首先我们争取约大教学系主任傅统先、教授沈有乾、陈选善、孙王国秀和进步教育家陈鹤琴等人，他们都对办学工作热情具体指导；其次我们还取得校友唐馥珍、吴新智、吴励理的父亲等工商界人士支持。在酝酿办学中，我们感到在日寇占领上海的情况下，解决校舍、立案问题比较困难，经党组织研究决定：通过唐馥珍父亲的关系，学校开始曾作为中华商业专科学校附中，从而解决了办学所需校舍、设备，并避免办理立案手续。当时未设校长，由商专主任兼管。为掌握学校行政领导权，特别是对学生的管理权，党组织设法安排了李蕊珍任训育主任，唐馥珍任教务主任。抗战胜利后，商专停办。当时党组织决定学校要继续办下去，指示我们筹备校董会。第一届校董会有沈有乾、陈选善、陈鹤琴、傅统先、孙王国秀、吴云山、吴启周、叶叔重、姚肇弟等人，校董会先后由沈有乾、陈鹤琴担任董事长。尽管校董会成员政治态度、社会地位并不相同，但在支持、赞助我们办学这一点上是出了力的。校董会为学校定名为省吾中学，先后聘请祝铨寿、陈鹤琴、沈立人担任校长，并任命吴新智为校董会秘书（后经校务委员会推定为校务主任），以后又为学校解决了立案问题。以上一系列办学条件的解决，都是党的统一战线工作的胜利。

学校的教师队伍，主要由教育系44、45届本科毕业生中部分地下党员和进步校友担任级任导师和文科教学工作。

学生来源，主要是老师的弟妹亲属，及被其他学校反动当局开除的进步学生，以及在他校学运中暴露了进步面目的党员和积极分子，也吸收家境清寒无力进入他校的学生。因此学生政治思想素质的基础很好。

1945年8月，党组织调我任其他工作，之后李蕊珍的党组织关系转到学委的社会区委，由曹宝贞接着领导省吾中学。1945年9月15日学校开学上课后，我仍在省吾担任教学工作，至1946年1月离校。

我在省吾时间不长，但省吾的革命精神，深深刻印在我脑海中。首先，在省吾办学的整个过程中，始终坚持党的正确领导和革命精神；其次，充分依靠和发挥了党领导下进步群众的集体力量和智慧；再次，重视做好统一战线工作，调动社会各方面力量。创校时，我们这一群女青年，同心协力，团结奋斗，艰苦创业，战胜困难，靠的是革命理想、革命朝气和艰苦奋斗精神。在办学中，大家学习林汉达、陈鹤琴的进步教育主张，敢于向旧的传统教育挑战，立志改革创新，实施新教育、教书育人。我们经常对学生进行革命理想教育，组织学生参加社会实践活动（爱国民主运动、社会调查、办民众夜校等），积极开展课余政治、文娱体育活动，贯彻课内外、校内外结合，理论联系实际的教学原则，教学方式采取启发式，运用讨论的方法。我们坚持民主办学，在校内建立新型师生关系。这些精神和做法，在当时是创举，难能可贵；今天依旧不可丢失。继承、发扬省吾的革命精神和优良传统，艰苦奋斗，勇于改革创新，为今天的社会主义现代化建设培养更多更好人才，是我们应负的光荣责任。

祝铨寿校长为学校命名"省吾"

祝昌典

古语有云:"名不正,则言不顺;言不顺,则事不成。"像省吾中学这样一所地下党直接领导的具有革命特色的学校,校名应该和学校的革命性相一致;但省吾中学在抗战胜利前夕创办时,上海被日本军占领,学校的革命性又应该隐蔽起来,在这相互矛盾的要求制约下,学校的命名有一定难度。

我父亲祝铨寿是省吾中学第一任校长,学校命名的任务自然落到他肩上。季勤先名誉校长在省吾中学建校四十周年纪念册《熔炉》中,有这样一段话:"'省吾'这个校名是有特定含义的。1973年10月,我去江阴特地为此拜访了第一任校长祝铨寿(解放后曾任江阴县副县长,江阴县政协副主席)。据他说,这个校名是他提出后经校董会讨论决定的。表面上是取曾子说的'吾日三省吾身'中的'省吾',这两个字和'醒悟'谐音,实际上是希望学生都觉醒起来的意思"。

据我所知,"省吾"的"省"应读作 xǐng,而不应读作江苏省的"省"shěng 字。"省吾"的"省"字和"醒悟"的"醒"是同音字,两个字的字义都有觉悟的意思,但"省"字的字义还有省察、检查的含义,而"醒"字就不具备这方面含义。"省悟"的通俗词义就是"查察自己的思想觉悟"。从这些方面看,"省吾"两字要比"醒悟"更具有除旧更新的革命含义。"省吾"两字也是儒家"修身、齐家、治国、平天下"理论中关于"修身"方面的基本功夫。对我国今天要求加强两个文明建设中的精神文明以及倡导的"战胜自我""超越自我"等,"省吾"两字的革命性被它的古代语言味、常人读音的错误和不明词义掩盖了。在当年上海特殊的恶劣环境中，省吾建校后（已抗战胜利），反而因此能在国民党反动派眼皮下，堂而皇之取作校名，而革命师生看到"省吾"两字，油然而想到的是"醒悟"两字的革命意义。（大概当时还没有弄清楚"省吾"两字的革命意义比"醒悟"两字还要强）。"省吾"这个校名是取得好的。

  我读了学校编写的纪念册《熔炉》《奉献》中的部分文章，深深感到省吾中学的确是革命熔炉，名副其实。很多学生在学校懂得读书为革命的道理，并走上了革命的光明大道。有三名同学甚至为革命奉献了年轻生命。学校师生在教和学中融洽无间、热情奔放、健康活泼、共同平等参与的民主校风，充分显示了师生的革命素质、聪明才智和创新精神，使我今日读来仍心潮澎湃，并引起强烈共鸣。学校的许多做法和原国务院副总理李岚清倡导的"素质教育"有相当多一致性，是宝贵财富，在学校今后的教学中很有参考价值。在当年上海白色恐怖环境中，很多革命青年感到无校可进，彷徨无着，在"省吾"办学宗旨的吸引下，顺利解决了他们的入学困难，使省吾在上海成为进步青年向往的学校之一。"省吾"两字，也因而倍增光辉，比我父亲当年为学校命名时的预期要高出许多。革命是没有止境的，人的省悟是没有至善的，学校的发展也没有顶点，"省吾之光"与日俱增，将更灿烂辉煌。

沈立人校长与省吾立案

朱 健

"讲起省吾立案，还真是件有趣的事。"我常听爱人沈士杰（沈立人的小儿子）这样讲。士杰是圣约翰大学学生，与当时省吾创办人之一校务主任吴新智很熟，吴新智常来我家找士杰，他们不时谈起省吾情况，因此使我对省吾也有所了解。

省吾是在抗日战争胜利前夕，由中共上海地下组织决定并直接领导圣约翰大学教育系党员、进步同学创办的新型学校，是我们党革命活动的据点学校。为了使党办学校取得合法地位，学校必须向教育局申请立案。学校于1946年12月向教育局呈报立案申请，但当时规定要立案必须要有基金和固定校舍，这对那时的省吾来说是一个极大难题，但再难也要积极想办法解决。学校的党员吴新智、李蕊珍提请校董会研究，各位校董都十分关注，有的捐资，有的捐地，于是学校于1947年2月再次呈报立案申请。为了能尽快得到批准，吴新智约同训育主任李蕊珍（创办人核心成员之一）一起来到沈家，请沈立人（时任交大教授）与市教育局长李熙谋（与沈同为交大同事）联系，希望早日批准省吾立案。沈立人当即给李熙谋打电话："圣约翰大学教育系的毕业生办了一所中学，申报立案，请你早一点给予批准。""谁是校长？""是陈鹤琴。""陈鹤琴任校长，不行。"（当时教育部规定市校校长不能兼私立学校校长。）这时吴新智和李蕊珍在旁听到他们的对话，赶快对沈说："你担任校长行不行？"沈立人即对李熙谋说："我任校长行不行？""那当然可以。"就这样定下后，李蕊珍与事务主任董兼济一起到教育局，找到原经办人（第一次送申报表时李蕊珍曾送给他一支派克金笔），请他拿出原来呈报表，董老师用带来的小刀将陈鹤琴的名字挖掉，贴上小纸条，写上沈立人的名字。此后，吴新智和李蕊珍向校董会说明情况，聘请沈立人为校长。1947年5月27日，教育局有批文称："姑准立案。着两年内解决校舍。"是时，学校经校董会努力，已自置长宁支路111号校舍，于1947年5月29日搬入。

就这样省吾中学的共产党员在党领导下用智慧，按党的统一战线政策发挥校董及进步人士作用，解决了学校立案问题。

省吾是地下党办的革命据点学校，在国民党统治区、在白色恐怖下立案，这就使学校有了办学合法性。李熙谋知道沈立人是校长，这就对学校起了很好的掩护作用，同时立案对稳定学校的社会地位、对学校的生存、发展以及开展革命活动都极有益的。

（本文所述史实细节由省吾创始人之一李蕊珍提供）

陈鹤琴校长为省吾制订校训"服务创造"

陈一飞　李蕊珍

"服务创造"是省吾中学的校训,由我国著名教育家、儿童教育专家陈鹤琴先生(1892~1982)于1946年至1947年任省吾校长时亲自制订。"服务"与"创造"是陈鹤琴创立"活教育"理论的一个组成部分,是"活教育"培养目标之一,也是适应当时时代需要提出的。

陈鹤琴提出,活教育的三大目标是:一、做人,做中国人,做现代中国人(后提出做世界人)(目的论);二、大自然,大社会,都是活教材(课程论);三、做中学,做中教,做中求进步(方法论)。他强调,教育的根本目的在于教人"做人"。为此,他要求培养儿童和青少年具备五个先决条件:"健全的身体","创造的能力","服务的精神","合作的态度"和"世界的眼光",做一个"爱国家、爱人类、爱真理"的中国人。为了便于大家了解"服务创造"这一校训的由来和内涵,我们特此介绍陈鹤琴先生的著作《活的教育的目的论》。

慈祥的陈鹤琴校长

李蕊珍

陈鹤琴校长热爱祖国,思想进步,他是我国现代著名教育家、儿童心理学家和儿童教育专家,是"五四"运动后我国教育事业的创始人之一,是我国现代幼儿教育的奠基人。

陈校长有七个子女,都是共产党员。二女儿秀煐是我在圣约翰大学教育系的同窗好友。1945年春,上海中共地下组织决定要我们创办学校时,拟请陈鹤琴为校董。为此秀煐带我去她家。当时我见到了一位和蔼可亲的长者,我说明来意,他很爽快地应允。此后,在学校工作遇到问题时,他一贯大力支持,有求必应,在职位方面或上或下,从不计较。原校董会董事长沈有乾教授赴美后,我们就请他担任董事长;在祝铨寿校长辞职后,我们又请他兼任校长;为了学校立案,在他不知晓的情况下,我们又擅自请沈立人代替他担任校长,事后才告诉他。在有次校董会上,个别校董在经费问题上将他军,使他难堪,他也毫不计较,仍关怀帮助我们办学。在担任校长期间,他为学校制定了校徽,校徽是以陈校长活教育的五指活动为图案,下半部为青莲色,上半部为白色,中指左右分写省吾两字。在购入长宁支路新校舍后,为购置课桌椅,他为学生身体健康考虑,亲自设计课桌椅的尺寸。他亲自主持学校开学典礼。他也经常参加每周一上午的全体师生例会,他深入浅出而又生动的讲话,深受师生欢迎,给予师生深刻印象。

由于工作需要,我和陈校长联系较多。陈校长对我除在工作上大力支持外,还如同对待自己子女一样，极为关怀。有一次，当我向他汇报工作后，他指着桌上笔筒上的两个字"藏峰"对我说，"要注意藏峰。"这对当时做地下工作的我是极大的关怀。1948年冬，党组织调我去香港，我去向他辞行，他写介绍信让我找何德奎，以便我赴港后能找到工作。临别时，他下楼送我到门口，并深情拥抱我。上海解放初，我在军管会市政教育处工作，陈校长来拜访处领导时，我们匆匆见了一面。此后一直到1979年，我去南京开会时，去他家拜访。开门时，陈师母一眼就认出我，她说："李蕊珍来了！"时隔卅多年，陈师母竟然记得我，使我深为感动。陈校长当时身体不太好。但他送我一张近照，并亲笔题名，我万万没有想到这竟是最后一次会晤，但我将永远怀念他。

记忆中的往事片段——省吾三年

唐馥珍

1945年初春，参与省吾筹建，1947年冬，离开省吾，我曾和省吾结缘近三年。时光荏苒，六十多年过去了。今年，省吾迎来花甲之庆，开始创办省吾时，我还是个在校大学生，时不我待，如今，我已白发满头，年入耄耋。

时过境迁，往事种种，过眼烟云，旧友故人，多人作古。然而，创办省吾中学的片段往事，其情其景，其人其事，记忆犹新。旧友故人，音容宛在，其言其声，耳际回旋。

现就记忆所及，信笔追忆，借以缅怀故人，留下创校过程中的点滴史实记录。

创办省吾的领导人夏孟英

抗战胜利前夕，在地下党领导下，一批约大教育系44、45届毕业校友合作创办了省吾中学。领导这批约大校友筹建省吾的领导者是1944届校友，约大教育系助教，地下党员夏孟英。

1945年春，参加筹备组的成员，除我一人外，全是地下党员。当时，我是这个组唯一的党外成员。

在这批创办省吾的约大校友中，我最早认识的是夏孟英。

1942年夏，我考进约大时，上海已全部沦陷。省吾是在敌人鼻子底下诞生的。第一次招生是1945年9月。

沦陷区人民在日本侵略军眼中是亡国奴，在他们的刺刀长枪下，上海人民生活在水深火热之中，丧失了做人的尊严和自由。

那个时代，是中国青年掀起民族自救巨浪的年代，是唤起民众重新筑起新的长城的年代，这一历史使命，决不是一代人能很快完成的。我迷信振教兴邦，并决心为之奋斗一生。这是我选择教育专业的动力，也是我接受夏孟英引导，参与省吾创办的动力。

我怀着沉重的心情，心底深埋家国之仇，民族之恨，踏进约大校园。初进约大，我决心暂不参加课外活动，也不主动结交朋友。将我从自我封闭中拉出来的正是夏孟英。她是我在"教育概论"课上的邻座同学。听课中我常走神，漏记听课笔记，久之，漏记太多，所记很不完整，我非常焦急。我的神态不安，引起了夏孟英的注意。课后，她主动将自己的笔记借给我，叮嘱我将笔记缺漏补齐。接下来的一个月，每周三次，她都将笔记借给我，帮助我解决了记笔记的问题。从此，我俩成了朋友。

这之后，夏孟英还鼓励我参加由她领导的教育系"一九社"活动，通过这些活动，我又认识了其他共同创办省吾的约大校友。

我很喜欢"一九社"的活动，尤其是读书会。在这些活动中，我读到了过去从未读过的书，学会了不少过去从未唱过的歌。在这些歌中，有一首极短的歌，曾伴随我走过人生旅途中坎坷不平的路。记得歌词是这样的："渡过这冷的冬天，春天就要到人间，不要为枯枝烦恼，花就要开放。"也正是这首歌，鼓舞我在创办省吾中遇到艰难险阻时，怀着希望，不断前进。

夏孟英曾领导约大同学参加在上海青年会举办的全市大学生助学义卖活动。我在她影响下，也参加了这个活动，还被推选为约大教育系代表。我不仅从自我封闭中走出来，从校园内走到了校外，参加校外活动，恢复了一个年轻人应有的活力。这次助学义卖活动给予我很大教育，鼓舞我努力实现创办省吾的宗旨：抢救失学青年。大批失学青年，正是掀起民族自救巨浪中急需人才，适龄青少年理应受教育，不应分贫富。这不仅是个人问题，青少年是国家的未来，民族的前途，这是振兴国家，拯救民族的大问题。

夏孟英曾和一批同学一起，创办约大附中，作为教育系实习场地。我就在创办阶段，参加教育实习，亲见一所学校从无到有，成立起来。从此，一起办学，成为我们促膝长谈中重要题目，使我对办学校产生了兴趣，认为这是一条我可以选择的路。

初识夏孟英时，她已是约大教育系深具威信的学生领袖。她德才兼备，聪明能干，作风正派，与人交往不卑不亢，在群众中颇具亲和力、凝聚力。有登高一呼，万众响应的魅力，有团结周围群众，调动一切可以调动的力量，求同存异，化消极因素为积极因素，为一个伟大的共同理想而奋斗的领导能力。她是我在这批共同创办省吾的校友中最敬佩、最信任的一个，是我愿意倾诉心声的朋友。我俩的友谊，正是建立在相互信任、相互尊重、平等共处基础上的。

1946年秋，一天，夏孟英在倾盆大雨中突然来访。她告诉我，她有了"尾巴"，要我帮她把"尾巴"甩掉。这是她第一次直接向我暴露了她的政治身份。她很清楚,我对当时日益加深的白色恐怖,到处都是流氓特务的社会现状,深恶痛绝,对国民党政府失去信心,痛恨他们害苦老百姓。

夏孟英在危难中要求相助,我义不容辞,一口答应,立即找来老佣人老郑。老郑是从河北农村到上海来找活干的农民,看我长大,处处护着我。老郑和我家蹬三轮车的车夫,是患难与共、肝胆相照的知交。老郑没上过学,但识字,能看书,足智多谋,能明辨是非,很讲义气。我有难处,找他帮忙,总能过关。我要求他帮夏孟英的忙,设法将夏送回家,帮她甩掉了"尾巴"。

1958年,我在向明中学教育与生产相结合展览馆工作,是教育工会负责人,陈浩电话中告诉我:"你的同学林北铭从北京到了上海,她要我帮她约你见面。"他告诉了我见面地址后,我知道是夏孟英找我,我如约去她上海家里看她。她特地为"割尾巴"之事,表示了谢意,我也为同窗多年中她给予我的帮助、尊重和信任,表示了感激之情。

夏孟英是个很讲情义、很有教养、很值得结交的朋友,万万没想到,那次重逢,竟是永诀!"文革"中,她被迫自杀身亡。当她的讣告由治丧委员会寄到我家时,我正身处海外,这份讣告,转到我手上时,追悼会早已过期。对此,我深感不安和内疚。我多么想在她最后远去时送她一程啊。想起了过去促膝长谈,我有多少心里话想告诉她,多少问题想请教她啊。如今,这些话,这些问题,只能让它深埋心底了。

省吾的第一幢校舍和隐藏所

自夏孟英介绍李蕊珍和我认识后,李积极、主动、热情、友好和我交朋友,她曾是我家常客,认识我家中所有人。

同窗数年,通过频繁接触和沟通,夏、李二人对我个人的一切以及家庭背景,已了如指掌。她俩在我家中,见过我父亲。夏的舅舅是我父亲的老朋友。当然,我对她俩的情况,包括家庭情况,也有一定了解。但是,我对她们的政治背景,并不很清楚。

1946年秋，夏孟英"割尾巴"后，从上海"失踪"，我对她们，包括创办省吾的一些约大校友的政治背景，就很清楚了。省吾诞生后，师生中地下党员人数不断增加，随着白色恐怖日益加深，地下活动更频繁，我已心知肚明。

1945年春，李蕊珍毕业后，特地来告诉我，她已接受了一个小学的聘书，决定去那所小学教书半年，还说："这是为了等你半年。这是暂时性工作，你毕业后，我们一起办学校，那才是正式工作的开始。"接下来，她要我毕业前先参加办学筹备工作。开始我还有点犹豫，因为我还差半年才毕业。但经她再三说服，我还是同意了，当时我还不足22岁。

进入筹备组后，我发现两大难题，影响了筹备工作开展。

其一，缺乏筹备资金购、顶（买使用权）或租校舍设备，而校舍设备正是办学必不可少的前提条件之一。

其二，筹备组决定，抗战胜利前办好学校，但又不能在敌占区曝光，如何规避向教育局立案，这是另一个难题，必须妥善解决。

筹备组将这两个难题，交给我解决。这正是李蕊珍邀我提早参加筹备组的原因。

我欣然接受了这第一个任务。我明白，他们看中的不是我，而是我父亲。我也深信我父亲会帮助我们。他是个很热心的人。

父亲是一个非常严肃、认真的人，绝不轻信他人。要取得他的帮助，就得讲真话，以实情相告。我确实这样做了，坦陈酝酿办学经过，以及面对的困难。我强调带头人是夏孟英，和我合作的伙伴是李蕊珍，还强调办学宗旨是抢救失学青年，说明约大44届毕业校友已毕业，45届毕业在即，必须尽快办好学校，解决这些毕业生就业问题，把力量组织集中起来，以免走散，对抗战胜利后的祖国建设有利。父亲默默地、认真听完我的陈述后，立即用便条纸写了封短短的介绍信交给我，要我去找中华商业专科学校唐伯源校长研究解决，唐校长是我父亲的朋友。

中华商业专科学校附属于交通银行，是专门培育银行专业人才的专科学校，父亲是办学倡议者，也是名誉校长。

商专校舍是幢欧式二层旧洋楼。位于慕尔鸣路（今茂名北路）静安寺路（今南京西路），当时的交通银行在隔壁弄堂底，商专校舍使用率不高。

和唐校长谈话中，我提出了两个具体要求，恳请他应允：

（一）无偿借用商专校舍设备；

（二）我办学校，以商专附中之名招收学生。

对第一个要求，唐校长满口应允。但，对第二个要求，却提出了异议："这两所学校，性质不同，成为附中，十分不妥。"

我一再恳求，他只是摇头，不发一言。我虽焦急，却十分无奈，又不敢催逼。僵持很久后，他才再度发言："我明白了，明白了。你们是想在铁扇公主肚子里当孙悟空吧？"

看似十分严肃的老校长一语中的，语言如此风趣，实出意外。经我再三要求，唐校长终于接受了第二个要求，还提出了如下一些建议：

（一）附中招生，勿登报，勿大肆宣传；

（二）注意隐蔽，暂时隐忍，勿大闹天宫；

（三）另聘一年长男性，担任附中主任，便于对外；

（四）唐校长只对商专负责，不过问附中内政，对外，勿提唐姓名，只提附中主任；

（五）附中使用慕尔鸣路正门出入，尽量少用通向交通银行的侧门。

告别前，唐校长又叮嘱："要注意隐蔽"，他反复说明，环境险恶，要求我："少出头露面，尽量回避交行人员。"最后，还说："我不过问你们学校内政，不对你们学校负责。但，你个人有问题，有困难，我还是乐意相助的。"他对我们家情况较清楚，对我承诺又叮嘱，"你来找我，我一定帮忙。"

我顺利完成了筹备组交给我的第一个任务。在唐校长具体帮助下，在我父亲大力支持下，扫除了筹备工作开展中的障碍。三个月后的1945年夏，省吾即以商专附中名义招收了第一批四个班，即初一、二，高一、高二学生；1946年夏，又招收了第二批四个班，即初一、高一两个班，新生班，和初二、高二两个班插班生，发展成小型完中。

这个诞生在敌人鼻子底下的学校,隐藏在铁扇公主肚子里虽未大闹天宫,但师生中的地下党活动从未停止,党员人数也随白色恐怖的加深而日益增多。省吾在商专包装中,平静顺利渡过初生期(1945年秋—1946年秋),为以后的发展,打下了基础,为需要隐蔽的地下党活动提供了隐蔽所。

省吾的第一个校工锡山

商专停办,交行迫迁,以我为谈判对手,盯住我要追回行产。

地区的流氓、地痞、帮派分子,逢年过节,登门讨地段保护费,又以我为对象,不停骚扰,我出头露面的机会越来越多。

在对付交行迫迁和流氓骚扰中,助我一臂之力的是省吾第一个校工锡山。

锡山是省吾校工,他是在商专兼做商专校工的交行工友金山的弟弟,是个二十多岁的健壮青年,家贫失学,没念过书,但识字,特别喜欢看书。他寡言少语,性格内向,工作认真负责,明是非,讲义气,是个做得多,说得少,绝不引人注意的年轻人。他和哥嫂同住,居住条件极差,除睡觉外,其他时间都在学校里。闲下来,找个屋角,安静地看书,手不释卷。他对省吾的各方面情况比我还清楚,是一个忠实可靠的助手,但我对他却所知极少,甚至他们兄弟俩的姓,我也没问清楚,只是跟着他哥哥叫他锡山。

1946年秋,省吾第一次迁校前夕,金山突然出现在我面前,向我报告了他弟弟乘浦江渡轮,投江自杀身亡的噩耗,我被震得目瞪口呆。

就在锡山自杀前一天,他曾主动找我谈话,当时,我就觉得很异常,但并未意识到这是他和我的一次诀别谈话,告别赠言,我满脑子装的是自己的困难,是和特务沈某抢校舍的问题,愁肠百结,谈话中注意力并不集中。

谈话中锡山警告我:"沈某绝不是个正派人,你单独和他这种人打交道,千万要提高警惕。"那时,我还不知道沈某是国民党党棍,是中统特务,只知道我是在和一个惟利是图的学店老板抢房子。至于锡山,他只说他"恨这个社会",这个社会中像他这样的人不干坏事,活不下去。但他又不愿干坏事,他不会有光明前途。他还说,他曾犹豫,不知是否应找我谈,因为,"我和你们这批大学生相差太远,太远"。"你太孤单,很需要有人保护你。"他叹气道。

我只是泛泛而谈,劝他不要太悲观,又反复说明,我们都不会看不起他,我也绝不会不拿他当朋友。他只是默默听,不开口。

听到噩耗,回想他的谈话,我深深自责,后悔莫及。如果他找我谈时,我听到了他那么悲观,失望的话,为什么不多加鼓励和安慰,我怎么会这么无情,不及时拉他一把?

在我拿不到省吾工资,生活发生困难时,是他,通过金山,背着我,找唐校长帮忙,从而唐校长帮助我找了第一份家教兼差,初步渡过了"穷"关,解决了吃饭问题。

在交行迫迁中,也是他,为我通风报信,帮我躲避交行迫迁人员。他们人未到,我已先躲了起来,为的是帮助我"拖一拖",好争取时间,为省吾寻觅新校舍。

最让我难忘的是,省吾曝光后,流氓帮派分子,曾带了一封由上海黑帮大头目出面请我赴宴的请帖,登门讨保护费,当时为我壮胆的也只有他。这是我第一次见到现实生活中的流氓,第一次和这些人打交道。锡山在身旁,我不觉孤单,胆也大多了。这些流氓,个个面目可憎,出言粗鲁,开口闭口"三字经",作风流气轻薄,很难对付,有了锡山的保护,我才能强作镇静,和他们周旋。

第一次流氓登门情况,至今犹历历在目。

那是一个节日,接连来了三个流氓,前一个走,后一个接踵而至,每人都说只有自己是正宗,另外的人是抢地段,是冒充。都说,逢年过节,保护费应该交给他,如别人登门立即报告给他,由他出面保护。从此,每个节日,我都忍气吞声,出钱买平安,乖乖缴纳三次保护费,不敢报告,要求保护,以免引起纷争。我明白,省吾是隐蔽所,不能让流氓不断骚扰。每次流氓上门,锡山都会将身体顶住房门,一声不响,满脸怒气,双目圆睁,盯住流氓。流氓离去,立即给我送上热水一杯。见我气愤交加,不吃饭,他就骂一句"杀千刀"。"不要和这些人生气,犯不着!"他叹口气,默默走开。

这样一个好青年，被那个万恶的旧社会吞噬了，怎不令人痛心！

省吾在穷困中发展

上海人民曾日夜期盼抗战胜利，但胜利并未带给他们所祈求的和平、安全和温饱。国民党政府收回了失地，却失去了民心。

抗战胜利后，内战危机日益加剧。上海白色恐怖，阴云密布，黑帮分子，地痞流氓，为非作歹，残害百姓；中统、军统特务分子，处处潜伏，明争暗斗，时刻寻觅追捕地下党；共产党员，被捕被杀，时有所闻，劳苦大众，实在活不下去。铤而走险的，大有人在，偷、盗、抢劫，社会治安，日益恶化，流氓、乞丐，满街都是。

敌占期，马路上设有哨兵，日军持枪站岗，过岗者都得接受检查。查出抗日嫌疑分子，立即紧急戒严。一天，我在友人家做客，忽闻哒哒哒的机关枪声，原来是附近地区紧急戒严，日本侵略军封住了一条很长弄堂的进出口，机枪扫射，杀死了正在弄内行走的所有人，为的是追杀一个抗日嫌疑分子。

敌占期的上海人民，口粮按户配给，粮食被禁止买卖、贩运。一天，我走过日军岗哨，目睹一肩负麻袋的中年汉子，被日本哨兵用装有刺刀的长枪刺倒在地，麻袋中的白米，染成鲜红鲜红的一大片，我放弃过哨，转身而逃，眼前除一片血红之外，什么也看不清。

抗战胜利后，临时紧急戒严时而发生。追捕的不再是抗日分子，杀人的不是侵略者，而是中国人在追杀、捕捉中国人。

抗战胜利后的上海，人民手中的储备券改为法币，后来，又改为金圆券。几番折腾，币值一贬再贬，通货膨胀，物价一日数涨，加以奸商囤积居奇，商店货架常空，柴米油盐，不断涨价，粮店每天只营业1~2小时。民不聊生，哀鸿处处，严冬酷暑，冷死、热死、饿死者的尸体，陈尸里弄过街楼下，普善山庄的收尸车，四季忙碌，车厢中塞满横七竖八堆得高高的尸体。里弄垃圾桶中，经常有包裹在小蒲包里的婴幼儿尸体，破洞处，小手小脚，隐约可见。

至于上海的教师，本来就穷，在通胀压力下，更穷。公立学校教师拿到的工资中，常有部分是以实物顶替。这些实物，很多是美国救济总署发到上海的救济物资，其中不少是很不实用的东西。有个女教师，从拿到的工资中，居然发现男用刮胡须刀和液体肥皂，以及吃西餐用的塑料杯盘、盛器和刀叉，真是哭笑不得。

教会学校，经济条件好，有名望的私立学校，采取每一季度或半年（有学期）集中发工资，这样，教师可以大批买进生活必需用品和粮食，逃避钞票贬值，或换成美金银元以保值。其他学校，不可能做到这一点，教师拿到工资绝不能过夜，真是苦不堪言。

当时，电车是上海主要的交通工具。上海的无轨电车行驶中常铃声珰珰不绝，上海人称之为珰珰车。很多教师，为了养家活口，都得在好几所学校兼课，晚上，还得兼当家庭教师，每天工作超过十小时。一日三餐，都在电车中解决，于是人们称他们为珰珰先生（上海人称教师，不论男女都是先生，我的亲友中就有不少珰珰先生）。

省吾的办学宗旨是抢救失学青年。记得我曾根据创校筹备组集体意见，执笔写过2份宣传材料《办学倡议》，其中明确规定对家贫付不起学费学生的各种优惠办法，免费额包括全免、半免、1/3免或分期付款等。招生后，接受优惠的学生人数，占全体学生人数 1/3 强。

量入为出，省吾规定了发放工资的次序，最先发给外聘教师及有家庭负担的教师，其次发给约大校友，最后发给李蕊珍和我。省吾越来越穷，教师常拿不到全工资，甚至拿不到工资。不久，我手中积蓄用光，家人又迁居虹口区，离校很远，我寄居愚园路亲戚家中，过去依靠父母，饭来张口，衣来伸手的日子，一去不复返。经济越来越拮据，连吃饭也成了问题。无奈，只得找兼职。在省吾近三年中，我兼过三份家庭教师工作，还在中西女中附小当过毕业班英语教师。

锡山将我的窘困，告诉哥哥金山，转告了商专唐伯源校长。唐校长实现了他对我的承诺，为我介绍了我生平第一次家教工作，教三个中西附小的小学生。其中两个女孩，快毕业，要考中西女中；一个小男孩，刚进中西小学附属幼儿园，要入中西附小一年级，他们家就在中西附小背后的开纳路。我学生的家长，是唐校长的朋友，唐校长为我安排得十分周到，要求他们付我工资，以美金计算，按季支付。

中西附小的兼职，由李蕊珍介绍。约大校友王培玉，原在中西附小教课，抗战胜利后，她留学美国的未婚夫，成了美国知名科学家，要求王去美结婚。那时，学期已开始，她已收入中西附小半年工资，她只教了一个季度。中西附小美籍校长对她提出要求：立即找到代课，找到符合他要求的代课才能放人，代课金由王将已收入的工资转付。校长沃索普女士提出的代课要求有二：（一）必须是约大毕业，（二）通过她的面试。

我在省吾，除行政工作外，还兼课，当班主任。为了过穷关，我还兼职，恨不得能有两个脑袋，四只手才好。

一次，在赴家教工作途中，我遇上了车祸。在静安寺路西摩路（今陕西北路）平安大戏院门口，我乘坐的三轮车刚过红绿灯，被身后一辆美军大吉普从后面猛烈撞击，我从三轮车车座上撞到街心，俯卧路面。顿时，平安大戏院十字路口交通阻塞，围观群众将我团团围住，指指点点，议论纷纷。闯祸吉普车上的美军军官，将我扶了起来，让我坐上大吉普，将我送到开纳路。学生父母见状，大为吃惊，说来也怪，撞倒在地时，我还有些迷糊，但一开始教课，却很正常，居然还能照常补课。

又一次，为了省吾工作，我一时走不开。去中西附小教课时，上课铃声已响过。我迟到五分钟，被沃索普校长发现。她将我叫到办公室，严肃告诫"下不为例"。这是我一生工作中第一次，也是唯一一次被叫到领导办公室"吃大菜"（批评）。从那次迟到后，沃校长经常站在我教学的课堂外面，透过门上小玻璃，听我上课。同事们向我祝贺，居然未受到解聘处置，也没再次"吃大菜"。

怀念董兼济老师

在省吾三年中，我和董兼济老师合作愉快。在交行迫迁，我和中统特务打交道的过程中，他保护过我。对此，我衷心感激，时刻铭记在心。

1946年12月，省吾向当时的教育局送呈第一份备案申请。

当时，申请备案，必须在以下几个方面，符合教育局规定：校董会、筹备资金、校长、教师队伍、校舍设备等。审批中，教育局会派员来校视察。省吾当时除筹备资金外，其他几项，估计问题不大。

对筹备资金，当时是这样解决的：其实，省吾没有筹备资金，申请备案时，我们只呈上了一张照片，作为资金证明。这是一张有四个银行存折的照片，四张存折上有相同数目的存款。这四个存折，分别由创办省吾的四个校友，各拿出了一张。这四个校友被指定为校董会当然列席者，并在会上有发言权，我是这四个人中的一个。省吾第一届校董会，早在筹备阶段即已建立，我曾被告知，我父亲是校董会董事。但是，他从未过问省吾内政，安排他作校董，当时，是为了解决校舍设备问题，他从未出席过校董会。这次备案申请中的校长，是著名教育家陈鹤琴。

省吾有过一个附中主任，三个校长，附中主任是来自苏州东吴大学的陆仰苏先生，到任仅数月，抗战胜利后返回苏州。第一位校长祝近仁来自江阴，到位也仅数月，从未公开过问校政，抗战胜利，返回他原来当校长的江阴一中。陈鹤琴兼女师校长，从未到校办公。1947年2月，第二次申请立案，校长才改为沈立人（当时的名会计师），也从未到校办公。

和我合作经办省吾第一次备案的是董兼济老师。他是1946年来校的音乐老师，是个热情开朗很容易相处的人。

当时，教育局中教处处长是陈选善教授，他曾是我约大时的心理学老师。我对心理学特别感兴趣，不止一次选过他的课，和他相熟。为了能减少审批中的阻力，减少拖延时间，我和董老师一起去拜访他。可是走访多次，都被挡在门外，不得而入。我俩反复琢磨，终于悟出之所以被拒门外，可能是由于未送引见礼。董老师立即去买了一支派克金笔，我俩再次带了引见礼去找陈处长，终于见到了他。我向陈老师陈述了备案要求后，顺便邀请他来校和师生见面，他欣然应允。1947年第二次迁校至长宁支路新校舍后的第一次开学典礼上，他来校作了报告，报告的第一句话就是"我为我的几个学生能办成这所学校十分高兴，我以他们为荣"。

备案报告送出后不久，教育局派员来校视察。得知消息，董老师忙着通知老师们多个心眼，早作准备，岂料，视察者还是在初三一个学生的课桌上发现了一本鲁迅著作。此人抓住这个发现，大做文章。在董老师带他来教导处敬烟奉茶时，他刚落座，就提高嗓门，挥动手臂，扭动身体，指示我们要注意学生课外阅读，鲁迅著作不应出现在学生课桌上，等等。正在他唾液四溅，说得高兴，十分激动时，忽听轧喳一声，他身下坐椅一腿折断，他也应声倒地。董老师急忙将他扶起、致歉，连声说椅子太旧，木质太差。这次视察，视察员气冲冲离开，使我十分担心。他一走，在场老师忍不住哈哈大笑，董老师的笑声，最响亮，还连连大喊："报应！报应！"

第一次申请立案前，商专停办，交行要追回行产，以我为谈判对手，要省吾迁出商专校舍。

经过几个星期寻觅，我终于找到一处校舍，位于当时的爱文义路，乐群中学屋顶平台上。

敬业、乐群，是上海名私校，敬业在南市，乐群在爱文义路。乐群校舍是一幢三层楼，矩形，砖木结构大楼。三楼屋顶平台上，用木头搭起了两排简陋教室。这幢校舍，每层一所中学，屋顶平台，也办了一所中学，这就是由苏州来沪逃难，原东吴大学附中教师合资创立的养正中学。乐群的门口，挂上了四块校牌。抗战胜利后的上海，几所私校，挤在一幢楼里的现象，十分普遍。当时私校多，校舍非常紧张。

养正中学负责人之一范烟桥先生，是我高中语文老师，是我大哥去美留学前的班主任。我和范老师很熟悉。抗战胜利，东吴在苏州复校，东吴附中这批老师，急于回苏，决定关闭学校，转让校舍。

我得知消息，立即走访范老师，要求他将校舍转让省吾，范老师当即同意，但提出一个条件，即要付一笔转让金。他说，他们也是出了钱才弄到这处校舍，如今老师们回苏州，急需迁家费。

省吾最缺的正是周转金，李蕊珍为此不得不东奔西走，到处设法，筹措转让费。

正在此时，半路杀出个程咬金，中统特务沈某也看中了养正的房子，要办一所中学，当学店老板。他可以立即付钱，将校名，校舍设备，全部买下来。交行迫迁很紧，我执意不让步，并对范老师表示，他早已口头答应过我，我有约在先，筹到钱，立即迁校。范老师左右为难，他的同事们被沈某立即全部付清转让费所吸引，愿意将校名、校舍转让沈某。

为了打破僵局，范老师决定要省吾和沈某合用养正校舍。养正用上午，省吾用下午，都只上半天课。省吾无路可走，只得答应，但沈某对此安排，很不甘心，决心要赶走省吾。范老师离开后，沈某和我展开了抢校舍之争。他错误地判断，我是陈鹤琴校长请来的省吾的实际负责人，于是不择手段，专门拿我开刀，千方百计，折磨我，对我进行人身攻击。

开始，他组织了一批他们学校的流氓学生，在我进进出出时，百般辱骂，讲下流话引大家围着我笑；有些学生捡起爱文义路上电车轨道两旁的细沙石子，整把整把，朝我背脊抛掷。一次，这些细沙石子中还杂有人粪便，又臭又黏。从三楼走上楼顶平台时，必须通过一极狭窄的小楼梯。这一楼梯，狭得只容一人通过。当我上楼梯时，一个身材高大的流氓学生，双臂交错，倚墙一脚独立，另一条腿搁在小木楼梯他对面的扶手上，我要通过，必须经过他的胯下。大有一夫当关，万众莫敌的势态。

当这些流氓学生，不停与我为难时，董兼济老师总是暗在我身旁，设法保护我。早上上班，他先去电车站等候，陪我进校，一路大声嚷嚷"让路让路"，见学生靠近我，立即用力推开。上楼时，他先将学生的腿推开，用自己的身体挡住这个学生，让我上楼。他身材高大，声音洪亮，学生怕他三分，他也装出一副凶神恶煞的样子，吓唬他们。每天下班，他都陪我，等学生们都散了，才送我上车站，看我坐上车后，才离去。

沈某见流氓学生未曾吓倒我，终于，露出他党棍的狰狞面目，使出了杀手锏。利用国民党三青团团报，登了一篇整个版面的谩骂文章，指名道姓骂我，胡说我是当时上海摊贩运动的幕后黑手，经常躲在屋顶小厕所对面的办公室里，关上门开会，出谋划策，给我戴上一顶红帽子，欲置我于死地而后快。这是1946年秋后的事。

解聘宴会

省吾迁校后一年中，我是在和沈某抢校舍中度过的，种种难以忍受的折磨，终于使我一病不起，卧床两月。病得不轻，是重症伤寒，低烧不退，食欲全无，浑身无力，头发整把脱落，体力大大受损。

就在我卧床生病期间，省吾再次迁校成功。

省吾于第二次迁校后的1947年二月，第二次申请立案，校长由陈鹤琴改为沈立人。沈校长也是名人、忙人，未见到校办公。

迁校后第一个学期结束前，我忽接沈校长邀约，请我去他家中赴宴。宴请我的目的是解聘。通知我下学期不必再到省吾工作。

对我这个初出校门的女青年来说，这次宴会，是个很不寻常的经历，非常新奇的礼遇，我不知如何应对的社会经历。

宴会设有酒席，沈校长态度非常严肃、认真。酒过三巡，沈校长起立，为我斟酒。然后，躬身作揖，致礼称谢。表示对我为省吾所作一切，十分感激，还说："你播下的种子，一定会开花结果！省吾将永远不会忘记你。"为了让省吾开花结果，我离开了省吾，走上了一个又一个新的教育工作岗位。

我离开了省吾，但并未离开教育工作岗位，我实现了为教育事业奋斗终生的理想，在教育界工作了半个多世纪，无怨无悔。

追忆往事，感慨良深，万事开头难，创业艰难，后继不易，任重道远。在党领导下，在后继者不断努力下，省吾成长壮大，一日千里。如今，早已绿树成荫，枝繁叶茂，硕果累累。时值省吾六十华诞，祝愿省吾在这21新世纪中，在祖国已步入繁荣昌盛的新时代，百尺竿头，更上一层楼，为适应新世纪的新要求，不断推陈出新，前进再前进，以新的面貌，呈现新的辉煌。

2005 年

我所知道的省吾中学创办过程

吴新智

上海市省吾中学是在抗战时期成立的。1944年暑假开始筹划，到1945年正式成立。学校创办人都是受过抗战洗礼的年轻大学毕业生，由于相同的生活经验，所受教育和民族压迫的教训，使我们这些年轻人产生了共同的愿望：教育救国。

1944年五、六月间，在上海圣约翰大学某门高年级课程上，在我前排座位上，有几名女同学在议论着"毕业就是失业"的问题。原来就是44届的毕业生唐馥珍、李蕊珍和郑淑瑛等。我问她们在讨论什么？她们回答我："我们快毕业了，而工作还没有一点影子，大家都说这年头毕业就是失业。"我忽然回答她们说："找什么工作，读教育的不好办教育吗？""办一个收费低廉的中学，招收在沪工人子弟失学青年。"唐馥珍、李蕊珍等同学听了似乎很感兴趣，问我是否能真的自办教育，我认为是可以的，只要有决心和胆量，将有志办学的同学团结起来，发动社会力量，让专家学者名流支持，做到有力出力，有钱出钱。

唐馥珍将我的想法回去告诉她的父亲。过了几天，她约李蕊珍和我去她家。唐说她父亲支持，并答应将交通银行的中华商业专科学校校舍、课桌椅等借给我们办学，学校经费要独立。教职员工、学生的招收、年级都由我们自己去筹备。

我们首先是组织发起人，将教育系热心教育和办学的同学吴励理、陈秀煐、邢泽、蔡怡曾、蔡小谢、唐月娟、郑淑英包括唐馥珍、李蕊珍和我都是发起人。再由我们这些发起人分头发动各自家长和圣约翰大学教育系以及别系的教授，如教育系主任傅统先（国民党国大代表、回民）、心理学教授沈有乾、孙王国秀（王的丈夫是孙传璜先生，上海金城银行行长）、医学院教授黄铭新，社会名流、提倡杜威学说、主张活教育（learning by doing）方法的教育家陈鹤琴，律师姚肇弟等。此外就是李蕊珍父亲、唐馥珍父亲和我父亲吴云山（办工厂的民族资本家）、我的姨丈陆君秀（他是个办了多年小学的校长，由于江阴沦陷逃来上海），还有个办厂的表姐夫吴文政算我们的校董。开了一次非正式校董会，这些校董表示在经济上支持。当时急需解决开办费，于是凑了一笔小小的款子，开始筹备招生。聘约大志同道合同学担任各科教学，由唐馥珍同学担任教务，李蕊珍担任训育，郑淑英担任文书。聘请沪江大学读会计的居佩芳担任会计。大家一心办学，不计报酬。学校开始上课后，也没有考虑校名，是在中华商专教室内开学的。由于学校经费无人负责，比较紧张，入不敷出，后来就想由唐寿敏的商专包下来。不久唐馥珍告诉我们说，她父亲有意要中学的，初高中各有一二年级的学生算中华商专附中学生，由商专领导，如不同意就要立即迁出，为此征求我意见。我表示反对，并征求了其他几位发起人如陈、邢、吴等也反对，主张迁校，办个独立学校。于是发起人邀请原来聘请的各校董开会，解决问题。

第一次校董会：1946年春天，在江宁路新闸路约大同学王重仍家客厅里，当时出席的有约大教授沈有乾、傅统先、黄铭新和吴励理父亲吴启用（上海某绸织造厂经理）、我的父亲吴云山和吴文政、陆君秀，吴励理表姐夫叶叔重赠与学校一个六亩多地的别墅，在江湾。此外由吴启周介绍一位姜太太，愿资助办学。

这次会议的准备，发言由我负责。为了解决如何办成这个学校，我几乎一夜没有很好合眼，每想到一个具体问题，要求某个校董来负责。事前好几个同学都做了工作，我本人要说些什么话，有什么要求、希望达到什么目的等，都要经过考虑。但由于自己没有办学经验，夜里想到什么再起来写在发言稿上。我母亲夜里看到我一会儿爬起来写一点，又睡下，刚睡下，想到什么又起来写。她说："我看你要变成精神病了。"这说明做一件从来没有做过的事，是那样困难和那样的丢三落四。第二天一早，我们就在新闸路王家花园里等待校董来临。

这次校董会是正式召开的第一次会议,由沈有乾教授主持,讨论内容是:

学校的名称　上海私立省吾中学(取自"一日三省吾身"之义)

校董会董事长　沈有乾先生兼。

专职校长　祝近仁(江阴徵存中学校长,逃难来沪,校董们以我们办学人年轻、无经验,故特邀请)

常务校董　推选了吴启周、吴云山负责学校的经常费用。

校舍问题　决定从中华商专搬出,校舍先向其他学校租赁。

经过各方努力,租上海爱文义路乐群中学三层屋顶教室。此时初高中已有一、二、三年级六个班了。这时校董会董事长沈有乾也已出国去美,校长祝近仁也回江阴徵存中学复校去了。同时,省吾师生在与乐群中学共同使用校舍,在上下一幢楼。由于两校师生作风不同,政治理想各异,引起一些矛盾,尤其在上下楼梯时,学生间发生争执,互不相让。同时该校领导也逐步对我进行污蔑和政治挑衅。因为我校学生家境大多贫穷,又是工人子弟多,学习踏实,比较刻苦,思想纯正,要求进步。因此感到两校共处是有困难的。

因为发生了以上问题,我们又邀请常务校董商量,他们决定召开第二次全体会议。这次会议是要解决校长和自己的独立校舍问题。

当时正好陈鹤琴先生由内地回沪,担任上海幼师校长。校董会决定聘请校董陈先生任校长(陈先生答应后是很认真的,时常往乐群中学三层视察和指导,认为两校之矛盾,恐怕是我们太露锋芒),对于校舍问题校董一致通过,同意购买,并委托校董姚肇弟律师物色和办理手续。校董会并决定:

对买房费用如何解决　将购为学校校舍的房地产契约,向金城银行作抵押借款。

学校经常费来源　向社会募捐集资,设专人负责。这次校董会决定由我担任校董会秘书,作为校董会和学校行政的联系人。因陈鹤琴先生工作繁重提出辞职,并推荐刚由内地回来的交通大学教授、会计师沈立人为校长。沈校长也很忙,不能经常到校视察。因此学校教务主任唐馥珍、训育主任李蕊珍向校董会提出要求,任命我为校务主任，以掌握整个学校行政事务，包括经济问题。后来校务会议还增添了总务主任，由季勤先担任。

这次会议后不久，姚肇弟律师就物色到曹家渡长宁支路111号的一幢花园洋房，有大厅可作礼堂，有足够房间充作教室，三层楼可作教工宿舍，后有厨房，宅后尚有居民房七八间一排的二层楼房三排，只是买主收不回来。讨价500两黄金。根据决议由姚律师负全责订契约成交。然后由我和李蕊珍将契约找校董孙王国秀教授做金城银行行长孙传璜的工作，以房契押与银行贷到500两黄金数额的货币交于房屋卖主。以后，由校董会募来捐款，月月付清贷款利息，不足之数当时由常务校董补足。有时捐到的款，早于银行付息时间，我代表校董会和学校将此富余款项委托常务校董代为购买棉纱、黄金或港币，除了支付黄金利息外，富余外币（美金、港币）并以购进时的低价格的外币支付教工，目的不使教师生活水平受到影响。因为，我们教工的待遇仍然是微薄的。

1947年上半年，当学校购得新校舍后，我们准备迁校工作，如制作课桌椅、黑板及其他一切必要设备。自迁入长宁支路111号后，接着准备立案。我通过沈立人校长介绍，聘请上海市教育局局长，交大教授李熙谋为校董（实际上挂名），另外得悉我在1937年在四川成都认识的江阴同乡祝平到上海，任上海市地政局局长，我请示上海地下党组织，能否邀请祝平为省吾校董，组织同意。为解决经费立案，决定再召开一次全体校董会议。这次是在1947年春节期间，在新校舍开的。会前，我和吴励理、李蕊珍及其他发起人走访了好多校董，需解决的问题预先告诉大家也表示同意。

这次校董会，祝平参加了，会议讨论的结果：

①全体通过邀请祝平为名誉董事长，并委托他办理学校校舍、江湾土地的过户。（市地政局的职能）

②立案 由学校准备呈报学校董事会名录，不动产的校舍，教学设备、基金、教师名册、学生数量、学业成绩等材料，委托沈立人校长与上海市教育局局长李熙谋商量，因此立案很顺利。

③ 会上祝平为要捐款而提出邀请江阴同乡，上海巨商邓仲和为校董，还提出将购进新校舍内所有大厅内红木家具全套给邓，送与江阴同乡会，邓捐助2000万元，也通过了。

会议后根据以上精神，我去邓仲和的办公室，拿到一张2000万元支票，我在捐款收取簿上写"今收到×ר2000万元整"，下面括号内说明是"以红木家具全堂抵押"，交与邓仲和。1947年前后，整整付了一年多银行利息，这时期由我负责清偿债务和经常费用。

1948年春，由于我解放军各路大军在各战场取得胜利，国民党政府通货膨胀，货币跌价，使500两黄金份额的押款交付几年利息后，不是500两了，而是50两了。因此由两位常务校董吴启周、吴云山对半分担，将全部债务还清。在还清债务后，教师工薪仍然微薄。由于大家志同道合的革命精神，团结很好，教师一贯认真负责教学，为党培养学术界干部而努力奋斗。

以上是我参加创办省吾的一些经过情况。

1980年11月6日
作者系北京朝阳区政协委员

中等教育研究会

唐月娟

成立中等教育研究会

1945年10月,上级党指示,要专门成立一个教育部门的群众性组织。我们党支部——陶德斌、陈国容和我在马飞海同志直接领导下,反复研究,怎样成立教育部门的群众团体。这时我们和叶克平、段力佩等酝酿筹备成立中等教育研究会,在威海卫路女青年会会址几次讨论研究,如何发展会员,开展活动,扩大影响。这时原U.G.F.的一部分教师会员都被我们带到中教研究会来了,而中教研究会前身——中等教育研究社原来就有群众基础,于是这些就都成中教会最初的基本会员。经过一段时间努力,中等教育研究会终于在1946年1月26日正式宣告成立了,假座西藏路青年会礼堂举行茶话会,招待来宾。陶、陈和我当时都担任招待,来宾有一二百人,马飞海同志也来了,并在会上发表简短祝词。我们听了都禁不住发出会心的微笑。

中教研究会成立后开展多项活动。一是举办学术讲座和时事形势报告会等,每次都请著名的民主人士、作家、学者或教育家来为会员作报告、听讲者踊跃,影响极大。我是最初负责学术讲座这项工作的,因为第一、二次的报告人茅盾和郭沫若两位先生,都是我去请并一起坐三轮车来会场的,因此,印象很深,并引以为荣。中教研究会另一主要活动是协助建立教职员工消费合作社,从经济上来组织团结各校广大教职员工群众,从而扩大会员,募集资金。我们都参加合作社,并发动周围教师一起参加合作社。

举办清寒学生免费助学金考试,是中等教育研究会又一重大活动。国民党反动派对中教研究会这一正义活动施以压力和迫害。当时中教会核心同志坚持真理，坚持团结，坚持斗争到底，终于如期举行清寒学生免费助学金考试，并录取高初中生共计450多名，保送上海各所学校，其中也包括保送省吾中学的名额。

助学金考试结束后，中教研究会又举办中等教育展览会，这是一项规模较大的对教师、群众，向社会各界的一次政治宣传活动，既揭露当时国民党政权统治下的教育危机，教师生活的贫困艰苦，又提出新民主主义教育的前景。展出期间，广泛发动教师参观和组织讨论。通过活动，中教会又发展一批新会员。省吾中学教师也参观了展览会，组织讨论，并从中受到深刻教育。

1945年8月抗战胜利，日本法西斯投降，国民党反动派抢夺胜利果实，对内采取法西斯手段，对人民加强政治迫害，经济危机加深，激起人民革命高潮，掀起一连串政治运动，如1946年"六二三"，反对内战，争取和平，欢送去南京请愿代表大游行，1948年抢救教育危机等一连串运动，省吾中学教师都踊跃参加，从而扩大视野，得到了锻炼。

中学教师消夏会

1948年暑期，在省吾中学女教师宿舍里，当时在座的有季勤先、李蕊珍、严忠朴、姚精华和我。谈话是从形势谈起的，李蕊珍提出：我们可以办一个中学教师消夏会，就是以当时地处曹家渡的3个进步学校——省吾、华模、复夏为主，吸收其他学校进步教师和积极分子参加。李的提议获得大家赞同，并提出要我负责这个会。会址就在省吾，会期3天，内容有歌咏、猜谜游戏、集体舞蹈、化装晚会等，重点是讲形势、谈时事、编快报等。三校教师基本上都来了。省吾中学董思林、董兼济、吕型伟等，华模、复夏的胡文巧、姚晶、张树人、樊春曦、李德鸿等都来参加。我还清楚记得那天晚上樊春曦身穿军装，脚踏高靴，扮一个威武军官。张树人身穿黑香云纱旗袍，手摇蒲扇，扮一个中年妇女。大家一看都乐了。在形象猜谜时，一名教师匆匆奔来，突然像是踏到一块香蕉皮似的，一跤跌地，大家猜"欲速则不达"，中了．我手执书本，一边看书，一边漫步而过，有人猜是"万世师表"，也算中了。大家情绪热烈而愉快，3天很快过去了，消夏会给大家留下美好而深刻的印象。事后，张树人还化名白苹，在《现代教学丛刊》上撰文记述当时的情况。

迎接上海解放

中等教育研究会成立后，开展各项活动。当时中等教育研究会的东中区分会，我是联系人，便以省吾中学为基地，发动东中区中学教师来省吾写口号标语，参加游行，中教会发动的几次大规模游行，省吾中学教师都响应号召，积极参加。

另一方面，省吾中学学生也变化很大，认真学习各项功课，而且关心时事，关心形势，开展各项进步活动，积极投入政治运动。到1948年国民党军队节节败退，全国解放指日可待，上海人民欢欣鼓舞。这时，已经三迁到沪西长宁支路的省吾中学，校园内到处充满欢乐的歌声："你是灯塔……"，"山那边呀好地方……"。下午散课后，同学们积极展开活动，这边是歌咏班，那边是秧歌舞，还有黑板报，时事讲座等。这时校门禁闭的省吾中学校园内，俨然是一个小小"解放区"。

1949年5月25日，人民解放军进入上海市区，上海解放了！那天早晨，我刚回家，杨永辉急匆匆赶来找我，叫我到常德路赵家桥陈云涛家里去。我立刻赶去，那边已在开会。张漱芳同志主持会议，参加会议的有吴从云、陈云涛、李广塘、顾逸群和我。会后又安排我到胶州路章剑青家里搞接管资料工作。一起工作的有覃英、章剑青、蓝文端、沈瑞明、张启昆和我。这时上海已经解放，窗外锣鼓喧天，上海人民欢天喜地，但是我们所在的那个小屋子里却一片肃静，同志们都认真严肃埋头工作。大家心中都很清楚，接管工作即将开展，我们手中的工作具有重大意义。工作告一段落后，组织上通知我们晚上到淮海路马当路口前教育局开会。这是南下接管的解放军同志和上海地下党教育部门同志会师。会议由龚兆源主持，解放军代表舒文同志讲话，地下党代表马飞海、陈育辛同志也讲了话。参加会议的有一二百人。会议庄重而严肃，大家心中却热烈而兴奋。就在这次会议后，组织上通知我，叫我第二天就去军管会市政教育处报到，我的组织关系同时转到那里。市政教育处人事科安排我在中教接管组工作，并发给我军服和臂章。我穿上整齐的军服，佩上红色臂章，望着市政教育处屋顶上高高飘扬着的鲜红党旗，不禁思绪万千。在我面前正展现一条广阔的道路，新的革命旅程又开始了。

本文节选自《上海市中学教师运动史料选》

绿树成荫

杜淑贞

这棵树，现在已经枝繁根茂，绿叶婆娑了。但她有过非常稚嫩的时候，也有过十分艰难的时刻。就在那时，我受过她的荫庇，得到过她的掩护。虽然我也为她浇过一点水，培过一些土，但更多的是她润泽了我，熏陶了我。这就是省吾中学，在那里我曾经度过一段难忘的生命历程。

事情发生在1946年。当时我的丈夫龚兆源同志和我都在上海从事地下党的学生工作。我们都在学委系统，他是中学的区委书记，我是女子中学的分区委书记。学委系统党员都是学生出生，当了干部后，大多数没有社会职业。一是因为太忙，二是因为要找到适合我们又不至于暴露秘密工作身份的职业很不容易。

可是那时我们已经成家。我的父母双亡，唯一的姐姐也已去了解放区。夫家在乡下，没有可能资助我们。我们只能寄住在他舅舅家里。抗日期间，厚着脸皮和舅父一家8口挤在一桌上吃稀饭和一块豆腐乳；抗战胜利后，舅父虽然恢复了原来的职业，但要养育一家8口加上我们10口人着实困难。何况我们都已成人，虽然舅家对我们很好，从来没说过什么，但我们长期白吃白住，既不近人情，又容易引起怀疑。因而当我们迟归的时候，都宁可饿着肚子，说吃过了，其实有时一整天都没有粒米下肚。那时我们的生活来源，一是靠领导从学委系统缴的党费中不定期给我们一点辅助；二是龚兆源的姑母，是单身小学教师，有时也给我们点补贴；三是靠一起工作的同志们送给我们点鞋袜衣服。可以想象，一方面忍着饥寒，一方面还要在人前装着天天出去上班，是多么尴尬的事情。

正在这时，老龚的领导人学委副书记吴学谦同志告诉我们，圣约翰大学有几名毕业生创办了一所中学——省吾中学，要聘请一些教师，而且那里比较安全，要我们去教书，既能有个合法身份，又可有点收入。当然，我们非常高兴，可以想象领导介绍的学校如果不是党员办的，可能也是党的外围积极分子办的，反正都是"自家人"。

1946年上半年，老龚先去省吾教书，我则因为第一个婴儿刚在1月中旬夭折，暂时没有去。我从老龚那里听说这学校租了茂名路几个房间做教室，十分简陋。但教师都很进步，很爱学校、爱学生。他所教的高中班级学生中有不少可造之材，常听他说起蔡玲曾、励汝敏、陈咸鸿、张华寅等。随后，1946年暑假后开学，我就进入省吾担任初中三年级级任老师并教语文、史地等课，这时学校已迁至北京西路江宁路东。按照地下党的纪律，我和省吾的老师不在同一组织中工作，是不能和他们发生"横关系"的，也决不能暴露彼此的党员身份。但是学校里的民主进步空气扑面而来，使人心情舒畅，这个阶段也是我俩生活中最宽裕的时期，我们每人每月有40万元旧币工资，

（相当于解放后五六十年代的人民币40元），除了两人生活费需要40万元外，每月还可将另一半40万元上缴组织，足以帮助两名脱产同志的生活。

那时在学校主管工作的是李蕊珍老师和唐馥珍老师，李是训育主任，唐是教务主任。蕊珍老师能力很强，处事果断，也有办法，能承担全面管理工作。她很瘦削，长得十分清秀；但脸色苍白又微微带点青色，掩盖不住疲劳的样子。唐是富家闺秀，长得很漂亮，透着大家风范，穿着得体又不显奢华，处事能力也很强。我从谈吐中琢磨着李可能是党员，唐可能是积极分子。老师中给我留下最深印象的是季勤先老师，她衣着朴素，身体单薄，一条胳膊可能因为病伤而不能弯曲。不苟言笑，但从不知疲倦地工作着，说话不多，眉宇间透出一股凛然正气。我猜想她也是党员。每天放学和我一路走的是唐月娟老师，她很朴实，也很单纯，爱笑，说话时、生气时、激动时都会满脸涨得通红。我们同路走时，她爱问我时事形势以及有些想不通看不惯的问题，非常直率，胸无城府。我和她交谈最多。我想她也是入党较早的党员。蔡小谢老师，语言不多，但气质很好，很有教养，我想她可能不是党员，但是位忠诚于教育事业的好老师。严忠璞老师，同她的名字一样既忠厚，又朴实，后来与老龚和我的老战友董思林老师结婚，可惜董老师在"文革"中冤屈而死。还有郑淑瑛老师，广东人，爱说笑，非常和气，她在这个穷学校里当文书，肯定遇到不少困难和麻烦，却掩盖不住乐观的天性。最引人注目的是音乐老师董兼济，他歌声洪亮，擅长指挥，在学生运动许多场合中都曾见到过他指挥合唱革命歌曲的身影，很有点知名度。他是兼课老师，又很忙，所以上课后就走了。但却引起学生们的喜爱和校外一些反动分子注目。

说起学生，一张张十四五岁可爱的、亲切的小脸就出现在我眼前。几十年了，似乎都没有长大。虽然我也兼过其他年级的课，但最爱又最想念的就是和我朝夕相处的初三年级的同学。坐在第一排最矮小的是萼珍和怡男。萼珍是李蕊珍先生的妹妹，长着圆圆的白皙小脸，眼睛黑而亮，她是班里最聪明的学生之一，常常老师提问还未说完，她已举起小手要求回答。怡男的个子特别小，身体好像有点单薄。爱笑，一笑两个酒窝，总是很专心听讲。坐在她们后面第二排的有唐嗣珍，听说是馥珍老师的堂妹。

她很专心，很用功。当然任何一个班级都会有调皮学生，坐在倒数第二排的小马，上课时常爱大声说一句笑话或者做个滑稽动作，声音很响，常引起哄堂大笑，却只是想引起人们注意，并没有什么恶意。我找他谈过几次话，后来他有时忘乎所以想笑闹时，我只要一个眼神，他就端坐好了。最后一排坐在小马后面的是俞宗彝，个子较高，已经是个青年模样了。他有点"闷皮"，暗地和小马说什么，但我扫他一眼，立刻就坐得端端正正了。坐在嗣珍后面中前排有两个男生，都还是孩子模样，一个是袁金福，另一个是陈佩锽（陈平）。看起来他们是好朋友。袁很机灵，理解能力强。陈很憨厚，很老实，老师向他提问时，站起来小脸涨得通红。他是很沉静的孩子，功课也不错，不知为什么却总会有点忧郁。后来袁金福告诉我，他家里比较穷，爱画画，却没有钱买画具。我借圣诞节学校联欢的时候，买了一盒水彩颜料送他，他很高兴。

最引起我注意的，是坐在左边窗口的归小渊同学。他瘦瘦的，平时没什么特别。但很"内秀"，说话不多，写起作文来却那么深沉、敏锐，有独到见解，有时还含有一点不是他那么小年龄能想得出来的哲理和不同的思想，使我看了觉得十分新颖，也不免感到惊奇。他笔调中又蕴含着一般孩子所没有的悲悯和忧伤，使我在赞叹之余，很想了解他的遭遇。记得我找他说过几次，通过深谈才知道他生母早亡，就靠哥哥工作养活他，供他读书。哥哥很关心他，他也爱哥哥，他们相依为命。知道这些以后，我虽然没有能力从物质上帮助他，但我鼓励他要振奋起来，积极起来，不要默默忧伤、苦闷，要投入与旧社会作斗争的进步活动中去，在谋取大家幸福中来争取自己的幸福。他对我讲的一些道理还是理解的。

既然我是党员，在学校里总该发挥一些作用，对学生做点启蒙教育。但这个学校又不是我党内的工作岗位，不宜在这里引人注目，否则不利于我从事的工作。于是我就决定不正面谈政治，不讲过左的话，但要通过教学和团结同学来进行一些世界观、人生观教育，打下一点基础。

那时的语文教学可以由教师自择教材，我就有意识选择《开明活页文选》中一些思想性、艺术性都强而又适合初中水平的文章。例如《诗经》中的"七月""硕鼠""伐檀"和鲁迅的一些散文以及李煜的词和易卜生、左拉的短篇作为教材，既使学生感兴趣，又无形中进行了阶级教育、爱国主义教育和培养先人后己的精神。

为了增强同学们的集体主义意识，我又建议大家动脑筋为我们班取一个名号。经过集思广益，选了"蚁群"的名字，表明我们虽然平凡幼小，但牢固团结起来就会产生无穷的力量。记得我还写了一首歌词，似乎是请董老师谱的曲，大家唱得很兴奋，也很自豪。直到现在这群小蚂蚁们唱歌模样还栩栩如生浮现在我眼前！

遇到开展学生运动，我虽不能直接向他们宣传，但他们在教室里写标语时，我都陪着他们，表示出无言的鼓励。上海解放后，我早已离开他们进入新的岗位，但我知道萼珍和嗣珍都参加了西南服务团，小马参加了南下服务团去了福建，陈佩锽（陈平）参了军，俞宗彝也参加了工作，我深感欣慰。

前几年，陈平转业回沪就来看我。以后每年教师节、春节，都给我寄热情洋溢的贺卡。萼珍在西南交大工作，有一年我去参观，竟然相见不相识了。后来她知道了此事，有次出差到上海，恰巧我在外面开会，她竟赶到会场，匆匆叙旧。小马在某次政治运动后写过一封信给我，检讨他在运动中犯过一点错误，调动了工作。我知道那次运动打击面很广，不会有什么大问题的。回信希望他端正态度，继续前进。宗彝一度在安徽工作，成了一名干部，有几次我在市府大礼堂开会都看到他。真没想到后来听说他已去世了。最惋惜的是解放后失去联络的小渊，前几年在南京写了一封信给我，告诉我他的经历。可是我患病住了几个月医院，回家时已找不到这封信了，深感内疚。最令人高兴的是，怡男在黑龙江美术出版社工作，已经是副编审了。几年前，带了丈夫找到我家里来探望我，不久又退休回到上海，仍然同我多次会面。人事沧桑，学生们都成长了，甚至退休了，各有成就，我为他们高兴。

我在学校一年中，学校发生过几次风波，我从旁感觉到，但又不便多问。一次是1946年下半年，学校发生了经济危机。只见蕊珍愁眉不展，天天和馥珍、淑英一起商量。后来不知是否得到了一点赞助，学校维持下去了。另一次事情比较严重。那就是租校舍给我们的养正中学，和我校同在三楼平台上合用几间教室，养正上午上课，我们下午上课。下课时学生们只能在平台上走动走动,根本没什么体育场所。养正中学的后台,听说是国民党"党棍"。他们当然仇视我们这个红色学校,处处欺负我们。有一次要赶我们搬走,听说还说教音乐的董老师是"赤色分子",想和我们过不去。这次来势似乎很凶,教师学生都很愤怒,后来怎么解决的,我也不便细问。到了1955年我在团市委负责肃反工作时,有出去外调的同志告诉我,他在敌档中看到一份中统情报员写的黑名单,检举省吾中学全体教师都是"共党分子",带头的是董老师,其中也有我的名字在内。后来为什么没有对我们下毒手,我就不清楚了。最后一次是在1947年学期终前,我卧病在家。同学们纷纷焦急地来我家告诉我,说是学校经济困难,办不下去了,老师们、同学们都急得团团转,正在想办法。最后听说找了著名教育家陈鹤琴先生担任校长,想了很多办法才克服了困难。

那时,我离开学校是因为组织党领导的著名的"五二〇""反饥饿、反内战"运动,过于劳累而几乎流产的缘故。学校发生困难的消息是躺在床上听学生们报告的。从此,我离开了学校,按照地下党的纪律,不再和老师们、同学们联系。

现在,文章该结束了。可是一不小心,又写成一篇回忆录。我听说现在有人最讨厌看革命回忆录。因为它既不是淑女们怀着"小资情调"怀念石库门房子或是花园小洋房的轶事,也不是没落贵族描写他们失去了的乐园。可是,如果没有当时那么些被认为是傻乎乎的志士们起来革命,哪有那么多人今天能在高贵的、低垂的窗帘旁呷咖啡的悠闲日子呢?我怀念的是当年那种革命热情,那种牺牲精神,那种老师间、同学间纯真的、可贵的感情啊!

2003年3月7日

回忆红色据点"省吾"

施增琦

省吾的教师，大多具有革命思想，很团结、很温暖。季勤先、吕型伟、李蕊珍、唐月娟、严忠璞、孟昭方、章剑青、姚精华等许多教师，都是志同道合的同志，大家全心全意工作，一面搞教学工作，一面开展革命活动。我以前执教的学校，基本上也是这样，但后来领导权被坏人掌握了，敌人用逮捕和解聘的方法，把进步教师全部赶出校门，学校改变了颜色，令人痛心。我一踏进省吾，犹如重新投进党和革命的怀抱，心里的高兴无法形容。

一到省吾，季勤先同志亲切接待我。从那以后，季勤先同志就一直是我的单线联系人，到上海解放为止。季勤先同志年纪比我们都大，体质很弱，但革命意志坚强，是把全部身心都扑在革命事业上的老大姐。她终日操心，默默挑着学校的重担，大家都很尊敬她。为了便于开展工作，她让我搬到学校住，联系比较方便。她经常给我传达党中央的精神和上级党的指示，讲述兄弟学校斗争情况，研究工作，对我在政治上帮助很大。

解放战争三大战役的胜利，把解放上海的斗争提到日程上来了。一切为了迎接解放！人们怀着无比兴奋的心情紧张准备着。

大约是1949年2月的一天，季勤先同志把我找到一间小屋子里，向我传达了上级党的重要指示。原来，为了迎接上海解放，也做好出现上海市逐块巷战和分割封锁的准备，做到各地区可以人自为战，党决定把组织系统由全市工运、学运、教运等垂直系统改为分区块块领导。为此，我们就必须把工作重点从做学校工作为主，转变到面向社会，根据革命需要，担任各项必要工作。

组织上交给我的任务，是编写《新华通讯》小报。由我取来新华广播电台的一些广播记录稿，按小报形式编排，刻写蜡纸，然后送到武定路一条弄堂一位姓李的同志那里油印。任务一下达，我同小李接上了关系，就紧张工作起来。我通过季勤先同志从学校借出了大批八开白报纸，为了不引人注意，外面用棉被包住，伪装成行李卷，用三轮车送到李家亭子间里。党组织又通过一同志从她家里弄来十两黄金买来手摇油印机。我为自己找到了一个隐蔽工作的地方，是校舍二楼一间小储藏室（事务老师办公及放办公教学用品的）。用不着多久，我们这一份传播党的声音和解放战争战况的小报就问世了。

那时要到晚上12点人们入睡后，才是我"上班"的时间。我进入小储藏室后，季勤先同志在外面把门锁上，气窗糊上黑纸，靠东面小阳台的窗，把外面的百叶窗关上，这样灯光就透不出了，我就在里面埋头工作。夜深人静，只听得笔头嗖嗖作响，不知不觉几个小时过去了。天亮前，我从窗口跳出来，开了门，进室内把窗销好，再锁上门，才回宿舍合一下眼，白天又继续上班。课后，我把蜡纸卷起来放到打气筒里，骑了自行车上武定路，交给小李油印，然后又有同志巧妙分发到工厂，这样，我们的小报就传到工人手里了。

工人们看到了没有？有什么反映？我渴望了解这些情况。后来，有一次季勤先同志告诉我，工人们看到我们自己的报纸，很高兴。这样简短的信息，是对我们最大的安慰和酬劳，不管有多少不眠之夜，有多大危险，我们都心甘情愿。解放大军横渡长江向上海逼近，前锋已抵达苏州。国民党军队汤恩伯极为恐惧，一面掩饰败局，叫嚣要用十万大军死守上海，一面在上海大肆镇压，什么"格杀勿论"，什么"就地正法"，一道道命令下来，妄图吓住人民。有的同志和群众被捕了，牺牲了。路上搜查很严，这是黎明前的黑暗。要把解放军胜利前进的消息详细告诉人民！要鼓舞斗志，加紧护厂护校斗争，迎接解放。我们把解放军的最新战况和陈毅同志在江南指挥战斗的消息，及时用小报发了出去。同时，我们用预定时间在街头互骑自行车或走路迎面而过的办法，实行"点名"，保持不间断联系。

1949年5月24日晚，西边枪声大作，子弹呼啸而过，解放军进攻上海市区了！我们护校师生坚守自己岗位，集中在学校一楼大厅里值班和休息。几小时后，枪声逐渐向东移去。天亮了，不知哪个同学弄来一份《新闻日报》，上面大标题赫然写着"上海局部解放"。这个昨天还用"共匪"字样的报纸，今天口气完全变了。大家热烈欢呼，那个情景真是令人感动。很快，大家纷纷离开学校，按照组织安排，奔赴新的战斗岗位。季勤先同志通知我到设在胶州路601号实验民校内的"上海人民团体联合会人民宣传队第七区队部"报到。兴冲冲去了，远远看见，一面鲜艳的红旗，已经高高飘扬在民校房顶，真像孩子见到久别的母亲一样，百感交集，一起涌上心头，眼泪止不住夺眶而出。啊，红旗啊，朝思暮想，日夜盼望的革命红旗，终于公开地自豪地在上海上空飘扬了！解放了！上海解放了！

万万没有想到，正在这时，我们的陈仲信同志，在执行任务途中，在残敌射击下英勇牺牲了。

同志们，千万要记住，红旗是革命烈士的鲜血染红的，我们一定要用生命来保卫它！

1979.1.30

约大校友在省吾就学的亲友

顾 和

我还在圣约翰大学读书时，省吾中学就开办了，是我们教育系同学创办的，我们党领导的一所私立中学，一些校友和同学都把自己的亲属介绍去学习。这个学校是民主堡垒，有新的教育方法，不同于一般中学。

我大哥一家抗战时期到湘、贵、桂、滇，颠沛流离了好几年，1948年才回到上海，他有三个儿子，老大顾大鸣、老二顾大生都是中学生，这时我已在市西中学工作，毫不犹豫介绍他们到省吾中学读书。

值得高兴的是，他们俩得到了省吾中学同意，一个进入初一，一个进入初三。更没使我失望的是：顾大鸣在1949年上海解放后，就积极响应号召，参军进军大西南。顾大生1950年参军，在空军地勤部门工作，为社会主义建设和国防建设都做出了一定贡献。现在他们都离退休了，享受着幸福的晚年。

约大校友的亲属在省吾中学学习的，据不完全了解，有：

约大校友姓名		省吾学生姓名亲属关系
夏孟英	省吾创办人	夏乐仁 小姑（西南服务团）；
蔡怡曾	省吾创办人	蔡玲曾 妹（华东团校）、蔡勤曾 弟、
		蔡字徽 堂妹、蒋有爱 邻居；
李蕊珍	省吾创办人	李萼珍 妹（参军）

陈秀煐	省吾创办人	陈秀兰 妹（参军）
唐月娟	省吾创办人	唐月雯 妹
邢　泽	省吾创办人	邢志清、邢志汶（西南服务团）， 邢志鸿 弟
吴新智	省吾创办人	吴文安、吴文海（参军）、吴文陵 侄女、 吴文成 侄子、吴文建 堂侄
唐馥珍	省吾创办人	唐祖讷 堂弟（参军）、 唐嗣珍、唐燮珍 堂妹
吴励理	省吾创办人	吴庆荣 弟、叶其蓁 甥女
郑淑瑛	省吾创办人	郭豫元（中国工程院院士）嫂弟
章妙英		章剑平 妹（青干班）
周少春		周维民 侄子（抗美援朝，烈士）
陈保齐		陈保宁 妹（张家口中央军委工程学校）、陈保文
程祖坦		程德清 侄女（西南服务团）
王志成		王文安 妹（西南服务团）、朱佩琴外甥女、 朱营福 外甥（参加制造我国第一架轰炸机和第一颗原 子弹）
谭雅修		谭文修 妹（西南服务团）

2005.4.20

在迎接上海解放的日子里

孟昭方

1949年春，中共地下党支部书记顾逸群告诉我：为了迎接解放，做好接管学校准备工作，市委批示要建立北区中教支部，支部会议地点选在我家——虬江路45号。她将联系暗号告诉了我。

一天，俞贵芳来找我，他说："你这里有绸缎卖吗？"我说："有。"他问"多少钱一段？"我说："12块银元。"就这样，我们的关系联系上了，并一起商定了开会时间及到我家的暗号。

那时，我是省吾中学英语教师，吕型伟是该校教务主任。有一天上午，我向他请假，我说："请将我星期五下午的课调一下，我有事。"

他说："我知道了。"我想，他怎么就会知道了呢？省吾中学教师绝大多数是地下党员，大家严格遵守纪律，不暴露身份，不打横关系，于是我默默走开了。

我家在虬江路的小河边，我在临街玻璃窗上贴了一张湿手巾，迎面走来便能看见。那天下午陆续来到的同志有：吕型伟、姚晶（复兴中学）、邱汉生（麦伦中学）、陈尔寿（格致中学）、金声木（高桥中学）、金铿然（浦东一所学校）、李中法、俞贵芳等。俞贵芳是支部书记，联系人是张漱芳。北区中教支部就此建立起来了。大家分工联系学校，吕型伟联系缉规中学（解放后改为市东中学），姚晶联系复兴中学和新陆师范（即解放后的虹口中学），陈尔寿联系格致中学，金声木联系高桥中学，支部会分析各校情况，并交上书面资料，这些材料是为解放后接管学校准备的。我负责整理大家交来的材料，我将材料放在阁楼顶上一块能移动的天花板内。我一般在深夜整理，晚上宪兵经常要突击查户口，我一边写，一边警惕着。

有一次，我们正在开支部会，我一个在复旦读书的朋友匆匆跑来说前一晚特务包围学生宿舍，搜查捕人，他爬到屋顶蹲了一个夜晚，特务撤离，他便跑出来了。我把身边仅有的几个银元交给了他。待他走后，支部书记说，他后面是否有尾巴，不了解，为了安全，大家散会。

又有一次支部会上，邱汉生同志说，他发展了一名党员，他把这名同志写的自传放在楼梯背面夹缝里，第二天去找，就不见了。支部书记为安全计，要他立即转移。

解放前夕，正是黎明前的黑夜，一片白色恐怖笼罩着上海。国民党的飞行堡垒满街呼啸，特务到处抓人，宪兵晚上敲门"查户口"……上海解放前几天，支部书记告诉我们，支部会暂停，待解放后再到我家集会。支部书记还告诉我，我家有地下党的同志保护着，但我不能与他们打横关系。当他们发现情况时，会在面馆里叫一碗面条送到我家，我便说是我要的，此时，应立即将材料销毁，离开家；如果送来两碗面条，便是情况紧急，马上销毁材料，准备被捕。

5月25日，上午十时左右，我爱人于传仁从他上班的单位（龙华机场）急匆匆跑来，还来不及喘一口气，就说："告诉你个好消息，解放军已到沧州饭店附近。苏州河南边已解放……"我听了无比兴奋，无比激动，我盼望、追求的这一天终于来到了，天亮了。我坐在收音机前，广播里传出了中国人民解放军上海市军管会的安民告示。

那天下午，街上行人稀少，大街小巷鸣响着稀稀落落的枪声，人民保安队员在搜索着国民党残兵。离我家不远，一名解放军战士守在路边，我烘了几只面饼，带了两只罐头，和爱人一起送到解放军战士面前，他们连日作战，一定饿了，但他们婉言谢绝了，部队纪律严明，不取老百姓一针一线。

27日没有交通车辆，支部同志都步行来到我家，住在长宁区省吾中学的吕型伟，走了很长的路，急匆匆，上楼来，见面的第一句话是："陈仲信牺牲了！"我震惊，我悲愤。陈仲信是我们省吾中学的学生，他17岁入党，牺牲时只20岁。他是长宁区保安大队负责人。上海解放前一天晚上，他值班，一夜未眠，激动地等待天明。1949年5月25日，长宁区解放了，他骑上自行车去通知保安队员立即出动。经过苏州河边时，碉堡里的国民党残兵打冷枪，陈仲信中弹后从自行车上摔了下来。他为上海解放献出了年轻生命。1949年7月1日，在圣约翰大学礼堂举行的追悼会上，韦悫副市长讲话，市军管会宣布：陈仲信是党的好儿子，是革命烈士。

北区中教支部会议于27日下午结束。接着我们参加了市教育局召开的全市教育界地下党同志大会，舒文同志讲话，他肯定了地下党教委的工作，布置如何到各校接管，这个会一直开到半夜。

岁月匆匆，我们难忘半个世纪前那一段斗争岁月，我们缅怀已经牺牲了的烈士们，特别是那个在解放上海的日子里最后牺牲的党的好儿子——陈仲信。

2005.7.22

党支部公开

季勤先

省吾中学于1945年9月15日开学上课,至1949年5月上海解放,累计共有24名地下党员先后在校任教并兼行政职务。1948年底至1949年初,在校有8名党员教师(学生党员有24名,全校学生180多名)。为迎接上海解放,建设新中国,党员又都逐渐调离,1949年7月上海解放党员登记时,只有季勤先1人,编入私中支部。7月中旬季勤先到中共上海市委党校第一期学习,党组织关系转到党校。不久,区委宣布省吾中学要继续办下去(储能、建承、华模、复夏、鄞光等原地下党领导的学校已停办),季勤先留校主持工作。这时仍只有季勤先1名党员,与其他学校党员编在一起,成立党支部,属中共上海市长宁区委领导。

新中国成立,党执政了,随着形势发展,工作需要,一直处于秘密状态的上海地下党组织,为了巩固政权建设党,在中共上海市委领导下,做好了充分的准备,迎来了可以公开的时机,基层党组织也须逐个向群众公开。长宁区委决定,省吾中学党员所属党支部也要及时公开。那时省吾中学与圣谊中学、新华中学是一个党支部,季勤先是支部书记。即由季勤先起草支部公开报告,介绍解放后支部工作情况,支部公开后的打算等,送区委组织部审批。当时组织部长余仲舒同志详细作了批复。我们于1950年8月28日在党支部所属三所学校贴出了支部公开公告:定于9月3日下午6时30分在省吾中学礼堂召开中教党支部公开大会,欢迎三校教师群众参加。公告上写的党支部名称是:中共上海市长宁区中教支部。书记季勤先(省吾中学),正式党员：竺宜伟（圣谊中学）、李定达（新华中学）。

　　1950年9月3日课后，在省吾礼堂第一次挂起了鲜红的党旗。地下党领导党员群众在这里学习工作斗争了5年，今天才迎来了党旗的光芒。支部虽只三所学校三名党员，但我们从党旗上看到党的无比伟大与力量。入党宣誓时的情景立刻涌上心头。

　　党支部公开，有利于开展党的工作，接受群众监督。我们在报告中诚恳表示了这种意愿。会后，到会群众反映：我们早就料定了，你们几个是党员。这说明我们早已塑就了共产党员的形象。

　　省吾在解放后，只有初中三个年级三个班，109名学生，10名教职工。以后班级虽逐年发展，但到1954年7月我调离时，没有增加党员。1951年上半年，曾发展了初三1名学生党员，不久毕业离校了。我调番禺中学任党支部书记，新调任省吾的党员副校长，组织关系就转到番禺，成为联合支部。大概到1958年，搬到武定西路新校舍后，教室多了，又有群毅、新乐两校并入，教师多了，党员也多了。李定常同志任党支部书记，才建立以省吾中学命名的独立党支部。李定常同志整整担任了20年省吾的党支部书记，省吾虽仍是初中，但规模不断扩大，最多时有42个班。1978年李定常同志调区里工作，但他仍关心着省吾的发展。

2005.8.15

难忘省吾同事

蔡小谢

1945年初夏，老同学夏孟英通知我，她们正在筹备一所中学，希望我能参加。我欣然同意，从此开始了我在省吾中学长达数十年的教学生涯。我惊喜地发现这些年轻同学才华出众，工作认真踏实，有条不紊办起了一所完全中学。她们带领大家认真教学，取得校董会认可，同时还得应付种种意想不到的事件：如逼迁校舍，和学店老板周旋……终于争取到在市教育局立案，在曹家渡有了自己的校舍。好不容易盼到了解放，我想从此省吾应该大大发展了，却不料我们还得在老地方办下去。

大部分老同志都调去领导别的学校，于是聘请了许多新教师。他们到省吾一看原来是在曹家渡一条弄内的初级中学，校舍简陋，设施欠全，工资极低，难免有想法。可是不久他们却发现这里人际关系不错，也就渐渐安下心来，全身心投入教学。语文教师苏朝琨是工会主席，我们都得到过他的关怀。杨谨修老师教数学，经常看到她伏案批改作业、试卷，分析错误原因以改进教学。杨老师千方百计提高学生的学习兴趣，数学成绩很快提高。我常听她说："这些小鬼。""小鬼"是她对学生的爱称。然而她的关心不只是学生的学业，仅举一例：1958年学校迁至武定西路校舍，她动员学生参加搬"家"。轻的物件一个人扛，重的两个人抬，于是浩浩荡荡的搬"家"队伍从曹家渡出发直奔武定西路。一路上同学们兴高采烈，像自己家搬场一样。严衍芳老师每学期开始就订好家访日程。出乎她的意料她竟发现很多家长对如何教育孩子一无所知。他们说解放了孩子才能读上书，一切拜托老师，孩子不好要打要骂任听老师。

于是她还得向家长提出具体要求以配合学校工作。胡净芙老师退休后在家乡养病，早已毕业的学生结伴前往探望，师生情谊之深可见。曹庆钧老师平日遇事好发议论，语多尖锐，极易引起误会，但他认真教学，了解学生的学业程度，上课时语言生动，深入浅出，难懂的物理理论学生也听得兴趣盎然。但他之后被错判为右派，遭到不公正待遇。每次想起曹家渡的日子，很多人和事涌现眼前，惜不能一一细说。

解放前，一群年轻大学生创办了省吾中学，出色完成了地下党交给的任务；解放后在党领导下，物质条件虽然较差，但办好省吾成为教师的共同心愿。目前，在上海，对薄弱学校的改造工程正在进行，省吾校舍虽扩大了，但还是弄堂学校，还在发扬"陋巷"办学精神。

2003.5.29

音乐老师董兼济

李蕊珍

董兼济老师是非常有成就的音乐教育家,他一生从事音乐教学,治学严谨,诲人不倦,勤奋耕耘,桃李满天下,培养了大批优秀音乐人才,著名作曲家施光南就曾师从于他。

在1945年秋,我的老同学,作曲家瞿希贤同志介绍董兼济同志到省吾中学教音乐课,从此学校就洋溢着进步歌声,歌声启发着学生的爱国进步思想,陈良同志还通过他借省吾校舍举办其他学校学生的业余歌咏班,董老师还为学校的校歌谱曲。

董老师在省吾不仅教音乐课,还担任过总务主任。他对学校建设很关心,不论分内分外工作,都积极去做。当交通银行赶省吾搬家时,董老师和我为寻找校舍共同奔走,后来是董老师通过朋友找到养正中学,将校舍借给省吾中学在下午用半天,董老师也曾为省吾立案到教育局去更改表格上校长的名字,我记得他用小刀抠下有陈鹤琴名字的一小块纸(当时陈是市校校长,教育局不同意他兼私校校长),另贴上纸,填上沈立人名字,省吾中学购置长宁支路新校舍后,他按照陈鹤琴校长的设计订购学生课桌椅。

董老师已于2000年6月逝世,但他对省吾的贡献将永远留在校友记忆中。

党组织营救蔡怡曾

蔡玲曾

1948年5月9日,我姐姐蔡怡曾(当时任上海地下党学委女中区委书记)由于叛徒出卖被捕。上级党组织决定由董思林同志负责营救。1948年5月11日中午,父亲蔡仁抱匆匆回家,带上三哥蔡英曾去亚尔培路2号中统特务机关营救姐姐。姐姐蔡怡曾被中统特务秘密逮捕,虽经严刑审讯,但姐姐坚不吐口。特务抓到共产党头头,要家里协助劝降。三哥见到大姐面容憔悴,衣衫破碎,伤势严重。大姐见面大喊冤枉,控告特务已给她上老虎凳、电刑。全家听了焦急万分,我立即借故外出寻找董思林同志。一见面,董首先要我镇定,并亲切安慰我,说这情况组织上已了解,已作安排。并告诉我组织决定,今后我主要任务是在董思林直接领导下营救蔡怡曾,要我割断其他一切组织联系。然后,董和我具体研究,如何通过家里进行营救。我父亲社交面很广,我姑姑和南京金陵女子大学校长关系甚笃,校长和国民党有关方面有关系,姑姑密友(学生)荣毅珍(荣毅仁妹妹)在商界影响很大关系很多。以后我在董思林领导、支持下,在家里做了大量工作,我让家人参加由"女师""怀蔡堂"组织的一次集会,让他们了解到蔡怡曾是一个勤于教学、深受老师、同学爱戴的教师(怡曾当时公开身份是女师教师,训导主任),揭露国民党的残酷迫害行径………家人对姐姐的思念难以言表,兄弟姐妹都催促父亲和姑姑去找关系营救,并寻找探视机会,通过关系买通狱卒,利用送药送物送报机会传送信息,同时收到她在狱中传出的信息,包括她在狱中受刑,活动情况。通过哥哥及亲友探望机会,告诉她家里人都在积极营救,使她感到她在狱中斗争并不孤单。

蔡怡曾在狱中坚持斗争,坚不承认共产党员身份。特务见她软硬不吃大为恼火,扬言要送交特刑庭公开审讯。我及时向董思林汇报,董也十分焦急,要我加紧发动家人做营救工作,敦促姑姑亲自去南京,通过校长直接找南京中统局头头,制止送交特刑庭。第二天,董思林通知我,上级决定要我尽快和蔡怡曾见面传达组织指示,可以由本人具结(即可以写一东西,在不违背原则,不承认党员身份,不暴露组织前提下)争取早日出狱,以防发生意外。后来知道,当时在南京中统局干预下,上海中统局也急于结案,正好有让我们见面"劝降"的机会。

8月4日,利用所谓全家去狱中"劝降"的探视机会,我在另一囚禁地点见到蔡怡曾,我乘特务不注意(利用父亲和特务谈判条件,草拟具结书机会)握着蔡怡曾伤痕累累的手,询问她手指受刑情况,当她把狱中所受各种刑法、特务手段,讲给弟妹们听的同时,我及时传达了组织指示,一、对她狱中斗争表示慰问,她听了十分激动;二、传达可以让她写一东西,争取早日出狱,以防意外。她还问如何写,我告诉她不暴露组织为原则。此时,正好父亲拿了特务拟的具结书要她签名(这份具结书底稿也报告了董思林同志),她当时看了看,表示可以考虑写,但并未在上面签名,特务很不高兴,催我们走。回来后,我把这些情况都向董思林同志做了汇报。

过了两天,董思林告诉我,最好争取由家里保释出狱,但已无法和蔡怡曾取得联系了。

为什么蔡怡曾在全家"劝降"下同意"具结",但仍迟迟不放人。经了解,特务机关对她写的具结书极不满意,因为中统局明知蔡是共产党员,是党的一个区委书记,但蔡就是不承认。特务极为恼火,加紧迫害,而且拒转家里送的药品等。为此,姑姑又一次去南京,让她的挚友校长再一次直接找中统局答应放人,因而南京中统局下令不让上海插手,此案直接由南京受理,条件是必须保证不出意外。和董思林同志商量,因蔡怡曾不肯在具结书上签字,根据地下党指示,最后由父亲以全家生命担保具结才同意放人。8月23日,通知释放出狱。出狱那天,特务还叫嚷:"如不老实,我们随时随地可以抓她回来。"果然蔡怡曾回家后，家门弄堂口就明显有特务监视盯梢，日夜不断，直到我们离开，始终未撤。

董思林同志知道特务监视情况后，指示可以利用一切外出机会去观察敌人，麻痹敌人。于是我们经常外出，轮流陪同看病、访亲、购物、看电影、游玩。特务就一直远远跟随于后。另一方面，蔡怡曾抓紧治病疗伤，并写回忆日记（供家人看）作掩护，写了狱中纪实，敌人意图，布防图等，由我直接交董思林同志。

为了能安全撤退，董思林同志指示，将必要保留材料交组织保存，另做好撤退前一切准备工作。我们根据指示精神，放出要到外地疗养的风声（表示害怕特务看守——家人都知道）等。准备送出随带衣物（化妆用），研究写出几十封信件（包括不同地点不同内容）托一个家里都知道的大姐的好朋友，等我们离开后，由她伺机一一发出。

10月28日清晨，我们像平时一样由老保姆陪同去同学家聚会，她把我们送到静安别墅同学家门口，保姆就走了，而特务还远远站在对马路。我们从前门进去，不停留立即从后门出来（郑淑英同学家前后门在两条马路上，极易甩掉尾巴），要了一辆黄包车，直奔夏乐仁同志家，化妆完毕直奔火车站上车到镇江过扬州，渡江后进入解放区。

由于在董思林领导下周密计划，准备工作做得好，我们走后家里人根据发出的信件、电话，开始还到处找人，也迷惑了敌人。后时间一长，特别是报上登出出席全国妇代会名单中有蔡怡曾后，特务大为恼火，蔡仁抱急忙躲进荣家，直到上海解放。一个被国民党抓住的共产党员，女中区委书记，竟然在眼皮下溜走，安全撤退进解放区，还参加了全国性会议，这是党的胜利，是地下组织在敌人心脏中斗争获得的巨大胜利，董思林同志就是具体组织者之一。董思林同志用高度的责任心，对同志真挚的关怀和机智取得了这场营救战的胜利。

（蔡怡曾系创办省吾核心人之一，地下党女中区委书记。蔡玲曾系省吾地下学生党支部第一任书记）

宁折勿弯　宁死不屈——记董思林同志

杜淑贞

尽管四十年已经过去，几经世事沧桑，每每想起董思林同志，浮现在我眼前的仍然是最初认识他时的形象。一件灰布长衫，黑边框眼镜，对同志诚挚的笑容以及对坏人坏事的凛然神色。

我第一次见到他是在1946年春天，他经过不懈努力终于找到了党组织。那时我爱人龚兆源同志，受到上海地下党学委委托，兼职联系江苏昆山一带地下党的工作。昆山的同志有事来上海，有时就在我家谈工作。我听说董思林同志早年就参加了我党领导的浙东抗日部队，加入了党，以后又做过地方工作和敌工工作。1945年抗战胜利后，国民党准备发动内战，浙东新四军向苏北北撤。可是在漂海途中遇到大风浪同部队失去联络。他隐蔽下来，一直寻找地下党的关系，终于在昆山民众教育馆工作时，遇到地下党员郑慕贤同志。经过考察了解，他又重新回到党的怀抱。这次到我家来正是老龚找他进行入党前的谈话。虽然我们不属于同一个组织系统，按照秘密工作纪律我没有和他交谈，但从他微笑着的眼光中，我感觉到他亲切地呼唤我："同志"！

1946年暑假开始，我担任地下党女中区委工作，公开职业掩护是在省吾中学教书，并担任初中三年级的级任导师。大约在1946年下半年，董思林同志因在昆山民众教育馆夜校工作时受到敌人注意调来上海，也在省吾高中部教书并开展工作。那时我同他仍然没有组织上的关系，只看到他周围团结了不少同学和教师，并且因为工作认真，作风严谨受到同学们尊敬。

1947年上半年，听到老龚告诉我，董思林同志联合了一些中学师生，创办了一个反映中学生活的刊物，开始似乎是一份油印报纸。后来又听说地下党学委领导很重视这个刊物，要求把它办成一份公开发行、以中间偏左面目出现，更多反映中学生思想和生活的杂志。不久又听说他们在积极筹集资金，利用合法条件物色与国民党当局有一定关系的社会人士担任发行人，同时还进行了出版印刷等大量工作。为了这一切而奔走忙碌的就是董思林同志，这个刊物就是曾在中学生中起过启蒙作用的《中学时代》杂志。

这一年冬季，经组织决定，《中学时代》交由女中区委领导，具体分工由我联系。这时杂志已办成一本16开有好几个栏目、相当吸引人的刊物了，并且已有好几名党员和一批积极分子在其中工作。《中学时代》党组成立了，由董思林、王种蓝、杨希康等三人组成，并由董思林同志负责。我们重新见面是多么高兴啊！我们常在一个义务为杂志工作的教师家里研究杂志内容、版面并审稿。王种蓝同志分管编辑组，杨希康同志分管通联，董思林同志除全面负责外，还要管印刷、发行、经济等工作。过不了多久，杨希康同志因暴露而转移，通联工作也由董思林同志一并抓起来。他总是那样默默地、孜孜不倦埋头苦干，从不叫苦。这一时期，他团结教育在杂志中义务工作的青年同志，热情启发他们的觉悟，并且发展了两名积极分子入党。

1948年春，《中学时代》又交回男中区委。不幸的是，女中区所属教师分区一区委书记被捕。她妹妹在《中学时代》工作，是党员，也是董思林同志在省吾中学的学生。为了营救这个同志，组织上把同狱中取得联络的工作交给我和董思林同志，于是我们又在这白色恐怖十分严重的情况下见面了。通常由我将党组织的指示通过董思林同志传达给被捕同志的妹妹，然后带到狱中；同时又把狱中消息通过这条线反馈回来。虽然董思林同志与被捕者没有组织上的关系，但我们一起为着同志的命运而操心。我们共同为她的勇敢而高兴，为她遭受酷刑而担忧。有一次，董思林同志按照约定的联络方法，十万火急找到我，约我在威海卫路当时叫"马立斯"菜场那里见面。那是一个大暑天，烈日当空，烧灼得皮肤发疼，地面发烫。我们在马路上来回走着，董思林同志一头大汗。他告诉我说被捕同志即将送去特刑庭，未卜凶吉，希望党抓紧营救，我至今清楚记得他那焦虑的神情。以后又通过这个渠道多次传递了关于这个同志争取交保释放的信息。

谁知道，在那人妖颠倒的十年里，这件事，竟成了董思林同志招致杀身之祸的原因之一。我被隔离了，他也被迫害了，终致不堪毒打、凌辱、污蔑，愤而出走以致过早去世。

多么痛心啊！那个为同志命运焦急得满头大汗、身穿灰布大褂的身影又浮现在我眼前。在面对生死荣辱的紧要关头，董思林同志没有出卖同志以求解脱，诬陷同志以取宽赦，或随波逐流苟且偷生，他选择了那艰难的道路——出走，以示反抗。但是，在那豺狼当道的日子里，茫茫大地又岂有他容身之处呢？

想到了当前，还有那么一些善于见风使舵、随风转向保全自身甚至追逐名利的人，我在悲痛之余，更加怀念董思林同志，那为了维护一个共产党员的尊严而凛然不可侵犯的风骨，更加想用这篇短文来赞扬那宁折勿弯，宁死不屈的董思林同志。

1987.6.6

我与省吾

季勤先

1946年2月初，党组织调我去省吾中学任教。从此开始了我与省吾长达60年的"不解之缘"。我在学校任职时间虽只8年半（1946.2～1954.7），但我和省吾的亲密关系却一直保持着。我看着圣约翰大学教育系的几个毕业生白手起家，在党领导下，正确运用统战政策，团结并发挥校董事会作用，筹集资金，自置校舍并立案，把省吾办起来。在当时社会上站住脚跟，使学校办下去，逐步发展，茁壮成长，从"地下"到"地上"，从黑暗到黎明，艰苦奋斗，曲折前进。我在这里与师生们、同志们一起参加上海人民爱国民主运动，我在这里迎接上海解放，送走一批批革命学生，奔赴新中国需要的地方，参加各项建设，完成了党办据点学校的历史使命。我作为置身其中的一名党员教师，是这段历史的见证人，在省吾的发展成长过程中也有着我的汗水和奉献，我感到自豪和欣慰。

到省吾，我的党内工作是参加创办《新少年报》。那是地下党学委社会区委特地为少年儿童办的半公开报纸。1947年5月，学校搬到长宁支路111号自置校舍后，离报社远了，为安全起见，组织决定我不再去报社。党组织关系就转到教委，这样我全部关系都在省吾。

到省吾，是办学第一学年的第二学期，接的是初三年级，担任级任导师，教平面几何及其他年级的代数化学。以后工作需要及力量搭配先后担任初二、初一（上学期），高三（下学期），高二年级级任，还有公民课等，并担任总务主任和校务主任。

去省吾时，党组织只简单向我介绍了学校情况：是地下党创办并直接领导的据点学校，师生中有党员，不得发生横关系。我心里很高兴，在这样的环境里开展工作一定很顺利。根据地下斗争具体情况，没有建立以校为单位的党支部，党员分属各系统，开展党的工作只能根据市委指示总的精神，各自为战，心照不宣，默契配合。那时我们每周有一次级任会，统一部署全校工作，并通气协调，根据各年级情况具体贯彻。我们心中都很明确，必须保护好学校。陈鹤琴校长曾提醒我们："不要锋芒毕露。"是啊，据点暴露了危害就大了。那时高中也有个别不纯的学生。所以在学生要出去参加"反美扶日"游行时，会出现训育主任把大门锁上，不让学生外出，而我作为总务主任却借口买菜开后门，使学生能溜出去参加游行这种心照不宣的巧妙方式。

教委于1946年1月26日在私立中学教师中成立党的外围组织"中等教育研究会"，至1947年上半年，会员人数多了，即成立各区分会。我们为西区分会，由华模中学副校长任分会会长，党内则由我负责。分会以省吾为阵地，在这里开展活动。如从善后救济总署申请来的救济物资就存放在这里，在此发放。省吾教师基本上都是会员。党员会员还曾编成一个小组，由我负责。西区分会工作开展较好，多样化，有创新举措，团结面比较广，队伍拉得动。1948年6月27日私立小学教师开展反饥饿、求生存斗争，到市教育局请愿，第二天上午教委通知要中教发动师生带面包去声援，我立即通知华模、复夏中学，并组织本校师生带着面包赶赴市教育局大门外（在现淮海中路），参加中教组织的慰问团，慰问声援饿着肚子，夜间又遭一阵雨淋，还在坚持斗争的私小教师。在面向国民党反动派斗争时，革命师生，中小学教师，是站在同一条战线上的。中教曾举行几次免费生考试，录取学生保送到捐赠免费生名额的学校，省吾是其中之一。保送学生思想进步品学兼优，校友季光中就是在1948年上半年保送来进高二下学期学习的。原中教研究会的会员联谊活动，80年代恢复后一直保持到现在，每年有一次，大家都依恋"地下"时的战斗情谊。

省吾创办之初，正当国民党反动派大肆搜刮民脂民膏发动内战之时，人民生命财产无保障，生计极为贫困，贫民家庭子女无钱读书。而在曹家渡地区小工厂小商店棚户居民占多数。我们是党办的革命据点学校，要为这些家庭的子女服务，向他们敞开大门。我们虽定了全市最低的学费标准，许多家长还是付不出，我们决定设立30%免费名额，其中有全免、半免、免1/3、1/4的，还有分期付费的办法。对教师则发给最低标准工资，学校经费不足，由校董中的常务校董捐资补贴，他们大多是创办人家长或亲戚。临近解放时，金圆券贬值，物价飞涨，在学生界开展了几年的助学运动也有困难。第三届学生党支部支委发起助学义卖，助学不捐钱，改为捐物。我代表全体教师宣布捐助半个月工资，实际是困难学生可以少缴教师半个月工资的学费。这样，不使一个学生停学、退学。有一段时间，学校极度困难，工资发不出，一天仅供应教师一顿中饭，且只有一个菜。总之，我们千方百计把学校维持下来，要渡过解放前那最困难、最危险的黑暗时期，因为曙光已在透露，太阳即将照亮大地。

1948年8月，创办人、校务主任吴新智出国离校。不久创办人、训育主任兼校务主任李蕊珍撤离学校，由任总务主任的我兼校务主任。这样，天快亮时的全面工作我一个人顶着：组织应变会，保护全体师生安全，保卫学校迎接解放。4月上旬，组织上通知我夜间不要住在校中，于是我每天晚上等护校师生来了就适时离开学校，第二天早上再来。

5月25日沪西地区先解放。清晨5时左右，就接到电话，说已见到解放军。我赶快起身赶到学校，听值班师生讲操场围墙上曾打中弹片。我检查学校一周，提出不要到屋外去后，按照预先约定地点去武定西路一同志亲戚家集合，由沪西区委宣传委员带领我们人民宣传队第七区队部的同志到胶州路601号实验民校开展工作。我负责宣传品发放工作。四天四夜至29日结束，回校搞毕业考试及学期结束工作。

25日那天早上，我从学校出来沿万航渡路东侧人行道走到忻康里时，一转头正巧看到高三学生陈仲信也从学校出来骑车向静安寺方向踏去。傍晚我回校来看区委要我借的一辆备用小车开到没有，一进门，值班师生就围上来诉说陈仲信早上出去，在苏州河边牺牲了。我瞪着眼望着他们说不出话来，心想：早上检查校舍时见他站在二楼西侧阳台上，后来骑车飞驰，竟是永别！他像我一样是去执行任务啊！他是人民保安队第一指挥站第二大队大队长。

上海解放了,还要解放全中国。经过党的教育和革命斗争锻炼的省吾学生,在迎接黎明到来后,纷纷响应党的号召,奔赴新中国所需各个地区各个岗位。为支持鼓励学生参军参干,我向全体学生宣布:"高中停办。"预备升学的同学,可以转学他校。初二至高三的同学都有参加西南服务团、南下、中央团校、文教、市政建设等各方面工作的。只剩下初一、初二两个年级二三十个学生。当时教委决定我去中共上海市委第一期党校学习。不久,徐长区委妇委陶励同志来通知我,区委决定省吾中学要继续办下去,迎接经济建设后到来的文化建设高潮,季勤先留校主持工作。党校开学后,我利用星期日回校与几名负责招生工作的老师商量招生事宜。招了四次生,招满109名学生,开了初一至初三三个年级。就这样省吾中学一直办到现在,未停办过,未改过省吾校名。

新中国成立后,我们是在党已执政的条件下办学校,但政府接收的是国民党留下来的"烂摊子",百废待兴。实际情况是:人民很穷,政府很困难。我们这所学校当然仍不能摆脱困境,而且比以前更困难。免费生名额不能减少,于是我们仍旧艰苦奋斗、勤俭节约,低工资,低支出。市教育局了解后,支持我们夜间利用空闲教室办夜中学,于是我们办了"曹家渡夜中学",让学校增加一点行政杂务费,老师兼职增加一点个人收入。

1950年2月经校董事会决定,聘我为副校长,此后不再设校务主任。为发扬民主,群策群力,我们设了校务委员会,有学生代表参加。1950年8月28日,经长宁区委批准党支部公开,省吾与奉化(现长宁)、新华建立联合党支部,我任支部书记。支部在省吾中学先后发展了两名初中学生党员:黄鑫章、黄祥龙。

新中国建立后,教育事业大发展。1954年暑假,市教育局在长宁区新增三所中学(二所新建一所新办)。7月中,市局通知要抽调我去新建的番禺中学任校长兼党支部书记。上午电话通知下午就得去接受招生任务。这样,我从省吾调出来了,但我并没有与省吾失去关系,省吾与番禺的党员同建成一个联合支部,我仍和省吾在一起。

中学归属要下放到各区来了，长宁区人委为早作准备，1957年3月先把我调到区教育科任科长。中学下放到区后即建立教育局。这样，我仍能了解省吾的发展情况，我和省吾仍然在一起。

中学下放区前，区教育科在武定西路建了一所三层18个教室的教学楼，是小学规格的校舍。1958年暑，在讨论如何新办一所小学时，我提出：曹家渡小学生是比较集中，但让大批小学生跑这么远的路，长宁路、万航渡路上车辆又较多，很不安全，家长接送也不方便，不如把省吾中学搬过去，把省吾的校舍办小学，大家都同意我的建议。这样，一个暑假，省吾师生齐动手，没花一分钱搬场费就搬进了新校舍。省吾原校舍办长支二小。新校舍虽教室面积小，厕所座位低，省吾的教学条件却得到了很大改善。

1964年区教育局通过征地批得省吾校舍西边花园洋房的一块园地，建造了一座四层24个教室的教学楼，这是有理化生实验室和图书阅览室的中学规格的校舍。区教育局又开会讨论了，是另设一所中学，还是扩大省吾？我提出："另办一所中学，一墙之隔，易引起矛盾，还是拨给省吾，而且可以不再新配一套领导班子。"这样省吾成了有42个班级的初中，是当时全区初中班级数最多的学校。省吾校舍的建筑格局一直保持到现在。后来省吾又招了高中生，恢复成了完全中学。

对省吾这样一所学校，我是身历其境过来的人，我懂得应该怎样给予尽可能多的政策范围内的关怀、爱护、扶持，使这所经历了汗水、泪水和鲜血的学校，能在阳光雨露下茁壮成长，不辜负党当年办学的一番苦心。虽然校舍问题解决了，但培养人，使学生健康成长更重要。那时教师虽教学认真负责，能刻苦钻研，但要进一步提高教学质量有一定困难。60年代初，每年暑假新分配来的大学毕业生报到后，我都要到人事科向他们说明办好省吾的必要性，要他们尽可能多分配点大学生去。这样一方面新教师到校后，在老教师带领下提高较快；另一方面学生学习成绩也会有显著提高，如数学成绩三年内就翻了一番。

1971年患病手术后，体力恢复较好时，我开始到外地看望师生校友。先后到了苏州、杭州、南京、重庆、成都、大连、鞍山、北京等地，看到了几十名校友，他们到上海也都来学校并看望我。我成了总联络人。被"文革"撕破的师生情谊网又重新织补起来。我提出要成立校友会，大家都赞成。1985年5月1日上海先成立"省吾上海校友会"。5月29日建校40周年时成立"上海市省吾中学校友会"，我任第一届理事会会长。于是，这张网一直织到现在，面更大，更广；情谊更深，更可贵。

　　1985年8月13日，第五届教师节前，长宁区人民政府任命我为省吾中学名誉校长，这样又把我和省吾在组织关系上连在了一起，为我进一步在省吾开发教育资源创造了条件，使省吾的优良传统、历史资料得到进一步的发扬与运用。1989年10月14日省吾被命名为"上海市青少年教育基地"，是全市30个授牌单位之一。在授牌大会上，我们自己做的三块牌：①中共上海地下组织创办的据点学校——省吾中学旧址；②陈仲信、周维民烈士高三读书时的教室；③唐林宝烈士高一读书时的教室，以及市里颁发的"上海市青少年教育基地"，共四块牌，由四位老同志授予学校。校长、党支部书记、团委书记及大队辅导员上台接牌。自制的三块牌由少先队乐队开道送到长宁支路老校舍去挂在礼堂门口及二间教室门口。市教育基地的一块挂在省吾中学校门口，陈列室建立后，挂在陈列室门口。1995年6月30日，省吾中学由区政府命名为"青少年教育基地"，是全区15个基地单位之一。"地下"时的"革命据点""民主堡垒"，在建校50周年时成为市、区青少年教育基地。这为省吾树立了新的里程碑，我们的使命更重。

　　我和省吾，半个多世纪，千丝万缕，往事历历在目，要讲的太多了，能写的也不少。作为"省吾人"，做的是省吾事，理所当然。

2004.3.30

省吾中学青少年教育基地建设纪实

季勤先

上海市省吾中学于 1989 年 10 月 14 日被团市委等单位命名为"上海市青少年教育基地",是全市被命名的 38 个单位之一。1995 年 6 月 30 日又被长宁区人民政府命名为"青少年教育基地"。

省吾是上海学生爱国民主革命运动的一个重要组成部分,是第二条战线上的"民主堡垒",是三位烈士的母校。曾在省吾工作、学习过的老同志永远深深怀念她,因为他们不仅和省吾同步,而且在这里受到党的爱抚和教育,经受了革命锻炼和考验。我总是想,要把我们走过的路留下,让后人了解,使党的优良传统、学校的奉献精神代代相传,得到继承、发扬和创新。

1971 年 5 月,我被确诊患甲状腺癌,五天内做了两次手术,术后恢复较快。在养病期间我又想到了要留住省吾历史的问题。

1972 年 5 月,我去北京看望曾在省吾工作学习过的师生。叶东炜(良昞)从天津来看我,一天约了濮秀丽(第二届学生党支部书记)、程传泰(宣传委员)到天安门城楼前拍照,我提出了我考虑已久的设想:要大家写稿,出版回忆录。他们都赞成,东炜还说:"我已写过了。"我向他要来看看,后来他寄到上海,用文稿纸写了几十页,定名为《爸爸的故事》,是从他儿子的角度,写的是他自己的事迹,记叙了好些参加革命活动的生动的小故事。这使我增强了写回忆录的信心。

在病休期间,我就开始征稿工作,向各地校友发信,宣传出版纪念册的目的、意义、要求等。但那时，社会生活还没有恢复正常，怕"株连"的顾虑尚未消除而互不来往，许多校友的通讯地址还不知，有的被错打成"反革命"逃在外面，有的还在下放劳动。1975年我第二次去重庆，情况有所好转，我召开了座谈会，搜集了资料，看了照相册，当面动员写稿，征集照片和纪念文物。1978年上海校友恢复了活动，10月2日校友们第一次在校内聚会，征集工作全面启动。而我于1977年10月被确诊患"乳糜尿"（血丝虫病晚期），至1981年的四年中发了五次，又只得治疗，头低脚高地卧床休息。我又充分利用这段时间，向校友发信征稿及审阅（主要是核对事实）寄来的稿件，再送到学校，由吴谷副校长组织力量复写（当时还没有复印机）。我自己躺着也写稿，并请忘年交青年同志帮我修改、抄清。这样在1984年5月上海解放35周年，也是陈仲信牺牲35周年时，出版了《陈仲信周维民烈士纪念册》。

此后北京校友曹林来校参加纪念活动时，告诉我们在解放军总政任保卫干事的唐林宝已被追认为烈士。于是再征集对唐林宝（唐志）的回忆稿。1991年5月编印三位烈士的纪念册《奉献》，印了1万本，由区教育局资助经费1万元，学校支付9千元。

1984年5月，建校40周年时，我又酝酿出校史纪念册。校史记载了省吾创办的经过及师生参加上海人民革命运动的史实，即据点学校的建设与作用及如何成为"民主堡垒"的，是进行革命传统教育的好教材。发动征稿后，校友积极参加，于1988年5月出版，定名为《熔炉》，由翻译出版公司赞助，印了三千册，作为高一新生进校时进行校史教育的教材。

出纪念册，便于阅读、保存。这是省吾老校友、老教师留给省吾学生的"传家宝"。但当时校内还没有教育基地标志。为了给三位烈士在校留纪念，我们又考虑了建造烈士纪念碑。1984年5月在出版两烈士纪念册的同时，在校园西端建立了两烈士纪念碑。黑色大理石碑座，金色的字（经费由校友捐助，区教育局拨款1000元）。1989年5月改建为三烈士纪念碑，白色大理石，顶端镶嵌烈士照片，直立式，黑色座。经费均由本校校友捐赠。鉴于这碑的意义有局限性，于1995年5月建校50周年时请专家设计制作为现在的浮雕，并请时任中共中央政治局委员、国务院副总理钱其琛题写"省吾之光"，作为碑名,碑上有七个浮雕人像,代表着少先队员、共青团员、西南(南下)参军干部、志愿军、老师及早期校友。还有代表烈士精神的光芒长虹及老校舍"民主堡垒"的顶端。碑长10米,高2米,低栏外护,周围种有雪松翠竹等,约占地100平方米。碑的经费由应名勇、龚玉彪两位校友负责捐赠(3万元、1万元),碑地基建经费由教育局资助。

省吾校史教育资源较丰富,如何运用多种形式,使校史反映得更完美些,教育作用更大些;如何陈列搜集到的校友送来的实物、照片、纪念品等情况引起了我的思考,既要保持原有基础又要有所创新,那就是搞展品陈列。1965年建校20周年时,吴谷、王文龙等老师就在新大楼化学实验室搞了个简单展览,用硬纸板做底板,糊上彩纸,把照片贴在上面,或装在镜框内,上边拧2只螺丝钉,挂在板上壁上,内容主要是迎接上海解放及陈仲信牺牲,也有几十幅,对同学起到很好的教育作用。1984年5月,出版第一本烈士纪念册及建纪念碑的同时,也搞了陈列室,举办校史展览。由于经费关系,没有长远打算,木板架是当时校长费国华设法向南市区业大借来的,设在老大楼二楼,用两间教室。版面是用彩纸糊的,照片、文字资料等就贴在上面。1985年三楼出租给翻译出版公司解急,原在三楼的劳技木工车间要搬到二楼来,为使学生能有教室继续上课,陈列室被拆掉。1988年翻译出版公司按约归还三楼全部教室。1989年5月是上海解放、陈仲信牺牲40周年,我们积极早作准备,要把被拆去的陈列室恢复起来,要赶在5月27日上海解放纪念日开放。于是我们向曾领导省吾地下党的教委书记马飞海同志打报告,请翻译出版公司资助,恢复陈列室。马飞海同志正有病住院,我、副校长吴谷拿了报告到医院请他批,他批后,我们又立即赶到翻译出版公司(时在复兴中路文化广场内)找贺崇寅经理,贺经理当即批了1万元,我们到财务室领了支票,兴奋地赶回学校,便抓紧开展工作。这时向校友们征集来的资料也更多了,可以正式搞校史陈列室了。我们自制了12个架子,正反面共24个版面。

中共上海市委党史资料征集委员会主任王尧山题写"上海市省吾中学校史陈列室",制成铜牌。在陈列室揭牌仪式上,地下党上海市委书记张承宗、教委书记马飞海前来剪彩。

这次布展工作很紧张。我们在新楼三楼档案室办公。我主要搞资料编排，吴谷要上劳技课，还参加市教委劳技教材编写工作，王文龙老师要上楼来拿资料，跑下去站着贴，他患肾结石，累得发血尿。有一天夜间已十点钟以后了，我走过老大楼，见底层放架子的教室内亮着灯，有一男一女在贴版面，第二天从王文龙老师处得知，是刚从虹口区调来的美术老师陈钰，还有他已怀孕的爱人也来帮忙。这样感人的事例，我一直清晰地记到现在。

1994年7月，陈列室又要拆了，因为要解决学校经费不足问题，老大楼二、三层要出租给中美合作美海物业公司做商务楼，原在那里展出的版面已被搬到总务处储藏室去了。当我赶到时，已是两室空空。《熔炉》《奉献》纪念册，已被堆放在原作为校长办公室的桌子上，还有些散落在地上。我们在整理时，在墙角书柜的上半格内，惊喜地发现了还保存着的陈仲信追悼会时的17副挽联，外面包着的报纸，已发黄有破碎，我们如获至宝地重新轻轻包扎好，放到档案室文件柜内珍藏起来。随即我又赶到储藏室去检查版面的架子，外套的保护塑袋有否损坏，照片有否落下，架子放得是否平稳。见情况还良好，才放下心来。但室内杂物太多，通气条件太差，进出人员较杂。向总务处提出要求：要保护保管好，仓库门要锁好。我想这样收着不是长久之计。得先把版面资料好好保护起来。5个月以后（1994年12月19日）我提出要把版面资料拆装大纸匣。在总务处及组织的部分老师协助下，按版面大、中、小标题排列，分档包好，依次放入纸盒内，外面标明内容，纸盒存放在档案室内，使之稳妥"冷藏"起来。

1995年5月，建校50周年时，经区教育局支持，校领导将体育室改为陈列室，作较长期打算。年初，我即开始做准备工作。因我还保留着原版面设计的底稿，将这些资料及新收到的资料重新整理编排，设计版面方案：分大、中、小标题，照片，实物，文字说明分布排列。听取了来参观的外区教师认为版面不够美观的意见，请了兄弟学校美工陈老师进行设计。从4月10日开始，至10月20日全部完成。暑期中我没有休息，从所有保存的照片中，寻找出需要展出和调换的照片，充实版面内容。假期中像上班一样，每天早上来学校，带好4只菜包子，中午吃3只，下午1只当点心，有一瓶开水，2盘蚊香就可以了。坐在资料室内冒着酷暑忙碌着，终于在开学前把展览必需的照片资料等都准备好，把版面编排好。开学时，陈釭老师、刘玉伯老师来贴版面时就不会"停工待料"了。这次的版面全新换过，都加了金色纸边框，写上汉语拼音，内容作了修改补充。本校及约大教育系校友都为这次制作版面赠款资助。这些版面是：领导题词11幅。照片702张，实物18件。文字说明（不含照片说明）32幅，资料复印件153份。共905件。

2000年5月，建校55周年，利用暑假，陈釭、刘玉伯和我三人对陈列室又作了大翻新工程。学校将木框、三夹板调换成不锈钢架塑板面，增加了内容，换下了霉变发黄的照片，修改校对、重新打印文字说明，室内灯光、电扇、天花板等都整修过，墙壁粉刷一新。10月20日正式开放。

现版面有照片538张，实物113件（包括柜内），文字说明224件，复印件82份，共957件。

我们还与关协影视部商量，联合摄制了校史纪录片《熔炉》，1991年12月9日开始编写剧本，1992年1月13日完成，定稿开拍，有纪录片原带25分钟，资料带30分钟，用去1万多元，费用从翻译出版公司资助陈列室多余经费及纪念册《熔炉》《奉献》回收费中支付。拍摄过程中得到"一大"纪念馆保管部大力支持，外借了拍摄所需文物。这样，省吾青少年教育基地又多了一种很好的宣传教育方式，教育效果更好了。我们将纪录片复制成简装匣带，分送有关单位及北京、重庆等校友较集中的地区（其他地区待有机会带去放）。来我校开展教育活动的单位及中、小学生，可在电化教室内收看。校友们反映内容少了点，学生运动方面可拍得多一些、详细点。当时限于经费，只拍了25分钟，经协商才编了一盒资料带，现已制成光盘，保存时间可长些。

以上是对省吾青少年教育基地建设情况的记录。

现在每天早上，师生来校，迎着钱其琛同志题写的"上海市省吾中学"校牌进入校园，就可以看到坐落在校园西部纪念碑上"省吾之光"四个大金字，它在阳光下闪闪发光，照耀着省吾学生继承传统，奋发前进的康庄大道！

2004.2.15

校友回忆

省吾中学第一届中共学生地下党支部工作回顾
（1946.4~1947.8）

1947届　蔡玲曾

1945年9月省吾中学正式开办。我转学来进入高中二年级上学期学习。这所由上海地下党组织创办的革命据点学校，教职员中有不少党员，因此学校和普通中学大不一样，显得朝气蓬勃。课堂教学生动活泼，同学关系亲密无间，老师对同学亲如姐妹，校内到处洋溢着团结友爱民主进步的气氛。给我印象最深的是上海音专陈良、茹伟等来校开展歌咏活动，更推动了学校丰富多彩的文艺活动。1946年的迎新年大联欢，演出了满台节目，有歌咏、舞蹈、朗诵，还有李健吾的小话剧和独创的影子戏——黄水谣。

学校开办第一学期，虽然还没有建立学生党支部，但我们同校外蓬勃开展的学生运动也紧密联系。如1945年我和一些同学分头参加了"欢迎"马歇尔；12月1日昆明惨案发生后我们积极声援，并和一些同学去玉佛寺参加公祭于再的活动；和大家一起向国民党反动派要民主、要和平、反内战。

新学期（1946年初的第二学期）开学不久，因物价飞涨，困难学生交不起学杂费，有几十所大中学校发起了助学运动。在老师支持下，我们很多同学都参加了这次助学运动，我们到街头向群众宣传、组织募捐小队，推销助学章等，捐款所得帮助了一些清贫同学。

1946年3月我入党不久，上级领导吕甦同志通知我，已把我的组织关系转到省吾中学，同时转入的还有同班同学陈国钧、初二同学叶梅娟和小同学夏乐仁（学校创办人夏孟英的小姑）三人。上级领导人潘文铮同志向我们宣布，省吾中学党小组正式成立，由蔡玲曾任党小组长。从此我们在潘文铮同志领导下，在省吾中学开展党的工作。

　　当时学校形势很好。我们每次开党小组会，潘文铮同志总是先让我们谈谈个人思想和最近一段时间学校里同学中的一些情况。他经常提醒我们，要认清形势，刻苦学习，不断提高自己；要紧密联系群众，关心团结同学；要起先锋模范作用，不要太张扬暴露；要遵守党的纪律，严守党的秘密。

　　那时我们党小组开会，一般都选择在公园僻静处或夏乐仁家中，记得六月初的一次会上，潘文铮同志着重讲了当时形势："国民党反动派在马歇尔'调处'的掩盖下，已经做好了内战准备。为了牵制国民党发动内战，并使他们在政治上处于被动地位，上海地下党组织决定发动一次声势浩大的反内战运动，组织上海各界代表（以马叙伦为首、学生代表陈震中等十人）到南京请愿'要和平、反内战'。时间定在6月23日，要求党组织和党员广泛发动和组织同学在6月23日去北站欢送代表团去南京，同时进行反内战的示威大游行。"

　　回校后我们就分头深入各班宣传反内战，号召同学参加6.23欢送代表去南京请愿和反战大游行。

　　6月23日一早，同学们陆续都来了。一路上大家情绪高昂，高呼口号："反内战，要和平！"并向北站进发。回来时队伍遇到特务捣乱，大家非常气愤。下午4、5点钟时，队伍完整回到了学校。正在这时，励汝敏从大会会场回来，他是欢送大会指挥唱歌的十个分指挥之一，他告诉大家，代表在抵达南京车站时即遭到国民党特务殴打。大家群情激愤，进一步认清了反动派的无耻嘴脸。

　　"六二三"以后，国民党加紧镇压，社会上政治气氛很沉闷。根据新形势，潘文铮同志来给我们传达地下党指示：目前要积蓄力量多做深入细致扎实工作，团结教育同学提高认识、提高觉悟，多做分散的广交朋友的工作。这一学期结束，叶梅娟、陈国钧都离开了学校，关系也转出去了。

新学期开学不久,我的组织关系也有变动,由郭坤和同志接替潘文铮同志来和我联系。郭坤和同志经常对我进行教育,有一次,还教我唱"你是灯塔,照耀着黎明前的海洋,你是舵手,掌握着航行的方向……",边走边教,鼓舞着我的斗志。

我们还及时研究新情况,决定在校内成立读书小组等。11月读书小组开始活动,我们学习了《方生未死之间》《光荣归于民主》等,大大提高了大家对形势的认识,尤其对中国革命的长期性、艰巨性有了深刻认识和充分的思想准备,决心要为中国革命贡献自己的力量。

我的级任老师董思林对我们的工作帮助也很大,我经常和他交流班内同学的思想情况和班内工作,他还对读书小组的活动给予很大支持,如提供阅读书目等。

1946年底郭坤和同志同意发展陈咸鸿和励汝敏两人入党,由我找他们谈话,经过谈话他们分别写了入党报告,由我转交组织审查。

1947年1月25日,在陈咸鸿家里,由郭坤和宣布批准陈咸鸿、励汝敏两人入党并进行入党宣誓。接着成立党支部,选举蔡玲曾为支部书记,陈咸鸿为组织委员,励汝敏为宣传委员。学校中另有三名学生党员夏乐仁、吴小村、水海寰组成小组,由组织委员陈咸鸿联系。此时支部党员共有6人。

党支部成立不久,上海发生"二七"梁仁达惨案,支部通过各年级宣传揭露国民党暴行,组织声援活动。1947年5月,上海各校都纷纷举行五四纪念活动,开展红五月运动,我们也发动同学参加交大的五月营火晚会。9月20日南京发生国民党反动派镇压学生运动的血腥暴行,消息传来,上海学联号召全市罢课,我们积极响应,组织全校罢课2天并上街宣传。

支部在开展活动同时,注意抓好支部建设,在实际斗争中考察和发展积极分子入党。经支部研究,决定发展邢志清(由励汝敏负责)、倪汉卿(由陈咸鸿负责)、毕业班吴文安、张华寅(由蔡玲曾负责),分头谈话。邢志清和倪汉卿很快交了入党报告,在7月6日批准,由郭坤和同志主持宣誓并参加支部活动。支部党员增至8人,比党小组时增加一倍。吴文安、张华寅在我和他们谈话后,因我组织关系已调离省吾中学，他们两人的入党问题交由组织继续进行。

暑假期间，郭坤和同志参加了支部会，要我们做好两件事：

一、为了更好推动助学运动发展，省吾中学与华模、复夏、建承、上海女中等11所中学，联合成立了"11校助学联"，陈咸鸿为主席。运动开展很成功，在社会上影响很大。

二、暑假期间，召开13校纪念抗日战争十周年大会，大会由励汝敏主持，陈咸鸿负责大会组织和外联工作，专门对付社会局派来的监督人员，会议开得也很成功。当时我已调离省吾支部，但这些活动我都参加了。

这两次活动以后，陈咸鸿、励汝敏因工作需要正式调离省吾支部，考入其他学校。至此，省吾第一届学生支部基本结束。留下党员倪汉卿等，由倪汉卿暂时负责省吾学生党的工作。

综上所述，省吾中学学生党组织的形成和发展情况如下：1946年4月建立党小组，有党员4名，蔡玲曾、陈国钧、叶梅娟、夏乐仁。同年8月陈国钧、叶梅娟离开学校，组织关系也转走。

1947年1月25日成立第一届学生党支部，支部成员有：蔡玲曾、陈咸鸿、励汝敏、夏乐仁、吴小村、水海寰、邢志清、倪汉卿共8人（其中邢志清、倪汉卿为本届支部新发展党员），另外在省吾党支部发展，经上级批准未接上省吾学生支部组织关系的有两名：吴文安、张华寅，他们是毕业离校后到新单位才接上组织关系的。

2005.6.25

回忆母校往事

1947届　张华寅

一、团结和信任

当年的省吾在茂名路北端，隔壁是交通银行。我父亲是交通银行职员，据说省吾是该行所办，职员子弟可享受该行助学金，这就促成我进了省吾中学。这个偶然机遇，成为我一生中一个幸运的选择。

在省吾的第一个学期（1946年上半年），留给我至今难忘的印象，是省吾真像个和睦大家庭。全校五个年级，师生不到二百人。年轻老师明智可亲，朝气蓬勃，一群青少年同学好学上进，热情奔放；课堂教学生动活泼，课外活动丰富多彩；同学间亲如手足，老师们对同学情同弟妹；全校到处洋溢着团结友爱、教学相长、民主进步的融洽气氛。

在第一学期结束后的暑假，是我学生时代第一个最舒畅的假期。整个暑假期间，同学们大多仍每天到校参加自己组织的各种活动。值得一提的是我们办的暑假补习班，有点特色，也有成效。同学们在老师指导下，能者为师，互教互学。补习班专为期终考试成绩不好的同学有重点、有计划进行复习。我们高二班的李行健、黄丁晖、吴文安、蔡玲曾等几名同学根据各自学业特长当"小先生"，分别负责辅导初中弟妹班。我当时曾辅导初二班的"平面几何"。暑假补习班结束时，进行了认真测验。我们担任辅导的高班同学履行"小先生"职责，负责命题、监考、批卷、评分。测验结果，成绩是好的。同学们自然很高兴，老师们也都表示满意，校领导还宣布认定我们暑期补习班测验评分可作为补考成绩，对我们这一项活动作了充分肯定。

这些在现在看来平平常常的事情，在当年却极其难能可贵、极不寻常。可见省吾确实在创办初期就在塑造自己的独特风格，集中体现在老师对同学的热情关怀、充分信任；同学们真诚团结互助、追求进步；师生团结一致，共同实践，探索创办一所新型学校。

二、同情支持和敬佩

1946年秋季开始，是我在省吾的第二个学期，也是我们第一届毕业班的最后一个学年的开始。我们在母校的幸福生活刚开始，似乎就已经意识到母校的时间不多了。因此，我们对当时在反动统治下难得的民主、团结、和谐的集体生活都很珍惜。我们除了努力学习文化知识外，更加积极、主动参加校内外各项活动，在学生运动中接触社会，经受锻炼。尤其是我们经常得到老师支持和指导，我们感到得天独厚。

我们的进步活动，不仅不会受到校方干涉，更不必回避校方。然而，也有过我们曾经一时想不通的例外。那是正当我们面临反动教育局颁布对高中毕业生要求实施全国统一会考的规定，激起了各校高中毕业班同学的愤慨、抗议。

大约是1946年秋季开学不久，我们全班同学都出动了。大多数同学都毅然参加了全市各中学高中毕业班同学向教育行政当局的请愿活动。有同学在执行学联的宣传联络活动。

第二天下午，我们照常到校上课。不料在学校布告栏上，赫然告示（大意是）："……高三班全体学生，无故旷课一天，决定给予警告处分……"我们全班同学对学校领导的这个反常举动，顿时哗然。大家想不通学校为什么一反常态，对校领导决定的警告处分很不理解，很反感，甚至酝酿着要同学校领导说理。

上课铃响了，我们还憋了一肚子气。课堂教学在少有的沉闷气氛中进行。老师们都没有指责我们所谓"旷课"，有的老师避而不提，照常讲课，若无其事；有的老师委婉地开导我们委曲求全；有的老师则批评我们幼稚，不识大体，严肃地反问："教育局一旦发现了你们全班旷课，查问学校行政，怎么交代？……"一个反问，点破了谜团，我们恍然大悟。原来老师们事先明明知道我们的动向，而没有阻拦，这岂不是一如既往的同情和支持吗？而事后的警告，分明是多么高超的斗争艺术、斗争策略。这一着"马后炮"真是有案可查，而又无懈可击的有力声援。我们有什么可委屈的呢？我们对学校和老师们在处境艰难中的高明之举，只能在谅解之余，感到由衷的钦佩，更深深体会到亲爱的母校和老师们的可亲、可敬、可佩。

三、相处一时，受益终身

省吾在创办初期，没有自己的校舍，只好寄人篱下。在茂名路时，仅有一幢小楼，还比较自由自在。搬到北京西路后，境遇就比较复杂了。母校当时仅借用三楼几间教室，还是同另一所养正中学合用，我们只能下午到校上课。然而，也给我们提供了可以充分利用的上午。我们就自愿组织若干小组，分别在同学家做作业、读书、议论时事、政治。我们的级任导师董思林老师就常常利用上午的时间，约我们到公园谈心，评述时政，有时还给我们准备好面包或带我们上小饭馆吃盖浇饭。如果说当时的环境决定我们只能在下午进行课堂教学，那么，上午就正好非常有利于组织丰富多彩的课外活动，除了传授文化科学知识，更主要的是进行全面的教人育才。

母校为了有效把我们培养成有觉悟、有文化、有理想的革命青年，对我们高三班的同学，采取了导师制的创举。根据我们各人的特点和学业状况，因人制宜分别由任课老师当导师，负责个别辅导。

我曾先后从师董思林、吕型伟老师，从而开始了系统接受革命理论的启蒙教育，逐步树立起革命人生观，踏上了革命征途。我在省吾的一年半，是我一生中的关键时期。省吾的老师循循善诱、诲人不倦、言传身教的精心培育，对我的一生起了决定性作用。尤其是董思林老师，指导我们读进步文学著作，介绍我们读《大众哲学》等革命理论著作，又赠给我《新经济学大纲》，后来（1947年春）还经常留我在他宿舍里读《灯塔小丛书》等……

每当我回忆起这些往事时,都会联想到当年的母校和老师们所寄予的期望何其殷切。回忆董思林老师当年寄予我的深情,仍然感到恩师对我的厚爱。董思林老师在1946年11月30日到1947年2月25日不到三个月里五次命笔,甚至深夜挥毫疾书,与我纵谈时局,解剖人生哲理。他先是满腔热情严肃告诫:"燃烧着的热情,锁禁在冷灰的环境里,如果它不把周围的火种点燃起来,烧毁这冷灰的环境,那他自己准得熄灭。点燃起周围的火种,燃烧起来,烧毁这死沉的寂寞,让人类喜悦的歌声,光明的颂赞,散扬吧!"

　　董思林老师始终满怀热情鼓励我们"迎着风暴"做"时代的海燕",不该是"苟且的天鹅",不要做"聪明的奴才"。四十年后再读董思林老师给我的手书,恩师音容笑貌跃然纸上,倍感亲切。诚挚的革命师生之情,充满字里行间。我有幸在母校同恩师相处一时,却终身受益。恩师九泉有灵,定能感到欣慰。

1986.1.15

与众不同的学校

1947 届　黄丁晖

我是省吾中学校友。回顾 39 年前我在母校求学的经历，依稀记得若干片断，现笔述如下。

1945 年春，抗日战争已近尾声，时局动荡。我在本市私立海滨中学读书。该校许多学生旷课逃学，流生严重。老师不安心教书，有的经常请假，由校长临时代课，在讲台上海阔天空，东拉西扯，消磨时光，不怕误人子弟。眼看读不下去，我于是年九月转学，报考离家不远的新办私立省吾中学高二年级。笔试以后，训育主任李蕊珍老师主持口试，她简单问过我的学历和家庭状况，就说："你告诉我，这几天有什么新闻？"我当时只懂捧书本，准备让老师提问书本知识，没想会问这些，一时语塞，可是为了考分，还是硬着头皮答道："是日本投降，我们胜利了。"李老师微笑说："日本帝国主义投降是上月的事，大家早知道，算不得新闻了。"并用责备的眼光望着我说："你要关心时事啊！"回家路上，我忧心忡忡，惟恐口试不及格。同时也很惊讶，蒋介石从不准老百姓过问政治的，学校和家长叮嘱学生要埋头读书，莫谈国事，这里却要学生关心时事。这是一所多么与众不同的学校啊！

母校提倡"活教育"，反对死读书，给学生安排了一连串自由活动。在老师指导下，我们逐渐活跃起来了。老师经常带我们去阅览室，挑选图书。书本是知识的海洋，我们开始看到《民主》《文萃》等进步杂志。其中许多文章，有议论国事的，有呼吁要民主的，文字比较尖锐，与反动当局对立。我印象较深的是一篇白话诗《先生，我是靠死薪水过日子的人哪》，它代表普通百姓向国民党政府的控诉。我们不少同学来自薪水阶层家庭，看了有共鸣，课余作为朗诵材料，倒也舒心爽口。

自由活动课，包括手工劳作。老师为我们联系作坊，兜揽做纸花，钱包，将收入用于班级活动。记得钱包是一种给太太小姐们用的金属小拎包。三两个同学一组，用钳子把几百粒黄豆般的铅片镶接而成，送回作坊喷漆上色，便是时髦的商品了。手工制作缓慢，需要耐心和时间，报酬低微，靠这个度日难以糊口，听说有不少闲散者争着做，我们由此体会劳动百姓生计的艰辛。

在旧上海，随处可闻靡靡之音，庸俗不堪。母校在音乐课和自由活动课教我们唱健康有益的歌曲。像《游击队队员之歌》《黄河大合唱》《团结就是力量》《沂蒙山小调》《巷战歌》《抗日军（红军）不怕远征难》《古怪歌》《军民合作垦春泥》《茶馆小调》，等等，我们百唱不厌。不仅本校老师教，而且请外校老师指导，有时一唱两三课时，歌声此起彼落，充满青春活力。我是少年老成，不善歌舞，每逢这样的场合，我也跟着唱，不感到疲倦。而独唱曲子，如《黄河颂》《伏尔加船夫曲》，则是我班张华寅同学，高二班励汝敏同学那洪亮歌喉才能唱的。歌声提醒我们，虽然抗战胜利了，但赶走日寇，来了美帝，如前门拒狼，后门进虎，国家仍没有获得真正独立。学唱那些歌曲，无异于对帝国主义和反动当局罪行的揭露和控诉。

与当时社会风尚相反，只要是有益正当的校外活动，母校都允许学生参加。母校支持我们参加助学、敬师活动，上街义卖纪念章，参加各种有意义的集会。在校内，组织我们参加爱校活动，表现好的班级和个人，发给奖状，如果有谁不积极参加校内外活动，老师会关心询问："昨天的活动，你到哪里去了？"

入校之初，有些学生不习惯这样的学习生活，担心自由活动多了，会不务正业，影响读书，这是杞人之忧。我们的母校很重视学生文化学习；许多老师忠于职守。为了激励学生读书，母校每学期开展一次作文竞赛（人人参加）和演讲比赛（选派代表上台），对优胜者给予奖励。并设有奖学金，每个班级学期考试成绩最优者，可免缴学费升学。老师们教书认真负责，一丝不苟。我们级任老师董思林是教史地的。记得他给我们上"中国近代简史",不辞辛苦,收集许多资料,还教会我们记读书笔记。他的课堂教学生动活泼,大家爱听。他把中华民族近百年的苦难史、耻辱史跟当时的现实社会相对照,使人顿感眼界开阔,但心情都很沉重。董老师通过批改学生周记的方式与我们交流思想。他多次陪我们郊游,有时请我们几个同学去饭馆吃饭,师生间谈天说笑,相处很融洽。他买了许多进步书籍,谁向他借书,他都高兴。他特别喜爱看《人物杂志》,谈话常涉及古今中外的历史轶事,典故人物,对好人坏人,或忠贞之士,或乱臣贼子,有褒有贬,都要议论一番。聆听他的话,得益非浅。

季勤先老师是教化学的,课余常有许多同学围住她,询问课本上的疑难问题。她总是耐心帮助解答,使学生们兴高采烈。

为了密切师生关系,教育好学生,老师们利用课余时间带好学生。记得英文老师王永庆,西装革履,架金丝边眼镜,气派十足。有次把我们几个同学约到他家里,请吃面包热狗,牛奶咖啡,并解答书本上的问题。告诉我们学习英语容易犯的通病和克服方法,进行具体辅导。据说这是仿照美国学校做法。母校为培养学生煞费苦心。

抗战胜利后,国民党当局掮着"领导抗日有功"的金字招牌,腐败无能,与人民为敌,在上海人民中逐渐暴露它的狰狞面目。我们的公民课,开始时按照教育局规定,读蒋介石的《中国之命运》。这本书宣扬国民党的正统观念,内容陈腐反动,读来佶屈聱牙,枯燥无味,课上老师边宣读边打哈欠。不久采取自由选题,邀请校外老师讲课。印象中有个龚兆源老师,他破口大骂,揭露国民党鱼肉人民,只知发劫收财。他说:国民党政府贪得无厌,为多收刮,竟把东北三省改划为九省,以增派劫收大员、省长、厅长,狐群狗党,坐地分赃,中饱私囊;把中国弄得乌烟瘴气。他还指出:美蒋签订所谓中美通商通航合作条约是不平等的新二十一条卖国条约。蒋介石是当今的袁世凯和汪精卫。他讲课大胆泼辣,毫无忌惮,听者感到信服和痛快。当时的中国不正是这般情景吗!

母校办学除引导学生攻读书本知识外,还要向社会学习,准备服务社会。通过校内外活动,培养学生自我教育,自我控制和自我管理的精神和能力。省吾校名,取自曾子"吾日三省吾身"的修养方法，以期启发学生自觉，用功学习，做一个对社会有用的人，以便将来能立足社会。如果青年学生都能那样，中华民族就不再是一盘散沙，任人欺凌，睡狮觉醒了，将震撼全世界。这就是省吾精神，是一种理想。我们班级也有自己的班歌，《让我们来比一比，看谁在进步中》是张华寅同学作词，借用美国影片《钟楼怪人》插曲写成的，全班讨论通过。我班级徽是白象，取纯洁合群之意。因为要求团结和进步是同学们的愿望。

二次大战刚结束，我国被称为五强之一。饱尝战祸痛苦的中国人民，无不感到扬眉吐气，盼望安居乐业，建设强盛的国家。我们都很乐观。记得1946年元旦，母校以"迎新年"为题，举办全校作文竞赛，我的作文里充满对"抗战胜利，建国必成"的憧憬。可是幻想很快破灭了。1947年夏，我们投入毕业考试时，已面临一个战火纷飞，物价暴涨，民不聊生的局势。国家命运多舛，个人前途渺茫，的确令人沮丧。中学毕业后，升学还是谋职，都会碰到许多困难，我们该怎么办？学校尽力给我们打气，先后邀请校外教师给我们上课，指点人生道路。有位圣约翰大学附中的孟老师说：你们要走上社会了，即使升学，也不再像中学生那样，事事有老师管着，护着。你们必须学会自立。社会是黑暗的，受生存竞争，弱肉强食的支配。强者往往属于脚膀粗、后台硬、有裙带关系可攀的那些人。你有如投入汪洋大海、人海浮沉，环境险恶。假如你遇到不幸，呼号哀叹，抗议上吊，都无济于事，不能随波逐流，被惊涛骇浪所吞没。有时你觉得像徘徊在十字路口，需要当机立断，选择自己的道路，看清方向，依靠志同道合的朋友共同努力，才会有力量。某中学校长还勉励我们像孙悟空那样，不怕困难、敢打敢拼，进而砸碎头上的紧箍圈，获得自由。听到这些，我们的勇气增强了。

我在母校的学生生活是幸福的。可是我们必须离开她。我以惜别的心情告别母校。我默默想：别了省吾，今后我们在社会的汪洋大海中，不论是沉是浮，我们将永远铭记两年来您对我们的殷切教诲。

1984.11.29

反会考

1947届 黄邦彦

约在1947年上半年，国民党政府提出高中毕业要实行统一会考制度，就是校内毕业考后，还必须经过全市统一的毕业考试，然后才能参加大学入学考试。国民党政府想通过多层考试，给参加进步活动的学生设置困难，因为这些学生，参加进步活动多影响复习功课，当然进入大学就较难。那时上海一些国立大学、私立大学，学生运动轰轰烈烈。这样多层考试迫使学生要把大部分时间花费在复习功课上。他们想让学生少参加政治活动，以此来挽救他们的末日。但这种倒行逆施，根本无法阻挡广大学生参加学生运动的热情，反而引起学生更大反感。于是全市学生决定采取一次行动。

一天，级长李行健通知我们几个同学到另一所学校里去写标语，商量工作，布置任务和告知注意事项。记得那天早晨，有几百名中学生，组成了一支游行队伍，汇集到上海市教育局内院的广场上。我们排得整整齐齐，有组织地唱起了进步歌曲，由推出的代表上楼进行交涉，要求负责人出来解释和回答几个问题。此时教育局负责人早已溜之大吉，避而不见。个别同学感到十分愤怒，把教育局玻璃打碎了几块。我们马上劝阻，以免他们借此大做文章。我们一定要做到有理、有利、有节，这样才能扩大影响。几个小时交涉，没有结果。我们就按原计划，走上马路游行。

一路上，大家精神饱满，斗志昂扬，呼喊口号，并把准备的标语分别贴在电车和公共汽车上。一方面宣传这次游行的原因，一方面揭露国民党腐败现象，争取社会各界人士支持。我们一直游行到南京路外滩解散队伍。晚上按照原计划在离市中心区较远的一个学校，召开了会议。会议要推派代表去南京请愿，并开欢送大会。当时我与几名同学在校门口执行纠察任务，防止坏人混入会场捣乱破坏。记得开会时，突然会场的灯光全部熄灭。我们一方面维持好秩序，以防发生意外，一方面马上抢修，很快把保险丝接好，恢复了照明。大会继续开下去，最后顺利推选了代表，并欢送他们去南京谈判。一个非常有意义的一天，在不平常的晚间结束。

1985年2月

怀念董思林老师

1947届　巢次辰（张　开）

每当我想起母校，想起把我从一个幼稚无知的青年引上革命道路的老师们时，我总是深深怀念我们的好老师董思林同志。

董思林老师是我们省吾中学第一届高三毕业班的级任导师。我们班只有十五名同学，他关心爱护我们像关心自己的弟妹，积极支持我们参加"反内战，饥饿，反迫害，争生存""反会考"等学生运动。我们班大多数同学都积极参加。我们为了发动同学参加学生运动,联络同学感情,组织了一些活动,董老师也总是和我们一起去。如有一次去川沙海滨,他为了照顾同学,避免意外,也和我们一起去。他经常通过学生的周记,了解学生思想,循循善诱,启发同学的政治觉悟。当时我们经常参加学生运动,对国民党反动政府有了一定认识,但是对党对革命还是认识不清。有一次我在周记中提出这样的问题:"国民党反动政府应该垮台,但共产党究竟怎样呢?"董思林老师就在上面批:"这个问题提得好。"并提示从几个方面对比国民党和共产党,从而来理解共产党的历史使命和政策。董思林老师是我们的级任导师,而且还教我们历史、地理。他不用国民党教育局规定的课本,自己准备讲课内容,指定课外阅读参考书,向同学灌输历史唯物主义和革命思想。董老师的辛勤努力,对同学们政治上的进步起了很大作用。我们这一班级,在董老师关怀帮助下,先后参加地下党的就有五人,占全班同学三分之一,在国民党白色恐怖反动统治下,董老师能在一个班级中播下这么多革命种子,多么不容易啊!

1947年夏,我们毕业后,我和李行健二人留校帮助做些工作,同时在大夏大学读书。我们半天读书,半天工作,一直到1948年四五月间。近一年时间里,和董思林老师住一室,朝夕相处。这时,我们才知道董思林老师抗战时就参加了革命,在浙东三五支队打游击,做伪军的策反工作。他英勇机智,有一次曾只身深入伪军碉堡,瓦解伪军,使这批伪军向我投诚。新四军北撤时,因为董老师深度近视,游击区行动不便,才转到上海搞地下工作,这更加深了我们对董老师的敬意。他一边担任教学工作,一边还担负地下党领导的《中学时代》刊物的一部分工作,经常深夜还为刊物写稿。他给我们阅读地下党秘密发行的《群众》杂志,以及毛主席《关于目前形势和我们的任务》等重要报告,时刻关心解放战争胜利发展的形势。他对敌人有高度的革命警惕。当时省吾中学在学生运动中已经很红,引起了敌人注意,千方百计派人进来。在宿舍里,他经常检查进步刊物、书籍的收藏,有无破绽,从不麻痹大意。董思林老师充满革命乐观主义,教我们唱苏联及根据地革命歌曲。每当听到解放战争胜利消息后,他总是低低哼着《游击队之歌》《国际歌》；抒发自己的感情和喜悦。

那时，在国民党统治下，物价飞涨，学校经费又困难，老师们生活很清苦，但老师们互相关心，像生活在一个革命大家庭里。我和李行健住在学校，一天工作学习安排也很紧张。上午读书，下午帮助教务处、训育处做些事务工作。李行健还帮助学生运动，我帮董老师搞一些《中学时代》发行工作，联系几个学校，晚上我们还在省吾夜校里教课。虽然我们当时还懂得很少，不会做什么工作，但生活在这样一个充满革命情谊的战斗集体中，精神振奋，非常愉快。在董思林老师帮助下，我们逐步懂得了革命，懂得了党，提高了革命觉悟，并且介绍我们参加了党。不久，蔡玲曾同志的姐姐被捕，蔡玲曾同志安全转移。董思林同志把这个不幸消息告诉我们，我们宿舍也作了应变准备，清理了书刊，防备万一。一天董思林老师又通知我们，组织上已决定我们两人转移去解放区。我们听了这个消息，对能去日夜向往的解放区，心情万分激动，对即将与母校告别，又有些依依不舍。董老师在送别我们时还关心我们，尽管当时学校经费困难，还拿出一点钱，作为我们在学校帮助工作一年的工资，资助我们路费。我们就拿这笔钱买了几件化装衣服去解放区。1948年5月，我们被转到地下党交通部门，与省吾断了联系，从此告别了我们心爱的母校。

几十年过去了，董老师对我们的教诲、关怀以及他的音容笑貌，犹历历在目，但是，董思林老师在林彪、"四人帮"残酷迫害下，与我们永别了，不能不使我们无比悲痛，无比愤慨。党的十一届三中全会后，董思林同志12年的沉冤，终于得到平反昭雪，恢复了名誉，我们的好老师董思林同志，可以告慰于九泉之下了！

半年奠基石

1947 届初中 叶梅娟

  1943年夏,我高小毕业。因家庭经济困难,辍学在家,后又在小学做了半年代课教师。1945年抗战胜利,大家欢欣鼓舞,但国民党又要掀起内战,国统区镇压进步学生运动,物价暴涨,民不聊生的状况丝毫没有改变。我对当时社会现实不满,思想深为苦闷。

  因舅妈又生了一个小男孩,需要有人帮助照顾。应舅舅之约,父亲安排我在寒假去上海舅舅家小住。不久,我认识了楼下工部局中学女教师王芷涯(中共地下党员)。我向她倾吐自己的思想活动,她看我好学上进,答应帮助我辅导初一、初二的数理化,再设法插班考初三。她首先领我去参加女青年会组织的中学生合唱团,使我有机会接触了不少进步学生;她又鼓舞我参加当时的助学运动,使我在活动中得到锻炼,并介绍我阅读一些进步书籍。如《西行漫记》《环形东北》《文萃》杂志等。这时,我产生了留在上海继续升学的念头。在征得舅舅同意后,我如愿以偿搬到楼下与王芷涯老师同住一室,既方便补习功课,又可及时得到她更多帮助。在她启发帮助下,我懂得了不少革命道理,开始向往中国共产党,向往解放区。她适时借给我一本油印的《中国共产党章程》小册子阅读。我很快就写了入党申请书。她还教育我必须以解放全人类为己任,必须为实现党的最高理想和最终目标英勇奋斗、不怕牺牲——直至牺牲自己的生命。特别强调要严守党的纪律和机密。因当时处于白色恐怖下,党的活动只能处于地下状态，只能以学生联合会、工人联合会等合法社团名义开展活动，等等。因此，我的入党宣誓仪式，只能于深夜在王芷涯老师卧室内进行。我永远不会忘记那一天——1946年3月11日。王芷涯老师是我的入党介绍人。在我争取入党过程中，她有意识交给我一些小任务，使我接受锻炼。印象较深的一次是，她让我把一台英文打字机送到某处交给某人，并告诉我接头暗语。还告诉我，如遇到特务盯梢，应该如何摆脱。之后，女中区委在她家开会，她就要我去协助放哨。每次我都能比较圆满完成任务。

1946年上半年我在省吾初二下学期学习。这年暑假，因我被舅舅发现参加进步学生运动，舅舅不再同意我在上海念书，而我想要实现去解放区的愿望也有困难，因一旦我出走就会暴露王芷涯等人。经组织研究决定，我返回苏州念书。

在省吾中学，与我同在一个党小组的同学有蔡玲曾、陈国钧和夏乐仁。潘文铮是我们的上级领导人。每次开会都会由潘文铮通知党小组长蔡玲曾，她再通知我们。地点一般选择在公园僻静处，只有一次在夏乐仁家里。通常，联系人都要讲讲当时形势和对我们的要求。我们也要汇报个人思想情况和工作中遇到的问题。我印象较深的一次是1946年6月研究怎样发动和团结同学去参加"六二三"示威游行，到火车站欢送上海各界人民代表请愿团去南京向国民党政府请愿。当时的口号是要民主、要和平、反暴政、反内战、反饥饿。后来发生了下关事件，雷洁琼教授等都遭到国民党特务殴打而受伤。国民党政府进一步暴露了自己的反动本质，引起全国人民和学生的愤怒和声讨。

联系人经常提醒我们要严守党的纪律，学习要刻苦努力，和同学相处中要善于关心、团结同学，在行动上要起先锋模范作用，但不能张扬暴露，要注意适度。

我在省吾中学虽只有半年，但这半年是我人生中关键性的半年。是我走上革命道路的起点，也为我的人生观、世界观、价值观打下了良好基础。省吾不仅给我传授了文化知识，更帮助我树立了共产主义必胜的信念，又教给我为人之道的真谛。虽然我很快离开了省吾，但省吾给我的精神财富永远起作用。当时我并不知道《中学时代》是地下党办的，它的据点就在省吾。但在苏州念书的几年中我是《中学时代》的发行员、通信员。王景同志一直与我保持联系几十年。

解放后，虽然各忙各的，较少联系，但省吾依然是我心中的丰碑。对她确实有一种特殊感情。80年代，在京老师和同学开始建立定期联系并成立了联谊会，会长是程传泰，每年至少聚会一次，大家都积极参加，感到省吾人有一种难以言喻的凝聚力。特别是看到年逾八旬的季勤先、李蕊珍等老师仍在为教育事业操心，为省吾出力，实在自惭不如，深受感动。

（作者为全国妇联干部，1976年粉碎"四人帮"后任康克清同志秘书）

回忆省吾中学学生运动的片断

1948届 程传泰

1947年学生运动受到国民党血腥镇压，浙江大学学生会主席于子三被迫害致死，全国掀起反迫害斗争，我们省吾中学地下学生党支部决定在1947年11月份的一天召开追悼于子三大会，向国民党作针锋相对的斗争，激发同学不怕牺牲的精神。当时决定,各班党员要动员尽可能多同学参加追悼会,接受教育。事前党支委会发扬民主,要大家出主意,想办法,如何把会议开好。准备了于子三事迹介绍材料,追悼大会悼词。研究了会场气氛,认为先要达到悲痛,然后化悲痛为力量。建议会场要暗一些,这样容易引起悲愤的意境,象征国民党黑暗统治的环境。有人担心挽歌大家不会唱,讨论后认为有少数人会唱,可以带动大家唱起来。会场选在省吾中学礼堂,关上全部门窗,室内比较暗了,主席台上点了两支洋蜡。当宣布追悼大会开始,会场肃静下来,悲壮的挽歌声,由少数同学领头唱起来,同学们开始轻声随唱,挽歌声愈来愈大,愈来愈悲壮,唱声夹杂着轻轻的抽泣声和渐渐增大的呜咽声,震动每一个同学的心。挽歌歌词:"安息吧!死难的同学!别再为祖国担忧,你们的血照亮了路,我们必须向前走,你们真值得骄傲,更使人惋惜悲怆,冬天有凄凉的风,却是夏天的摇篮。……"大会号召同学更加坚强团结起来,化悲痛为力量,为民主、自由、真理而斗争到底。这使同学们反迫害斗争的情绪更高涨起来。同学们自豪地把省吾中学称为"解放区"。如初一小同学捉了只蝴蝶,同伴说:"咱们省吾中学校园是'解放区',你把蝴蝶放了,让它自由飞翔吧!"那个抓蝴蝶的小同学笑眯眯把蝴蝶放掉了。这说明民主思想深入人心,省吾的光荣革命传统小同学也都爱护它。我举这个例子不是提倡佛教徒不杀生之类观念,而是反映了小同学纯洁心灵上对自由的一种理解。这也是一种民主革命风气形成的反映。

  1947年冬天,在省吾礼堂召开师生联欢会。演出前,党支部研究了节目,既要让同学们喜欢看这些节目,又要是革命的有分量的节目:决定演一个蒋介石绞杀民主的活报剧,由一名瘦高个同学专门剃了光头扮演蒋介石。还准备其他不少节目,如民族舞蹈,由上海有名的舞蹈家戴爱莲利用业余时间,叫我们到她家排练,穿上舞蹈服装,化了装。总之,每办一件事都很认真,当成一件党交给的革命工作来做。蒋光头绞杀民主的活报剧一开幕,小同学即认出这是蒋介石。随着剧情发展,同学们恨死了这个蒋光头。在国民党残酷迫害下,演这样政治内容强烈的节目,主角是冒着生命危险演出的。这是我们省吾中学光荣的革命英雄主义的一页。不到二百人的省吾中学,敢于向武装到牙齿的国民党反动派挑战。

　　1948年春,党支部决定组织同学去杭州追悼于子三,名义上组织春游。为了斗争需要,让高年级同学去,发生迫害时也便于转移。当时派邢志清到杭州找教育局,联系同学住处,星期四走的,到星期六下午还未回电话。大家非常焦急,有同学主张就不去杭州了。再不下决心,星期天同学一回家,再也组织不起来了。怎么办?当时想起党交给的任务,一定要千方百计完成,不能动摇军心。于是一方面派人向杭州教育局打长途电话,一方面派人到火车站,杭州有了回音,向车站去电话,马上可以买好车票。直到下午四点多终于摇通了杭州教育局的电话,而且找到了邢志清,说已与教育局联系好。这一好消息,使同学们兴高采烈。去杭州的路上,是同学们相互谈心的好机会。在杭州旧文化馆地板上睡了一夜,第二天就去指定的于子三追悼会会场。当时杭州和外地来的同学,人山人海,挤满了山坡。广播喇叭放了哀乐,宣读了悼词。由于国民党反动派正调兵遣将,进行镇压。因此大会速战速决,及时撤离。在去杭州前,党支部决定带上蒋光头绞杀民主的活报剧,带上全部道具,那名同学专门剃了光头,他表示为了革命,即使被迫害致死也不怕。可见我们省吾中学的同学,为了民主革命,不怕牺牲,视死如归的精神,值得我们省吾同学自豪。

　　1948年支援申新九厂工人绝食罢工。平时上海长宁区地下党联络阿张(为了安全,当时不告诉名字)说:工人、学生是一家,申新九厂工人绝食斗争已近五天,处境十分困难,不去支援可能要失败,要求我们学生党支部不但带领全体同学去工厂声援工人绝食斗争,还要带一麻袋面包去。当时决定动员说服助学金委员会,用二百元买面包,由李亦琴同志负责做同学们的说服工作,小同学们一分、五分、一角钱募捐来的助学金可不容易!为了阶级兄弟的拼死斗争,同学们通情达理,在各班同学同意后,我们轮流背着大麻袋向工厂进发,一路上喊口号:"支援申新九厂工人罢工!""工人学生是一家!"扩大了社会影响。路上,我们碰上华模中学学生会主席也带了同学去支援工人罢工斗争。我们到了申新九厂,进了大门,工人出来欢迎,我们站在凳子上宣讲:"我们上海市的中学同学前来慰问申新九厂的罢工工人,工人学生团结起来，反对老板的压迫，坚持到底就是胜利。"演讲完后，门房里转出一个细皮白肉、衣冠楚楚的人来，口蜜腹剑地说："你讲得真好，你是那个学校的？你叫什么名字？"附近的同学轻声急促地说："别告诉他！""别告诉他！"别看我们同学年纪小，又不是党团员，可是对国民党和资本家的走狗，却有高度的革命警惕性。在民主革命中，通过一桩桩一件件具体针锋相对的斗争，锻炼了我们无产阶级自己的人才。我们省吾中学教师同学中参加革命多，入党入团多，南下四川、福建为解放祖国贡献青春的多。这跟地下党的正确领导分不开。

我们省吾师生间的关系十分亲密，斗争中互相支援。我们高三班主任是季勤先老师，每次罢课出去游行示威，她都暗中支持，当时学生和教师党员不在一个支部，我私下估计，季老师可能是地下党员。教语文的教师给我们讲鲁迅的文章，历史教师给我们讲什么叫法西斯。后来班级里的三青团员在辩论会上讲希特勒也有好的地方，大家把他驳得哑口无言。说明老师讲课有进步内容，帮助同学开展思想工作，促使民主革命思想高涨，在斗争中互相掩护。如有一次在1948年3月国民党要迫害"一·二九"被捕同学，我们学生党支部决定去监狱外游行示威，使被捕同学在法庭斗争中更坚决。当时同学们已在校外列队，我回校内看一下还有没有落下同学。从楼下看完后快步跑上楼，得知教育局打电话问训育主任李蕊珍："你们学校的学生去参加游行了吗？"答："没有，都在校内上课。"对国民党反动派镇压学生运动就得骗他们，否则，进步学校也办不下去。我听了心里想李老师平常板起面孔，原来私下支持我们斗争。记得为了募捐助学金，我们让李蕊珍老师带我们同学到高级饭店去宣传，她穿了上层社会的衣服，把我们带进高级饭店，宣传起来，真募了不少捐款。我们没来省吾时，就知道省吾中学是进步学校，我和陈云（现名周济）被上海法学院附中开除，别的学校不敢收我们这样的学生，因此，省吾中学为保存党的力量，作了贡献。如我们高三班的李丽莉（现名李毅），在省吾读书，但工作在外面青年会，党的关系也不在我们学生支部，平常也不出头露面。省吾这样的党员还有几个。省吾有个工人夜校，我考上大夏大学教育系后，因生活困难，在省吾工人夜校兼课，补贴我的生活，省吾中学也是我一段时间生活依靠的地方。

1948年6月反美扶日全市学生大示威，几万学生上街，当时国民党进行镇压，大批特务站在高处，看谁带头领喊口号就抓谁，我们让喊口号的同学低了头喊。同学中口号声此起彼伏，声势越来越大。敌人一看镇压不下去就用警察马队冲游行队伍。为了保存实力，党组织决定先分成小队进行口头宣传。我们从别的地方转到南京路大新、新新百货公司路边，借个方凳子站在上面作口头宣传。围拢来听的几十、近百人不等。他们听完后同情我们学生，反对蒋介石卖国，使我们宣传效果反而更好一些。当天下午，有两名同学被捕。经了解，党员没有受损失。党内决定营救同学，后由学校保释。学生党支部和学生会对这两位同学进行了慰问，鼓励他们继续坚持斗争。

我们地下学生党支部力量较强。一百八十多名学生中有十几名党员。初中的党员王文安年纪最小，十七岁就入党，斗争中很勇敢，她每次都把初中同学带出来参加斗争。

我们地下党员有极严密的纪律，每次过党的组织生活，从来不晚到，晚到的当场受批评，晚到五分钟，党小组会就要疏散停开。我们从一参加党就听到传达毛泽东的思想。如"没有调查就没有发言权"。如对蒋介石的斗争方针要"有理，有利，有节"。如果有人提出无限期罢课，就要顶回去，这是托洛斯基的口号。党组织还教给我们一些与国民党特务斗争的巧妙办法：怎样甩掉跟踪的尾巴，怎样自然地发现有尾巴。同志间也十分关怀爱护。一次我代表14个中学到大夏大学大会场上发言，反对国民党对进步学生运动的迫害。走出会场时，同学们马上把我拉到人群里，还脱下皮短外套给我穿上，躲过特务跟踪。这件事是倪汉卿（现名倪英）同志快手快脚办的。我们党还对党员进行保守党的机密，保护党的组织的教育，进行革命气节教育。敌人要追捕你，千方百计不让他抓住。一旦被捕，不要暴露身份，不要贪生怕死。这样反复教育多次，印象很深。当时我就下决心，只要我活着，坚持斗争到底。如果一旦被逮捕，就准备牺牲。我们当时还能看到党内地下刊物《斗争》，铅印的，证明当时上海地下党对党员的教育很及时，有针对性，效果很好。

1979.2.22

难忘的两年

1948届　陈咸鸿

离开曾以党的阳光雨露哺育我成长的母校——省吾中学已四十年了。每当回忆起从1945年9月到1947年8月这两年的学习生活与战斗历程时，总抑止不住对引导我走上革命道路的母校老师和进步同学的感激之情，许多往事浮现在我眼前。

1945年9月，我结束了在敌伪统治下苦闷彷徨的两年高小和两年初中生活，考入省吾中学初三年级，顿时感到自己走进一个师生团结和谐、充满民主空气的新天地。在母校任教和担任管理工作的党员教师，进步教师，如李蕊珍、龚兆源、杜淑贞、季勤先、唐馥珍、董兼济等老师，特别是班主任唐月娟老师和教我们政治课，地理课的董思林老师，他们那种热爱教育事业，热爱学生，与同学打成一片，以科学真理，进步理想教育青年的精神，引起我由衷信任和尊敬。通过他们的言传身教，熏陶感染，使我受到进步思想启蒙教育。

班主任唐月娟老师在讲授语文课时，热情鼓励同学们阅读进步文艺书籍，并认真撰写阅读笔记，轮流在课堂上向同学作报告。回想起来，对自己帮助极大。在短短一年多时间里，我阅读了一批中国和苏联的革命文艺作品，包括鲁迅先生的许多小说、杂文，高尔基的一些小说，茅盾先生的一些小说等。印象最深的是《钢铁是怎样炼成的》和《西行漫记》这两本书。我进省吾时只有19岁，由于长期受国民党欺骗宣传和敌伪反动教育蒙蔽，虽然对帝国主义侵略我国的罪行很痛恨，对中国的贫穷落后很忧虑，也崇拜历史上的民族英雄和革命志士，但对无产阶级革命和党领导的事业一无所知，抗战胜利后对国民党统治抱着盲目的正统观念，自己政治上很幼稚。在国民党反动派贪污腐败，坚持独裁，内战的事实教育下，在美军暴行震撼下，我对当时的现实愈来愈不满。在党员老师指导下如饥似渴阅读进步书籍，我第一次打开了眼界，知道世界上有无产阶级事业，中国有共产党领导的二万五千里长征和抗日军队，抗日根据地。这使我看到了中国的希望。董思林老师讲授的政治经济学使我开始懂得资本家剥削工人的秘密和资本主义必然灭亡、社会主义必然在全世界胜利的真理。

当时母校老师鼓励同学自己建立级会和学生自治会等学生组织，出版油印刊物和墙报，还组织了郊游、参观活动、团契活动和助学活动。其中包括去昆山和川沙郊游，去育才学校、联义山庄的活动以及参观肥皂厂等。在课堂里，曾组织讨论建立长江三峡水电站，辩论过战争与和平问题，赞成还是反对会考问题等。

在指导同学组织起来，开展各种活动的同时，母校对科学文化知识教学也很重视，聘请具有较高水平的师资授课，同学们学习态度比较认真。在教师关怀和同学们浓厚的学习空气影响下，促使我比以往任何时候都努力学习，终于在初三毕业时取得了好成绩。学校还破格允许我提前升入高二年级学习。在高二这一年中，虽然社会工作比较忙，但我还是没有放松学习，总算没有辜负学校和老师的殷切期望。

在我思想演变过程中，初三同班邢志清同学对我影响帮助较大。他因受姐姐邢泽等党员同志影响，思想比较进步，也爱好文艺，平时与我谈心探讨较多。我还逐渐与地下党员蔡玲曾及进步同学励汝敏、张华寅、李行健，吴文安等接近，一起参加歌咏等活动，对我也有很多影响。1946年7月，国民党发动了全面内战，对人民加强镇压。党的工作转向分散，深入开展与群众交朋友的活动。1946年秋冬，蔡玲曾组织几名进步同学，成立了秘密读书小组，我和励汝敏也参加了。记得曾学习了《光荣归于民主》《方生未死之间》等小册子。当年圣诞节，北京发生了美军侮辱北大女学生沈崇事件。我们进行了抗暴宣传，国民党统治区的学生运动又逐渐转向高潮。

大约在1946年底，蔡玲曾同学启发励汝敏和我二人的入党要求，我们两人同时写了入党报告（自传）。当时我认为中国革命胜利的日子还很遥远，革命需要我们奋斗牺牲，自己入党是为投身革命，但还带着拯救人民的幼稚观点。1947年1月25日，上级党的代表郭坤和同志到我家，宣布励汝敏和我两人已被批准吸收入党，当天举行入党宣誓。选举蔡玲曾任支部书记，我分工组织工作，励汝敏分工宣传工作。省吾中学的学生地下党支部就在这一天成立了。此后，我又陆续与原在校内读书的夏乐仁、吴小村、水海寰三名党员同学接上了关系。校支部决定把他们组成一个党小组，由我分工联系。我入党后所遇到的第一件工作便是声援当时（1947年2月9日）发生的梁仁达惨案。党支部通过各班宣传揭露国民党的暴行，组织声援活动。第二件工作便是发动同学参加五月学生运动。那年五月，上海国立大学几千学生上街游行，反内战、反饥饿。5月20日，南京发生了国民党残酷殴打学生事件。我们按照上级党组织布置，执行市学联决议，发动全校同学举行二天罢课。在此之前，省吾各班级的级会已恢复，并成立了级联会。我们通过级联会讨论决定，对个别阻力较大的班组我们就去他们班上宣传动员，终于全校同学都参加了罢课，还组织了部分同学上街宣传、张贴标语。

1947年5月底，学校从北京西路迁到长宁支路新校舍。不久就开始放暑假。当时物价飞涨，许多同学家境清寒，付不起学费，受到失学威胁。我们按照党的指示，团结同学广泛开展助学活动。这件事不仅得到同学及家长拥护，也受到市民支持。同学们经过自身努力，看到进步同学全心全意为大家服务，看到了群众的力量，自己的力量。也逐步认识到自己所以受到失学威胁，根子在于国民党坚持打内战，物价飞涨，只顾军费，不顾教育。助学活动所得终究有限，但使同学们懂得要真正解决问题，必须结束国民党的反动统治。

由于学校老师支持，同学们的努力和党组织正确引导，我校助学活动取得了较好效果。为了推动助学运动发展，当年7月，在上级党指示下，我校与华模、复夏、华光三中、建承、上海女中、肇光等共11所中学联合成立了"11校助学联"，推选我任该助学联主席，举行了全市范围的三天劝募助学金活动。共出动了几百名同学，在社会上产生了一定影响。

在此基础上，我们按党组织指示，组织了有11所学校1400名同学参加的纪念

"八一三"抗战十周年大会，时间就选在8月13日下午，借用虹光大戏院作会场。励汝敏负责在台上主持会议，我分工借会场及去社会局办理集会登记手续。当天，社会局派人到会场监督，我负责接待，请华模中学派了能言善辩的女同学钱玉音帮助我一起对付那个监督人员。我们的策略是尽量多与这人在台下东拉西扯，分散他的注意力，使会议讲话和节目表演的进步内容不致过早引起他警觉，使大会正常进行下去。结果大会没有遭到破坏。

　　暑假期间，支部又发展了邢志清、倪汉卿等同学入党。我校还举行过纪念七七抗战十周年大会，举行过支援罢工工人的活动等。

　　回想这一年暑期，的确活动频繁，顾不上休息，常常睡在学校，以校为家。对母校的感情更深厚。但由于省吾中学进步力量相对较强，组织上为了开辟其他学校工作，决定把我和励汝敏同学调到外校。我就于1947年9月，告别两年来亲密相处的老师、同学和同志，转到复旦中学高三年级继续求学。

　　为了缅怀母校和老师对我培育之情，也为了供母校编写校史作参考，谨献上这篇回忆略表心意。

1987.4

回忆在省吾中学时的片段

1948 届　李亦琴

1947年暑假,我被务光女中开除,被迫离开学校和老同学。当时,在国民党反动统治下,一个被开除的学生是没有学校肯接受的。怎么办？听战友说,靠近曹家渡有个省吾中学是进步学校,凡被校方无故开除的学生都能录取。我抱着半信半疑心情去报考省吾中学。不久,接到校方录取通知书,我高兴得几乎跳起来。不仅能重新读书,又能为党工作了。读了一年,因为高三毕业了,1948年暑假,只能依依不舍离开母校和老师。

刚进省吾中学,就让我有个新鲜感。校内充满民主空气,教师个个平易近人。上课时,老师严肃,学生遵守纪律。下课后,老师与我们经常聚在一起唱革命歌曲。"山那边呀好地方,穷人、富人都一样""你是灯塔"……校方经常召开学生代表会议,听取教学方面意见。同学之间,亲如姐妹兄弟一样,高年级帮助低年级补习文化。省吾像书上介绍的解放区学校一样。过了一个多月,在校方支持下,采取民主选举方法,无记名投票选出群众爱戴的同学担任学生会工作,为同学们办事。在党指引下,我校老师不仅辛勤教学,还灌输进步思想,只有共产党为劳苦大众谋幸福,腐败的国民党反动派一定要灭亡。省吾中学不愧是有光荣传统的学校,许多师生在党指引教导下,不断成长,愿献身革命事业。不少学生参加了中国共产党,不少学生报名参加西南服务团。虽然,我在省吾中学只有短短一年,但给我留下了深刻印象,永远也磨灭不了。老师与同学们团结一致,为了一个共同奋斗目标,师生关系新型,与我原来务光女中一比，更是天壤之别，使我更热爱省吾中学。

省吾中学虽同样有教务主任、训育主任，起初我想他们都是管同学的，训斥、监视、迫害学生的，所以我不敢接近，在旁边观察。但是出乎我意料，教务主任吕老师和蔼可亲，还兼教高三班级语文，他总是耐心讲解，不厌其烦，一遍又一遍。每节课下课铃响了，吕老师从不马上离开教室，常常与同学聚在一起聊天，听我们对教学的意见，经常与我们讲些革命道理，做人的道德品质，勉励我们下苦功读练。吕老师说：学习来不得半点假，要珍惜时光，刻苦攻读。吕老师谦虚谨慎，知识渊博，是我们钦佩的老师。无论你问什么，吕老师都能为我们讲解。深夜了，教务处灯光继续亮着，忙碌了一天还在备课，批改作业，一心扑在培养下一代上。

训育主任顾名思义是管教同学的，见到她，望而生畏，认为与原务光女中一样。可是，并不是我所想象的那样可怕。李老师是一个年轻教师，眼睛炯炯有神。脸上总浮着笑容，是个可亲的女教师。几乎使我不敢相信，好像我们大姐姐一样，非常关心同学、支持学生搞好学生会工作。她对学校课堂纪律抓得很紧，校内、校外，校风非常重视，总是苦口婆心教育学生，要热爱集体，遵守课堂纪律。对违反校内外纪律，损坏公物，她既严肃又耐心做工作。她说："遵不遵守纪律，不是你一个人的私事，而关系到全班同学，关系到学校集体荣誉。"这句话对我教育很大。

记得有一天下午，正在上课，我接到上海市学联通知，下午两点，要到外滩参加示威游行。因为通知匆忙，没有与学校联系，当我们一支游行队伍要离开学校时，李老师突然拦住我们不让走。我因为急了，顶撞了李老师几句。"不让去，也要去。"李老师发急了说："省吾中学立案是不容易的，再这样下去，不上课，被教育局知道了，学校要停办了。"我想想，学校一直支持我们参加学生运动，对教育局也要讲策略，我就与李老师商量，各班派一部分代表参加市游行队伍，留在学校的同学，照常坚持上课，不影响教学，李老师同意了。我们一支游行队伍就浩浩荡荡出发了。心想，如果学校停办，学生都不能上学，那么也就无法进行党的工作了。省吾中学在党指引下，师生目标一致，支持学生运动。

董老师刻苦钻研教学，业余时间还担任《中学时代》编辑，不顾白天黑夜为党工作，深夜还在灯下写文章，这种革命精神值得我们学习。董老师教高三历史，把历史教活了，我最爱听。那时由于年轻、幼稚，我虽已入党，向往共产主义，共产党是为劳动人民翻身谋解放的，共产党来了，没贫富之分。但到底共产主义是什么样的，也不懂。在董老师教育下，使我逐步懂得了革命道理。革命是为了消灭剥削制度，国民党反动派骑在人民头上欺压老百姓，这是剥削制度造成的。只有推翻反动派人民才能得救。从此，就更坚定了革命意志。董老师身教重于言教，他是那么艰苦朴素，住在学校里，不分白天黑夜钻研教学，为《中学时代》每期刊物的出版费尽了心血。我非常喜爱这一刊物，是我们青年人的好老师，引导青年学生走向革命道路。除此，他还抽空与我们同学接触，在聊谈中，灌输革命道理，我们也常到董老师住的楼上玩，要他讲革命故事，在心灵中，早就认了董老师是地下党员，是我们的好老师。他一生从事教育事业，由于林彪"四人帮"残酷迫害，含愤而死。我们永远忘不了董老师，牢记董老师常讲的一句话"青出于蓝而胜于蓝"对我们青年一代抱有多大希望和期待，啊！我们决不辜负董老师的期望。

　　季老师一生热爱教育事业，一心扑在培养下一代，全校同学都非常钦佩她。以她为榜样，在各条战线上努力工作。记得，在省吾夜校第一天开学，我给同学上语文课，季老师在隔壁办公室内听课，第二天她鼓励我并指出教课中的缺点，好似一股暖流，浑身上下更增强了信心。想起自己的责任，还要通过教学帮助同学提高觉悟与国民党反动派斗争，更需要季老师指导。备课时感到困难了，就去找季老师，她总不厌其烦指点我。季老师艰苦朴素，平易近人，对教育工作那么兢兢业业、勤勤恳恳，对培养下一代是那么无微不至，从细小事情做起，永远是我们学习的榜样。

　　回想往事，心潮起伏，想说的，想写的很多，时隔已久，写不完整，具体事情有点忘记了，仅是点滴回忆。

1979.6

我们从这里走上了革命的道路

1948届 邢志清

我们全家共有兄弟姐妹七人,小的一个弟弟于解放初期不幸去世。我出生于1931年农历七月十三日,邢志汶则生于次年的七月初一。

我家在旧社会也算"小康"门第。父亲原先在法商洋行当高级职员,家中尚有祖传房产住宅,门面出租于人开西装店,每月工薪加房租,收入颇丰。在这样的家庭生活条件下,我们怎会走上了革命道路?这还得从对我们有革命启蒙作用的上海市省吾中学说起。

1945年春天,根据中共上海地下学委的方针,在原圣约翰大学党总支领导下,以圣约翰大学教育系44届、45届即将毕业的中共党员蔡怡曾、李蕊珍、邢泽、陈秀煐四位为核心,团结一批进步校友,创办了这所新型的进步学校。其中邢泽是我们的大姐。学校领导和教师敢于改革、创新,他们向旧教育挑战,寓政治思想教育于课堂教学中。有的老师通过历史课和公民课讲授社会发展史,揭露资产阶级剥削工人致富的秘密;有的老师讲解时事战局,抨击反动当局迫害进步势力,有的老师介绍革命的进步文艺作品。在校方积极倡导和师生共同努力下,校内民主空气浓厚,政治生活丰富,使学生耳濡目染,潜移默化,自觉不自觉接受了革命思想熏陶。

在省吾同学中,相当多来自家境清寒的职工和城乡贫民家庭,也有一部分是本校教师亲属。因大姐邢泽的关系,我们三兄弟都是学校创办之初即入校,受到进步思想影响较多,即使像志汶当时年纪还较小,天真幼稚的心灵也不例外。随着形势发展,省吾逐渐形成为一个在白色恐怖区的革命摇篮（当时进步人士也认为是"红色堡垒"）。我们正是在这一历史条件下从小接受革命思想培育。因为年轻，我1947年7月被组织吸收为中共预备党员。以后由于种种原因，我们三兄弟陆续离开省吾学校，但省吾对我影响极其深远，直到现在。

我们尽管离开了省吾中学，在其他学校读书时继续受到教育锻炼。课余时间，我们去八仙桥青年会参加活动。那时青年会常邀请一些民主人士作报告，像郭沫若、茅盾等都曾去演讲。青年会下属合唱团、歌舞团则大唱进步歌，大跳民族舞，还常常组织小规模演出。邢志汶参加的青年合唱团，实际上是一个党领导的进步群众组织，主持该团工作的几名核心人物，后来才知道都是党派去培养积极分子的。这又是一个接受革命思想教育的新天地。

邢志汶在这里受到影响不小。上海解放后，青年会合唱团成为南下服务团动员基地之一，邢志汶首批报名，并被批准参加西南服务团。入川路途迢迢，南下服务团一路上是随军队行进。邢志汶作为文工团骨干，边行军边演出，从秧歌到腰鼓，以宣传开路，直到重庆市。

其次，我们走上革命道路的又一因素，是较强革命氛围的家庭环境，大姐邢泽（国家安全部离休干部）、二姐邢佩侠（现改名林铮），都是抗战时期就到解放区参军的（二姐迄今留在部队，是第四军医大学离休干部）；大姐在后一阶段因形势发展需要，被组织安排返回上海参加中共地下组织工作。我们的大哥邢志澄，原先是国民党飞行员，经中共地下组织教育后驾机起义，脱离反动派，参加我空军建设。至于我，从参加中共地下组织以来一直在上海工作，与志汶长期同吃同睡，生活在一个房间。党的地下斗争纪律规定，除直接联系人外，不允许任何人透露党员身份，但是我与他同处一室，就不可能样样都瞒得了他，兄弟俩只是心照不宣而已。当时地下组织派人联系或临时召开党员会议，都常常利用我家，不仅是我，大姐也是。上级领导人认为我家条件较好。我父亲虽非国民党达官贵人，但他有"师生关系"的"靠山"，即海上闻人黄金荣，加上社会关系中不乏社会知名人士。故而，在此进行某些党的活动，反而较安全，不会引起敌人注意。志汶当时虽然不属组织成员，但他能做些"站岗"、放哨工作。他警惕性特高，稍有动静随时可给我们打招呼。

在黎明前最黑暗的年头，也就是1948—1949年上海解放前夕，根据中共地下组织布置的任务，我进行了一项社会调查。主要了解敌人在此阶段的反动活动及其组织网络。当时，正好我家八仙桥老宅的客堂大厅为国民党某区党部主任陈培经看中而租用，在此设立名为"华社"的团体。其实"华社"是一个假借洪门帮会名义，麇集一批工贼，妄图控制上海工会的组织。他们在这里悬挂蒋中正"领袖像"，搞伪"国大"选举活动，并且公然"开香堂"，发展洪门帮会，然后多次煽动纠集一些被蒙蔽工人上街游行，进行"戡乱救国"等反动宣传。我要弄清这些反动头目的联系网络，一个人搞有困难，只有依靠兄弟邢志汶了。他有时帮我"望风"，有时帮我抄写。有一次我们乘"华社"执事人外出，设法弄开他办公桌的抽屉，迅速将反动头目通讯名单、联络地点一一抄下。这些收集到的情报，以后都整理成文，由我交给中共地下党组织联系人。解放后，我去上海市军管会劳工处（即后来的劳动局）报到工作，首长马纯石（曾任地下上海市委副书记，后调全总任副主席）、李清鸿（原上海劳动局副局长，后任上海市老龄委主任）告诉我，他们都看到过这些材料，认为很有价值，后来都转到负责肃反的杨帆（原上海市公安局长）手中。那个陈培经未及逃离，被依法逮捕惩办。

写到这里，不能不对邢志汶为人的素质、品德说几句话。他从小聪敏、活跃、热情，但有点顽皮任性，这多少影响他的学业，成绩一般较差。幸而在参军南下过程中他进一步受到党的关怀、培育，其后又到中央戏剧学院补上了一课，这才能胜任后来党交给他的重要工作。除了工作业绩卓越外，他又有急公好义、见义勇为的优良品格。举两件小事为例：1984年冬天一个晚上，邻居张家突然起火，他闻讯立时就抱起自己床上的新棉被，不顾一切扑了上去，结果火灾扑灭，棉被也烧坏了。"文革"中，原重庆市委领导任白戈被迫害致病住院中，伙食较差，邢志汶自己处境也不妙，但他冒着风险，为任白戈同志送大米。于此可见一斑。

在"熔炉"中锻炼成长

1948 届　蔡勤曾

省吾是在抗日战争胜利前夕,由上海地下党直接创办和领导的一所新型学校。

一、我家的亲人参与创办省吾

① 我的大姐蔡怡曾是省吾主要筹建与创办人之一。她正确总结了自己光辉的一生:"做有益于他人、家人、人民、人类的事,无愧于人生,生命不息,战斗不止。"

② 大姐夫陈一鸣是当时地下党城工部学委负责人之一,直接领导与策划通过约大党总支创办省吾中学,近年经常参加省吾重大活动。

③ 我的二姐蔡玲曾是省吾中学地下党第一届学生党支部书记,经常参加省吾重大活动。

④ 二姐夫励汝敏是省吾中学地下党第一届学生党支部宣传委员,在他影响下,他的弟弟妹妹也成了省吾的学生。

⑤ 大姐夫陈一鸣的父亲陈鹤琴是省吾中学第二任董事长,是我国现代著名儿童教育家和儿童心理学家,他倡导的活教育,教人"做人,做中国人,做世界人",以及为省吾订立"服务创造"的校训深入人心。

⑥ 我们的父亲蔡仁抱,省吾校董,社会著名人士,勤奋好学,为人热心,一生丰富多彩,工商界、金融界、医务界、军政界、文化界、宗教界等均有涉足。一生为他人、家人、人民、人类做了许多益事。

⑦ 我的姑母蔡德粹，省吾中学早期地理课教师，是我国地理专家。
⑧ 我的二哥蔡庆曾，在省吾中学初办期曾担任短期数学代课教师。

二、省吾是我一生中关键的成长期

省吾中学于1945年9月正式开学上课，教职员工大多是地下党员和进步人士，生源主要是老师的亲友及进步青年。我和二姊蔡玲曾由此成为首批学生。正由于师生员工的特殊组合奠基了省吾人的革命精神，培养了众多革命和建设人才。

初三时我在南京西路交行后面中华商专教室中上课，一年后移至北京西路970号三楼借用下午半天上课。一年后校舍又要变了，我也转至华山路复旦中学就读。因而省吾中学在购房搬至长宁支路111号小洋房时，我已离校但仍常去参加课外活动。当时虽然学校校舍差，教师流动大，但老师认真教课，学生刻苦学习，效果颇佳。所以虽然在省吾仅两年多时间，却是我一生中最关键的成长期。老师的点滴言行，省吾人的崇高品质在我一生中起到积极作用。

三、风雨中迎解放

由于我家的抗日背景及大姊、二姊的地下党员身份，大姐利用我家进行地下活动时，当时还是中学生的我，经常陪二姐在天井大门口望风，当时我并不知情。在抗战胜利前夕，我家被日本宪兵队抄家搜捕监视，父亲被捕。1948年5月大姊被国民党中统逮捕，在地下党及家属亲友营救下于8月下旬全家以生命担保具结保释，我家还受中统监视。当年年末大姊、二姊奉命去解放区，报上登载大姊在解放区活动消息后，特务大为恼火，父亲连夜逃走，我们全家在不安中迎来解放。

四、遵循校训服务我国航运事业

为遵循"服务创造"的校训，解放后我报考吴淞商船学校（即大连海事大学，上海海事大学前身）立志为建设我国航运事业作贡献。

我1948年离开省吾，1952年大学毕业经国家分配进上海海运局设计科任技术员，1953年10月上海海运局设计科并入上海船厂，同上海船厂兼并的英联船厂设计室合并成立上海船厂设计科，我担任技术员设计组长标准组长。1957年至1958年下放西郊负责农业机械化设计，并作为上海农民代表参加全国农代会，后调回上海船厂任工程师、总工程师室主任等。1963年至1964年调借至交通部任文冲船厂主任设计师，1964年调回上海船厂任厂办副主任，1980年调至上海远洋轮船公司至1990年年底退休。历时38年先后在十个国营企业服务。就职半个世纪涉及行业含工、农、商、学、兵，行踪遍及国内外众多城市乡镇，劳累一生，细细品味其中确有在省吾接受"服务创造"校训的因素。

（本文综合《在熔炉中锻炼成长》和《服务创造，受用一生》两文）

激昂交响曲中的几个小节拍

1948届　倪汉卿　籍传慧　李亦琴　吕和俭　陈　云

四十年过去了，人世沧桑，少年头白，但是，每回忆在省吾这一段团结战斗生气勃勃的学生生活，一股依恋怀念之情在我们心中油然而生。四十年后的今天，当我们这批人聚首，抚今追昔，更感到我们的友谊和珍贵的记忆将永存。这是真正通过斗争生活连接起来的友谊。在这篇回忆文章里，我们围绕革命团结的几个小故事，从一个侧面反映省吾的革命传统。

1. 团结带动大多数

当时省吾有"小解放区"之称，全校初中、高中共六个年级，绝大多数同学，包括低年级小同学思想都较进步，积极投入民主运动。这是党组织采取通过党员、积极分子团结一大片的结果。当时我们当中有的已是党员，有的是在以后几次斗争考验中入了党。党员人数毕竟很少，而且相对集中在高三班里。在本班组，我们成立了温课小组，请功课较好的同学担任小先生，还请一些同学到本校附设夜校上课。对其他班级，尤其是低年级，我们都固定分工由哪几个同学联系哪个班组，平时用辅导功课的形式搞好感情。我们就是用诸如此类办法，像一面网一样把大多数同学团结起来，并随时培养骨干，扩大进步力量。

1948年初春，浙江大学学生会主席于子三在国民党监狱被玻璃划破咽喉致死，在上海学生中掀起一股抗议浪潮。能不能发动更多同学加入这一斗争行列，这和我们采取什么形式有很大关系,省吾的学生党支部决定组织一次杭州春游,于是我们几个党员就利用平日联系群众的网,层层动员,有小同学的家长不放心孩子外出,我们大同学就上门向家长保证一定照顾好他们。有的同学经济上有困难,老师就解囊相助。这样我们就组织起一支150人左右浩浩荡荡的春游队伍,约占全校同学三分之二。在杭州,同学们除尽情畅游外,还到于子三墓前举行了一次悼念活动,追悼场面庄严肃穆,学生代表致悼词,同学们还传阅了于于三惨死的照片,使每个人受到了一次反国民党反动独裁统治的教育。这次活动使更多人觉醒,不少人更自觉投身民主运动。

2. 感情闪着光

回想当时同学间亲密无间的感情,很难找到合适的词来形容,这是一种志向目标一致,在黑暗势力高压下凝聚起来的互相理解、信任、依赖的感情。

当时吕和俭家境较困难,李莉丽就把她母亲给的一个人的生活费同吕和俭合用。

倪汉卿在缴不出学费的困难关头,籍传慧把自己心爱的一只小戒指脱下来交给了他。

李亦琴收到父亲寄给她的钱,她都以缴党费形式拿出来作公用基金。

石纪勋以自己的家,当作地下党和进步同学的活动据点,程传泰、张鑫华、李亦琴等人,在局势紧张时都到石家住过,有许多次,同学们集中在他家刻钢板印宣传品。特别是有一次另外一所学校一名地下党员处境危急,由李亦琴带她到家里避风。石纪勋,包括他的父母亲,都毫不犹豫一次又一次敢担风险。

以上不过是时隔数十年还能记忆起的几件事,它们也许能多少表达当时同学间纯真的闪光感情。

3. 打不散的战斗集体

1948年6月的"反美扶日"运动,全市各大中学群众发动面广,社会广泛同情,民主运动达到了一个高潮,但一方面也面临着空前的镇压危险。总游行前几天,倪汉卿忙着组织车子，濮秀丽、程传泰、李亦琴、陈云等发动大家准备小手旗大横幅，演习唱歌呼口号等，但同学的发动和组织工作更为艰苦细致。由于这一次的政治口号有着广泛群众基础，经过反复动员说服，省吾全校绝大多数同学都参加了这次游行——许多班级全班出来了，不少以前从不参加的同学也参加了。由于预见到反动政府会使用暴力，我们就以大同学负责带好小同学的形式，把队伍严密组织起来。中午我校队伍到达集会点——外滩，其他中学的队伍也先后到达。果然这一天外滩红色警车——当时叫"飞行堡垒"密布，警察杀气腾腾，把学生队伍挤压在北京路口到南京路口人行道狭长地带。这时，有哪个队伍里撑起横幅标语，"飞行堡垒"立即夺走横幅连同撑旗人一起抓走，学生们就大声唱歌，以示团结的力量。突然我校高二班的许耀欣同学也被警察拖走了。

这样相持了五六个小时，各大学的队伍由于中途被拦截，终于未能到达集合点。这时反动政府派来一支武警马队，向学生队伍猛冲乱撞，学生队伍开始分散，我们大同学就按原计划照顾小同学一起撤离现场。一路上还有戴黑眼镜的特务从汽车后面钻出来向我们掷石块。

一离开外滩，我们的大队伍就化整为零形成许多小队伍，大家仍举着旗帜喊口号，一路游行回到学校。陈云等一些大同学还直接把小同学送到家里。

4. 为了团结多数不顾个人安危

这一天下午，我们支部几个党员回校后心理负担依旧很重。在确信一批批同学都安全返回后，又牵挂着被捕同学许耀欣的命运。第二天早上，许由学校保释回家。这时，上级地下党领导人指定籍传慧、程传泰两人立即去许家慰问。按照地下工作的情况，他们虽然警觉到这也许是反动政府设下的陷阱，但即使如此，也一定得去，因为许是第一次参加活动，思想觉悟刚开始有转机，忽然遭受这样沉重打击，我们的慰问，对他的情绪以及今后的政治倾向，关系都非常重大。不但如此，对大多数中间同学来说，我们这样做是富有人情味的，因此对进一步团结多数有利。

以上一些零星回忆，只是四十年代后期上海学生民主运动大浪潮当中的几颗小水珠，也是省吾这个舞台演出的激昂交响曲中几个微小节拍，今天记述于此，算是我们奉献给母校的永恒纪念碑的一束小花。

1987.4

继承优良校风，发扬光荣传统
1949届　范敬业

从1948年9月到1949年5月上海解放，我在母校省吾中学学习和工作仅两个学期，而实际上才九个月。九个月对人的一生来说是短暂的，可是，在我一生中，再也没有另外的九个月能使我终生不忘了！我六年的中学生活，先后在四所学校里度过。虽然在各级的生活中，都有值得怀念的地方，但我对省吾母校的感情最为深厚。我和许多老校友都深深体会到：省吾母校对我们具有神奇魅力，使人回忆起来激动不已。如今我们也常想，这魅力究竟是什么？它在我们那时的生活中是如何体现的？还有，三十多年后的今天,它还存在么,历史是不能重复的了,如果能够重复,那我们这些老校友一定带领今天的青年同学一起去参加过去我们经历过的战斗磨炼,共享过去胜利的欢乐。不过,现在我们可以回顾,从回顾中得到启迪。

1. 良好学风

省吾母校是一所学风非常好的学校。那时,我们虽然没有什么"名师"在校授课,而且我们学生都很年轻,但是,老师认真教,同学刻苦学蔚然成风。同学中的共产党员,积极分子在学习成绩上也是先进的,他们不仅自己学习好,而且还帮助功课较差的同学。在1949年春临近解放的日子里,工作十分繁忙,而学习一点也不松懈,就是在解放炮声轰鸣的日子里,学校也没有停过课,也没有同学缺席。我们的老师不仅教书,而且育人。同学们可以学到许多在其他学校学不到的知识。上世界地理课,老师就讲社会主义国家和资本主义国家的现状;上世界历史课就讲帝国主义侵华史,讲列宁说的"帝国主义就是战争"的道理;上语文课就讲鲁迅的作品。记得有一次上语文课,吕型伟老师要我们写一篇关于鲁迅杂文《聪明人和傻子和奴才》的读后感。我在读后感中说应该学习傻子那种不怨天,不尤人,不怕死,敢于挺身而出,冲破黑暗,给人们以光明的精神……说老实话,直到现在我们不知道自己对鲁迅那篇作品的含意是否理解正确了,而当时吕老师却在全班同学面前表扬了我,并由他自己进一步发挥了我的感想。我知道吕老师并非为了专门表扬某一学生,而是借题发挥,鼓励同学们勇于去做一个革命的"傻子"。为了启发同学们勇于参加革命,我们的老师真是用心良苦啊!有这样的老师指导,同学们能不奋发学习吗?

2. 纯洁高尚的精神面貌

母校的思想风气非常纯洁高尚。学校里没有什么"坏学生",学校里当然也有校规,但从未见过有同学因触犯校规而受处分,人人都很自觉,更没有人到社会上去干坏事。学校里从来没有听见有人说一句半句脏话粗话的,更不要说打架吵骂了。所有男女同学都衣着朴素、生活节俭，也没有人羡慕奢华或炫耀阔气的。旧上海，资本主义反动腐朽的文化充斥于市，然而在我们的学校里是绝对找不到市场。街头巷尾到处播放黄色歌曲，同学们觉得去听一听也是可耻的，更不会有人去唱它。那么，解放前的省吾中学是一片世外桃源吗？ 当然不是。谁都知道解放前的曹家渡五角场是地痞流氓社会渣滓聚集之地，我们学校完全处在污泥浊水包围中。我们的老师不仅没有把校门关死，而且一贯提倡同学走出校门去认识社会。可以这样说，省吾母校所以能出污泥而不染，正是广大同学充分认识资本主义社会的腐朽本质，从而自觉抵制其思想侵蚀的结果，也是我们党创办这所学校，在当时困难条件下，在一片污泥浊水包围中，奋力建设革命的精神文明的结果。我们拥有许多文艺活动的积极分子，例如曹林、王宝善、胡润森、赵小玲、朱传棻、姚淑祎、水海寰、藉传和等，他们能歌善舞，多才多艺，在他们带动下，全校处处歌声舞影四时不绝。那时我们的党员（包括一部分积极分子）都善于做群众的思想工作。一名党员联系哪几个积极分子和群众都有明确分工。这名党员就成为这一群同学的知心朋友，关心他们的思想，提高他们的觉悟，帮助他们解决学习、生活上的困难。在党的组织生活里汇报和讨论联系群众中的情况和问题。用现在的话来说：加强党的政治思想工作，用无产阶级思想占领思想文化阵地，使我们学校树立起良好的道德面貌、思想风气。这是我们的基本经验，尽管我们当时并非真正懂得这个道理。

3. 团结友爱

省吾母校是一个团结友爱的革命大家庭。在我们学校里，师生间、同学间的友谊很深。在一般学校里，高中二、三年级的大同学和初一、二的小同学不大往来。在省吾就不是这样，小同学都喜欢大朋友，大概他们觉得交上大朋友对自己的成长有帮助，能学到更多革命道理吧。许多高年级同学周围都有一群小弟弟小妹妹跟着转，大家都把帮助和爱护小同学引以为荣，以此为乐。

我当时是学生中的党支部书记，这当然是秘密的，但同学们都知道我是"带头"

的。我也有许多小朋友，像陈秀兰、杨菊菊、李定勋、励汝丰、陈保宁等。不久，励汝丰，陈保宁就成为省吾中学年龄最小的地下党员。

我们同学间的关系真是比亲兄弟亲姐妹还要亲。饭盒子里的饭菜我们匀着吃，衣服可以相互换着穿。有些同学因白色恐怖严重，吃饭睡觉都不能回家，同学们知道后就争着接待他们。我自己受到过多少同学接待，真是数也数不清了。在我们学校里，一人有难，众人相帮。1949年初，初三同学王文安家里发生了火灾，那天下午，我们刚上完课，全校同学立即出动。同学们勇敢冲向火场，由于火势太猛，王家又在一大片被烧着的棚户包围中，无法抢救，但同学们都不肯离去，大家帮助王文安家里把抢救出来的东西搬到中山公园草坪上认真看守，许多女同学陪伴和安慰王文安，许多男同学仍徘徊于火场附近，不等火势熄灭就冲进现场，希望在瓦砾堆中找到一些幸存之物，直到天黑，王家已安顿好善后，才各自回家。1949年初，经调查发现不少同学由于家庭经济困难，下学期即将失学，眼看长期共同生活和战斗的同学不能在一起庆祝胜利和迎接解放，大家心中无比难受。历年来上海学生依靠向社会呼吁募捐助学的办法，那时已不能再用，因为国民党反动派统治面临崩溃前夜，疯狂搜刮，造成物价一日数涨，民不聊生，向社会呼吁很难取得效果，更重要的是，那时反动派已大露杀机，谁出来搞助学运动就有遭逮捕和杀害的危险。于是同学们出谋献策，决定自力更生解决。我们发动全校同学和家长，有钱出钱，有力出力，有些经营工商业的家长就拿出一批小商品如肥皂、牙膏、牙刷、文具用品之类；有些同学把自己的手表和自行车也捐献出来，助学会把这些东西标了价，举办义卖晚会，全校师生和家长都来选购，把全部收入作为助学金，老师们又捐献出本来收入就很微薄的半个月工资，再加上学校对经济困难同学实行部分减免费，使全校没有一个人为经济困难失学。党组织表扬了我们的工作，地下《学生报》要我们写介绍文章，并且把我们的行动称之为"方生未死之间的最后一搏"，意思是旧社会即将死亡，新中国即将诞生前的最后一次拼搏，向全市同学介绍了省吾中学克服困难的经验。我们省吾全体师生，在斗争中相互关心相互支持，亲密无间。有一次，全校老师为反对国民党反动统治，参加全市教师的罢课斗争，我们高年级同学就主动出来代替老师给低年级同学上课，使同学学习不受影响，使老师在参加斗争中免除后顾之忧。省吾中学还有三名老校工，他们对我们的革命工作也非常支持。例如传达室的袁学贵老伯伯，他要负责门卫、传达，上下课摇铃，打扫校园等工作，整天忙个不停。在解放前紧张的战斗日子里，老师和同学进出校门都没有定时，说来就来，说走就走，他就为我们忙着开门锁门，从不抱怨。解放前的一段时间里，他主动观察学校周围的动静，一有情况就向我们报告。女职工丁师母一个人负责厕所和环境清扫工作，还要劈柴烧火，为部分师生买菜、做饭，走读同学中有不少是中午带饭的，她替大家把饭蒸好。我们把一些迎接解放的宣传品藏在柴堆里，她总是主动替我们盖得更加严密。在省吾这个革命大家庭里，师生员工一条心，团结友爱干革命。

4. 崇高的革命理想

省吾的广大同学都具有崇高的革命理想。在黑暗的旧社会，同学们能进学校读书很不容易，我们的父兄都曾寄希望于我们，希望我们把书读好，将来为家庭分挑生活重担。但我们在党教育下，深知单纯读书并不能救国。如果祖国不能获得新生，人民不能获得解放，个人即使有一点点文化知识也不会有光明前途，所以广大同学在珍惜自己学习机会的同时，投身革命斗争。为了实现解放祖国、解放人民的伟大理想，不怕迫害，不怕坐牢，不怕牺牲。当自己获得解放后，心中所想的也不是个人前途，而是解放全中国。十几岁、二十岁的青年、少年，放弃了过去梦寐以求的读书深造机会，打起背包，离别家庭，冒着敌人的炮火，行程数千里去解放那些尚未获得自由的土地和人民，然后就在远方生根、开花。他们所做的一切，是那些一心只为个人打算，毫无革命理想的人难以理解的，而四十年代的省吾同学都能以自己的行动，实现自己的崇高理想。

良好的学风，纯洁高尚的精神面貌，团结友爱和具有崇高的革命理想，这就是我们省吾的校风，就是省吾的光荣革命传统，就是我们省吾全体师生员工在党领导下在一片污泥浊水包围中奋力建设起来的社会主义精神文明。有了这四条,才使我们省吾有别于一般学校,使我们获得"红色堡垒"和"小解放区"的美誉,使每一个曾在这里学习和生活过的人永远感到光荣和自豪。

1985.2

关于省吾中学"新青联"的情况

1949届　范敬业

省吾中学于1948年冬(11—12月间)建立了党领导的秘密外围组织——新民主主义青年联盟。

1. 组建过程

1948年冬的一次支委会议上,上级负责联系领导省吾支部的张显崇同志向我们传达了一项重要指示,大意是:全国革命形势迅猛发展,全国广大革命青年迫切要求在中国共产党直接领导下献身革命工作，以往一般的进步青年群众性组织已不能满足他们的要求，党中央已在考虑建立全国性的新民主主义青年团组织。领导要我们结合省吾支部实际情况进行讨论。我们完全拥护中央对全国革命青年思想觉悟的分析评价；看到在省吾支部周围已经团结了一批经过学运斗争考验的积极分子，其中一部分在政治上相当成熟，在与我们党员私下交往中从不讳言他们拥护共产党，反对国民党，如能让他们集合在一个革命旗帜鲜明的组织里，定能进一步激发他们的革命热情，壮大我们的力量。我们希望省吾也能建立这样的组织。领导告诉我们，上海一些有条件的学校，已经上级组织批准开始筹建了，省吾支部也可着手筹建，并向我们明确指出：现在我们是处在国民党统治区，白色恐怖严重，不能建立全市性的统一组织，也不能用新民主主义青年团的名称，可建立各校党支部直接领导的秘密外围组织，名称可各不相同，例如有的学校用"新民主主义青年联盟"，有的称"同盟"，还有称"先锋队""××社"的，等等。经讨论，我们决定采用"新民主主义青年联盟"，简称"新青联"。

2. 新青联成员的发展工作

上级领导批准在省吾建立新青联组织以后又指示我们，新青联是一个秘密的政治性组织，不能像一般进步学生团体那样，只要自己愿意，谁都可以参加，而应有较严格的政治标准。我们共同讨论议订了几条发展对象的考察条件，也就是入盟条件，我记得有如下几条（大意）：必须坚决拥护共产党，反对国民党；一贯积极参加爱国学生运动；能团结同学，不搞"小圈子"；能服从领导，努力完成任务；言行谨慎，能保守秘密等。

支部把上级决定在省吾建立新青联，以及新青联成员的条件，通过支委向各党小组的全体党员传达，要求各党小组讨论，并按支部拟订的盟员条件，拟出发展对象名单，报支委会。经支委会分析、审查、筛选，最后确定了约四十人的名单，更把这四十人按年级分开，分别发还各党小组。省吾中学的党小组基本上按年级划分，所以，盟员发展工作就由发展对象所在年级党员具体执行,没有党小组的低年级,由支部指定高年级党员执行。

发展盟员的手续,我们坚决按上级指示,做到个别深入谈话,逐个吸收。支部对个别谈话拟了一些应涉及的内容,如新青联的性质与任务,对共产党和国民党的认识,对苏、美的认识,为什么要积极投身革命运动和斗争,为什么要参加革命组织等。谈话可以一次谈好,也可出题目让发展对象深入思考,下次再谈。

党员做盟员发展工作所用的方式方法,基本上是按自己入党时老同志找自己谈话的模式进行。支部规定做发展工作时不得暴露自己的党员身份,只说自己找到了一个革命组织,如你有决心,可一同参加,或说自己已参加,可为你介绍。谈话经过要上报支部,经支部同意,最后才通知本人正式批准。宣布批准时一般要求盟员谈感想、表决心,并未规定宣誓。也有个别人模仿入党宣誓的,支部认为也可以。

由于贯彻逐个吸收的原则,整个发展工作从1948年12月持续至1949年4月初(其中有一段时间是寒假)。

3. 新青联的组织领导

建盟初期,盟员人数尚少,采用谁发展谁联系的"单线"形式。随着人数增加,原则上按年级编成新青联小组。又因各年级发展工作不平衡,所以在一段时间内,也偶有跨年级混编的情况,最后仍以按班级编组定局。各小组都有一名党员负责联系,他们有的担任小组长,有的不担任而另外指定盟员任小组长,而以盟员身份参加小组活动,以保证党的领导。

各小组间不允许有"横关系"。盟员除自己小组成员外,不了解亦不允许猜测、打听校内其他人的情况。曾参加过别的小组,后来调整的同志,则要求他们对原小组成员的姓名保密。

新青联贯彻执行党支部给予的任务和指示,通过支委下达党小组,党小组讨论如何贯彻执行后,由负责新青联小组工作的党员转达盟员小组,贯彻执行情况,循逆向上报支委员。

新青联没有支部一级组织,重大问题由党支部讨论决定,日常工作由支部指定一名党员总管,初期是支部组织委员陈仲信同志负责。陈仲信调任人民保安队工作后,改由季光中同志负责。

新青联小组每周过一次组织生活。

4. 新青联的活动内容

盟员最初的小组活动,一般都经过一短期学习阶段,内容有时事形势教育、党的教育,如何做一个好盟员的教育(没有具体的"盟章"),秘密工作教育,革命气节教育(如不幸被捕,如何保护自己,保护同志,保护组织,准备牺牲)等。常由领导该小组的党员讲解。

新青联的工作除公开的校内活动外,许多工作都是秘密进行。现在能回忆起的有这样几项:①受区人民保安队指挥部指令,调查沪西曹家渡一带敌人军警宪特分布情况;重要敌机关所在情况;敌仓库物资情况;流氓恶势力头子住所所在情况等,经支部集中上报区指挥部。②印制攻心策反宣传品,寄送或投送有关对象(曾在一盟员家屋顶向长宁区伪警局投入一大包宣传品,这一任务是上级党组织交办的)。③印制和密藏大量供迎接解放用的宣传品;编写和排练歌、舞,准备人民宣传队上街时作宣传演出(有一首用秧歌调、上海话演唱的《我伲大家来欢迎,欢迎人民解放军》的歌曲,解放初曾在全市普遍唱开,此曲即由省吾新青联同志编词填曲)。④进入省吾夜校(工人及工人子弟夜校)当教师,协助党在工人中进行人民保安队建队工作(以陈仲信同志为首,带领三四名新青联成员一道工作)。⑤接待因秘密工作需要而不能在自己家住宿的党员同志。⑥轮流在校住宿,保护学校等。

5. 新青联成员的数字及解放后情况

解放后至今,我们常说省吾约有四十名新青联成员,但未认真统计过,其根据是大家记得当初曾有一个四十人左右的发展对象名单，后来也基本上都发展进来了。然而这数字并不精确，因在1949年初支部发展新党员时，有部分新青联同志入了党，这些同志入党后，有的仍留在新青联内做小组领导工作，有的因另有安排而脱离，所以估计"纯盟员"的数字少于四十人，同时兼有党员和盟员身份的，粗略估计约有十人。

1949年6月中旬，上海开始全面动员学生参加各项革命工作。在省吾重点是参加西南服务团，约有三十来人参加，党员和新青联成员都各有十余人，有少数是一般群众。党员是服从党组织决定去的，盟员一般动员他们自愿报名，经党支部审定。二是上海青干班，有盟员约四人。三是北京青干班，也有盟员四人左右。四是继续留校升学的，约在十人以内。盟员参加革命工作或继续升学，实际上都经过党支部考虑和安排，例如留校升学的同志中，有的本坚决要求参加工作，但支部考虑学校须留部分骨干继续工作，不论在省吾或整个上海，解放后的学生工作还应有人做，而且国家需要培养建设人才，经说服动员才留下的，其中包括党员。也有个别因病错过了时机，后来继续升学的。解放后即脱产当干部的新青联成员是没有的。

以上，是我于1988年3月下旬去北京，与当时领导过新青联小组工作和参加过新青联的地下党员五人共同回忆后写成，可能有不够全面详尽之处。

1988.4.8

（作者系第三届学生党支部书记）

回忆在省吾中学的学习生活

1949届 姚解生

省吾中学设有壮丽的大礼堂，没有起码的实验设备，也没有音乐厅、体育馆。她校舍简陋，物质条件没有一项值得留恋。我就是在楼上那个不规则形状教室里，度过了高中三年级这一年。省吾教师，就拿我最崇敬的章剑青、施增琦、季勤先、孟昭方等老师来说吧，我可以确切地证明，他们并非博学的硕士，教学水平很平常，但他们是革命者，播种革命的种子。我们的心紧紧联系在一起，是同志加老师。亲身受过反动当局弹压的我，被赶到省吾后，却受到省吾中学领导、革命教师的热烈欢迎，使我沐浴着革命的温暖，终身难忘。

我参加两次讨论学习会，在历史课上，也许是公民课，老师提出专题，全班同学分别回去搜集材料，经过我们自己独立思考，然后共同讨论，最后老师总结。第一个专题是："资产阶级是怎样发家致富的？"这个题目选得多好啊！正是我们最关心的问题之一，它显而易见，不是一个枝节问题，是学校精心安排的，引导我们解剖资本主义社会，学习马克思的剩余价值的基本原理。对我个人来说，这是一个划时代的创举，在教师启发指导下，跨进了马克思主义的理论宝库。尽管这是20多年前的事情了，我记忆犹新。首先，我们探讨资产阶级可不可能通过市场投机，取得超额利润。讨论结果是：作为单个的资本家来说，他是有条件，有机会凭借他的商业手段投机取巧的，可是整个资产阶级不会有所收获，因为市场商品流通的本身，不产生剩余价值。接着又讨论资产阶级靠剥削全体人民发家的提法对不对呢？讨论结果是：我们看到的半封建半殖民地的旧中国存在着许多超经济剥削现象，即使在资产阶级革命比较彻底的法国，也会有超经济剥削的残余，因为资产阶级革命是一个剥削阶级取代另一个剥削阶级。革命的漂亮口号，掩盖不了其欺骗实质。资产阶级和封建势力会有些妥协。超经济剥削，我们要打倒它，因为它是中世纪的封建剥削形态。资产阶级的经济剥削更狡猾，因为它披着"自由""民主"的外衣。归根到底，资产阶级赖以起家的财源是剥削工人阶级的剩余价值。经过同学讨论，像剥玉米一样，把资产阶级暴露无遗。使资产阶级剥削无产者的丑恶嘴脸，显现了原形。老师因势利导，作了简要总结，讨论会才结束。我们那时是幼稚的，我和我的同志们，虽然有革命热情，有冲击旧社会的勇气，可是理论准备是多么贫乏啊！这次讨论会，我开了眼界，知道世界上有一本宝书《资本论》。

第二次讨论的问题是"原则问题和技术问题的关系"。这个题目也选得很精彩，因为在白色恐怖下，学校出的专题不能太明显，需要蒙住昏庸的反动的督学老爷们，这是一个什么问题呢？无非是引导我们讨论："党的政策路线和工作方法的关系。"我这个人当年非常可笑。经过自己独立思考后，发表了形而上学的一大篇议论，中心意思是说：原则问题是根本性问题，是关键，是决定一切的，正因为如此，尽管它不是永恒不变的，也是相对稳定的。技术问题是小问题，由原则决定，既是小问题，它就不会是原则。经过同学们的讨论，最后总结，当然讨论和我的观点不同了。老师做完总结，宣布散会后，特意留我下来，和我亲切交谈。老师一遍又一遍用通俗易懂的语言跟我讲解唯物辩证法原理。讲得明了易懂，锐利精辟，我心领神会，深受教益。我虽然看过《联共（布）党史》，斯大林的《论辩证唯物主义和历史唯物主义》，我在苏联领事馆办的图书馆里（当时国泰电影院附近）也读了几句，终究我革命实践经验少，理论水平太差，实在没有看懂多少。这一次我懂得了世界上还有矛盾的统一，以及矛盾的转化这样一篇革命大道理，知道要坚持原则，那革命原则是决不能遗忘的。同时，又要讲究工作方法，解决这个"技术"问题，才能更好提出为革命原则服务，忽视了"技术"，影响了"革命原则"，这个技术上的错误，会导致原则性错误。

老师要我们学《密勒氏评论报》，报上刊登了党的七届二中全会决议。老师讲的是英文课，其实是英文为无产阶级政治服务。我恨自己英文阅读能力太差，否则弄一张公开合法的党中央文件宣传一番，可以大快吾心，大快人心。我们地下党支部的领导同志是张显崇，他这个人非常专心，记忆力特强，他向我们三个人（范敬业、陈仲信和我）传达中央文件，字字句句都背得出来。按党的规定，我们不记笔记，我只能要求辅导同志多背几遍给我听一听，可是听完之后，总有些地方要遗漏。张显崇同志给我们传达了党中央七届二中全会决议，我还没有听够，这一次老师给我补课了，我的心情怎能不激动呢！我一边看《密勒氏评论报》，一边细心听讲，我又不时看着老师的脸，我现在脑子里还有印象。孟老师的这几堂课，我怎样来形容她呢？《最后的一课》里用"法兰西的语言是最美的语言"来赞美老师。我想这个老师固然不错，终究这个老师只是属法国资产阶级的，而我们省吾的革命教师，传达了毛主席的声音。

施老师教我们解析几何，他刚从之江大学毕业，他好像是学土木工程的，我尽管学得不好，但我愿意学习数学。因为施老师是学习土木的，数学要比其他工科专业学得多些。他的课讲得很灵活，上课时，特别善于解决学生提出的讨论问题，引人入胜。

吕老师选了一篇八股文要我们学习，别开生面。可惜这篇老八股文我丢失了。否则，现在拿出来看一看，可以付诸一笑。吕老师和老秀才有原则分歧，他是拿老八股做反面教材的，他讲鲁迅反对老八股的革命道理。他把转、承、起、合巧妙尖锐地做了马克思主义的分析批判，无情的鞭挞，打在老秀才、老翰林阴沉木做的脑袋瓜上，启发我这个青年的心灵。

我怀念省吾有我的道理。我一分为二，我并不认为省吾的一切都完美。省吾很年轻，很幼稚，很不成熟。省吾好就好在接受毛主席的领导，在白色恐怖下，革命师生在地下党具体领导下，坚持斗争，夺取了一个小小的革命阵地。光荣归于党，光荣归于毛主席。

对省吾的创办，李蕊珍老师和季勤先老师功劳大。我是省吾的学生，是历史的见证人。我是肯定省吾中学政治方向的。我称颂李老师和季老师的历史功绩。

省吾的革命教师对学生很关心。我举一个例子，有一天，王文安同志家里失火，全校师生大发动，不少同学丢下书本去救火，王文安实在没有安身之处了，王文安也没办什么手续（省吾本来也就没有资产阶级学校那套繁琐哲学），拿了行李就住在学校里，得到革命教师的照顾，享受到革命大家庭的温暖。王文安同志告诉我："我怀念省吾，除了你们说的那些之外，我还额外加了一条。"我觉得他不是额外加了一条，我家里没有失火，可是我想到王文安的事情，我也分享着革命的幸福。

忆省吾若干片断

1949届　季光中

"同学们，大家起来，担负起天下的兴亡……"四十年来，有多少青年，一批批高唱毕业歌，从这里走向高等学府，走向社会，走向社会主义现代化建设的各条战线，各个岗位。省吾，多像一块肥沃的苗圃。昔日的幼苗，今天已是绿树成荫。长城内外，大江南北，哪里没有省吾师生的足迹。前人的汗水，智慧和鲜血，又在培育着今天的幼苗。在这块土壤上，还将有多少幼苗拔地而起，直矗云天！

我在省吾中学只有一年半时间，那是1948年初到1949年夏。一年半，在历史长河中,只不过是弹指一挥间。然而,这是我们国家和民族经历翻天覆地变化的一年半,也是个人成长道路上具有重大转折的一年半。因此,省吾给我留下了许许多多永远值得怀念的记忆。

1. 从新群高中到省吾中学

1947年冬,寒潮滚滚,万象萧条。这时,我已在杭州新群高中念完二年级上学期。快放寒假时,校内传出阵阵风声,说学校当局已暗下杀机,要向我们几个带头"闹学潮"的同学开刀。其实,当时我们政治上还不成熟。所谓"闹学潮",只不过是同学们由于对学校一些极不合理规章制度和措施有意见,经过多次说理斗争,毫无结果。全班同学在忍无可忍情况下,一致推荐我们几个成绩较好的同学带头罢了一次考。

放寒假了,同学们大多已回家。反动的学校当局终于利用这个机会向我们这些十五六岁的青年开刀了。和我同时被开除的有七名同学。我拿着"学业总评优秀,操行不及格,勒令退学"的成绩通知单愤然离开新群高中。在别无他途可走的情况下,决定到上海交通大学找正在那里上学的二哥季光亚商议一下怎么办。

交通大学寒假里留校的同学还很多,大多是离家较远解决不了路费的,有的还要利用假期勤工俭学。学生会对留校同学很关心、很重视。墙报、壁报、社团活动都搞得很活跃。我和大学同学生活在一起,顿觉茅塞大开,眼界更加开阔了。一天,突然在报纸上发现上海市中等教育研究会招收免费生的广告。我喜出望外,立即去报了名。不料没过几天,国民党反动当局竟在上海各大报登载了所谓揭露上海中等教育研究会黑幕的消息。我看后非常气愤,报考决心更坚决了。考试那两天,气氛十分紧张。监考老师和同学们生怕特务前来破坏,大家都很警惕。然而报名参加考试的人却很踊跃,据说足有五六百人。我幸运地被录取到省吾中学,从而开始了我人生道路新的里程。

2. 初到省吾,一股新气息

考取了免费生,心中一块石头虽然落了地,然而仅仅免缴学费,对我说来还有一连串困难。报到那天,我向学校有关领导反映,我在上海没有家,也没有亲友,请求准予住校。学校领导经过研究,很快同意了我的请求,把我安排在传达室楼上一个小亭子间里。那个小楼上有三间小房间,我和邢志清同学住一间,对门住着我们班主任董思林老师和一名从苏州来的小同学。隔壁一间住着吕型伟老师和陈老师,几米宽的斗室,摆两张床和一个小书桌就什么也放不进去了。但在解放前的上海,要解决这样一间住房也很不容易。学校确实给了我特殊照顾。

住的问题解决后,吃饭又成了问题,因为学校一般不招住读生,没有学生食堂。邢志清和苏州来的那个小同学好像都是校董的孩子,他们是和老师一起入伙的。教师尽管很清贫,但比起学生来,伙食还是要好一点,我哪里缴得起那么高的伙食费呢?正当我为这个问题着急时,董思林老师主动来问我可不可以担任家庭教师,我说数学还可以试一试,其他课程很困难。没过几天,董老师就给我介绍了两个本校同学,一个念高一,一个念初三,聘请我担任她们的家庭教师。辅导数学,每周两次,每次两小时,月工资好像是四块银元。这样,我就有了固定经济来源了。我把每月工资全部交给学校,顶了伙食费,可能还不够一点,学校也给免缴了。至于书籍,全是老师和同学帮助我从上一届的老同学处借来。省吾,在短短时间里,就使我呼吸到新鲜空气,和新群高中是截然不同的两个天地。这里的师生关系,同学关系很融洽,互助友爱,教学活动也很新奇。

3. 参加地下学联

新到一个环境,我学习比较刻苦,比较勤奋。开始时和同学们接触较少,大部分课余时间都在教室里自学。后来,我被选为组长,和老师、同学们的接触很自然多了些。不久,我发现有些同学暗地传看着一份油印小报,于是我好奇地向一位很要好的同学借来一份,一看原来是上海市学联出的《学生报》。它的内容深深吸引了我,字字句句都好像说出了同学们埋在心底里的话。此后,每期《学生报》我都要借来看,几乎一字不漏看完。过了约一两个月,高三同学陈云介绍我参加了地下学联,担任省吾中学校代表，任务是给《学生报》写稿，反映同学们的意见、要求，并做好发行工作。我高兴地接受了这个任务。

4. "反美扶日"斗争

解放战争转入全面反攻阶段后，正面战场上国民党军队节节败退，已是江河日下，风雨飘摇。在这种形势下，美帝国主义加紧扶植日本帝国主义，企图挽回其败局。为了揭露美帝国主义这一罪恶阴谋，上海地下党发动群众开展了一次轰轰烈烈的"反美扶日"斗争。先是提倡国货，抵制日货。五四前后，又在交通大学校园内举行了营火晚会，有几名同学揭露了日本帝国主义的侵华罪行。6月5日那天，原计划组织一次大规模的"反美扶日"游行示威。省吾中学参加游行的有百余人。一清早，同学们就到外滩指定地点集合了。到了八九点钟，已有几十所学校的数千名同学来到外滩集中。但据联络员介绍，那天，国民党当局动员了大批警察、宪兵、特务要对学生进行疯狂镇压。交大、同济、复旦等几所高等院校，都被荷枪实弹的国民党反动军警所包围。校门口还架有装甲车、机枪、水龙等。大学的同学都未能冲出校门。在外滩，军警也越来越多，他们排成三层把准备游行的同学团团围住。但同学们都秩序井然站在队列里，不时喊着口号。就这样僵持了几个小时。为了避免造成损失，到了下午四、五点钟，临时决定改为分散游行，我校同学由外滩步行回曹家渡五角场，沿途做了很多宣传。这次斗争，博得了各界人民的广泛同情和支持，取得了很好效果。建国初期，我在参观革命历史博物馆时，曾发现有省吾中学同学参加"反美扶日"游行的一幅照片。在这次斗争中，省吾中学有两名同学被逮捕。但经过多方营救，没有几天，都先后获释，继续上学。经过斗争洗礼，广大师生锻炼得更加坚强了。

5. 一个寓意深刻的故事

董老师常利用课余时间组织我们开展生动活泼的活动。一天，我们班举办了故事会、要求每个同学讲一个富有教育意义的小故事。同学们都各自做了认真准备。在故事会上发言的有十来位同学。其中有位同学讲了一个"一线希望"的故事。大意是：有一个穷学生，家离学校很远，早晨没有吃早饭就匆匆忙忙赶着上学了。中午放学时，他又拖着疲惫的步伐回家。一路走着走着，肚子咕咕叫。这时路边大饼摊子不时散发出诱人的香味。这个同学很想买块大饼填肚充饥，于是不由自主摸了摸衣服的口袋，看有没有钱。他摸了一个口袋，又摸一个口袋，都没有钱。他穿的衣裤，总共有六个口袋，连续摸了五个，都没有分文。留下最后一个口袋，他再不去摸它了。因为要是再摸了没有钱，连有钱的希望也没有了。他忍着饥饿，抱着一线希望，强作精神走回家去……故事结束时，董老师表扬了这个同学，说故事情节简单，但寓意深刻。人是应该有点希望的，看到希望的曙光，能给人以坚韧不拔的意志、毅力和力量。

6. 生病以后

1948年暑假。我生了一场病，发高烧，躺了几天。虽然在假期里，老师和同学们常来看我，使我感到暖滋滋的。尽管这样，只有十七岁的我，一个人躺在床上，还常常想家，特别想妈妈。一天，我高烧发到三十九摄氏度，什么也不想吃。董老师买了个西瓜，坐在我床边，一匙一匙喂我。我模模糊糊地好像妈妈就在我身边。这次病愈，我潜意识中认定董老师和还有几位老师一定是地下党员。否则，他们为什么这样好呢？

7. 一套黄咔叽衣服

二哥经过一学期的节衣缩食，节约了一点钱，给我做了一套黄咔叽学生装。当时，在学生中特别是高中以上学生中很流行穿黄咔叽衣服。我因家庭经济困难，虽然快念高三了，还从未穿过这样的衣服，因此特别爱惜，像大礼服一样把它包着一直舍不得穿。开学以后，省吾等几所学校倡议开展助学义卖活动。先是动员同学发扬互助精神，尽力所能及，帮助经济上比较困难的同学。学校动员那天，我想了很久，我除了这套新咔叽衣服外，再没有什么可以捐献的了。于是我第一个报名捐献一套咔叽衣服，接着有许多同学报名捐献。一般都量力而行，有啥捐啥。也有的同学把心爱的手表、自行车都捐献出来。因捐献出自行车影响按时上学,学生会又做了细致的思想工作,动员那位同学把车收回。这次助学活动,《学生报》在第一版用整版篇幅作了报导,博得了社会上各阶层的广泛同情和支持。

8. 入党

1948年秋,有几名同学相约组织了个读书会,学习政治理论和文艺书籍,如艾思奇的《大众哲学》、苏联小说《钢铁是怎样炼成的》《青年近卫军》《日日夜夜》等,大家在自学基础上利用星期天集中座谈学习体会、心得。参加学习的五六十人。好像有高炜、石良耘,王碧云等同学。集中时间和地点是临时商定的,我记得去姚解生同学家里开过几次会。经过一段时间学习,一天下午,姚解生同学在我宿舍轻轻告诉我,有人介绍他参加共产党,邀我一道参加。我当时虽有入党的迫切要求,但因姚解生同学平时在班里不多说话,也很少出头露面,我怕上当受骗,故意跟他说:"我不参加,不过你这样信任我,我决不会做对不起同学的事。"我们谈了几十分钟,我一直坚持这个态度,姚解生只得闷闷走了。姚解生走后,没有几分钟,我紧接着去姚解生同学家里,这时,他家里还坐着一个陌生人,年龄比我大一点,衣着朴素。姚把我带到另一间房间,我经过一番观察,感到不会有什么问题,于是我轻轻告诉姚解生说,我请求参加共产党。姚听后很高兴,第二天给我带来一份党章,我躲到地下室,反复看了几遍,又写了一份入党申请书。过了几天,姚解生约我到他家,说上级党委一位代表要找我谈话,我去一看,原来就是那天见到的那同志。他谈完话后,就通知我是预备党员了。没有多久,高炜也入党了,我们编在一个小组。

9. 迎接解放

1949年新年伊始,党报发表了《将革命进行到底》的元旦社论。继辽沈战役、平津战役之后,又发动了淮海战役,并取得了决定性胜利。解放战争势如破竹,上海的解放已是指日可待。这段时间里,省吾中学党支部在上级党委领导下,积极完成了迎接上海解放的各项准备工作。如发动群众讨论上海究竟是北平方式,天津方式,还是绥远方式解放；组织基本群众分别参加了人民保安队和人民宣传队；开展护厂护校斗争；宣传党的城市政策、工商政策、劳资政策；按支部分片包干绘制了上海市的军用地图；为适应形势发展需要，还及时发展壮大了党组织。

临近解放时，为了减少不必要损失，我们几个党员分头隐蔽起来，定期到校开碰头会，研究工作。我和高炜开始时住在吴宗茂同学家里，他家有个小妹妹，当时大概只有十来岁，挺机灵，常常给我们守门。住了一段时间，我们又转移到一个当音乐老师的亲戚家里。高炜比较善于做群众工作，很快就和他们家里人搞熟了。在他家，我们还做了不少纸花，准备上海解放时用。

有一天，我和高炜按通知到学校碰头。到下午四五点钟，其他同学都分头走了，只有高炜和我不知因什么事耽搁了没有撤离学校。突然，国民党反动当局实施紧急戒严，主要交通路口，都有军警把守，盘查很严，同时还搜查户口。我们两人看形势紧迫，干脆大摇大摆走到学校弄堂口的五角场电影院看电影去了，那天是放映苏联影片《西伯利亚交响曲》，坐了上百名观众。正放映间，忽然一阵炮声隆隆，观众一轰而散。坚持看完电影的寥寥无几。我们走出影院，看警察仍在搜查，于是又回到学校。那天晚上我们就住在传达室里间。枪声越来越密集，依稀还可以听到人的走动声。到夜里一点多钟，敲门声一阵紧似一阵，我们看形势不好，临时统一了口径。传达室老工友起身开门。过了十来分钟，老工友高兴地进来告诉我们，刚才来的是解放军，检查这里有没有驻扎部队，我们听了高兴之极，一夜未能入睡。不时还传来零星枪声，对刚才的消息也还未完全证实，我们都没有出去。第二天天刚蒙蒙亮，我和高炜再也按捺不住了，就走出校门，想到外面探个究竟。街上秩序井然，交通警察的枪都被缴了，虽然还在维持交通秩序，态度已和往常大不相同，不再那么神气活现了。

没有多久，同学们陆续来校，一个个喜形于色，奔走相告，上海解放了。上海人民从此站起来了。解放的枪声敲响了国民党反动派的丧钟，宣告了新上海的诞生，上海从此进入了一个新的纪元。

1985.12

我在省吾参加《学生报》的地下发行工作

1949届　顾联瑜

1948年上半年,由于在同济附中领导学生运动,又担任学生自治会公开职务,我被国民党反动当局列入黑名单。到了学期结束,校方一纸"勒令退学",把我开除出同济附中。

暑假,我离开上海到苏州去隐蔽了一段时间。回来后我考入省吾中学读高三。省吾是地下党领导的进步学校,学生运动十分活跃,民主进步气氛浓厚。但是,由于有同济附中这段经历,我不能过于暴露,因此在学校各项公开活动中,我都保持低调。在此情况下,通过季光中同学安排,我参加了上海学联办的地下报纸《学生报》的秘密发行工作。

《学生报》的编辑、出版、印刷和发行,都按照党的地下工作纪律进行。我所在的发行小组共5个人,其中一人负责到地下印刷厂取报,然后分给大家,其他人都不知道报纸的印刷地点,也不认识上级领导人。每人分工向固定的几所学校运送报纸,但不能直接送到学校,要送到学联在每个学校选定的校代表家中,以免暴露。

送报到校代表家中时,是按约定时间到达(不能提前或拖后)。先看清有没有暗号(例如窗台上摆的一盆花,或者开着的窗户挂一个拖把),然后敲门,见面后对暗语,一般都是课堂学习内容。暗语对上了,把报纸交出去,就完成了任务。

我是一边在省吾上学,一边担任《学生报》的发行工作。拿到每期报纸后,先在家里按各校份数分好,装进书包。到校后,把装有《学生报》的书包藏到季光中同学的宿舍，放学后去分送。可以说省吾是《学生报》地下发行的据点之一。

地下工作有极严格的纪律，必须一丝不苟遵守。我参加《学生报》的发行，省吾的同学和老师都不知道，也不能告诉家里父母、兄弟。我负责送报学校的校代表虽然认识我，但他们不知道我是哪个学校的同学，也不知道我的真实姓名。当时我用的化名是"张正"。这样，如果某个学校的校代表出了事，整个《学生报》发行系统也不会遭到破坏，当然省吾也不会受牵连。

在严峻的白色恐怖环境里发行地下报纸，有一定危险性。带着一卷一卷《学生报》在马路上走，有时会遭到反动军警盘查，我们必须高度警惕，眼观六路，及时躲避。外表也要有点伪装：穿得"时髦"一点，动作"潇洒"一点，尽量避免引起反动军警和特务怀疑。但革命总会有牺牲，我们另一个发行小组的一名同志，就是在上海解放前夕不幸被反动当局抓去而遇害。

除了秘密发送《学生报》，我们有时也传递一些文件、情报和印刷品等。我记得在临近解放时曾经传递过一份传单，内容是《中国人民解放军惩处战争罪犯命令》，这传单就是经过我们的手送到各校，至今我还保存了一份作为珍贵的纪念。

除了按时完成发行报纸的任务，我们小组同志还经常在一起开会，学习上级指示精神，了解斗争形势，展开讨论。记得有一次上级向我们传达了关于共产国际情报局开除南斯拉夫共产党的消息，这对我们掌握国际形势变化，加强随时应变的思想准备有很大帮助。

在上海即将解放的一段时间里，一方面各学校在地下党领导下开展了迎接解放的学生运动，省吾在这时更是热火朝天，同学们扭秧歌、唱革命歌曲、演话剧等忙得不可开交。但另一方面，反动派也更加紧了对革命活动的镇压。这时上级通知我，由于我上过黑名单，敌人近期要进行大搜捕，命令我不准回家住，要隐蔽起来。时间很紧迫，一时找不到合适的住处，今天这家，明天换另一家，白天仍坚持到校上课和送报。后来找到一家花园洋房，主人去香港了，通过关系借住进去，比较安全，一直住到上海解放。上海解放第二天，我们接受了新任务。这时《学生报》已不再出版，我们发行员全体转移到上海人民团体联合会宣传总部工作，具体任务是往各区宣传站运送印刷好的宣传品。当时马路上还有枪声、流弹，我们坐在卡车里到处转，也顾不得危险了。我们几个人挤在一个小印刷所楼上，打地铺，吃大锅饭，都不回家，过着军事共产主义的生活。

不久，上海团市委成立，要筹备出版机关报《青年报》，把我们调去负责发行工作。从地下的《学生报》到公开的《青年报》，虽然还是搞发行，但情况大不相同了。我们可以大摇大摆把报纸直接送到各个学校去，而且还可以经常召集各校发行人到发行站开会，布置任务。从此我就走上了新中国的报刊发行战线，从事服务于全国的邮政事业，一直到1989年从岗位上离休。

我在省吾迎接上海解放

1949 届 高炜

在省吾中学，我度过了青年时代最美好最值得怀念的一年——1948 年 9 月到 1949 年暑期。在这一年中，我虽然没有做出什么轰轰烈烈的惊人之举，但我的思想产生了飞跃，党的教育、地下斗争的锻炼坚定了我的信仰和理想——为共产主义奋斗。

1. 由"白色据点"转入"红色堡垒"

1948 年 5 月，我因在中正中学参加反对帝国主义、反对国民党的斗争被学校开除学籍。中正中学用蒋中正的名字做校名，可见其反动性不同一般，正因为这样，中正中学的学生运动也引起社会关注，我们被开除的消息就曾刊登在《大公报》上。开除并没有吓倒我，但今后向何处去却使我发愁。我在外面过了一段流浪生活后，无奈回家了。就在我感到有些彷徨的时候，我的老同学，地下党员范敬业来找我了。在我家亭子间里，他给我介绍了形势，并且告诉我一些同学被捕的消息。朝夕相处的好同学被捕，怎能叫人不揪心。我又发火了，打倒国民党的拳头重新握紧了。下一步棋怎么走，范敬业提出了我和他一起去省吾中学念高三的建议。省吾、省吾，"一日三省吾身"也。我欣然接受了他的建议，但又不知怎样才能弄到转学证书。神通广大的范敬业不慌不忙拿出一张印有某某学校的空白信笺，笑着说，有办法，拿块肥皂来。他从书包里掏出刻字刀，很快就用肥皂刻出两颗图章，一颗是学校的大印章，一颗是校长私章。顷刻之间，一张转学证书炮制成功了。我的名字原来叫高定中，登过报，现在不能用了。我们忙着翻字典，相中了"炜"字，"炜"是光明的意思。好！未来的光明，就叫高炜。我们高兴地笑了个痛快。对诚心诚意帮助我的老同学，我真是佩服得五体投地。在中正中学就是他带着我参加了学生运动，就是他帮助我认清了国民党的腐败黑暗，而这一切都是在友谊，信任中悄悄进行着。

到了省吾，我似乎进入一个"红色根据地"，在中正中学搞一切活动都是秘密的，在这里许多活动是半公开的或公开的。后来我知道省吾中学是地下党创办的，老师和同学中有许多都是地下党员。真的感谢他们，是他们为我们创造了一个这样好的环境，革命的书籍在同学中互相传阅，进步的歌可以放开喉咙唱。下课了，我们和同学一起打球，跳舞，出墙报，搞助学活动，尽力团结更多同学共同进步。我爱上了省吾，也迫切希望自己能做一名光荣的共产党员，为省吾同学多做一点工作。出乎意料的是，找我谈入党问题的不是范敬业，却是姚解生。我有些迷惑，因为对姚解生不十分了解。但我入党心切。又自觉感到这是范敬业要他来发展我的。我写了入党申请书，如实写了我家庭的情况，入党动机。1948年12月29日，这是值得纪念的一天。姚解生同志领着我和季光中，在省吾一间小屋里宣誓入党，要为共产主义奋斗终身。这个誓言成了我今后行动的准则，在我最坎坷的岁月里，我没有忘记这个誓言，我没有放弃这个信仰，它是我的精神支柱。三十多年的历史也证明，在省吾这块土地上成长起来的同学，绝大多数都是好样的。他们不为名、不为利，在各自岗位上尽自己一份心。

2. 在迎接解放的日子里

每天，党的地下组织都给我们传来解放战争胜利的消息。不能只让党员知道，要把信息传递给每个同学，怎么办！口头宣传，传送《学生报》是惯用的手段。但这满足不了广大同学的要求。好，来个大胆行动，一幅全国大地图挂出来了。济南解放了，插上一面红旗，徐州解放了，再插上一面。插一面红旗，振奋一次人心。红旗越插越多，同学们高兴，三青团员没奈何，也不敢破坏，正气压倒邪气，真痛快。

那一段时间，地下党组织也特别关心我们的安全，我们不再每天住在家里，而是常变换住宿地点。我和季光中就在初二同学乐嘉纯家里住过好几天。我还记得，乐嘉纯同学家里是做手帕的，他把我们安顿在楼上一间小屋里，而且告诉我们，万一有什么动静，可以从屋顶上逃跑，虽然是初二的小同学，但他的觉悟远远超出了他的年龄。解放后，我一直没有见到乐嘉纯，但我一直在想念他。越是临近解放，国民党越加疯狂，兄弟学校学生被捕的消息也不时传来。有一次，我也险遭麻烦。那天傍晚，我骑自行车带了几份要分发出去的《学生报》离校，路上碰到了国民党宪兵。他们拦住我，盘问了我半天，又把我挂在胸前的红色助学纪念章翻来覆去看了半天，幸好，他们没有发现我藏在自行车坐垫下的《学生报》，宪兵把我放了，我也意识到可能是胸前的红色纪念章惹来了麻烦。

　　上海临近解放，护校问题迫在眉睫，不能让国民党破坏我们的"根据地"，明天，我们的小弟弟小妹妹要在这里为建设新中国勤奋学习。虽然我们不知道将会发生什么！我们手中也没有武器，但是我们许多同学毫不犹豫搬到学校里来住了。我们只有一个信念，我们一定要保住这块育人的苗圃。女同学住在教室楼里，我和范敬业、王宝善等男同学就住在传达室隔壁的音乐教室里，几条长凳一拼，就是我们的床铺。夜深了，我们听着不时划破长空传来的炮声、枪声，谈论着解放，盼望着解放军早日到来。可笑的是真正的解放军来临那一刻，我们却又紧紧闭上了双眼。那是一个漆黑的夜晚——解放上海前夕，半夜里突然响起了敲门声，怎么办？我们有些紧张，我脑子里闪过的第一个念头是国民党特务来了，想着怎么对付他们，不知是谁，说了不要动，闭上眼睛睡觉。我们每个人都这样做了。可神经都绷直了。最轻微的响动都听得一清二楚。门打开了，人进来了，手电筒在我们脸上晃来晃去。我们没有理会，等待着来人的下一个行动。等着，等着，又响起了吱哑声，大门打开人走了。我们不约而同跳了起来。看门的袁大爷笑呵呵地说："不要紧张，是解放军。"这时候的我们，一个个都傻了。真是解放军吗？上海解放了吗？有那么快吗，日夜盼望的解放眼看已变成现实，却又怀疑起来了。

3. 告别母校　走向生活

革命浪潮激动着我们年轻人的心，我们冒雨欢迎解放军进城，到处参加欢迎会、联欢会，唱啊！跳啊！世界在变，观念在变，那一身黄色军装在我们眼里比起我们穿上西装、茄克衫不知要美多少倍。向前、向前的进行曲比起我们原来爱唱的小调更动听，振人心弦，过去，上大学是我们高中毕业生的最高选择，现在，参军参加革命最光荣。第一个被欢送的是我们学生地下党支部书记范敬业，他被分配到长宁区委工作。我们也很快接到通知。我和季光中、石良耘、吴宗茂去中央团校学习，曹林、王碧云等去军校，王宝善、张蒔英、王文安、谭文修、钱纪康、宋珏、沙猛、夏乐仁等一大批同学参加西南服务团，其中还有不少初三、初二的小同学。去西南的同学，每人要发给一支枪，要步行去重庆。艰苦的历程，伟大的壮举，我打心眼里佩服他们的英雄气概，羡慕他们的英雄使命。那些天，我天天到他们的集中地大夏大学陪着他们，我真想跟着他们走。当然我最后还是乖乖背上行李按期去华东团工委报到。因为台风影响，我们的行期延后，可我们四个人谁都不愿意再回家，刚跟穿黄军装接近了一些，又要离去，舍不得啊！我们在院子里拦住了当时华东团工委书记李昌同志，请示留下。经李昌同志同意，我们三个男同志高高兴兴在走廊里打了地铺，女同学石良耘受到特殊照顾，被请到屋里睡觉。

中央团校设在河北省良乡县，我们是第二期学员。比起上海来，这里条件当然差远了！破庙是我们的教室；城头是我们学习的课堂；宿舍遍及整个县城，我们分别住在老乡家里，吃窝窝头。吃顿白面，那是改善生活，我们几个省吾同学最不习惯的是吃窝窝头，我拉了一星期的稀，才算把肚子改造过来。没有人叫苦说苦话，大家都自觉来受锻炼，而且我们终于穿上了一身黄军装。我爱惜这黄军装，我把它作为革命战士的象征，我把它作为"省吾"（改造思想）的动力。我穿着它站在天安门广场上，参加了开国大典。我穿着它，迈开了实现伟大理想的新的一步。

1985.4.11

省吾半年

1949届 石良耘

我是1949年初开学时到咱校读高三（下半期）的。在来校前，我听说过省吾中学是红色堡垒之一。来校后，一种与众不同的师生、同学关系，深深吸引了我。大部分同学在学习、生活上，互相都那么热情关心，老师对我们也像对教了多年的学生一样，问长问短。作为一个新生，并不感到陌生，好像我早已是这个大家庭中的一员了。

我的家境不大好，因此开学头两天，仲信同志就很关心地询问我学习上有什么困难没有，书本都备齐了没有，当他知道我还有书没借到时，就帮我找来了。

大概一两个星期后，吴文建同学找我说，他们几个同学想组织个读书小组，主要在一起温习功课、问我愿不愿意参加。对这些同学的情况，我从熟悉的同志那里有一些了解。因此我很高兴地参加了这个读书小组。组里还有季光中、宋凯耀等。小组除了温习功课，好像有时还议论形势等。此外，还联系班级的其他同学。

我就在这个小组里参加了党领导的地下新民主主义青年联盟。

大约三月份，由于工作需要，组织上要我到省吾民校去教书。在民校，由谭文修同志介绍，我参加了向往已久的伟大的中国共产党。这样我就转到民校党小组。小组共四人，谭文修是小组长，还有唐林宝同志和我。仲信同志是支委，参加并领导我们这个小组。

省吾民校创办于什么时候，我不清楚。它招收附近工厂一些青年工人和穷人家孩子，由我们这些学生当老师，利用晚上时间给他们上课。教文化，也讲讲形势。

还请水海寰同学教唱歌、舞蹈，配合当时宣传工作需要，民校同学还在一些工厂演出过几次（具体记不清了），民校学生还是不少。他们中很多同学坦率、热情，对当时现实不满，很有觉悟。学习上也积极认真。这个民校是我们地下党在工人中进行工作的一个阵地。

好像是四月份，仲信同志传达上级指示，要我们在工人学生中慎重发展几个地下工人协会会员，成为民校工人同学中的骨干，同时也可以使他们在厂里开展工作。我们经过一段工作，分别发展了袁锦民、宗海云、马伟倩（女）三个工人同志，成立了民校地下工协小组，在工人中进行活动。（他们在什么工厂已记不得了）。

平时布置或检查工作，仲信同志单独找小组长谭文修的时候多些。我们的党小组会，为了避免引起别人注意，有时以研究夜校工作为名召开，有时仲信同志带我们到兆丰公园（现中山公园）草地上去开。有时，晚上回家，他在自行车上带上我或谭文修，交代工作或问我些情况。

有一段时间，形势很紧张，反动派到处抓人，我们通过一些关系分别离家住在别处。记得我曾在一个姓黄的中年女工（记不得是谁的关系了）家里住过几夜，和她谈谈工厂、学校里的事情，教她唱当时流行的进步歌曲。她对我们很热情。

解放前夕，地下党领导开展护校活动。好多同学为了保护学校不被敌人破坏，白天、晚上都不回家。我们小组好像也都参加了这个活动。白天和同学们一起学习或工作，晚上都睡在学校里，（记不清了，好像是在一间常开会用的大屋子里）轮流休息。大家警惕地在学校各个角落溜达巡视，以防不测。这样坚持到解放。

这个学期里，除了参加社会上一些革命活动外，在支部领导下，学校里还搞过形势讨论会、歌咏队、舞蹈队等活动。形势讨论好像全校性的，同学分成两方，一方提问题，一方答辩。记得一次讨论对时局的看法，对反动当局的认识……一方是以高炜为首的一部分同学专门提问题；另一方以范敬业为首的一些同学答辩，很生动，很有教育意义。很多初一、初二的小同学也都带劲地听着说着。

解放后，我们欢迎过解放军，到大街进行宣传. 参加了打击银元投机倒把活动等，

6月份，同学们分别参加了南下北上的队伍，我和高炜、季光中、吴宗茂被组织送到当时在河北良乡的中央团校学习。

1979.2

在迎接上海解放的日子里
——我校的"应变会"情况
1949届 吴文建

我们是在1949年上海解放时从母校毕业的。记得上海解放前夕，我们的同学在地下党领导下，为了迎接上海解放，防止国民党反动派破坏，学校里成立了"应变会"，把全校同学组织起来，参加护校工作。紧要关头那几天，有不少同学住在学校里。学校地方小，又没有这么多床铺，大家开动脑筋，就地取材，因陋就简，到了晚上把课桌拼起来，在教室里只要能躺下休息就行。有的同学用草席铺在教室地板上，这样也行了。我们睡在教室里，夜深人静时，经常可听到一些机枪声和爆炸声。由于教室里人多，也就不觉得怕了。我们特别加强校门的值班，时刻警惕着不让外面的坏人混进学校里来。值班同学是由高年级同学和低年级同学穿插安排的。记得是在上海解放前一天，长宁路一带，从西站方向溃退而来的国民党军警人员很多，在天还未黑的傍晚，正当我们在校门口值班时，有一个国民党警察用刀敲着校门，问他："干什么？"回答："外面风声紧，要进来躲一躲。"我们说："这里是学校，你不能进来！"这家伙显得一副可怜的样子，说了好多好话，还是赖着不肯走。我们看着这样子，严肃地告诉他，"解放军来了，不用害怕，只要你改邪归正，脱下老虎皮，不再为国民党卖命，不再欺压老百姓，真心诚意回到人民一边来，不就好了？躲来躲去有啥用？"这句话大概起了一点作用，不久他走开了。

  随着上海解放形势的发展，到后来学校不再坚持上课了，然而不少同学仍每天坚持到校，主动听候分配，积极承担任务。有的参加值班护校，有的忙赶写"庆祝上海解放""欢迎中国人民解放军""毛主席万岁""中国共产党万岁"等大幅标语，也有的刻蜡纸、印材料，主要内容是宣传共产党和人民政府的方针政策，更多的同学积极排练歌舞，以备当上海解放时，立即上街宣传。在上海即将解放的日子里，校外形势比较紧张了，但我们学校里充满着热气腾腾，朝气蓬勃的青年人特有的一种活力，他们很紧张地然而又很愉快地谈笑着，干着各自分担的任务。总的任务是为迎接上海解放做好各种准备。

  5月25日上海解放了。省吾的同学，一部分人参加保安工作，维护上海刚解放时的社会秩序；另一部分人担任宣传工作，宣传党和人民政府的方针、政策，使之家喻户晓。每天一清早，就有一队队佩戴"为人民服务"臂章的学生队伍，走向指定马路和交通要道进行宣传。我校指定宣传地点是曹家渡五角场一带。记得当初我们同学大部分是参加宣传队工作的，曹林同志主动承担唱歌指挥，王宝善同学连夜编写歌词，王碧云同学为合唱队拉手风琴伴奏。解放初的曹家渡五角场一下子沉浸在欢乐气氛中，热闹非凡。在一片歌声、腰鼓声、秧歌舞和演讲声中，被吸引来的观众真是人山人海。

  "应变会"时间并不长，但在迎接上海解放时，曾作出了一定贡献。

难忘的1949

1949届　宋凯耀

1948年秋，我从育才转到省吾，和我同时转学来的还有范敬业、陈仲信、姚解生、高炜、吴文建等十人。我们都是因为搞学生运动而被原学校勒令退学或开除的，大家不约而同走到一起来了。当时省吾中学被誉为沪西的红色堡垒。我们高三级取名为星火级，意即星星之火，可以燎原，推选陈仲信为级长。我负责《星火报》的编辑、出版和发行工作。

省吾跟育才最大的不同是民主气氛很浓，学生与教师是平等的，有什么问题都可以与教师和校方商量，好的建议都受到学校支持。节假日期间由学生会发起，推行小先生制度，由高年级辅导低年级，对经济困难学生开展义卖助学活动。周末还经常举行文娱演出和教唱歌曲，这些也都是在校方支持下由几名高年级学生负责，气氛十分活跃，而且有感染力。

当时国内解放战争的形势发展快，继辽沈战役以后，解放军进关大量集结华北地区，包围平津两地，准备解放战争的第二战役。不久，国民党将领傅作义率部起义，北平和平解放，这对我们广大学生是个很大鼓舞，大家纷纷撰写文章向《星火报》投稿，其中有姚解生的《论时局》，有季光中的《北平解放话上海》等，阐述上海的形势和未来的命运。这些文章立论精辟，说理清楚，质量都很高，足见那时学生们扎实的文字修养与深刻的政治见解。为了搞好《星火报》的编写工作，我利用晚上时间，到吴文建家中去听新华社短波，整理后刊在《星火报》上，陈仲信觉得这是个很好的时机,可以教育、引导同学认识形势。于是由他发起,召开一次"上海向何处去"的讨论会。会上,有同学提出上海最好学北平和平解放;有的同学则认为当时蒋介石派了嫡系汤恩伯部队驻守上海,看来要解放上海必将有一场激战。总之,大家发言踊跃,都说出了渴望上海早日解放的愿望。陈仲信最后也讲话,形势发展快,大家更要保持警觉,团结一致,注意斗争策略,不作无谓牺牲。

1949年春节前后,举世瞩目的淮海战役爆发,国民党虽孤注一掷,但还是阻止不了解放军的攻势。这年三四月份,汤恩伯加紧对上海爱国志士的镇压,连一个在电车站等八路电车的老百姓,说了一句"八路来了"(他的意思是八路电车来了)的话也遭迫害。地下党为爱护每一个爱国学生,通知我们暂时避一避,不要抛头露面。因为我父亲在银行工作,在极斯非尔路(今万航渡路)中行别业有一幢三层楼房,比较隐蔽,于是地下党决定让一些有危险的同学到这里来暂住。我们班顾联瑜参加地下市学联工作,处境十分危险,地下党通过我的联系人姚解生与我联系,让他住在我家,直到上海解放。

1949年4月,南京国民党政府拒绝在《国内和平协定》上签字,毛主席,朱总司令下令"向全国进军"。于是,百万雄师过大江,彻底摧毁了国民党军队长期苦心经营的长江防线。

5月初,地下党为迎接上海解放,在进步学生和工人队伍中建立宣传队与保安队组织,接着又成立护校队和护厂队,省吾中学约有三四十人参加宣传队,我和姚解生、吴文建都是宣传队成员。我们宣传队集中三天在同学王宝善家中通宵做五角星、大红花,写宣传标语口号,大家的心情可以说激动极了。

炮声、枪声越来越近,很多同学都聚集在学校里,关上大门,等候消息。5月24日晚上是最紧张的一夜,天下着蒙蒙细雨,大批解放军已悄悄进入市区,开始进驻一批要害部门。第二天天一亮,当老百姓看到解放军都睡在马路上,身上还淋着小雨时,没有一个不被这种情景所感动。人们敬佩解放军,人们爱戴解放军。就在这时,传来一个很不幸的消息,我们的同班同学,地下党员陈仲信在执行保安队任务时,被国民党残匪杀害，年仅二十岁。陈仲信是解放上海战斗中最年轻也是最后英勇牺牲的地下党员。那一天开始，我们宣传队出动，我的任务是负责从兆丰公园（即今中山公园）到静安寺沿街沿弄张贴标语，进店进家宣传，在空旷处还组织活报剧演出，以后又参加了反银元投机的宣传任务。

这时，使我们最难过的是和我们一起战斗，为革命付出毕生心血的陈仲信已经享受不到解放的欢乐和当家作主的新生活了。烈士追悼会在当时"约大"礼堂隆重举行，我们全班同学都怀着沉痛的心情参加追悼会。韦悫副市长到会讲话，省吾地下学生党支部书记范敬业介绍了陈仲信的生平，在场的同志个个泪水盈满了两眸。当仪韵女中的乐队奏起哀乐时，我和同班另外三个同学将一面鲜艳的画有火炬和省吾两字的红旗轻轻覆盖在烈士遗体上。哀乐声中，大家怀着沉痛的心情默默向烈士告别。

一个烈士倒下去，千百个战士站起来。省吾同学在烈士精神感召下，纷纷报名参加革命，有的北上参加中央团校、军委干校学习，有的南下参加西南服务团去解放祖国的大西南，有的到北方、南方参加市政建设，我被留在上海搞青年干部工作，后来又转到宣传部门搞马列主义教育。

岁月易逝，五十多年过去了。当年的小伙子、小姑娘如今都已成了爷爷和奶奶。我们回想起当年在省吾的这段往事，历历在目，永远不会忘记。饮水思源，我们更不能忘记的是，今天祖国的繁荣和人民生活的幸福，离不开无数先烈的忘我奉献。

日记片段

（1949年5月至7月）

1949届　宋凯耀

五月廿九日 雨 星期日

红旗在上海上空飘扬，我们都浸沉在解放后的幸福之中。为迎接解放，省吾高中部的同学都被吸收参加了市人民保安队和人民宣传队。我被分配在宣传队直属队里工作。今天上午帮宣传队张贴组去张贴布告，从静安寺一直贴到兆丰公园（现中山公园），然后到"约大"去准备陈仲信烈士的追悼会。四天以前，我们班级的陈仲信同学不幸在执行保安队任务时光荣牺牲了。大家听到这个噩耗都感到悲痛万分。石良耘哭得最厉害，同学们都围着劝她，可是，每个人的眼睛里都淌着泪花。大家边哭边相互勉励，化悲痛为力量，向为解放上海而光荣牺牲的陈仲信烈士致敬！

五月三十日 阴 星期一

在宣传队直属队里工作了三天，今天回到省吾中学，心中充满着快慰，几个同学坐在一起谈了一会儿体会。下午新青联召开全体大会，研究健全组织和如何开展学生活动等问题。

五月三十一日 星期二

上午继续外出宣传。下午在新青联全体会议上，我们进行了宣誓。宣誓是：我愿在中共中央委员毛泽东同志领导下，终生为新民主主义奋斗，严守纪律，服从命令，如有违反，愿受处分。新青联目前的主要任务是发动群众，提高认识。我分配去发展张勤同学。

六月一日 晴 星期三

暖和的天气，心情特别愉快。

上午跟张勤谈了四个钟点的话，从陈仲信的牺牲一直谈到参加新青联的事。

下午到约大去参加"五卅"纪念大会，这次大会参加的人数有一千五百人，其中有工人，有教师，有学生，气氛十分热烈。因为中心会场在交大，所以，约大是收听转播情况。陈毅市长作报告，会场上响起了热烈的掌声。报告后，参加大会的同志纷纷乘卡车上街宣传，工人们扭着秧歌，学生们演出街头剧，号召全市工人、学生和各界人士复工、复校、复业。

六月三日 星期五

应育才中学同学的邀请，参加了他们的营火晚会。晚上因为迟了，睡在育才中学同学薛稚的家中，相互交谈了未来的打算。

六月四日 星期六

今天是上海解放后的第二个周末，市内一都已恢复正常。我们高三年级只有十多天就要离开母校了，大家共同的愿望是在离开以前，把学生自治会的基础打好。

新青联进行选举，选举结果，季光中担任主席，高炜担任组织部长，陈保宁担任宣传部长，教育部长是吴南屏、顾联璧。

六月五日 阴雨 星期日

军管会成立八天了，市内生产已经走上正轨。驻在我家里弄中行别墅的一团解放军今天要撤走了。出发前，战士们都来向我们告别，大家有点显得依依不舍，当军用卡车开出里弄大门时，我们都奔上前去与战士们搀手言别，向他们表示感谢。

下午在家里总结参加宣传队工作的体会。市宣传队的组织是上海地下党为迎接上海解放的一项重要措施，目的在宣传群众、教育群众。每一个参加宣传队的工人、学生、干部都为解放上海作出了一份贡献。通过参加宣传队工作，我自己得到一次很好的锻炼，一是提高了为人民服务的认识，二是培养了干部联系群众的能力。今后的工作还长着呢！我要不断锻炼提高自己。

六月六日

今天是解放后第一届教师节。上午，全市一千余教师代表在大光明电影院开庆祝会，我们也在学校组织收听教师节大会的实况。下午陪吴文建去四马路买书，用一块大头买了《唯物辩证法》《自然辩证法》《联共布党史》等六本书。

六月七日 晴 星期二

级联会改自治会，今天实行选举。范敬业提出新青联要成立一个工作组去指导新的自治会人选，我被分配去帮助编辑工作。

六月八日 晴 星期三

即将毕业，同学们都在谈论毕业后的出路。有的谈毕业后准备去参加文工团，有的想去考大学。不知愿望能不能实现？

六月九日 晴 星期四

今天《解放日报》登载了一篇悼念陈仲信烈士的文章，对陈仲信烈士的牺牲表示了沉痛的哀悼。

早上参加了一个临时会议，布置要展开一次经济方面的宣传工作。最近几天，市面上银元上涨得非常厉害，主要原因是一批不法商人利用银元搞投机破坏，想造成人民币在人民的心目中失去威信。下午，到育才中学去听上海人民银行行长陈穆的报告，题目是"人民币与物价"。共讲了四个问题：人民币与伪金圆券的本质区别；人民币的基础；人民银行的任务是跟随解放军，每到一处肃清伪金圆券；平稳物价，协助搞好市场安排，找出物价波动的主要原因。最后他要我们协助政府搞好反银元投机的斗争。

六月十一日 星期六

开始出动反银元投机宣传，我们编在机动队，先到南屏女中集中，一位解放军向我们讲了出动宣传的注意事项。然后到梵皇渡路永乐村前面的一块场地上进行街头宣传，我们边讲边唱，以后再分散到各商店去个别宣传反对银元投机的意义。下午到育才中学去宣传，我和籍传和、石良耘都去了。在会场上，大家高唱《解放区的天》《奋勇前进》《阴魂不散》和《袁大头》等歌曲，宣传气氛十分热烈。

六月十二日 星期日

反银元投机宣传今天是第三天。上午回校参加高三毕业考。下午参加反银元投机的游行集合。一时半,省吾校旗后随着一百多位宣传队员浩浩荡荡向兆丰公园走去。一路上,大家唱着《你是灯塔》《金圆券调》《打得好》等歌曲,两旁观看的行人都鼓掌给我们打气。走进兆丰公园,大夏大学的一支队伍向我们高喊:"省吾好,省吾妙,省吾省吾刮刮叫。"这时,随我们队伍而来的有仪韵、华模、复夏、奉化、伯特利等校的队伍。二时许,汇合的队伍又向梵皇渡路出发,经过地丰路、愚园路、胶州路,进入胶州公园。集合地点设在胶州公园,四面解放军布着岗,交大、约大、同济的队伍也从东面进入会场。舞会开始后,先由上海学联代表吴振东讲话,接着由同济大学同学表演反银元斗争的节目,新安旅行团表演了"银元秧歌""腰鼓"等精彩节目,使大家一饱眼福。集会在解放军进行曲声中结束。回到家里,已经晚上八时。

六月十四日 阴 星期二

早晨到学校参加物理考试。下午三时与吴文健一起温习以后要考的几门功课。

六月十五日 雨 星期三

《解放日报》登载了解放军的军旗军徽。军徽美丽极了,红星外一圈金黄边,星中竖立着"八一"两个字。

六月十六日 阴到晴 星期四

今天得到上面的布置,要动员学生去参加南下服务团。大家听到这个消息,一时群情激动。根据安排:姚解生、宋凯耀、诸(褚)萱萱、章剑平参加上海市中学政治教育研究工作;季光中、高炜、石良耘、唐林宝到北京参加青干工作;其他从初三到高三同学全部南下工作。

下午新青联开会,出席人数有四十多人,酝酿即将开始的新的革命工作。每个人心中都蕴藏着一颗火热的心,省吾的种子将从红色壁垒播撒出去,我们这一代将为解放全中国作出自己的一份努力。

六月十七日 晴 星期五

南下工作的气氛响彻了整个省吾校园。早上七点钟,同学们都已开始谈论南下工作的任务和准备。十点钟左右,国文刚考完，底楼礼堂已布置成开会形式。华模的同学也来参加，会上有几位北平南下工作团的同志向大家宣传了南下工作的意义和具体安排。

六月十八日 星期六

学联派了几个同志来校解释有关南下工作中的一些问题，谈了大家关心的问题，文凭、家庭、出路等，这是考验自己的关键。结束后，我们准备到其他学校去宣传。先到民光中学，我负责向高一同学宣传。下午去文化会堂参加高尔基纪念会。

六月二十一日 晴 星期二

我们高三报名南下的成绩不错，王玉明、张勤都决定南下。昨天在文（奉）化中学宣传时，结果有三十多位同学积极报名。今天下午去参加一次盛大的欢送南下工作的大会，会上由北平南下服务团副团长介绍北平南下服务的工作经验。军管会的同志（过去是交大学生），向大家讲了他们到解放区去以后的生活，接着文工团表演了一些文娱节目，会后进行游行。

六月二十四日 星期五

下午由省吾、华模、复夏三校合办南下欢送大会。主席由初二的李定勋主持，主要是请团委季同志讲话，他讲了关于树立创业和吃苦思想等问题，要大家积极做好思想准备。明天南下工作服务团准备发榜，同学们的心情都很焦急。

六月二十六日 雨 星期日

整天下雨，屋槽下水滴滴答答。起身后，七时半到学校去，没有碰到人。刚出校门时，碰到范敬业，通知我下午到青年馆开会。下午在青年馆召开上海人民纠察队工作会议，商讨怎样在市区内肃清散兵游勇与特务的工作。主席由一名姓徐的同志担任。到会的省吾同学有范敬业、高炜、姚解生、季光中、石良耘、籍传和、王碧云、谭文修、王宝善、张蒔英、夏乐仁、朱传棻、姚淑祎、吴宗茂、陈保宁、王文安、励汝丰、乐嘉纯和我二十人。

六月二十七日 星期一

几天的雨没有停过。早晨到学校去讨论了四件事情：组织学生纠察队的事，陈仲信烈士的安葬，七月一日组织胜利大游行，南下服务团的工作。午饭后去静安寺印了半打半身照。

六月二十九日 雨 星期三

南下工作服务团名单公布，省吾中学共录取五十五名。看过名单以后，大家互言告别，同时互赠了像片。

六月三十日 阴 星期四

南下同学今晨八时到大夏大学去集中受训。集队去的时候，同学们一路上送了一阵又一阵，互相依依不舍。

七月一日 星期五

今天是我们伟大的党的诞辰日，到处都有集会。毛主席的文章《论人民民主专政》刊在《解放日报》第一版。

陈仲信烈士今天安葬，清晨八时半，我和吴新宝两人赶到乐园殡仪馆去领陈仲信烈士的灵柩。陈仲信的哥哥陈仲义也来了，带来了三支香，点了一点，就到账房处去办手续，办完后，把灵柩放上祥生汽车，直向约大驶去。这时约大门口已经等了许多同志，一位军管会的同志接过遗像，捧向约大礼堂台上。大家没有顾得上吃饭，吃了点干粮。下午二时，追悼会开始。先由仪韵女中的乐队奏哀乐，大家向陈仲信烈士三鞠躬、默哀，接着由同学代表石良耘宣读陈仲信烈士的生平。建承中学的同学代表读祭文，范敬业代表学校报告陈仲信烈士的牺牲经过。后由副市长韦悫讲了话，市公安局局长也讲了几句话。家属陈仲义致了答词。再奏哀乐，我们几个同学把写有"省吾"校名的大红旗慢慢地盖在陈仲信烈士的灵柩上。

追悼会结束后，车子把我们送到八仙桥公墓，在那里安葬了陈仲信烈士的棺木。大家心情十分难过，在那里久久不愿离开和我们一起战斗过的亲密的战友。

七月四日 晴 星期一

部分南下的同学今天到学校来，讲了一些他们受训的情况。下午到市西中学去开军民座谈会，由解放军英雄射击手魏来国向我们讲解放战争中的战斗故事，大家听了很感兴趣。

七月七日 阴 星期四

纪念"七七"芦沟桥事件（变），上午参加大游行，下午到交大参加学联召开的招待南下服务团的文娱大会，一直到晚上十一时才散。

七月九日 星期六

姚解生告诉我，参加上海市政教工作，要进行一次考试。听到这个消息后，又高兴又紧张。高兴的是我们的安排也终于落实了，紧张的是怕考不取。晚上在家里读了一会儿书。

七月十二日 阴 星期二

政教考场设在光华大学。上午考政治，下午考国文。考试结果总算还满意。来应考的都是大学生，也有中学教师。我们几个中学生夹在里面实在有点小巫见大巫。

七月十四日 星期四

政教名单公布，我考取了，自己的心情不知怎么形容好。从今天开始，我打算好好读点政治方面的书籍，到新华书店买了几本书：《中国四大家族》《论文艺问题》和《辩证唯物主义与历史唯物主义》等。

七月二十日 晴 星期三

政教来通知，后天开始报到。姚解生来找我，说报到那天，我们一起去。西南服务团今天离开上海，上午去看望他们，向他们辞别。

七月二十四日 阴雨 星期日

政教班设在震旦大学。我们的寝室安排在震旦附中。我和褚萱萱、章剑平分在四队五组，姚解生分在另一组。明天举行开学典礼，听说要重点学习毛主席的《目前形势与任务》《中国革命与中国共产党》等书，还要研究中学政治课的讲授法。

我的中学生活结束了，开始从家庭生活转入了社会生活，独立生活，这是对自己的一个多么大的锻炼呀！

在省吾参加的爱国学生运动

1949届　褚萱萱

省吾中学，我的母校，是一所由地下党创办的学校。在当时被称为沪西地区的"红色堡垒"，领导革命师生，积极投入了伟大的解放斗争。在同国民党的斗争中，先后培养和积蓄了大批党员、团员、青年骨干和积极分子，这是配合人民解放军解放上海的一支有生力量。

我在1945年就进入省吾中学，在这样一所革命学校里，我由一个天真、活泼、无知的青年学生，在党的教育下，成长为经常能阅读进步书报杂志，积极参加党领导的许多政治活动，如"反饥饿、反迫害、反内战""于子三"事件、"反美扶日"等学生运动，也参加青年会和交大的晚会。我也担任了工人夜校的教师，一方面我教工人学文化，另一方面，我在工人阶级的教育下，提高了觉悟。通过以上一系列教育，提高了我的无产阶级觉悟，要为共产主义事业奋斗终身。在党的长期教育培养下，我茁壮成长起来，成为一名光荣的无产阶级先锋战士，中国共产党党员。

在我参加的几次学生运动中，我印象最深的是以下几件事。

① 在学生时代，我爱唱歌，参加了新音乐歌唱团。我们唱解放区的歌曲，如《解放区的天是明朗的天》《团结就是力量》《茶馆小调》《坐牢算什么》，等等。革命的学生运动总是和歌声伴随在一起，她鼓舞我们前进，激励我们向国民党反动派冲锋，增加我们同国民党反动派斗争的勇气。记得有一次，我们合唱团准备演出《黄河大合唱》，演出地点是辣斐大戏院。临演出时，反动派突然宣布不准演了，同时在戏院附

近有飞行堡垒和特务来捕捉我们。我在同志们掩护下，安全到达家里。这一活生生的事实，使我看到了反动派的凶恶，也教育了我，我们进步学生连唱歌的自由都没有，要争自由、争民主，只有团结起来同国民党反动派作斗争。

②在参加学生运动中，印象最深的一次是"反美扶日"示威游行。我现在还记得，省吾中学在地下党领导下，组织了进步学生参加示威游行。学生的爱国行动，使国民党反动派大为惊慌，立即实行高压手段对学生进行镇压。当时，我们都分散离开了学校，到外滩集中。外滩形势非常紧张，到处布满了反动警察和特务。他们骑着马追逐，用水龙头、木棍准备打我们，在四周也布满了飞行堡垒，准备来捕捉我们。我们一到外滩，就排好了队伍，等交大、复旦等大学的学生。谁知传来消息，反动派的警察布在交大四周，还架起了机枪，封锁校门，如临大敌，不让学生出来游行。这样更激发了学生的爱国热情，难道我们爱国有罪吗，国民党反动派为什么把我们青年学生当敌人，要镇压我们呢？这一连串问题，说明了国民党是卖国政府，更加激起了学生的斗争性。当时我什么都不怕，虽然我们有的学生被捕了，我们的队伍被马冲散了，我们被打了，被水龙头冲了，但我们的队伍又集中起来了，最后我们取得了胜利。

1979.5.13

日记五则——回忆在省吾中学参加的学生运动

1949 届　章剑平

1. 1948 年 1 月 24 日（支援工厂工人斗争）

今天，高三的李亦琴叫我们全班到华纶纺织厂去，并且带了两麻袋罗宋面包。在路上，李告诉我们，前几天选举立法委员，陆京士欺骗工人，收买选票，投一票，每人发两个月年赏。事后，陆食言了。工人们极为忿怒，绝食向厂方示威，已经饿了四天了。有一大半已送进医院。我们前去慰问。到了华纶厂，有许多女工出来迎接，厂方不准进，工人们把我们连拉带推地推进厂区。工人们都饿得走不动了，睡在地上，我们派了三个代表带了面包去慰问。我们教工人唱歌，一起呼口号。绝食的工人有的连话都说不出来了，只是摇手点头。过一会，工人通知我们，厂方已打电话去警察局，我们便分散回校。

2. 1948 年 2 月 18 日（助学运动）

1948 年 2 月 18 日，开了助学庆功会，会上先由老博士（程传泰）说这次助学的成绩并不好，只捐到七千多万。因为《大公报》上登了省吾、储能、华模三校私自捐助助学章，假使以后再有人在路上捐，要抓到警察局去，所以我们的助学运动不能开展。老博士问："这是谁的责任？"我们大家齐声回答："这是政府的责任，我们向政府要学费。"后来，李蕊珍老师说，这次助学虽然在数目上不大，但我们是确实成功的。成功有三点：一使我们团结得更加坚强；二我们学校中没有一个同学因缴不出学费而不读书；三这次参加人数占全校人数三分之一，可见大家对助学运动的热心。

我在会上领到奖品，一支铅笔，两本簿子。

3. 1948年3月15日（支援同济"一·二九"事件）

今天上午9时，上海地方法院公审同济"一·二九"被捕的学生，我们决定去法院。到校后，我们便到各班去宣传。我们班中大部分同学都要求去，全校共去一百多人。我们先坐大卡车到地方法院。到了那边，见有约大、同济、储能、华模等学校的同学。省吾送了一面锦旗，写着："我们永远做你们的后盾。"当时，法院在里面公审的消息由麦克风传到外面。由于在法院门外站满了抗议、示威的学生，法院见同学势力强大，便推脱几个证人未到庭，把公审改期了。

4. 1948年6月5日（反美扶日游行）

下午2时，来校同学已有80多人，乘上电车，到怡和洋行，已有几百名学生。我们四人一排，整好队。周维民是我校总纠察。后来，各校同学先后来到，有二千多人，但交大、约大、大夏、光华等校学生都出不来。我们等到四时多，来了许多警察、青年军、马队及飞行堡垒，比学生人数多一倍，把我们四面密密包围。我们还是继续唱歌。后来，特务领了警察抓人，凡是拿旗杆的，领头唱歌的都被抓。我们目睹四五人被抓。有的同学衬衫也给拉破了。我们非常愤怒，问他们有没有良心，高叫："警察拿出良心来！""学生警察是一家！""枪口对外！""八年抗战为的啥？"僵持到五时多，同学们的情绪越来越高，而警察的镇压也越来越凶了。交大有同学越墙来报讯，说他们学校被包围了。我们与军警谈判，要他们答应三个条件：撤退军警，释放被捕学生，让同学们依次回去。不料他们先是答应了，一会儿便将交大同学抓去，军警用枪冲散队伍，而且专向女同学的队伍冲。我们被冲散后，被迫向西走，每条马路分四人疏散。我和周维民等本拟乘10路车回家，不料《新闻报》馆发生爆炸，我们改乘3路，在车上见先施公司门口有华模、女师等同学在游行，我们赶快下车，乘着警察不备，溜进队伍，一路上高呼口号，游行到金门饭店才解散。解散后仍有飞行堡垒跟踪到西摩路，胁迫同学一个一个分散。这次运动由于主力军交大、复旦、同济学生都被包围出不来，失去领导，给特务抓走不少人。但是血不会白流，我们已认清了统治者的残暴面目，团结得比以前更坚强了。

5. 1948年6月30日（支援小教斗争）

昨天下午全市小学教师到教育局去请愿，要求提高工资待遇，先预支一千万薪金。在教育局门口等了许多时候，一直到今天还冒雨等着。校中派了12个代表去慰问，到了吃中饭时，邢志清来说他们已被军警包围，并且有两个小学教师被捕，最好我们去人援助，我们便去了二三十个人。

到了教育局门口，只见许多小学教师，还有许多小学生都坐在地上唱着"团结就是力量"，我们便参加进去，并且一起唱歌。

等了一会，小教方面来通知说：教育局已允许先发五百万元，叫我们先回去，并到各校进行宣传。

我在省吾学会了唱歌

1949届 曹 中

母校，自我跨出上海后，即成了我魂牵梦绕的地方，因为当年学校里充满着青春笑语。

激情歌唱，热血沸腾的种种往事依然历历在目，尤在那战争年代，往昔的一点一滴犹似心中的一份珍宝，弥足珍贵！

省吾中学是在抗战胜利后办的，在地下党组织直接领导下成立并茁壮成长起来。当时的省吾中学校风十分民主，老师、学生积极参与上海人民的爱国运动，也经常参加进步新歌演唱会。我们的音乐老师就是我国知名的音乐家董兼济先生。董先生除了在音乐课上教我们唱歌、学歌外，他还介绍我参加地下党组织的校外音乐活动。董先生介绍我参加的"学生合唱团"，除了每周固定排练演出，还举办过多次音乐会，丰富了进步学生的文化生活。在战争时代，举办这种文化活动大大鼓舞了青年学生们的斗志和士气。

在那动荡的年代里，省吾中学的同学参加党领导的地下学联。我们组织了一个个活动小组穿梭于上海的大街小巷里。白天我们依然有条不紊系统学习，课余我们是一群力量不小的战斗分子。那时我们在课堂上专心学习文化知识，课外，我们就成为上海的一群群小精灵，为地下党组织秘密活动站岗、放哨，参加各种政治活动，努力完成党交给的每一项任务。当年我们这些热血青年为反对内战而示威、游行，散发解放军的胜利捷报，我们还自动参加交通大学等学校组织起来的反内战游行，制作并散发传单。

  因为当时的各种环境影响，我们很多社会活动只能秘密进行。我们这一群充满朝气和活力的年轻人，常活跃在上海的每一个角落。譬如在某个同学家的阁楼里、亭子间开政治思想生活会、唱革命歌曲，一首首斗志昂扬的歌曲就沿着幽深弄堂飘出……弄堂深的地方时常聚集着我们一张张年轻的脸庞，散发反战传单。当时，教革命歌曲是我的特长，每当我拿到一首新的革命歌曲时，就会组织同学在教室里、在同学家，轻轻地唱，昏暗的灯光下是我们一张张激动的红脸庞、一颗颗沸腾的心。

  1949年5月革命形势发展势如破竹，解放军在江北等地区取得了一个又一个胜利。捷报传来后，同学们知道上海的黑暗即将过去，于是为了迎接胜利到来，大家就悄悄制作红旗，学着扭秧歌舞。我们还把那首《解放区的天是明朗的天》唱得滚瓜烂熟，为的是迎接进城的解放军，迎接黎明的曙光，为祖国，为解放军献上我们最诚挚的颂歌。

  上海解放不久，我就报名参加南下宣传队，我奔驰在祖国大西北的建设前线，从事文化艺术工作。四十多年来曾先后担任过音乐编辑、合唱团指挥，宁夏儿童音乐学会的会长，中国音乐家学会会员，宁夏音协顾问等，为祖国的大西北文化建设奉献了我毕生的精力和热情。阔别上海的几十年，上海的变化是意料之中却又超乎想象之外，而我们的母校省吾中学也顺应了上海的发展潮流，旧貌换新颜。比起当年我们生活学习的环境，可谓今非昔比。拔地而起的两幢教学楼比起50多年前的校园宽敞漂亮和现代化了，加之周边环境优美，虽居闹市中心，却是难觅的宁静学校氛围。学校成了教书育人的好地方。如今的省吾中学是青少年教育基地，引领着青少年奋发图强，培育一代又一代的新人。

  随着光阴飞逝，当年的热血青年，已是青丝染霜，但我们耳旁仍然奏响着不息的乐章。

在省吾参加"反美扶日"追忆

1950 届　许耀欣

1948年,中国人民解放军在粉碎蒋介石的进攻之后,已转入大举反攻阶段,大军直逼江南,敌人望风披靡,人民欢声雷动。

但是,蒋介石决不会自动退出历史舞台,还要作垂死挣扎,采取一系列法西斯措施,加强对上海的白色恐怖统治。

省吾这个"民主堡垒",在上海地下党的领导下,积极开展了反蒋反美爱国学生运动,这支革命的激流同全市工人运动学生运动的洪流汇集在一起,配合中国人民解放军,冲击着摇摇欲坠的蒋家王朝。

我,那时还是一个无知的青年学生,面临贫困的生活和黑暗的社会,我彷徨,苦闷,痛苦,但在"省吾之光"影响下,在师生中的地下党员教育帮助下,使我逐渐觉悟,积极投入学生自治会发动的一系列爱国学生运动。

就以1948年6月5日"反美扶日"示威游行来说,那天中午我与同学一起在学校集中,乘车到达外滩。不久,来自各校的数千名学生聚集在美国领事馆门口。我们沿街四人一排手挽手高喊"反美扶日"口号,路上的行人和电车上的乘客,都对我们学生的爱国行动表示支持。国民党反动派调来大批军警,挥舞警棍,大喊大叫,还有便衣特务对准我们拍照。正在这时,传来交大、同济等大学已被反动军警包围,校内学生队伍被阻,无法前来参加示威游行的消息。反动政府认为大学生不能来参加,中学生游行就起不来了。事实不是这样,当我们听到反动军警阻挠大学生队伍的消息后,激起无比愤怒，继续按原计划从外滩出发，经南京路开始示威游行。

这时，蒋介石反动派见势不妙，便下令军警冲入队伍，抓学生，关进设在黄浦公园的临时拘留所内，同时，调来马队，向我们手无寸铁的学生队伍冲上来。就在这伙反动军警残酷镇压下，大批爱国学生被捕被打，我也被冲倒在地上，立刻就被两个打手左右挟住，拖到外白渡桥堍，扔进一辆用油布罩住车顶的十轮卡车上。他们不久就抓满了一卡车学生，强令我们坐在车板上，用手帕扎住眼睛。我们强烈抗议，特务就用木棍打，皮靴踢，当即把一个学生头壳打破，大量出血。

起先，他们把我们关押在黄浦公安分局，警局手忙脚乱，调来大批审讯人员，逐个拷问。接着，又把我们一批送到公安总局（据说，另一批送到警备司令部）同样逐个拷问，我们近百名同学集中在一间小型会议室里，面对警特人员的威吓拷问，个个不屈，哪里有压迫哪里就有反抗。我们怒目责问："反美扶日有什么罪！""爱国何罪！""你们是不是中国人。"他们不给我们吃，不让我们走，我们不断高呼口号强烈抗议，不断高唱："坐牢算什么，我们不害怕，放出来，还要干……"我们团结一致，向反动当局进行坚决斗争。

在社会进步舆论谴责和各方面革命力量援救下，次晨，反动当局被迫宣布了一批可由学校保释的学生名单。学校派吕型伟、李蕊珍两位教师来接我。离开总局时，我还悄悄接受了几名不准保释同学的纸条，设法送到他们家里。

学校师生像迎接凯旋归来的战士一样欢迎我，鼓励我，表扬我，还送锦旗。叶良昞同学还代表学生会来关心我，慰问我。他看我被打后脸色苍白头痛胸闷，伤势较重，无钱治疗，便通过程传泰同学介绍我到我家附近私人医生处就医。不久，稍有好转我就回校上课，季勤先老师对我十分关心，运用多种方式教育我，帮助我提高认识，还介绍我到约大医学院附属医院继续治疗，叮嘱我好好养伤，继续努力进步。

当时，我还只是一个普通学生，反动派的镇压激起了我们更快觉醒，省吾的学生运动更是一浪高过一浪，在中共地下党组织领导下，把我们很多同学引向了革命征途。

1979.4.22

回忆"省吾"片断

1949年高二　丁惠康

初中毕业以后,一个偶然机会考入了省吾中学,经历了高一高二四个学期。在老师和同学们帮助下参加了一些学生运动,使我受到了进步思想教育。老师们的循循善诱,为我这样一个政治上幼稚学习上很普通的学生,打开了新天地,使我的思想有所进步,学习有所收获,对我的一生起了相当重要的影响。

我初到省吾时还未正式开学,就参加"助学联"举办的助学活动,与初中几个同学组成一个小组,拿了助学金捐款簿,到各种场所募捐,还进行抵制日货,推销国货的助学活动(将推销货款的一半作为助学金之用)。这是学生组织团结同学互相帮助解决贫困学生入学而发起的,使我感到很新鲜,感到省吾和其他学校不一样。

有一次,我与六十多个同学一起参加交通大学为"九龙事件"举行的晚会,那天大概是在交大体育馆,有74个学校参加,一共有三千多人,会场挤得满满的,热情非常高。有报告,有好多内容丰富的文娱节目。晚会结束后,就在交大校园内举行火炬游行,直到半夜一点才回到家里。原来我局限在一所学校单纯只知道读书,这次活动打开了我的眼界,看到了当时有"民主堡垒"之称的交大学生会领导下,同学们团结起来的力量。

在国民党反动统治的上海,反动当局不会放过破坏镇压的机会,学生运动必然会有曲折。那是一个阴天,我和其他同学参加"反美扶日"游行,我们学校的队伍集合在外滩海关附近高层建筑物边的人行道上,等待其他学校的队伍到来,然后再进行游行展开宣传活动。哪知国民党反动当局早就定下毒计，一方面给各学校下令不准学生出校门，不准交通运输部门运送学生，各方阻挠学生队伍到外滩集合；另一方面准备动用武装军警采用强制手段，破坏这次反对他们"洋大人"的游行。我们在外滩等了好几小时，焦急盼望其他学校队伍来临时，突然来了好多手持枪支刺刀的武装军警，不分青红皂白冲到手无寸铁的学生队伍中，把学生队伍分割成十几人、几十人的零乱小组，由武装军警驱赶到离外滩较远的地段强迫学生队伍解散。国民党反动当局还出动马队袭击学生队伍，最后这次学生们组织起来的爱国示威游行被破坏了。这次活动中我们学校有两个同学被捕（一个是初二梅瑞样，一个是高一许耀欣），经校方交涉保释出来。全校开了欢迎大会，并向这两位同学送"民主战士"旗帜。虽然这次游行失败了，但是我和其他许多同学一样，更加认清了国民党反动当局坚决与人民为敌的本质，只有彻底推翻蒋家王朝，才有人民的解放。

在当时的省吾由于地下党的领导，进步力量比较活跃，能买到地下学联编的《学生报》，有公开发行的进步学生刊物——《中学时代》，有借阅进步书籍的借书亭，我记得当我借到描写美国工人运动的《相持》《怒火之花》和记载鲁迅先生战斗一生的《鲁迅传》等文艺读物时，是那样如饥似渴阅读。

有些老师的讲课内容与一般中学教材不同，董思林老师从进步历史书籍中摘录材料编写讲义，讲授从原始共产主义社会的母系氏族社会发展到奴隶制、农奴制的历史进程，简直就是变相宣讲社会发展史的初级阶段。又如吕型伟老师讲解"中国近代文学史"，从五四运动提倡白话文的新文化运动，到以鲁迅为代表的无产阶级和形形色色封建、资产阶级在文化战线上的斗争。在国民党反动统治下讲解这些内容是多么不容易啊！

省吾中学在当时成立时间不长，绝大部分是年轻教师，在教学上也是敢于作一些新的尝试，例如语文课和英文课上课时间全校统一，高中一、二、三年级学生根据实际程度差别重新组成A、B、C三组，如果学生学得好，高一的、高二的可以到高三班的A组去上课，程度差的，高三可退到高二B组上课。还有为培养同学们学习兴趣把某一周定为××周。有一次，我记得是"英文周"，在那一周内，初中到高中开展许多提高英文读写能力的活动。有朗读英文作品，有用英语作演讲，最后由校长沈立人先生在周会上用英文发表演说，对这次"英文周"作总结。我也从那时起试用英文写一点日记。

当时学校设备条件很差，一共只有一幢房屋，教室、办公室、部分老师的宿舍都在内，根本没有实验室，为了提高学生质量，千方百计通过教育局到设备较好的格致中学实验室做生物、物理、化学实验。从显微镜观察植物切片到青蛙解剖，从物质比热测定到自己制作果子露、雪花膏。另外还及时组织同学参观工厂生产，工业展览，总之，克服困难，创造条件，增加实践知识。

在省吾时，团结友爱的同学关系给我印象深刻。和我以往的学校也不一样，无论男同学还是女同学，无论高年级还是低年级，相处非常融洽。当时人数也少，全校大部分同学彼此能叫出名字，绰号。课余有不少活动是高低年级混合组织的。快要考试了，早自修时间，由高年级同学辅导低年级同学，帮助复习功课。我们班上有"小先生制"，由功课比较好的几个同学帮助比较差的同学复习功课共同提高。不但在学习上如此，高年级的进步同学，抓紧机会，对像我这样政治上幼稚，思想上不怎么开展的同学，讲革命道理，提高同学们的思想觉悟。解放后，有那么多同学主动停止学业，参加西南服务团、南下服务团，配合人民解放军将革命进行到底，与当时地下党的领导教育和这些进步同学的帮助分不开。

我离开省吾中学至今快三十年了，以后上了大学，参加了工作，但每当我回忆在省吾中学的这一段，老师们亲切的教诲，同学们相互帮助和关怀，生动浮现在我眼前，久久不能忘怀。

1979.3.16

（作者为北京机械工业部第五设计院总设计师、院长、管理局局长。1987年6月任香港利达时国际发展有限公司总经理；1991年5月到银华国际发展有限公司担任总经理。）

难忘的岁月

1949年高二　叶良晅（叶东炜）

1947年9月到1949年2月，我在省吾读书，曾担任过校学生会主席。1949年7月又和省吾同学一起参加第二野战军西南服务团，共赴四川。时间已过去几十年了，在省吾那段学生时代，还常记在我心头，令人回味。

1. 反美扶日运动中的省吾

抗日战争胜利后，美国千方百计重新武装日本，包庇战犯，支持蒋介石内战，激起了中国人民的愤怒。1948年5月4日，上海交通大学进步师生，在该校民主广场举行营火晚会，高唱战歌"团结就是力量"，通过成立"上海市学生反对美国扶植日本，抢救民族危机联合会"。省吾中学有60余人参加了大会，受到了教育。由于从徐家汇到曹家渡路途太远，散会后我们和不少其他中学的学生一起，留在交大。那天夜里，大家整夜未睡，学唱反美扶日歌曲，练习"团结就是力量"的集体舞。交大同学始终陪同大家，细致讲解国内形势，深入宣传反美扶日意义，要我们回校后积极征集签名，完成反美扶日宣传任务。

省吾学生党支部决定在本校也召开一次类似的营火会。把交大的火种接过来，进一步发扬光大。由学生会出面筹备组织。

我的任务是邀请大会主讲人，目标是上海知名民主人士张炯伯。他非常热情，不嫌省吾人少校小，一说就答应，并应约准时赶到，发表了长篇演说。

这是省吾中学第一次开营火晚会，熔熔烈火照亮了每个人的心。这一根根木柴都是同学捐献的，它们聚集在一起发出灼热的光和热。营火晚会不仅震动了全校师生，校门外的观众也为数不少。

会后，又组织了突击宣传，动员兄弟学校师生也来投入这场斗争。圣约翰青年中学就是一个目标。

宣传小组约10人，备有标语、传单，更主要是有一颗颗火热的心。约青，是一所有名的教会贵族学校，门警很严。我们一到，就不让进。为了不耽误时机，我们留下三人在传达室马上开始宣传，其他人乘机溜入学校教学楼。分兵三路，二人贴标语，画漫画，余下的直奔两个教室。当时正在上课，走廊静悄悄的，敲开教室门后，一人向教师说明来意，一人马上占领空着的讲台，向学生宣传反美扶日的重大意义，要他们参加运动，言简意明。待教师领悟来意，正犹豫不决时，我们已快讲完，等学校领导闻讯赶来驱赶时，我们任务已经完成。匆促离校，再去别的地方，每校不过半小时。

6月5日到了。这是上海学生举行全市性反美扶日大游行的日子。负责对外联络的地下党员陈林才，事先带来了一些不祥消息，大夏大学、光华大学发生学生被打被捕事件。省吾地下党学生支部书记濮秀丽及时提醒大家要注意安全，以防万一。

通知是下午两点到外滩集合。等同学们都到齐后，出租汽车迟迟不见，据估计反动当局已有布置。我们就以搬家为名再向出租公司要车，把出发及到达目的地都改了，这才要到车，把同学送到外滩。

那天气氛确很紧张，虽有队伍集合，但不见标语、横幅。我们一下汽车，长竹竿就被人没收。待走到北京东路外滩，只见学生队伍前反动军警林立，形势不妙。整队完毕后，我们把传单分散给大家收藏，喊口号集体一、二、三，一起喊，不让敌人发现领呼者和带队人。虽然交通大学等校学生被阻止在校未能赶到，那天还是汇集了五千多学生。我们及时向反动军警及过路围观的人开始了宣传，但收效不大。

约四点钟左右，敌人动手了。他们依仗枪棍，把学生分割成百人左右一段的若干段，押着学生向不同方向行进，强行解散队伍。省吾的队伍被从中分割成二，一部分朝北过英国领事馆，从儿童公园转弯，顺苏州河方向走到四川路桥附近解散。一部分则又在南京东路上汇集了其他学校五百多学生开始游行。混乱中，省吾中学高一学生许耀欣及初二学生梅瑞祥被捕。他们在外白渡桥附近被押上警车送到黄浦区警察分局关押。那天共有六十多人被捕。

学校立即营救被捕学生，在校生高唱《坐牢歌》："坐牢算什么，我们骨头硬，爬起来，再前进。天快亮，更黑暗，路难行，坐牢是常事情，坐牢算什么，爬起来，再前进！"这激动人心的歌词响彻天空。回校同学在学校大厅里，畅谈一夜。

被捕同学不久由学校保释，受到大家热烈欢迎。许耀欣家住南京西路成都路，离校较远，我们派出代表前去慰问。在全校参加的周会上，学生向被捕同学每人各赠一面锦旗。我在会上作了总结发言，我说："像门口那棵风雨中飘摇的柳树一样，反动派、特务们的日子长不了的。"

整个反美扶日斗争历时一个多月，给大家教育很深。程传泰、诸萱萱等都是当时的领导人及积极分子。

2. 多种形式的宣传活动

1947年，国民党公然侵占延安，扩大内战，在国民党统治区大举征兵，也准备在上海抽壮丁。在地下党布置下，上海成立了"各界人民反抽丁委员会"，通过各行业开展宣传，这是一项秘密进行的宣传活动，危险性较大。

省吾中学收到油印的"上海各界人民反抽丁委员会"宣言，首先要把它抄成大字报，以便张贴公布。党支部把这项任务交给几个可靠学生，分头进行。

谭文修和我一个小组，因为张贴这份宣言，是全市统一活动，抄写任务必须限期完成。谭文修家平时进出人多，不引人注目。我就在她家找个僻静地方动手抄写。谭文修的姊姊是地下党员，当然不会干涉，她哥哥等也表同情，一式两份，每份一大张。我决心把它贴在新成区警察分局门边的布告牌上，那边人多，宣传效果一定好。带回家后，先把浆糊刷上。乘夜深人静之际，匆匆贴上。第二天一早装作行人，去看热闹，果然看见那张反抽丁大字报前人头簇拥。一边看一边不住点头,因为这是反动派贴告示的地方,警察分局门口站岗的人也没引起注意。八点多时,大字报被撕去一半,还能看到大意,到下午就不复存在。这一天,全市各地都贴出同样的宣言。有个女中的学生在张贴时被捕。

  1948年,上海地下党印发了一批宣传我党对待工商业政策的宣传品,省吾中学又接受了任务。我和谭文修还是一个小组。这次要求寄发,约有七十多份。

  我们找来了一本上海工商行名录,一本上海市电话号码本。把这两本册子放在一起,对照后挑出资本较大的公司、商号名称、地点、负责人姓名。又买来各种不同类型的信封及所需邮票。在谭文修家里把所有宣传品分封好,骑车到徐家汇一带去寄。为了不使敌人发觉,每个信筒只投五封,信封不一样,笔迹也不相同。把宣传品分别夹在书中,投寄时,一人在前,一人掩护,两辆自行车顺着大马路不断寄,胜利完成任务。宣传品是否真的到达了公司商号?我们在封发时特地寄了一份给省吾学生王宝善家,他家开布店,过了几天,他悄悄告诉我,宣传品收到了,我们心里十分高兴。

  买信封,买邮票的钱都是我们自己支付的,没有人给报销。

  1948年初,浙江大学学生会主席于子三被敌人杀害,引起上海、杭州,南京等地学生愤怒。为了声援浙大的学生运动,我们以春游名义组织四十多学生到杭州,参加公祭于子三大会,我被选作上海学生代表之一,参加陪祭。血淋淋的事实使我们深为震怒。

  同年,我们还组织起省吾夜校,招收曹家渡附近失学青少年、在职工人来学习。我们一边传授文化知识,一边进行革命形势教育。引用上海《时代日报》上刊登的解放战争形势分析材料,给他们讲解胜利在望的大好形势。这种报告,也大多由省吾学生负责主讲,在日校内利用周会时间也常进行。由几个同学分头准备,轮流宣讲。

3. 派出去开辟新战场

  1949年初,形势大好。为了组织更多同学迎接胜利,迎接解放,上级党组织决定从省吾中学抽调一批骨干去京沪中学、中正中学，支援开辟新局面。陈林才、赵小玲、沈廷鸾、我等六七人奉派前往。

报考京沪中学未成。我们吸取教训，决定编造假证件，沈廷鸾有一套湖南某中学学生成绩单等空白表格，我们就改名换姓，自己填报成绩，装作湖南人应试，我就在那时候把叶良晌改作叶东炜。怕考试成绩不好，又把省吾高三的季光中及陈仲信请去代考。为应付口试，还特意学了湖南话，看了湖南地理书，这一关顺利过去了，我们成了中正中学学生。

这个学校很反动。学生大多是军官子弟，还设有教官，和国民党上海警备司令部关系密切。我们汇集了从其他学校派去的地下党员，成立了党支部。陈林才负责对外联络。董仲良任支部书记，我和赵小玲等下班组着重抓学生会的领导权，以便公开活动。

我们的第一步是警告教官，给他们发出警告信，要他们识大局，留狗命。同时印发新华社电讯，每天收抄，油印后放在厕所等人多的地方流传开去。在学生中广交朋友，努力完成作业，业务上力争拔尖，赢得同学敬佩。中正中学学生较多，一个年级有好几个平行班，我们分散在各班活动。两周后多数当选班长，我并被选作各班班长组成的学生自治会副主席。

当时已到了解放前夕，淮海战役胜利结束，南京也快解放，好消息接连不断。我们在油印小报上一一予以公布。蜡纸用仿宋体刻写，敌人不易查对笔迹。他们搞突击搜捕，我们则事先逃离。有一次深夜离校，又近戒严时间，正在走投无路时，巧遇省吾中学地下党员范敬业。由他指点，在一个弄堂口过街楼下待了一夜。

为了迎接解放，陈林才、赵小玲等地下党员积极发展新党员，调查了解虹口区国民党军队设防情况及反动党政军机关位置，赵小玲约同校友以避雨为名刺探敌人军情。沈廷鸾和我负责欢迎解放军的标语、横幅，陈林才和印刷厂联系，秘密印刷人民保安队、人民宣传队的袖章。最后，我们还到糕团店里定好了慰问解放军的糕团。

当陈仲信同学在圣约翰大学前倒下时，我们这些省吾校友正在虹口迎接解放。由于中正中学校址被国民党炮兵团进驻，我们只好分散住在学校周围同学家。一批分散在溧阳路的同学还在电话上向国民党守军喊话，促进这股残敌换掉军装，匆匆逃跑。

1949年5月27日，上海解放。我们也完成了自己的任务。华东解放了，还有大西北、大西南，党中央号召青年学生参军参干。1949年6月底，我们从省吾中学派出去的这些同志，除个别人因需要留下来外，老同学又汇集在一起，我们在大夏大学校园里又重逢了！上海虽然繁华，却留不住我们这些青年人；上海虽然有我们的双亲，但西南有更多等待着我们的亲人。我们会师了，我们又踏上了新的征途。

4. 亲密无间的兄弟情谊

省吾中学在当时，全校不足二百学生，有的年级才20多人，但大家关系融洽。高二、高三的大同学经常到低年级去辅导学习，称之为"小先生"。小同学也都找他们谈心、交朋友。李亦琴、籍传慧、陈云、程传泰大家都很熟悉。初中部王文安、陈保宁、费国华等在校也很活跃。三青团在省吾不敢公开活动，在学生中，只要稍有察觉，就会受到孤立。在政治上可说一边倒，政治空气很好。

在经济上互相帮助。1948年冬，助学义卖就是一例。事前，学生会曾想组织助学义演。拟请越剧著名演员袁雪芬给我校义演一场，收入捐作学生助学金。由于周海婴曾就读上海建承中学，经人介绍最后找到许广平同志，她答应和袁商议，后许广平婉言转达了袁雪芬的意见：在那个万恶的旧社会，反动派决不会允许她来助学义演，她个人虽很同情学生的处境，但一个人也不能演一台戏。义演不成，我们只好靠学生间的互助，发动学生捐献东西，义卖所得，供困难同学作学费。范敬业、王宝善各自捐出心爱的手表，我把自己日用的自行车捐赠学校，其他同学捐篮球、衣服、皮鞋等，乒乓桌上堆得满满的。经过估价、义卖、凑集了学费，度过了黎明前最后一个难关。

我们的生活，充满了欢乐。吴淞、高桥、海滨、松江、龙华等近郊胜地，都是我们集体活动去过的地方。我们年级张莳英、姚淑祎、马丙海等都是旅游积极分子。夏乐仁也是爱好者，我们全班都曾去过她苏州老家旅行，那大院里有棵桂花树，都可以爬上去采桂花。

圣诞节，去她在上海的家举办晚会，半夜里生炉子煮鸡蛋，天亮后到复兴公园跳集体舞。学校操场小，我们就在教室里捉迷藏，打乒乓，处处欢声笑语。

政治风声紧了，敌人要搜捕，就把《学生报》等秘密材料埋在校园花坛下，楼内地板夹层间。"危险"人物都四散躲避，有一次，躲在嘉定王宝善家，有一次，跑到苏州，住在初三一个学生家，天天看上海报纸，待危险期过后再悄悄返回。

学校教师对同学也很关心，在经济条件很困难的情况下，尽量请合适的教师给我们上课。没有理化实验室，组织我们到其他学校去做。反美扶日运动中，老师担心校内举办营火会可能造成不利，训育主任李蕊珍找我谈话，经商量研究校方还是支持了我们的活动。高三学生季光中生活困难，在沪无家。学校见他品学兼优，破例让他住进学校，在吃穿等方面都加照顾。董老师送他衣服，学校减免他伙食费，使他得以读到解放。平时我们有什么需求，教师们也尽力帮助。

当然，那段时间，多数同学生活艰苦，家里给的一点吃饭钱常需拿出一半来开展各种活动，中午晚上，经常是一块烧饼，几丝榨菜充饥。不过，整个省吾是个温暖的家，这种清苦生活抚育着一代新人成长。

四十年过去了！母校年复一年不知培育了多少优秀种苗。他们已经成长，高级工程师，大学副教授、机关里的主任，学校里的党支部书记、校长，更多的在平凡岗位上默默工作。我们为母校的成就骄傲，我们更希望母校发扬光荣传统，永葆青春，为祖国四化建设培养和造就更多更优秀的青年而努力。

1985.2.17

回忆片断

1949年高二　钱纪康（钱康）

1. 我在省吾中学学习一年半后的变化

我长期在农村生活，1947年底，我和弟弟钱纪鲁由浙江嵊县来到上海，弟弟（14岁）进工厂当了学徒。父母亲抱着光宗耀祖思想，要我继续读书，真是幸运。1948年春，我插班考入省吾高一。进省吾前，我不过问政治，不知道有共产党，也不晓得国民党怎样坏。我相信迷信，认为穷人命苦，穷富命里注定。在省吾学习了一年半以后，经过党的教育，战斗集体的教育，斗争实践的教育，使我变成了关心政治的人，使我明白了国民党反动派的腐朽，使我懂得了只有共产党的领导才能救中国，中国人民才能彻底解放。

2. 在省吾参加的斗争活动

1948年至1949年6月，我在省吾中学学生地下党组织领导下，由不自觉到自觉，参加了一些斗争活动，但时间和内容多数记不清了。对我教育最深的是两次示威游行。一次是1948年6月5日，我与叶良晌、丁惠康、关玉康等高一同学乘学生自治会租借的汽车到外滩集会。其他中学也来了许多同学，四人一排，排成很长的队伍，可能有几千人。我们学校站在外滩公园对面的人行道上，这次示威是反对美国武装日本。大家唱反美扶日的歌，"美国帮忙东洋人，要造兵舰要练兵，复兴日本再打仗呀！养壮老虎再吃人，我侬大家勿答应，勿答应美国武装日本！大家起来，起来反对，反对美国武装日本。"同学们唱歌，呼口号。不久，国民党派来了大批警察和特务，强令学生解散。学生坚持斗争，他们就开始抓人，看到谁散发传单，谁领头唱歌呼口号就抓谁谁。抓后边打边往外滩公园里拖。这是我第一次亲眼看到国民党特务抓人，激起了满腔怒火，气得只晓得跟着骂人："爱国难道犯法？"后来国民党又派来大批军队，排列在学生队伍前面，上了刺刀，面对着学生，强令学生散去，但我们省吾的同学和其他学校同学一样，没有一个害怕，没有一个擅自离开，仍然坚持斗争。最后国民党军队采取分段挤散学生，我被挤散后就和丁惠康，关玉康等人沿苏州河回到曹家渡。当天下午听说我班同学许耀欣被捕，保出来后，我与叶良晒等一起去看望过他。还有一次，我和同学们参加上海法院门口的示威斗争。许多同学在电车、汽车上用粉笔写标语，后来集合起来示威游行时，国民党反动派还出动坦克，同学们也毫不害怕，反而增加了对国民党反动派的仇恨。我深感年轻人火热的心，为追求真理，刀山火海也敢上。

　　1948年5月4日下午，我还与叶良晒、张蒔英、姚淑祎等同学，一起去交大参加营火晚会，和交大同学在一起唱歌跳舞，唱"山那边啊好地方""团结就是力量"，跳集体舞，尽情欢乐了一个晚上，似乎到了解放区，感到无限自由和快乐。我还和章剑平、张蒔英、姚淑祎等同学去南京路一带义卖助学纪念章为助学募捐，为灾民募捐。见到穿西装的阔人就上前劝说，有的同学还进跳舞厅募捐，不怕受白眼，不怕碰钉子，不怕耻笑，为了募捐更多助学金和救济款。

　　1949年为配合解放军解放大上海，学校在党领导下，成立了应变会，多数同学都参加了学习救护、消防知识，我参加了通讯联络工作。5月25日下午，我们在街头宣传时，得知陈仲信同学牺牲的消息，当时大家都十分悲痛，纷纷立即去圣约翰大学门口观看现场，向陈仲信同学遗体告别。陈仲信同学的牺牲，激起了同学们对国民党反动派无比愤怒。为了替陈仲信等死难烈士报仇，为了打倒蒋介石，解放全中国，省吾同学纷纷报名，要求参加西南服务团。

3. 省吾中学是个革命大家庭

我在省吾中学读书一年半，使我深深感受到，和我过去的学校完全不同。在省吾中学，老师和同学都是兄弟和战友，处处表现着团结友爱，无论是学习上、政治思想上、生活上都能互相帮助。我参加高桥、苏州等处郊游，也不知是谁替我出的路费，有时吃大饼油条，也不知谁付的钱。我进省吾后，1948年上半年叶良昞同学对我学习和思想帮助很大，常常给我讲些革命道理，邀约我参加活动。1948年下半年，叶良昞转学后，王宝善、张莳英，尤其是季光中同学对我帮助教育不少，常常在一起谈谈思想认识，讲些革命道理，借一些革命书籍给我看，给我们《学生报》等。在党教育下，在同学们帮助下，我的思想觉悟进一步提高，于1949年1月加入了新民主主义青年联盟。

我们在重庆市工作的省吾同学，对省吾母校，对过去一起战斗、生活的老师、同学都怀有深厚的无产阶级感情。听到、看到老师同学点点滴滴的消息都感到高兴。我们对季老师十分尊敬，她一辈子献身教育事业，献身革命事业。1975年她来重庆时，同学们热情接待她，结果我为此受到"四人帮"帮派势力的多次批斗，胡说我搞了"孔老二那一套"，搞了"师道尊严"……真是荒唐，他们根本不懂我们省吾师生的阶级感情。

4. 同学们参加"西南服务团"的一些情况

为了打倒蒋介石反动统治，解放全中国，使苦难深重的中国获得新生，同学们抱着一颗火热的心，响应祖国召唤，纷纷报名参加"西南服务团"。为了摆脱家庭拖后腿，许多同学改名换姓。我当时分析家里不会同意，也采取改名的办法，将原名钱纪康改为钱康，当《解放日报》登出全部南下名单时，我父亲问我："省吾中学名单里的钱康是勿是你？"我说："不是，是我们的同学。"1949午6月30日早晨，我在抽屉里拿了一枚银元，什么衣服用具都没有带，偷偷离开家庭，到大夏大学报到。为了避免家里寻找，我给家住南京的陈璞同学写了一封信，内附我一封家信，叫陈从南京寄出，我谎称已在南京报考学校。实际上我当时住在大夏大学。我们7月21日出发到南京、在南京学习整训了两个多月，听了邓小平同志多次讲课"中国革命与中国共产党"，听了刘伯承同志的报告"目前形势和任务"，等等。1949年10月1日凌晨，我们从浦口渡江，离开南京市开始南下的长征。向西南进军途中，我们省吾的同学表现都不错，始终斗志昂扬。从湖南岳阳开始步行（过洞庭湖坐了木船），经益阳、常德、怀化、阮陵、泸溪到湘西苗族自治州，进入四川，经秀山、西阳、彭水、武隆、南川到达重庆。行走几千里，开始每天只走四五十里，有的同学脚上突然打起泡，脚跛了。慢慢增加到每天走七八十里，有时每天走120里左右，无论爬山涉水，刮风下雨，大家始终情绪高昂，互相帮助，互相鼓励。天黑了看不清道路，有的滚到沟里去了，爬上来又前进。到达休息地，铺上谷草就挤在一块睡觉，第二天天未明就起来替群众挑水，打扫卫生，执行群众纪律，做宣传工作。行军中晚上轮流站岗。由于日晒雨淋，衣服湿了又干，干了又湿，无论男女同学都长满了老虱子。当时大家认为这是光荣的事。在艰苦环境中没有人叫苦，没有人想回上海大城市过舒适的生活，一心想着早点到达战斗岗位，开展工作。1949年12月下旬，分别到达重庆市，被分配在市、区各级党委，参加军管会的接管工作。

  三十年来，省吾在重庆市工作的同学，在党的领导下为社会主义革命和社会主义建设做出了一定贡献。现在省吾中学在重庆市工作的同学尚有23名，大家决心认真学习和贯彻十一届三中全会精神，在新长征中鼓足干劲，艰苦奋斗，为祖国实现四个现代化的宏伟事业贡献一切力量。

  我们准备在今年七月一日集中在重庆的同学，庆祝参加"西南服务团"三十周年，有关活动的资料将寄回母校。

1979.5.22

回忆母校省吾中学

1949年高二　王宝善（叶　佩）

我是1948年9月到省吾读书的，1949年3月在省吾参加地下党，1949年6月在省吾参加工作，走上革命岗位。那时不少省吾同学都具有和我一样的经历，现在都在不同战斗岗位上继续奋斗。

解放前，在省吾中学读书不仅学到文化知识，而且能受到革命思想教育，参加学生运动，进行革命斗争实践。在省吾中学老师的教育和支持下，在学校地下党支部领导下，很多同学在白色恐怖下受到党的教育，在学生时代就参加了革命斗争。上海解放时，在全校187个同学中，学生支部有23名党员，有近40名同学参加了新民主主义青年联盟。在迎接上海解放的斗争中，作出了自己的努力。解放后，同学大量参加各项革命工作，有20多名同学远离家乡参加西南服务团，现在仍战斗在祖国的西南。

几十年过去了，大家都很难忘在省吾学习和斗争的岁月

1. 有这样的学校？——到"省吾"去读书

1947年夏季叶良晒、陈林才和我一起在青年会中学初中毕业了。可是我们都拿不到初中毕业证书。因为参加学生运动，叶良晒受到"勒令转学"的处分。陈林才和我则被所谓"一科不及格"，要到开学时才能拿肄业证书。我们都很气愤，这个学校压制学生活动，都决心转学。暑假中，东报名，西考试，寻找一个合意的学校。秋季开学后不久，我们三个人会聚在一起，叶良晒给我们带来了一个新学校——省吾中学。

他没有毕业证书,也无转学证明,无法考其他学校。省吾中学却收了他。他向我们介绍说:"我们学校老师很进步,同学也很团结,《学生报》可以公开看。"当时,我和陈都很奇怪,有这样的学校!以后在上海学生运动集会和斗争中,看到"省吾"的同学总是一大批、一大批地参加。我开始知道在上海的几百所中学中,有这样一所特殊学校。1948年春季陈林才转学去了。我在秋季和范敬业等同学也一起转到了省吾中学。

2. 与众不同的"省吾中学"

与众不同的招生。学校根本不顾反动教育局的规定,接纳因参加学生运动而被"开除""勒令转(退)学"的同学入学,使受迫害的同学能继续读书。在我记忆中,陈仲信烈士、高炜、叶良晒等同学就是这样获得继续升学的机会。

不同于众的思想教育。反动派规定进行反动思想教育的课程——公民课,在省吾是根本不讲什么"三民主义"和"中国之命运"这类东西的。当时,我们高二组任(班主任)季勤先老师担任公民课。开学第一堂课讲的是"团结""互助"。联系到同学间的团结,就要我们分工推选一些同学到学生会工作,一些担任级会工作,一些去帮助初一同学。就是这样反动的公民课,变成了教育、组织同学开展学生运动的革命课。在以后的上课中,季老师根据形势,从当时同学唱的歌中,选出题目,让大家发言讨论。例:1948年秋季学期中,从《山那边啊好地方》这首歌中,季老师就引导我们讨论"好"。1949年春季,季老师又以《我们的队伍来了》这首歌组织讨论,认清当时解放大军渡江战役的形势。老师们就是这样在课堂教学中灌输革命思想。

不同于众的支持和指导同学参加学生运动。开学不久,叶良晒拿出一张座次表给我和几个同学看,是级任季老师征求意见,"这样排位是否有利于我们团结同学"。对座次表征求意见在解放前的学校里是根本不存在的,使刚到省吾的我感到老师多么支持我们的工作啊。在成立全校学生组织时,一个晚上范敬业、陈林才、曹林,叶良晒等几个同学在我家商量怎样保证一些进步同学选进去工作和出墙报。介绍候选人时,叶良昞带来了季老师的意见。在目前形势下，要改变一下组织名称和形式，把学生会改名为级联会，由文书股长主持工作，在形式上避免暴露主要负责人。大家都同意这个意见。以后，经过全校投票选举，范敬业、季光中、高炜、叶良昞、陈林才、蒋宗华和我都选入了级联会干事会。通过这个公开的群众组织进行发动和团结广大同学参加学生运动。

就是在这样不同于众的条件下，省吾的校园里也与众不同。革命、进步的歌曲可以公开唱。地下进步刊物——《学生报》《中学时代》可以公开阅读和传播，甚至高兴时几个同学可以一起扭秧歌，从不受干涉。老师们经常参加级联会组织的活动，有时推代表讲话，支持同学的进步活动。真像我们现在回忆时的"当时的省吾在校门内是反动政府统治下的一个小解放区"。

3．1948年秋季学期中几次活动情况

级联会成立以后，除了出墙报，组织讨论会外，有几次大的活动，团结、教育同学。

（1）组织旅行

通过旅行，加深同学间感情上的联系，逐步提高到政治上的团结。高二、高三年级分别组织到高桥海滨旅行。全校在10月组织了一次有40多同学去苏州的旅行活动。当时，初一、初二年级一些同学参加旅行后就成为班上开展学生运动的骨干。

（2）利用宗教节日

利用圣诞节的名义，举行文娱晚会，进行思想教育。1948年12月24日晚上在南市初二费国华同学家里开的一个茶馆里，组织了有80多同学参加的晚会，以表演节目开始，发展到收听陕北新华电台广播。收音机发生故障后，就由范敬业同学讲解形势。高二年级同学25日晚上又在夏乐仁同学家中，由娱乐活动转入学习解放区批评与自我批评的方法，同学间互相提意见，搞好团结、进步，大家都感到教育深刻。这在解放前是很少有的事。

（3）开展助学运动的新方式

助学运动一直是在党领导下，揭露反动派，团结同学的重要活动。在接近1949年寒假时，反动派在报上公开宣布禁止上街募捐助学。为了突破反动派的阴谋，在学生地下党支部领导下，首先召开了级联会扩大会，范敬业同学讲解了当时情况和意义，带头捐出了自己的手表，叶良昞同学捐出了自行车，高炜和我也捐出了手表，其他同学也捐出了衣物和各种实物。接着在1948年除夕下午全校举行"师生联欢会"，会上最后一个节目是沈廷鸾、赵小玲等几个同学演出的自编活报剧《让我们读书》。剧一结束，范敬业同学即登台讲话，揭露国民党反动派禁止助学运动的阴谋，号召大家互助捐献，帮助经济困难同学升学。接着一个个同学捐献物品和讲话，季勤先老师代表教师讲了话，全体教师捐献半个月薪水，帮助同学。先后发言的有20多人，捐献了相当数量款物。会从下午4时开始，在激动的发言和热烈掌声中，一直开到8时，天已黑了。连来看节目的其他学校一些同学也深受感动捐献了两支当时还较罕见的"原珠笔"。这一具有深刻教育意义的助学方式，很快传播出去，在《学生报》和《中学时代》上登出了介绍文章。一些学校也采用这一方式，揭露敌人，团结同学。

（4）"打进去"

在寒假里，根据地下党统一部署，从学生运动开展较好的学校里抽一部分党员和发动一批进步同学转学到反动统治严密、学生人数较多的学校。响应号召，高二年级叶良昞、陈林才、赵小玲、沈廷鸾等同学转到当时的中正中学读书。我记得陈仲信烈士还代他们中的一个去参加考试，以保证录取。

4. 迎接解放的日子里

（1）学生党组织的发展和外围组织建立

从1948年12月开始，有些同学在党教育下，参加了党。全校学生工作进行得更有计划，更有效果。学生党支部支委范敬业、陈仲信、姚解生分别领导各党小组分工负责各方面工作，如级联会党小组、夜校工作党小组、新青联党小组，群众工作党小组等。

（2）参加"四一惨案"追悼会

"四一惨案"发生后，地下学联联络员通知我，希望在省吾中学开一次地区性的学生追悼会。我向范敬业汇报后，为了避免暴露，不在学校举行，而去参加交大主办的追悼会。当时有人建议与学校商量停课，让同学参加追悼会。我向季老师汇报时，季老师说："停课去，影响大，还是采用你们在下面发动，我通知工友11时开校门，你们去开会，老师上课不点名，这样要好些。"我转告后，大家同意。各班分别发动，有50多名同学分批离校参加追悼会，以省吾同学的名义，送去了一副挽联。

上联："谈什么和平和平！"

下联："还不是杀人杀人！"

这副对联由于含意深刻，文字易懂，交大同学把它贴在追悼会场大门两边。散会后，又分批由高年级同学护送初中同学穿过反动军警的层层包围圈返回。

（3）组织起来，成立全校"应变会"和"人民宣传队"。

在1949年4月下旬，在老师们建议下，由6名老师和高二、高三同学8人一起在高三教室开会，讨论成立应变会，迎接解放。当时分工是季勤先老师、严忠璞老师、范敬业和我四人负责联络，主持工作。吕型伟老师、高炜、吴文建负责文书宣传工作。姚解生，张蒔英和一名教化学的老师负责教护。还有一保卫组，具体负责人记不起来了。当时目的是把全校组织起来。如发生巷战，就保护学校，救护伤员，开展迎接解放的宣传工作。以后参加救护组的同学还在课后举行了两次担架、包扎的学习活动，并召开了一次全校大会，进行组织应变、迎接解放的思想教育。

组织人民宣传队、人民保安队。在5月初的一天下午，召集了高二、初三、初二的一些同学（主要是参加了新青联的）在级联会办公室开会，范敬业同学讲了上海就要解放，我们要作好迎接解放的宣传工作。规定了工作纪律和保密原则。大家起立表态："严格遵守"，会场上气氛既喜悦又严肃。决定夏乐仁和我分别担任中队长。同学们分工参加油印、文娱、宣传等工作。

人民保安队的工作由陈仲信同学负责组织，具体情况因当时地下工作原则，我不了解。

（4）散发宣传品，制作迎接解放的旗帜，创作庆祝上海解放的歌曲

从1948年底起，省吾的同学根据党的布置，多次采用分散邮寄，晚上把传单送到街上高房住户的门缝里、信箱里，宣传党的各项政策。陈仲信多次在五马路一带自己做这项工作。叶良晌同学为了检查邮寄是否顺利，就邮寄了一份给我父亲，后来我告诉他收到了。

5月上旬范敬业同学筹集了我们几个人的零用钱，由他母亲去商店购回红布，缝制了两面红旗，用油漆画上火把，两边写上"省""吾"的校名，作为宣传队外出宣传的标帜（其中一面在陈仲信同学牺牲后，于入殓悼念时覆盖在遗体上）。当时范敬业同学是在冒着危险，极端保密的情况下制作的，他的双亲为他守门。

曹林当时在青年会学生合唱团任主席，受党的委托，准备迎接解放。他邀我一起来搞，我们都不会作曲，曹林就把秧歌调填词"我伲大家来欢迎，欢迎人民解放军"这一首。我就填《四季调》的歌词："春季到来百花香，人民的军队到上海啊"……。后来在5月25日到5月27日迎接解放军的宣传活动中，是普遍最先唱的两首歌，一些私营广播电台，在节目中也唱了这两首歌。

5. 上海解放了

5月24日晚，我和范敬业同学在一起睡。5月25日清晨枪声惊醒了我们，一起高兴地从床上起来。然后一起骑车去邀约同学到校。我们九时到校集合同学，十时半准备离校去圣约翰大学的指挥站报到时，接到了陈仲信同学牺牲的消息。指挥站告诉我们要注意安全，穿越中山公园去报到。我们省吾中学人民宣传队分配在静安寺、南京西路一带，展开宣传活动，到达静安寺时，临时指挥点设在一个舞场里。我被抽调出和大夏大学几个同学一起去组织在5月下旬被国民党赶出校门而无法回家，集体借住在外的一百多名外省的大夏同学参加宣传队工作。省吾宣传队由姚解生领

导展开街头宣传。范敬业则去料理陈仲信烈士的后事。当时，大家都抑制着对陈仲信烈士牺牲的悲哀，积极投入庆祝上海解放的工作。宣传队连续工作了三天。

5月28日下午全长宁区的人民宣传队和保安队在圣约翰大学体育馆里举行了陈仲信烈士入殓的悼念会。到会的省吾同学含着眼泪把写着"省""吾"校名的红旗覆盖在烈士遗体上。曾经在陈仲信烈士领导下工作的谭文修、石良耘眼睛都哭肿了。

6月1日返校上课了。6月3日全校又投入反对银元投机的宣传活动。参加了拥护军管会，人民政府取缔银元投机的大游行。

6月中旬在西二区委领导下，发动同学参加南下服务团。6月15日举行了全校动员大会。会上由西二区委工作同志讲话。周秀宝同学介绍说服家长同意的经过。很多同学踊跃报名参加。学校宣布暂时停办高中，鼓励同学参加革命。当时省吾中学还组织了一批同学到其他学校宣传动员南下。

6月30日我校20多名同学和在省吾报名参加南下的费闻、程天萍、丁顺德等同志，共30多人，在早上8时齐集大夏大学校门口，向西南服务团报到。

上海刚解放，人民群众对党的政策不甚了解。参加南下的同学纷纷说服家长，勇敢地踏上革命征途。

以上是我在省吾中学一年中现在记得起的概况。很多老师谆谆教导和许多同学热情参加斗争的情景仍历历在目，有许多生动的场面，但由于我的文笔拙劣，难于记述。

1979.5

深深的怀念

1949年高二　谭文修（李　真）

陈仲信同志离开我们已足足有半个世纪了，但他坚毅勇敢、无私奉献的精神却一直激励、鞭策着我们在革命和建设大道上前进的校友们。

1948年秋，我根据党组织的意图，从上海震旦女中高中部转入省吾中学高中二年级。课余时间我随李毅（李丽莉）同志参加和组织上海学生礼拜堂晨钟团体的活动，团结一批教会学校的同学，共同为推翻蒋家王朝的伟大事业而战斗。1949年初，组织上让我搞省吾夜校工作，组织学校附近几个大厂的部分工人学习文化，向他们传播革命真谛，并培养发展了一批工人加入党的外围组织——"工协"。1949年3月，我正式加入中国共产党。当时，陈仲信同志是高三同学，学校地下党支委。由他直接参加和领导我们的党小组。小组成员还有唐林宝（唐志）和石良耘。

1949年3月到5月，我们党小组活动比较多。我们四人常在一起研究工作。为了让陈仲信同志外出联系工作方便，我将自己的自行车执照交给了他。陈仲信同志每次研究和布置工作都十分认真、缜密，任务明确、方向恰当。在他领导下，我们都能坚定而愉快地去执行。陈仲信同志在工作上对我们要求很严，在生活上又很关心我们，特别对石良耘同志的家庭困难十分关切，常常嘘寒问暖。在我们心目中他确实是一位少年老成、成熟练达的领导，又是一位能关心体贴人的大哥哥。

1949年5月25日早上，坚持护校的同学正在欢欣鼓舞为迎接上海解放而忙碌，但战斗还未结束，苏州河畔国民党部队负隅顽抗的阵阵冷枪声清晰可闻，使人毛骨悚然。正在这时，陈仲信同志急匆匆走过操场，见到我说，他要去圣约翰大学开会。我劝阻他："外面危险，等下再走。"但陈仲信同志坚定地说："这个会一定要参加。你放心，我会注意的。"说完，义无反顾走出了校门。我万万没有想到，这一走，竟成了我们的永别。当天下午，有位好心人，拿了我的自行车执照找到我家报信说："谭文修是不是你们家的人，他已经被冷枪打死。这是我从他口袋里找到的一张自行车执照。"我妈一听急了，马上唤出我大哥坐上三轮车赶到学校，想问个究竟。同学们一见我妈，以为要抓我回家，急忙到正在学跳秧歌的队伍里找我，叫我躲一躲。可我没来得及躲，就被妈发现了。听妈说有人来家报信的情况后，心里非常着急，不知道究竟是谁遭到了不测。但我怎么也不敢想象遭难者竟是大家爱戴的陈仲信同志。第二天，当正式消息传来时，大家悲痛万分，我悄悄拉着唐志和石良耘，到一间没有人的教室里，三人抱头痛哭。第三天，在陈仲信同志追悼会上，我们一边和同学们张罗着会务，一边擦不完流淌的眼泪。我们是多么希望能在他带领下继续战斗啊！可是他却永远离开了我们。

和陈仲信同志前后牺牲的还有几个和我很亲密的战友。一个是大夏大学薛家德同志，他是我的启蒙老师，在解放前夕，被敌人活埋在四明山上。一个是高三年级周维民同学，在夜校工作和护校活动中，我们曾在一起并肩战斗，他最后牺牲在朝鲜战场上。而唐林宝同志又是我一个党小组的成员，一九七四年为执行一次艰巨任务而献身。我为他们的牺牲感到刻骨铭心的悲痛，也为他们的光辉人生而骄傲。几十年来，革命先烈的英勇事迹一直在鞭策、激励着我。每当我在工作中遇到困难时，想到他们，就鼓起勇气一个个去克服；每当我在革命历程中遭到挫折和委屈时，想到他们就告诫自己：先烈们为了祖国和人民献出了自己年轻而宝贵的生命，我受点挫折和委屈算得了什么？于是就挺胸昂头，锲而不舍继续奋斗。几十年来，我深切感到英烈的崇高品德和伟大精神对后人来说是一笔巨大财富。它的影响力是无可估量的。我们不能忘记他们，要永远学习他们。

革命先烈永垂不朽！

省吾——我的母校，哺育我们成长

1949年高一　王文安（王　焕）

我是1947年暑期由上海圣约翰大学附中转到省吾中学的。当时我才初中二年级，到1949年5月上海解放，6月参加西南服务团。虽然在省吾中学的时间仅仅两年，可是我在省吾受到的革命传统教育极其深刻。省吾中学的青年学生在上海地下党领导下，一个个健康成长，英勇参加了与国民党反动派斗争的学生运动。我们省吾中学在学生运动期间比较有名，是沪西区的民主堡垒。省吾中学有光荣历史。这些都深深印在我脑海中，至今还留恋难忘。

不少同学踏进省吾中学，都有一种与他校不同的感觉，觉得省吾中学的民主气氛比较浓厚，是一所朝气蓬勃有生气的学校。由于省吾中学地下党组织领导较强，学校地下活动开展较好。当时最明显的是全校师生间打成一片，尊师爱生，既平等又民主、互敬互爱，师生关系十分融洽，同学间不分高低年级，团结友爱，高年级帮助低年级，大同学爱护小同学，学校校风比较好，政治气氛较浓，不是关着门死啃书本不问政治。地下党员在学校党组织领导下，团结大多数师生，积极向国民党反动派进行顽强斗争。

我到省吾后，就与高三年级李亦琴、倪汉卿、濮秀丽、籍传慧等同学在一个党小组活动。1948年暑假，他们毕业离校，我又与新的高三年级姚解生、范敬业等同学一个党小组活动。那时我年幼无知，虽然已入党，但思想觉悟低，政治上不成熟，什么都不懂，什么都不会，更谈不上做其他同学的工作。在这些高年级同学带动和帮助下，与同学们一起学习和战斗中，我才逐步有些提高。

我们党小组活动时，有时在学校楼上走廊两头小阳台上，关上百叶窗门，在那里短时间碰头联系、商谈；有时我们事先约好在某个同学家里，但每次进门都要注意"安全"标记——窗台上有无花盆。有段时间我们常在姚解生家里，常常晚上开会到深夜，然后一个个溜出来回家。当时年轻，对这些惊险活动也不觉害怕，家里的阻挠更不放在心上。特别是我家在中山公园旁边苏家角，乘电车下来后，还要走一段较长的阴暗小路，那是要鼓较大勇气才敢直走回家。回到家里父母又因怕我们出事而不安，常被阻止不准外出，我们还是整天偷偷在外活动。

我记得当时省吾地下党组织，以党员为骨干，依靠班上积极分子（1949年三四月份时，这些积极分子大多参加了党的外围组织——"新青联"）发动和团结广大同学，开展了各种各样的活动。

① 发动广大同学积极参加全市组织的各种大的集会活动和示威游行。如"争和平，反内战""反饥饿，反迫害，争民主，争自由"等。印象最深的一次是1948年6月全市"反美扶日"示威游行。我们学校有不少同学去外滩集合，我们班上也有同学，如宋曼莉、周秀宝、顾大鸣、吴增梁等都参加了。同学们打着校旗，边唱革命歌曲，边呼口号："反对美国扶植日本……"我记得由于国民党反动派残酷镇压和破坏，交大、复旦、同济等几所堡垒大学被反动军警包围和阻挠，老大哥的队伍未能赶到外滩来集合，已集合的队伍多数是中学生。国民党反动军警、消防车也都来了。当学生队伍向南京路方向前进时，国民党反动军警就持步枪向我们队伍冲来，把我们队伍一排一排强行冲散。但是同学们手挽着手，团结在一起，一点也不怕，我们被冲散了又集结在一起。反动军警又来驱赶我们，把我们一个个赶到各条支马路，然后同学们又陆续汇集到南京路上，继续游行，进行了英勇不屈的斗争。后来我们得知有两位同学被捕，更是气愤。在社会各方努力合作下，采取措施积极营救被捕同学。第二天，被捕同学由学校保释。学生会召开了全校师生大会，对国民党反动派迫害学生的罪行揭露和控诉，教育了同学，进一步激发了师生们的爱国热忱，坚定了向反动派作斗争的意志。

我们地下党学生支部还经常组织同学去交大参加集会，记得有两次去参加的同学较多。一次是1948年五四营火晚会，进行了一晚活动。先在交大礼堂里唱革命歌曲，当时指挥唱歌的是陈岚（现在重庆市歌舞团），后来我们在交大大操场上，围着一大堆营火，坐在草坪上，高唱革命歌曲和观看各校演出的各种歌舞、活报剧等。还有一次是1949年上海临近解放，声援南京"四一"惨案在交大集会。我们学校地下党组织发动同学前往参加。那天，去的同学较多，学生会把同学中捐的两块银元由高一顾联璧同学去兑换成现钞，集体乘公共汽车统一买票，车上同学们坐得满满的。傍晚，我们赶到了交大校门口，然后整队进入会场，在大礼堂里唱了许多革命歌曲，大家情绪高涨。没多久，国民党反动军警又大批开到交大，把校园全部包围，大门口出不去，进不来，还派了反动军警、特务进校，在礼堂、教室、宿舍等到处抓交大学运领导人（据说，交大早有准备，及时转移，搜捕未成），一时搞得交大院内气氛十分恐怖。但是，同学们没有被吓倒，一个个更加斗志昂扬。后来，我们由礼堂转移到操场，以学校为单位，组织同学围坐一圈，唱了个通宵，《团结就是力量》《五月的鲜花开遍了原野》《坐牢算什么》等，歌声响彻云霄。反动派对我们没办法，到第二天清晨，反动派只得灰溜溜撤走，而我们迎着朝阳胜利返校。

② 组织全校同学在寒暑假进行各种募捐活动，有捐募助学金、助学尊师、捐募寒衣，救济难民，等等。我们学校在这个活动中每次参加人数比较多，募捐数额也不少，解决了不少同学因家庭经济困难缴不起学费等问题。每次募捐，全校分班组织，每组三四人，我们班上也有不少同学参加。大家手拿各种助学纪念章、书签，以及手工做的绒花或呢绒做的小草帽式的可别在身上的纪念品。同学们每年不分暑天炎热高温，也不分严冬腊月，冒着风雪雨淋，走遍南京路上每家理发馆、咖啡馆、酒楼、饭店和歌舞厅，从早到晚，打破面子观点，挨家奔跑，向社会上各界人士宣传，讲解，开展了有意义的募捐活动。同学们每当外出时总是满腔热情，情绪饱满去执行，也做好"碰钉子"的思想准备。每当夜晚，一天募捐任务完成后，大家都感到我们又做了一件艰巨而有意义的事，心情格外舒畅。

还记得有一次，在学校礼堂里，同学们在校内开展募捐活动，号召同学们有钱出钱,有物献物。动员后,当即有不少同学捐了现款,高炜同学当场就把手表脱下捐献,同学们这些高尚行动,深深教育了我,至今令人难忘。

③ 开展各种宣传教育活动,散发各种传单。有时以学生会名义,聘请校外有关人士来校宣传讲解,有时全校或分年级组织时事座谈会,宣传中国人民解放战争胜利的消息,还定期办全校黑板报,由同学们编写各种短小精悍的文章激励大家参加学生运动。我记得高三同学高炜、顾联瑜等,他们经常利用课余时间或节假日写稿、编排,积极出版。另外,我们还张贴宣传品,投递或散发传单。有次,我们(谭文修、姚淑祎等)利用电话本上地址写了许多信封,将传单寄出,分头投递到各个邮筒,以免过分集中而被反动派发觉。然后还将剩余传单,分头在回家途中冒着风险,挨家挨户投递散发,及时送到人民群众中去。有时在游行队伍中,边游行、边张贴、边散发传单。有的跑到高楼大厦散发,顿时大街上传单满天飞,国民党反动派莫奈何!

④ 组织开办工人夜校。大约在1948年底,1949年初,学校党组织还开办了工人夜校,招收附近工人、店员、失学青年来学习。选择了日校少数同学担任文化课教员,讲形势教歌舞等。记得有谭文修、章剑平等,我也不知怎么去担任了。我们利用每周几个晚上讲课,改作业。由于我自己文化知识有限,给工人师傅讲课真使我胆怯,幸好担任时间不长。

⑤ 组织应变会,开展护校活动。那是在1949年初,组织同学参加护校活动,经常住校值班,防止国民党反动派撤退时破坏。同时还组织同学参加保安队和宣传队,为迎接上海解放,做好一切准备工作。一解放就上街去工厂宣传党的政策,稳定局势。

最后,还有一件事使我永生难忘。1949年3月下旬,一天下午三四点钟,我们学校全校各班积极分子,正在学生会办公室(即二楼靠西北角上的小教室)开会。突然我们发现窗外天空有一层浓烟直往上升,过后,范敬业同学不安地对我说:"莫非是你家附近失火,快回去看看。"于是我急忙走出校门,直往长宁路上跑,走到中山公园门口,就听过路人说"苏家角失火了"。这时苏家角弄堂口也被堵住进不去了。我像热锅上蚂蚁一样焦急,担心父母的安全。不久,临近傍晚,学校里很多同学也都闻讯而来，有范敬业、叶良晒、王宝善、夏乐仁、顾联璧等，同学们一个个伸出了阶级友爱的手，帮我家救火。大家想尽办法，赶到现场，有的从中山公园铁丝网那里翻过去，有的从西站那边绕道而来，这时天色已黑。我的家被烧成焦土一块，什么也分不清，看不见了。不到几小时，苏家角已烧成废墟，好几十户人家都无家可归。许多同学在那废墟上帮助寻找和抢救残物。同学们忍着饥饿，奋不顾身，一个个不怕累、不怕脏，一直抢救到深夜。有的同学全身成了泥人。旧社会封建迷信传说被火烧者，是不能寄住他家的，否则会把灾难带去。这样，有亲也无法投靠。我们全家无处归宿，经大家出主意，决定和父母一起寄住到学校。学校地下党组织给我们全家极大安慰，安排我们住在礼堂左边教室里，并指定顾联璧、夏乐仁协助照顾我父母。一个人在患难之际，有多少同学不顾个人安危热忱帮助，这种深厚的阶级感情和优良作风，至今记忆犹新，同学们这种革命团结友爱精神是多么可贵啊！

1979.6.25

省吾中学人民宣传队活动片断回忆

1949年高一　顾联璧（辛　玉）

1949年春，中国人民解放军陈兵长江北岸，国民党中央政府土崩瓦解，一片混乱。在我军即将挥师渡江南下解放全中国之际，上海地下党加紧了迎接上海解放的工作。以地下党员为骨干，团结进步群众，秘密组织了人民保安队和人民宣传队。

人民保安队主要在工厂中组织，人民宣传队主要在学校中组织。当时我在省吾中学高一班读书，学校不少地下党员和进步同学都组织在人民宣传队中，编为若干小组。我所在的小组大约有七八个同学。开过几次会，有一次是明确任务：解放军入城后，宣传队要立即上街贴标语、发传单、作口头演讲，宣传共产党和解放军的政策，消除国民党反共宣传影响，安定民心。会上还布置到曹家渡地区一个范围内走街串巷，了解地理人情，选择以后宣传地点。会后，我们小组的男女同学，去进行了"侦察"活动。还有一次会，给我印象很深，那是在临解放时，学习解放军入城"约法八章"（《中国人民解放军布告》）。在国统区敌人鼻子底下，看到以毛主席和朱总司令名义发布的解放军布告，感到解放的曙光即将照耀上海人民，心情异常兴奋。小组同学互相帮助着理解，消化布告的内容，为以后宣传作准备。

记不得是哪个同学，把一份油印的《解放军布告》交到我手上，要我设法妥善保管，到上海解放时拿出来用。接受这个任务后，我首先考虑怎样安全地把"布告"从学校带到家里。我把脚踏车龙头把手取下来，将布告卷成细条，塞在龙头空洞里，再将把手套上。这样，"布告"安全带到家里。瞒过家里人，我又把它藏在一个柜子夹缝里，秘密藏到上海解放。

为了迎接上海解放，不少革命团体在解放前夕，就开始购买红绿标语纸，大瓶墨汁，油墨等宣传用品，以便一解放马上可用。由于文具纸张商店这方面商品一时销售较快，被国民党特务系统觉察到了，便加紧控制。当时省吾中学学生会也东一点、西一点买了一批这类用品。为安全起见，决定分散到同学家里隐藏，我也拿了一捆标语纸回家，藏在柜子角落布满灰尘的一卷旧草席中间。上海解放后，就拿到学校写标语了。

英雄的中国人民解放军进入上海市郊，对上海形成包围，隆隆炮声已隐约可闻，市内敌伪军警忙作一团，同学们按捺不住激动心情，急于想为上海解放做点事。但学校地下党组织按上级指示，在解放前一两天告诉党员、新青联成员和进步同学，在家等候通知，再到校集中展开活动，防止敌人玩弄"假解放"花招，使进步力量暴露受损。5月24晚，我在家里睡不着，不仅炮声更清晰，逐渐又听到了枪声，街上行人的奔跑声，大概是国民党残兵败将在逃命吧。25日天明，枪声稀疏了，我跑到弄堂口大铁门缝里向外张望，啊！解放军正在南京西路上由西向东挺进。解放了，我们已经解放了！为什么学校还不来通知？我实在等不住了，便骑上自行车往学校飞驰。接近曹家渡，听到有密集的枪声，人们说：苏州河北岸的敌人还在顽抗，还没有解放。怎么办？我俯伏在车上冲到学校，看见家住学校附近的小同学已在那里。我又赶紧回家等候。大约下午三四点钟，夏乐仁和王文安来通知了："五点前到校集中。"当晚几十个同学汇集到学校，没有电灯，窗外是枪声和火光，大家点起蜡烛和油灯，兴高采烈写标语，印传单，学新歌。半夜困了，就在二楼中间走廊里和衣席地而睡。

5月27日。苏州河北岸也解放了，上海全市解放。省吾宣传队立即出动在曹家渡一带展开宣传，贴标语、发传单，在街头围个圈子，唱《解放区的天是明朗的天》等歌曲。等群众围上来后，有同学就站在板凳上宣传讲演。记得曹林同学还以秧歌调编了"我伲大家来欢迎，欢迎人民解放军……"的歌词来演唱。

驱走了黑暗，迎来了光明，同学们说不出的开心。为了解放全中国，党号召青年随军南下，省吾二十几名同学毅然决然踏上了解放大西南的征途。

1979.5.25

我爱省吾

1948 届初中　陈　平

　　省吾中学是由地下党员和积极分子在抗战胜利前创办的一所新型革命学校。我在这个学校里受到启蒙教育，指引我从一个不懂事的少年走向革命道路。

　　省吾中学教书育人，是个革命熔炉。六十年来，精心培育了数万革命人才，为社会主义革命和建设做出了重大贡献。如今，社会主义祖国正在崛起，日益富强，省吾校园绿树成荫，繁花似锦，是多么值得纪念、庆贺。

　　我幸运进入了省吾。1937年"八一三"后，日军进攻上海南市，烧杀抢掠，百姓遭殃。我家逃到法租界卢湾区。一家五口，栖身于六平方亭子间。我从小学四年级起，凭老上海《申报》助学金就读。1945年夏，念完初一，面临辍学，幸省吾创办，学杂费减免，我有缘进入初二班。

　　省吾中学是地下党领导的革命据点。老师大多数是地下党员。开始我并不知晓。其实，我一进省吾，就得到了党的关怀，受到了党的教育。我不仅学文化、学知识，而且学做人、学革命，为国家、为人民。老师不仅关心我的学习，关心我的生活，更关心我的成长、安全和未来。我们师生间不仅有亲切的师生关系，而且有如兄弟姐妹，更有不公开的亲密党群关系。老师关爱我们这些小群众，给我们传播革命的火种，点亮了我们的心灵之光，尽心竭力，把党的温暖给予我们。

　　我太幸运了。我进入了一个"小解放区"，一个"民主堡垒"。民主、自由、欢乐、幸福的天地。我在这个天地中学习，我在这个熔炉里成长。

同学间，团结友爱，不分高低贵贱。我因家境贫困，有些自卑感。但在学校里不仅没有受歧视，而且感到亲切、愉快。我们同学习、同娱乐，没有贵贱高低之分。

我们初二班里的同学，有李萼珍、唐嗣珍（唐斌）、蔡字徽、吴文海、夏乐仁、邢志汶等。他们是夏孟英、李蕊珍、唐馥珍、蔡怡曾、吴新智、邢泽等老师的弟妹。他们不仅功课好，而且是班里带头参加各项爱国民主活动的骨干。李萼珍是我们的班长。

我们班起名为"蚁群"。爱劳动、爱集体、爱学校、守纪律，团结友爱，互相帮助，追求真理，支持正义，是学校参加歌咏和"尊师助学运动"、募捐义卖、"六二三反内战"、"抗议美军暴行"等运动最活跃，最积极的班级之一。

北京西路校舍是搭起来的简陋教室，墙壁上的泥土、石灰，时有大块脱落，把教室弄得很脏，光线阴暗。学校缺少修理经费，同学们在李萼珍、张鑫奎等同学带动下，大家出钱，买了材料工具，利用星期天和放学后的时间，把墙洞补上，粉饰一新，改善了学习环境。另外课桌椅坏了，也自己动手修补，得到众多老师赞扬。

老师爱学生，尤爱贫困生，不但使我们能读书，而且还关心生活。我和袁金福同学家境较贫困。唐馥珍老师是教导主任，是我们初二级的班主任和语文、英文老师。她对我们特别关心，在减免学杂费等方面给予我很大帮助，使我能继续就读。1945年下半年，秋风叶落，渐入寒意。唐老师设法给我们衣帽、奶粉等营养品御寒。初三时，杜淑贞老师是我们的班主任、语文老师。她平时细心观察了解同学，知道我们喜欢画画，却无颜料，就将自己节省的钱买了马头牌颜料给我们。省吾的贫困生较多，同学们得到老师帮助也很多。我深感省吾老师对我们贫困生的关心厚爱，对省吾有着特殊感情。

省吾创办后，学校经费就有困难，老师工资低，甚至无工资收入。国民党为打内战，搜刮钱财，物价狂涨，更使学校发不出工资，老师生活困难，贫困职工家庭付不起学费而雪上加霜。老师没有工资就义务教学。唐馥珍、李蕊珍等老师为解决学校经费、校舍奔波，克服困难，坚持办学，让我们不再失学。唐馥珍等老师课后还担任钟点教师和家庭教师维持生活。不少老师节衣缩食过着艰苦的日子。老师的敬业精神和自我献身精神，深深感动教育了我们。老师爱我们，我们有了书读，也应关心老师，关心未入学的同学。上海地下党发起的敬师尊师助学运动，我们同学都踊跃参加，上街积极宣传募捐，义卖助学章、敬师章、自制尊师花等，献微薄之力，尽情义之分。

老师爱学生，尽量多教给我们知识，扩大视野。记得初二时，唐老师就带我们出去参观几次，把书本教育同直观教育结合起来。

一次参观上海亚洲制皂厂，使我们懂得了日用的老牌固本洗衣肥皂，是工人师傅在高温下汗流如注，将牛油融化制造出来的。

有一次带我们到佘山参观天文台。我们登高远眺，看大地、观星辰。那天我们特兴奋有劲。回家后，父母听我滔滔不绝叙说，感激不已。学校不仅接纳贫家孩子读书，还带去游玩、参观，汽车接送，不收分文。祖国的美丽，工人的辛劳，给我们留下深刻印象。

唐老师上语文课，曾给我们讲了"小草"的故事，它长在路边，在山岭田野，它无名，但有顽强的生命力。野火烧不尽，春风吹又生。教导我们在人生道路上，要坚强，不为名利，不怕挫折。

老师爱学生，关心学生体质。学校在北京西路，没有活动娱乐场所，仅在露天阳台上有两只乒乓球桌，只够少数同学玩。同学们打乒乓，不敢扣得太重，如扣个大板，球不是打出界外，就是打出校外。球出阳台掉底层，得从四楼跑到底楼弄堂里去捡。

学生正在成长期，需要文体活动。杜老师根据场地条件，在自身经济拮据的情况下，给班里买了一只大橡皮球。这是全校唯一的一只球。同学们课间围成圆圈，有时分成两队，不限人数，作托球传球玩，活泼愉快，传递了友谊，增加了凝聚力，增强了同学体质。

启蒙教育，播下革命火种。杜老师是地下党员，她来任我们初二班主任，使我班更活跃，更有生气。当时还不能直接宣传党的主张，她通过各种方式，给我们启示。印象最深的还是语文课教学。她选择的活页文选有《古文观止》中的《阿房宫赋》，《诗经》中的《伐檀》《硕鼠》等几篇文章。文中揭露朝政的奢侈腐败，反映劳动人民的疾苦、不满和反抗。杜老师以对劳动人民的爱，深厚的无产阶级感情，讲课娓娓动听，启示我们热爱劳动人民，要创建和实现广大劳动人民向往的平等、自由，没有剥削，没有压迫的美丽乐土。她借古喻今，提高我们的阶级觉悟，给我们传播了革命理想和火种。我联系当时在国民党反动派黑暗统治时，我们学校被人欺，老师被人辱，同学被人打的情景，从而发奋要摆脱欺压人民、骑在人民头上的反动统治。

爱国民主运动，培养了关心他人不惜牺牲的品德。学校有号召，我就积极响应参加。那时我们只有十三四岁，好多事还不太了解。我们在高班同学带领下，几乎忘了自己的年龄。实际斗争锻炼了我们，增长了见识。老师对我们的参加，既高兴，又担心我们的安全。外出时再三嘱咐高班同学保护好我们。

一次，在交大体育馆集合声援，我校也出席了。班里有李萼珍、唐嗣珍、夏乐仁等同学去，我也跟着过去。会议正开着，国民党宪警、特务赶来，制造借口，包围了体育馆，欲冲进会场逮人，搅乱秩序，气氛紧张起来。主持人宣告了情况，场外还在交涉，大门用双杠排列着，由交大纠察同学组成层层人墙护卫，阻止敌人闯入。主持人提示不要离开会场，大同学要保护好小同学，男同学要保护好女同学。大家手挽手，高唱《团结就是力量》等歌曲，歌声阵阵，把整个体育馆震荡了，把敌人震惊了。他们不敢妄动，未能得逞，悄悄离去。散会后，我们整队离开，高班同学把我们护送到安全地才分手。

1946年，我参加了"六二三"反内战、争和平活动，欢送去南京代表团的请愿大游行。复旦大学有300名同学担任总纠察，维护秩序，预防国民党敌特、宪警破坏。我校高班同学也严密组成纠察队保护我们安全。

经过参加这两次活动的锻炼，使我懂得危难关键时刻，要为国家，为他人，敢于挺身而出。高班同学不露声色的共产党员，保护同学安全，不怕牺牲自己，做出了榜样。

唱进步歌曲，张革命志气。我在省吾中学学到的歌曲很多，受到的教育和影响也很大。学校音乐课由董兼济老师担任，歌咏队由学联陈良老师执教。他们都是地下党员。在校两年间，我至少学会有三四十首。我们常唱的有《义勇军进行曲》《游击队之歌》《我们在太行山上》《保卫黄河》《团结就是力量》《我们大家一齐来唱歌》等歌曲。另外还有《垦春泥》《古怪歌》《跌倒算什么》等三首歌,我也特别喜欢。歌词内容是:"军民合作垦春泥呦……种出自由无价宝呦,不分高来不分低,不愁食来不愁衣……""往年古怪少呦,今年古怪多呦,板凳爬上墙,灯草打破了锅呦……""跌倒算什么,我们骨头硬,爬起来,再前进……"。这些歌词,教育和鼓励我坚定革命思想、信念,劳动创造美好未来;在革命征途中,不畏艰难困苦,要有硬骨头精神;提高警觉,善于观察思考,明辨是非,坚定方向,起着积极作用。

阅读《新少年报》,健康成长。我们初二级,年纪还小,还不能直接看到革命书籍、杂志,但我们很高兴能看到进步的《新少年报》。1946年初,季勤先老师来教我们数学、几何时,把她参加地下党创办的《新少年报》带给了我们,成为我们的良师益友。它宣传政治时事,真实报导新闻,还有知识园地等栏目,很受大家欢迎。正因为是地下党领导的,内容进步真实,可就引起国民党特务的注意追踪。

季老师是老师中的年长者,她手臂伤残,身体较弱,不畏风险,不顾个人安危,每期出版,都把它带到学校,使我们心开目明,健康成长。

1948年夏,我初中毕业离开了省吾。在省吾两年间,是我读书时期最开心,懂得革命道理最多,成长最快的时期。

老师的光亮照我一生

1949年高一　赵怡男

岁月无情，短暂的青春早已随风飘逝；

岁月有情，鲜活的往事依然长存心中。

我的少年，是在凄风苦雨的时代中度过。沦陷的上海，使我尝到亡国之恨。抗战胜利，并没有给人们带来多少持续的欢乐。内战浓云密布，物价如脱缰之马，小老百姓陷入困顿中。我生活在一个多子女而又关系复杂的家庭，仅靠老父一人菲薄的收入，家用捉襟见肘。我被迫辍学在家，生活越发暗淡无光。

但是，命运突然转折，给我带来料想不到的希望和快乐。我报进了离家不远的省吾中学。这座私立学校虽然经费拮据，学费在全市却是最低，我因家庭困难，得到格外照顾，学费减免一半，我才得以迈进朝夕期盼的学校，圆了读书梦。

那时，我不知道"省吾"是"一日三省吾身"的古训。作为初中女生，单纯、幼稚、率真，我也不会像成熟的大人那样去"省吾身"。我只知道我应该勤奋学习，就像一位诗人所说：要在春天里抢着播种。

那时，我也不知道省吾中学是上海一所共产党决定办的作为革命据点的新型学校。"细雨润无声"，学校进步的风气，老师的倾心启发，在潜移默化中使我对时代巨变、革命潮流有了"醒悟"。"醒悟"，大概是"省吾"的隐性寓意吧。

在现今校园墙上，有"省吾之光"四个大字，它触动我的心。如果说学校是革命熔炉，老师就是发出光和热的火焰。虽然我已迈入老年，近六十年前的许多生活细节已经淡忘，但老师们高大的形象，却始终镌刻在我心灵中。我很遗憾，我不曾学过绘画，否则我会用绘笔饱蘸水彩，去涂描老师们的群像，作一幅春风化雨图。

杜淑贞老师是我们的班主任老师，也是语文老师。我坐在教室第一排，和老师距离靠得最近。就这样，我还不免眼睛盯得大大的，倾听她娓娓的讲解。她所教的课文太吸引人了，是她指点我进入从未听说的文学之门。从《硕鼠》《伐檀》等不朽篇章，我平生第一次尝到一勺勺祖国诗歌源头的甘泉。鲁迅、普希金、易卜生这些大师的名字由陌生而熟悉，我不由产生敬仰之情，对语言文学的兴趣油然而生。参加革命后，我能长期在报社、出版社做编辑工作直到退休，饮水思源，得力于杜老师对我的启蒙，对我的熏陶。

饮水思源，我得到的不仅是文学知识、语言技能，更重要的是革命信念。杜老师作为革命者、中共地下党员，按照党的纪律要求，不能对我们直接进行政治上的鼓动，但她在正课中隐而不彰地向我们进行革命的启蒙教育，使我们醒悟到旧社会的罪恶，醒悟到新曙光的引力。杜甫的《三吏》《三别》，经杜老师详细剖析，令人怦然心动，深感压迫之可恨，战乱之可痛，和平之可贵。这种人文精神使我终身受用。解放后，我毅然离别父母，到中央团校学习，继又主动要求到最艰苦的地方去。在东陲塞北的黑龙江，我洒出青春的汗水，成长为青年干部，成为共产党员，正是得力于当年所受的革命启蒙教育。涓涓细流，滋润我的青春。

退休后，我于1992年迁回上海定居，曾数度看望杜淑贞老师和她的爱人龚兆源老师。他们对我和家人十分关切，更是勉励有加。我感到格外的亲切和高兴。

唐馥珍老师是我十分崇敬的老师。她和杜老师一样，也曾当过我们班主任。她教英语课，谈吐儒雅，着装朴素，更显斯文气质。她是我的老师，也仿佛是我的亲人。可能看到我年龄幼小，家境又差，对我有一份格外的关怀，一片格外的体贴。记得有一个学期，我家连减免过的学费也交不出，她慷慨解囊，给了我无私帮助，至今我仍感念于心。她是省吾中学创始人之一。我们一直把她看成是高尚的革命者，虽然解放后我才知道，她当时并非地下党员。这是多么难能可贵！

令我难忘的是，唐馥珍老师对教育事业是那样投入。她既是教务主任、班主任老师、英语教师，有时还要当工友。上课了，放学了，唐老师摇起手铃，巡回在教室外的走廊上，许多琐细事务，唐老师都承担起来了。阵阵铃声使我醒悟，醒悟什么是任劳任怨的敬业精神，什么是规规矩矩做人的道理。无言的身教，沁人心脾。

我退休回上海后，得知唐馥珍老师和她爱人丁先生到美国去工作和生活。远隔重洋，音讯稀疏。但她每次回国，我和陈平、袁金福、吴文海诸学友都要去看望她，欢聚一堂，畅叙一番。我们尊敬唐老师，以长辈待她，她却对我们平易亲切，既向我们谈欢乐的事，也向我们谈愁苦的事。从广泛的交谈中，我们共同回眸往事，感悟人生。

季勤先老师教我们数学。数学是科学之母，季勤先老师深入浅出的讲解，有时也使我们着迷。我爱好语文，也爱好数学，这是因为季老师教导有力。她是地下党员，内心充满革命激情，却又不便外露，平日里不苟言笑，令人敬畏。我退休回上海后，曾到她家看望，得知她曾患癌症，于1971年开刀。她在和病魔顽强搏斗时，却又不知疲倦组织校友会，支持校友书刊出版事宜，参加许多公益活动，为把母校办成青少年教育基地而奔忙，我很受感动，深感"革命人永远是年轻"这句话的力量。

李蕊珍老师是我们训育主任，她是学校创始人之一。在我印象里，训育主任是管学生的，威严可畏，但她却平易谦和，使人感到亲切。她妹妹李萼珍是我在班上的好友。我经常和其他同学到她家温习功课，打打闹闹，无拘无束。圣诞节到了，在她家办起圣诞晚会，我们踊跃参加，欢声笑语，恍若昨日。李萼珍解放后改名李恒，参加西南服务团，留在四川。1990年我去成都开会，到西南交通大学她家看望她，老友重逢，感慨万端。

夏孟英和李蕊珍、蔡怡曾一样，也是省吾中学创始人，地下党员。我班上好友夏乐仁可能是她亲戚。有一次，夏孟英在家中开秘密会议，夏乐仁让我陪她在门外望风，我俩手执毛线，有一搭无一搭地织打着，眼睛却四下扫视，注意过往行人。夏乐仁在上海刚解放就投身革命，后到重庆一家化工厂工作。有一年我出差重庆，特意去看望她。近些年虽音讯稀疏但有时不免想念她，想念旧日的情谊。

音乐老师董兼济给予我们的教诲也令人难以忘怀。尽管当时上海笼罩白色恐怖，我们学校关起门来，就好像是"解放区"。除了音乐课，我还参加学生歌咏队。董老师教我们唱《大刀进行曲》《游击队之歌》等革命歌曲。我清楚记得董兼济老师挥动有力的臂膀："大刀向鬼子们的头上砍去"，就像挥舞钢刀一样。他的音乐造诣很深，总是迸发昂扬的激情，更加吸引我们。"山那边呀好地方，一片稻田黄又黄……"我们引吭高歌，心飞向远方。在"反饥饿，反内战、反迫害"的全市学生大游行中，我们不断高唱《团结就是力量》，精神力量源源不绝，藐视反动独裁者的淫威，无惧军警宪特的威胁和破坏。雄壮的歌声化为不熄的火把，驱除黑暗，显示光明，指引我们革命的方向。人到老年，想到青春燃烧的岁月，我就想到当年的歌曲，想到当年指挥我们唱歌的董兼济老师。

董兼济老师，也使我难忘。他虽不教我们功课，却是我们的庇护者。印象深刻的是，有个时期我们省吾中学租用另一所中学的教学楼，两个学校分别在上、下午上课。那所学校办学者依仗有国民党党棍撑腰。董兼济老师经常挺身而出，独自守住通向教室走廊的窄门，抵挡外来侵扰者。他的威严，震慑住那些捣乱学生，给我们增加了安全感。我们油然升起敬佩和感谢之情。

往事如烟，我很遗憾只能以粗笨的笔触记下我在母校就读时的点点滴滴。千言万语凝成一句话：我为革命熔炉而骄傲，老师的光亮照我一生！

2005.5.21

上海解放那一天陈仲信牺牲

1949届初三 励汝丰

回顾在母校的战斗历程,不觉思绪万千,刚迈进青年时代的我,在组织和老师教育和培养下,使我学到了革命真理,立下为共产主义事业奋斗终身的誓言,推翻旧中国,建立新中国。迎接上海解放,当时是地下党组织和我校进步师生的中心工作,每一个党员能为上海解放作出贡献,是党组织对自己的最大信任,也是最大光荣。我校全体党员就是以火热的心,完成了各项任务,不断接受新的指示。

追溯到三十年前,那还是解放上海前一天,时值五月二十四日,整个市区笼罩着恐怖,国民党反动派军队,荷枪实弹,调动频繁。到了下午二时许,一声震天爆炸声,使整个上海更为紧张了。商店纷纷打烊,工厂停工,学校停课,繁华的闹市顿时像死水般沉寂,黎明前的黑暗就要结束了,上海快要解放了。我按捺着激动心情,静静听远处的枪声。枪声越来越近了,快到二十五日黎明时,看到一队队解放军在前进,上海解放了!上海人民沸腾起来了。

组织上通知二十六日上午七时在静安寺约大校友联谊会集合,"人民保安队""人民宣传队"要正式开展宣传工作和配合人民解放军维持上海治安。那天早上集合后,大家十分兴奋,正要整队出发时,支部书记范敬业同志把我拉到一旁说:"陈仲信去约大筹备保安队指挥部等工作,至今未回,传说中山路桥头国民党残匪打死了一个青年,现派你去调查是否陈仲信同志出了事"。并交代我"争取从中山公园穿过去,躲开桥头国民党残匪的射击,如中山公园不让通过,就从周家桥绕道过去。如果那一段残匪还未消灭，你千万注意冷枪"。听完盼咐，我激动地回答："我一定当心。"我和另一名同学骑了自行车，飞快骑到中山公园，那时公园前门已开了。我们穿过公园往西走，发现桥头残匪已被解放军缴械。我们走到约大篱笆尽端，也就是苏州河岸弯曲处，围了一大堆人，我的心怦怦跳动，一种不祥预感遍及全身。我推开人群，定睛一看，啊，正是我们的好同志陈仲信。他躺在马路中间，左手按住受伤的肋下，从肋下渗透出5-6厘米直径的一摊鲜血，染红了他的白衬衫。我悲愤交集，陈仲信同志就这样被国民党杀害了。这笔血债我们将永远记住。围着的人群无不惋惜，但是在场的人又有谁知道他是为上海解放作出贡献的英雄，又有谁知道他还是一个学生地下党员，他年轻的生命，青春的火花迸发出了多么灿烂的光辉。我眼睛模糊了，我强行控制了自己的感情，急速回支部报告了这一噩耗。

  回到静安寺指挥部汇报后，又派姚家棣同志前去现场看守，直到中午指挥部派车去收殓。

  我们永远不能忘记无数革命先烈在我们前头英勇牺牲，使我们想到他们心里就难过。晚上，支部全体地下党员第一次聚集在一起，悼念陈仲信同志。会上同志们纷纷表示决心，要踏着先烈的足迹，完成他未竟的事业。

1979.4.5

我在省吾立下革命志

1949届初三　陈保宁

少年立志是何等重要啊！它将关系到一生的成长，我所以能有今天，这与我少年时期在省吾中学读书所受教育熏陶分不开。解放前，省吾中学是上海地下党组织为掩护党的工作，积蓄党的实力，于1945年创办的，虽然校舍不大，但它是一所完全中学。在这所学校任教的教师中有很多地下党的同志，他们经常宣传共产党的真理，分析当时黑暗社会现状，激起师生们为推翻反动统治，建立人民民主新社会而反抗斗争的情绪。因此在这所学校里，经常有一些老师和同学发表自己对时局的看法。正如校友们在返校时回忆："这所学校可算是当时国民党统治下的小解放区。"我们这些十四五岁的孩子，当时能在这所学校接受课本上没有的革命真理教育，真是难能可贵。在这所学校教育和熏陶下，很多学生初步懂得人生价值，当他们一旦走上社会，确实不负众望。屡屡为人民立下战功。

我青少年时有幸进入这所革命摇篮，在老师和大哥哥、大姐姐启蒙教育下成长。我经常利用课余时间和他们一起参加各种活动。每学期为了资助贫困同学缴学费，地下党组织助学活动，同学们到街头去义卖劝募助学金，并赠给助学金纪念章。一个小小助学纪念章成本低微，但意义深远。通过这个活动也是对师生一次生动的爱国主义和人道主义教育。

1949年初，国民党反动派对学生互助互济的助学活动也加以禁止，我校学生会面对这种状况，并没有停止活动。在学校学生会领导下，组织全校师生提出有钱出钱，有物献物资助贫寒学生。学生会干部、高年级同学积极响应这一号召，把自己必备的手表、自行车献出，许多同学把自己平时积存的零用钱全部献出，这种助人为乐场面，激动了每个师生，我平时没有什么零花钱，但在师生们阶级友爱的精神感召下，背着父母把我床上的毛毯捐献出来。尽管我床上少了一条毛毯，冷了一些，但想到自己也能与大家一起参加到革命斗争洪流中，一股暖流却涌现全身。我们学校没有大礼堂，学生会利用仅有几百平方的操场，晚间师生共同演戏歌唱进步歌曲，演话剧，通过这些活动进一步让民主思想渗透进每个有理想、有抱负的青少年心中，让他们思考怎样做一个正直的人，有道德的人，高尚的人。当时我虽年幼，对文艺方面也缺乏爱好，但在这大洪流里，有时也常充当配角，在台上跑龙套。如参加《黄河颂》演唱，使我了解到在抗日战争中，在日寇铁蹄蹂躏下，中国劳动人民过着饥寒交迫的生活，中国人民只有团结战斗才能打倒日本帝国主义，中国是属于中国人民的，决不允许外国人在中国人民头上横行霸道。我要做一个有骨气的中国人，要像于子三那样为追求真理、为实现自己的理想和信念去战斗，去生活。

  在活动中，我接触了许多高年级同学，他们对我很关心，使我受益不浅。特别是范敬业同志是我走向革命道路的指引人。他经常向我们介绍解放军在平津战役、淮海战役各战场上的胜利消息，每当我们听到这些消息后，心中有说不出的喜悦和兴奋，恨不得自己马上到解放区去和解放军一起参加战斗，完成解放全中国的任务。有时范敬业把进步书籍借给我们看，《赵一曼》《钢铁是怎样炼成的》《丹娘》以及毛主席著作《新民主主义论》《论人民民主专政》，我们拿到这些书，如获至宝，白天不能看，晚上躲在被窝里用手电筒照着看。在英雄们的崇高形象教育下，使我懂得做一个真正革命者标准是什么，于子三、赵一曼就是标准。1948年底在范敬业同志介绍下，我参加了省吾中学党的外围组织"新民主主义青年联盟"（简称"新青联"），我们初中小同学能得到高年级同学这样无微不至的帮助和爱护，这是省吾中学的条件和环境创造的。此后，我经常与范敬业同志在一起，得到他的帮助，使我确立了革命理想，坚定走上革命道路。1949年2月14日，这是我难忘的一天，那天，范敬业约我和励汝丰到我家里，向我们俩庄严宣布：经过党组织审查同意，批准我们为中共预备党员。我们听到这消息后，激动得话也说不出来。当时我心中确立一个信念，一定要为实现共产主义奋斗终生。在当时白色恐怖下，没有党旗也没有毛主席画像，就在我家客堂间秘密进行了入党宣誓。

入党以后，我经常接受党的任务传递传单。记得有一次，范敬业同志向我说：要我们去长宁伪警察局散发传单，争取警察弃暗投明，但这种工作往往在深夜进行。按照党的指示，黑夜里必须穿深色衣服，便于掩护，不易暴露目标。执行任务前，范敬业同志问我，如果被敌人发现抓住，怎么办。我回答：一定像王孝和、于子三那样宁死不屈，严守党的秘密。现在想想，为什么当时只有16岁的我，能这样刚强回答，这绝非偶然，是许许多多像于子三、王孝和那样的好同志，为我们一代青年树立了榜样。要奋斗，就要有牺牲，把个人生命紧紧与国家命运拴在一起。

解放前，我的家实际上已成了党的地下联络点，我姐姐是圣约翰大学地下党员，她经常带同志到家里活动，地下党的材料在我们家周转。上海解放前夕，赶制"上海人民保安队"臂章，制作标语。就在5月24日清晨，我们一家刚吃完早饭，陈仲信同志来到我们家取一包臂章，我母亲让他吃早饭，他说："来不及了，有人等。"但临走时他说："天要亮了。"我们听了，全家无比喜悦和兴奋，终于盼到了天亮。可是，第二天，我们惊悉陈仲信就在当天早上不幸牺牲。后来我才知道，陈仲信同志担任西二区人民保安队第二大队长，我姐姐是副大队长。

上海解放后，许多同学报名参军参干，我也参军去了。我随部队由南到北，到察哈尔省张家口中央军委工程学院学习。那里气候变化无穷，风沙很大，经常眯着眼睛走路。从生活条件来说，住在高山，饮食起居都十分简陋，有些同志经不起考验，开了小差，而我们省吾中学几个同志相遇在一起，如曹林、唐林宝都互相勉励，互相帮助，没有被前进道路上的困难吓倒，并且还都在学员中担任了骨干。现在回忆这段经历，这与省吾中学师生的教育分不开，使我们在前进道路上遇到困难时，能有强大免疫力，笑迎困难前进。

这些年来，我由南到北、由北到南，走遍了半个中国，曾先后在十多个单位工作过，当过教员，干部。但少年立志，师生们的模范行动，英雄豪杰的崇高形象，经常萦回在脑海中，作为我行动的指南，为革命献身的决心。

1985.7

回忆在省吾中学受到的革命启蒙教育

1949届初三　朱松涛

1949年上海解放前夕，我是省吾中学初三学生。旧上海，警察、特务、飞行堡垒和抓人的警车到处可见。每天清晨上学途中，经常看到路边饥饿待毙的乞丐，弃婴和普善山庄沿马路收无主尸体的马车，这是上海贫民区悲惨境地的一个侧面。

走进省吾中学校园，却是另一个世界。这里是上海地下党为培育和发展革命力量，组织进步学生配合全市人民反对国民党反动派，迎接上海解放而创建的一所进步学校。范敬业、王宝善（现名叶佩）等高年级同学，组织我们演活报剧，剧情大概为特务镇压学生运动和丘八抓壮丁等。记得当时我演的是国民党四川籍特务，王宝善扮演拉黄包车的工人，在楼下礼堂内演出。看我们演出的大多是工人。

当南京发生国民党镇压学生运动造成流血事件后，上海地下党组织全市进步学生，集中在交通大学校园内，举行抗议示威。反动派派遣军警宪特把交大包围起来，敌人一个个端着明晃晃的刺刀，架起机关枪，还有不少便衣特务，在盘查往来行人。校门虽开，但只准进，不准出。我从省吾中学骑脚踏车到交大校门口，正在踌躇是否进去时，一个高年级同学（可能是范敬业）叫我："小王，你敢不敢把这个书包带进去"，当时我虽不懂得它的政治意义，但也知道这不是一个普通书包，知道同学们正等着它，我毫不犹疑："行。"我背上这个书包（里面放的是南京流血事件的传单和"团结就是力量"等进步歌纸），推着脚踏车，混在交大教师子女放学回家的队伍里，在敌人刺刀旁，大摇大摆进入交大校园，将书包交给指定的同学后，找到了省吾中学的队伍，一块儿参加集会。不一会，传单和歌纸就散发到同学手中，交大校园内"团结就是力量，这力量是钢……"，"你是灯塔……"等歌声此起彼伏，像一颗颗子弹，射入敌人心脏。

上海学联主编的《学生报》，及时揭露了反动派的种种坏事，报导了解放军在平津、淮海、渡江等战役中的胜利捷报。每期《学生报》出版后，同学们都抢着互相传阅。有一次我走到霞飞路杜美公园（现襄阳公园）门口时突然有两个便衣特务，一前一后用手枪逼住我搜身。当时，我内衣口袋里还放着一期《学生报》，由于传阅的人已很多，《学生报》破旧得像张草纸，特务只从衣服外面从上而下摸了一遍，未被发现。自此以后，我对《学生报》等秘密刊物，就再不敢这么麻痹，随身携带了。

渡江战役胜利后，高年级同学教我们唱一首首革命歌曲，教室墙壁上，不时贴出大军南下解放城镇的胜利捷报。

5月24日下午，国民党军队开始溃退。夜里我在家里听见外面枪声不断，知道小股部队仍在交火，而电灯、自来水、电话都很正常，知道工人护厂起了作用。我终夜未睡惦念着学校。清晨六点，天下着毛毛雨，开门就见到解放军都蹲在屋外休息，身上虽淋湿了,请他们进屋,一个也没有进来。看见墙上已贴出《上海军管会告上海市人民书》的布告。我赶忙骑上脚踏车,从徐家汇到曹家渡,沿途行人稀少。进入校门,就听到了陈仲信同学不幸牺牲的消息。我跟几个同学立刻赶到圣约翰大学门口,陈仲信同学牺牲的地方,只见烈士左手按着腰部,脚踏车倒在一旁,口袋里的钥匙散落在地上,眼睛和嘴里都是泥土,仰面朝天,双腿张开,不远处还有几位牺牲的解放军战士,倒在路旁。这时毛毛雨已停,天阴沉沉的,路面湿淋淋的,心里很凄凉。我们几个同学,默默站在烈士遗体旁,伤心得落下泪来。不一会陈仲信的哥哥陪同他母亲来看望烈士,他母亲因年老怕经受不住刺激,在不远处停了下来,没有到烈士身旁。烈士的哥哥默默站在烈士身旁,隔了一会,他蹲下来用双手将烈士张开的两腿合拢到一起,但因牺牲过久,尸体已僵硬,他哥哥松开手后不久,两腿又缓缓张开。一名高年级同学,让我找个照相师傅给烈士拍下现场镜头。由于刚解放,给我派了一辆轿车,从霞飞路姚主教路口,请王开照相馆一名师傅,带上大照相机给烈士照了一张牺牲现场照片(这张照片的样片,我一直保留到1979年夏托王惠雅同学寄到上海龙华烈士公墓)。我记得这张照片刊登在上海解放后刚出版的《解放日报》上。当天下午又派我陪同有关同志一起给烈士购买棺木与寿衣,走了好几个殡仪馆,最后在江苏路乐园殡仪馆才买到一个上等棺木,并请殡仪馆给烈士化妆。隔了一天,我和同学们一起到约大参加入殓仪式。步入灵堂,见烈士遗体已安详躺在头天买的棺木内,身上盖有"省吾"两字的红旗。同学们默默站在棺木周围,还有各界代表一百多人,我们为失去一位大哥哥,一位好同志都哭了。

虽然不时传来敌特还在破坏的消息,但想到陈仲信烈士为革命不怕牺牲的精神,我就勇敢加入了宣传队行列,到各主要街道张贴"欢迎解放军"和"解放大上海"等大幅标语。

1985.2.19

省吾引领我走上革命之路

1949届初三 姚家棣

省吾中学建校已六十周年了。记得是1948年时,我转学入省吾初二学习,省吾是由上海地下党创办并领导的一所学校,因而我有幸在上海解放前夕就接受到共产党教育,从而使我走上革命道路。

入学后,就认识了励汝丰同学,他对我帮助很大。他是中共地下党员(解放后才知道的)。在平时交往中,他使我逐渐认清了国民党反动派的面目。抗战胜利后,全国人民都盼望过上和平生活,能尽快恢复生产,治愈战争创伤。然而蒋介石反动派竟然发动反人民的内战,使人民再次遭到战争浩劫。当时我在党影响下参加过几次学生游行。后来在励汝丰介绍下加入新青联(党的外围组织)。因为在白色恐怖统治下,是不能公开集会的,于是就选在星期日上高炜家开会。

五月廿五日,解放军进入市区。得知高三同学陈仲信遇害。组织上派我去现场看护遗体后,到约大集会。我在这时参加了学生宣传队。我与朱营福同学上街张贴解放军布告,宣传党的政策,为迎接上海的解放做了一点事。

随着上海完全解放,高中部大多数同学参加了西南服务团,为解放大西南作贡献。省吾就剩下初中了。在恢复正常生活后,我被选为学生会主席。之后又在党领导下,成立了新民主主义青年团。在解放前夕参加过新青联的以及积极迎接解放的青年被批准为首批入团的青年团员。

大学毕业后,党派我到江苏农村新办的一所中学任教。改革开放后,曾任常熟市支塘片（地区）外语教学负责人，开展教学研究，组织教师外出听课和业务培训，为提高在职教师的外语水平尽自己的绵薄之力。

想起自己已有近四十年的工作经历。虽然没有做过什么大事，但最要紧的是人生要走对路。在党领导下，走革命的路。荣幸的是，我在省吾受到党的培养和教育，走上了这条正确的大路。

2005.5.20

我参加了"反美扶日"大游行

1949届初三　梅瑞祥

我在1948年6月5日参加了上海反美扶日大游行。那天天气晴朗，下午我校同学集合去外滩参加游行。同学们分乘几辆汽车到达外滩。当我们到达外滩时已有大批其他学校学生汇集在外滩马路上，大学的，中学的都有。队伍已经排得很长，从南京路口向北沿和平饭店、中国银行向外白渡桥方向排去。我校的学生队伍，按照队形排在靠近外白渡桥大桥边的人行道上,可能在联合国驻上海办事处楼下,因为我看见上面挂着一面联合国旗帜。

马路上已经有大批警察,后来警察愈来愈多,把整个游行队伍层层包围起来。国民党当局还从浦东用船运来了大批国民党军队。我们站在人行道上可以看见船只停靠在外滩码头(当时外滩还没有江边的防洪墙,所以能看到)。下午三点多钟,整个游行队伍被警察与军队严实包围。我看到一个胖胖的黑脸,一脸大麻子,像是头头,拿着铁皮话筒喊话,后来知道他是上海警察局的局长。他向学生队伍喊话,叫大家听他的安排,不要和警察发生矛盾,不听他的话就要进行整治,实际上就是要镇压。

这个时候,国民党特务开始从学生队伍里抓人。他们不时冲进学生队伍中抓学生,和学生双方争夺人,企图把学生队伍搞乱,达到破坏游行、实行镇压的目的。大约下午四点,游行学生打起横幅并散发传单,横幅上写着"反对美国扶植日本",还有各学校写着校名的横幅。游行队伍开始往前移动,游行开始了。这时,国民党警察马队和国民党军队马队开始向学生队伍冲击。我们游行学生手挽手,一排一排向前走。马队进行多次冲击。结果在我校学生队伍前的游行队伍被冲开一条缺口,趁乱,国民党特务又开始大肆抓人。

我校游行队伍和别校学生队伍被迫往后,向外白渡桥方向移动。这时我班姓钱的同学不慎跌倒,我就跑回去把他扶起来再跑。突然,两个国民党特务抓住了我,他们一边一个揪着我直往马路对面拖。特务穿着西装,腰间都带着手枪,拖着我进入外滩公园。公园里有两间屋,门口站着警察,屋里都是从游行队伍中抓来的学生。傍晚,特务们用红色警车(当时称飞行堡垒)把我们押到福州路警察总局。我被关在一个大房间里,房里只有很长的桌子,四面放着条凳。后来,又押来几批被抓学生。这时天已黑了,被抓来的学生当时都很紧张。有一个大同大学的学生身高一米七多,身体很魁梧,身着米黄色西装上衣,下边深色裤子,黑皮鞋,四方脸还有一个酒窝,很漂亮(用现代词是"帅哥")。他自我介绍叫王德平。为了宽慰小同学,他带领我们唱《团结就是力量》。歌声激励我们,缓解了我们的紧张情绪。上海解放后,我看到报纸上登载他的名字。他在上海解放前夕被捕，被国民党在浦东枪杀。

这时有记者要我们被捕学生登记所在学校和姓名。在登记中，我发现我校高一许耀欣同学也被抓进来了。第二天上海的《申报》《大公报》《正言报》都登载学生游行的消息，并把被捕学生名单和学校名称公布于众，以便家长营救。

晚上八、九点钟，我们一个个被提出去受审。我是大约11点钟时受审。因我是初中生，特务没有多盘问又让我回到大房间内。半夜时，几个学生被叫出去，这几个学生再也没有回来。在后半夜，特务宣布在大房间的学生可以通知家里和校方保释。我和许耀欣同学开始往学校打电话。接通后，我们汇报了情况。星期日清早，学校教务主任吕型伟和训育主任李蕊珍到警察局将我们保释出来。我们坐三轮车到学校，吃了早点，然后各自回家。星期一，我到校上课。在校会上，学校将一块白布做的锦旗赠送给我，上面写着"瑞祥同学——跌倒算什么——学生自治会赠"。

时间已过去了半个多世纪了，但当年热烈的斗争场面仍历历在目。省吾啊，我心中的太阳！

省吾——我成长的起点

1949年初二　陈秀兰

我生长在一个进步的革命家庭，父亲陈鹤琴是现代著名幼儿教育专家，在抗日及解放战争时期均在共产党关怀支持下投身进步文化活动和爱国民主运动而知名。我们兄姐七人，三个哥哥和三个姐姐都是地下党员，是不同革命时期学生运动的骨干和领导人。大哥陈一鸣、大嫂蔡怡曾及二姐陈秀煐都参与了省吾中学的创办筹建工作。省吾中学是上海地下党直接创办的，为保全地下党在学运中的革命力量。学校进步民主势力很强，父亲在1946年后也曾任省吾中学校董会董事长兼校长。我12岁（1947年9月）就被二哥陈一飞送进省吾中学念初中。在白色恐怖笼罩的上海，家中已成为兄姐们进行秘密革命活动的联络点，我在他们和学校进步思想熏陶下，在校参加集会、游行等学生进步活动。在家经常协助哥哥们做力所能及的秘密工作。因我年纪最小，不易被楼内外特务注意，又一直居住家中，与常来的同志都很熟悉，故担任他们的接头、联络、守电话、传消息、送材料等工作。他们秘密碰头聚合时，我收、放暗号、放哨或接送外地来家隐蔽的同志。1948年秋，一位与二哥陈一飞常来家秘密联络的清心男中学生陈仲信（后得知是同一地下党支部成员）因已有暴露危险，转入我省吾中学念高三。我们早已熟悉，1949年1月在我家，陈仲信（后得知当时已是省吾学生党支部组织委员）单独和我作了两次正式谈话，介绍我参加了新民主主义青年联盟（简称"新青联"），教育我革命道理和组织纪律，不准告诉任何人甚至父母，在校也不准暴露身份，与他单线联系，并明确交代我两项任务：一是继续帮他和一飞联络，要保全好家庭秘密联络点和父亲的安全；二是继续参加学校进步活动，多跟着学生会主席范敬业，在班上要团结同学起带头作用。我表了态，从此我自觉地在他直接指示和教育下完成一些革命任务。有些事使我难以忘记。

① 有一次陈仲信告诉我校内有两名教师有特嫌，要我警惕注意动向，以防小同学受骗暴露进步学生。我最痛恨特务，因当时已有熟人被捕，眼前特务当我们老师，我按压不住心中怒火，在课堂上公开抗议那男老师对同学的粗暴行为和另一女老师"关心人"的伪善面孔。控诉特务是人面兽心，在班上带头罢课。当时自己很幼稚，认为这就是在对敌斗争中起带头作用。事后陈仲信教育我，肯定了我自觉的斗争性，但批评了我这种过激行动，在当时敌我斗争白热化的白色恐怖环境下，不准我凭感情擅自行动，以免无价值地无意暴露自己或组织，从而使我在政治上成长起来。

② 1949年4月，组织指示我要摸清从家到校沿途有什么敌特军警等部门或住宅，我暗中查询到我家附近一花园别墅是美国驻华空军司令陈纳德（飞虎队）的私人住宅，我多次爬进花园摸清内情及地形，并认清看门人、司机、佣人、厨师以及他们的活动情况，及时向陈仲信作了汇报。

③ 1949年上海临解放前我和一飞、一心两哥哥秘密将运回的供迎接解放时用的大量宣传品，如《人民解放军约法八章》《告上海人民书》和欢迎解放军等彩纸标语、革命画册、歌谱等藏在我睡的小房间内。此房间原为不用的厕所，宣传品藏在大浴缸和抽水马桶内，缸上铺张床板睡觉作掩盖。5月10日晚已戒严，突然听到警车开到家门口，很多特务冲进楼内及我家搜查，我当即想到秘密传单，就迅速跑进我小房间放下蚊帐遮住浴缸，上床佯装睡觉，母亲害怕也躲进我房。当时特务欲想冲进我房搜查时，母亲坐在床沿挡住房门说："这是我小女儿房间，她已睡了。"特务也就在门口张望了一下，从而保全了宣传品和此秘密场所。当晚父亲陈鹤琴第二次被抓走，后因无过多证据而被保释。

④ 解放前夕哥哥均在校投入紧张斗争，家中仅我和父母在一起，陈仲信及组织上多次指示我注意父亲安全及有事联络的办法，以防反动派狗急跳墙进行逮捕、劫持

和暗害知名爱国人士。不久，1949年5月4日和5月10日，父亲确因支持地下党领导的上海教师、学生进步组织及斗争，两次被军警特务逮捕（一次在上海女子师范学校，一次在家中）。我及时和学校地下党组织的同志联系，寻找父亲的朋友，通过上海六大院校校长及其他关系均获保释。此后父亲躲藏到别处，我定时负责看望联络直至上海解放。父亲得以在1949年9月参加第一届全国政治协商会议。

⑤ 解放前夕，陈仲信是"人民保安队"区大队长，指示我多在家中留守电话注意安全。5月24日夜沪西解放，25日晨校组织派人叫我到校参加活动。进校后见陈仲信推着自行车（只有我知道这是一飞的车）要到圣约翰大学去布置下午保安会议，我们交谈了几句，并劝他路上不安全要当心等。他虽知道但还是快步地去了，我因是"人民宣传队"队员随同学在校外贴宣传品，回家吃午饭时，接上级组织从"警察局"（已军管）来电话询问："陈一飞去向及骑自行车否？"我答："一飞仍在沪东区（尚未解放），自行车今由陈仲信骑到约大。"饭后不久又来电话，告诉我确认陈仲信在苏州河旁被碉堡内残匪枪击身亡，我很悲痛，立即去报告学校。28日全上海解放，不久全市召开追悼大会，追认陈仲信为"革命烈士"。至此，在我人生中每当遇到困苦，他的形象一直在鞭策和激励着我。

上海解放后为输送干部解放全中国建设新中国，省吾高中停办，我转到了上海协进女中。1950年"五四"青年节经区党委批准正式成立"协进女中新民主主义青年团支部"，我任宣传委员兼少先委员，积极带动大家参加学生运动，直至1951年7月为响应"抗美援朝，保家卫国"号召，一飞鼓励我参军。母亲年迈只有我一人留在她身边，不太舍得我离开，我们即打电话给父亲，当时他已调任南京师范学院院长。父亲当晚专程赶回上海鼓励和支持我。7月15日我光荣加入了中国人民解放军，被送到南京第五军医大学学习，三年后毕业。分配时，我毅然放弃留在南京家门口及大城市的机会，坚决要求到祖国最需要最艰苦的地方——大西北去战斗。1954年被分到西北军区第一陆军医院（后改名兰州军区总医院）任外科军医，曾因在甘南平叛及中印自卫反击战中救治伤员和日常医疗工作中表现突出，多次获嘉奖并授予中国人民解放军兰州军区先进工作者称号。1977年调至南京军区南京总医院,先后任外科主治军医及外科副主任医师,在进一步开展烧伤整形外科业务工作中有所创新,曾获中国人民解放军科学技术进步三等奖。1990年退休后,至今一直在南京军区南京总医院质量管理科工作,为我军医疗事业发挥余热,贡献自己毕生精力。

2005.2.27

助学募捐活动使我们认识社会、得到锻炼

1949年初二　王昭德

抗战胜利前,因家境贫寒,我读到五年级就失学了。抗战胜利,我家克服困难,继续让我读书。一九四七年夏,我毕业于长宁支路(当时叫臭水浜)天主教会办的弥格小学(即后来省吾中学隔墙的长宁支路小学)。教会学校毕业会考时是第一名,得了全额奖学金,校长金神父表示不拿奖学金,可以由学校免费保送天主教会办的金科中学(后为江宁中学),但是我没有到金科中学去,原因有二:一则是我家住曹家

渡离该中学远，二则是我堂姐王昭丽（解放后才知她是地下党员）动员我报考刚从北京西路搬来的省吾中学。堂姐在平辈中最大，她的话我历来听的。于是，我就报考省吾中学被录取为四七年初一新生。

一进省吾，学生活动就蛮多的。第一件印象深的事，就是筹措教科书。我们同学绝大多数家境贫寒，买教科书也是一笔不小的经济负担。学校老师及早公布每年级教科书目录，注明书名、作者、编者、出版书局、出版年月，以便大家及早准备。学校里学姐、学兄们将他们用过并符合学校要求的教科书或借或送给我们学弟学妹。再缺的话，就自发三五成组去善钟路（今常熟路）、辣斐得路（今复兴中路）、四马路（今福州路）的旧书店去淘，因是旧书，价格一般很低廉，巧的话，跑一天就淘齐了。我的教科书也是这样解决的。所以，一进省吾，就在学习上得到了帮助。第二件印象深的事就是暑假快结束时，学生自治会组织同学参加上海市学联组织在北四川路横浜路虹口大戏院召开的全市助学募捐庆功会。这使我对助学募捐有了启蒙认识。

学期结业，我因为考了班级第一名，从教务主任吕型伟老师手中接过全额奖学金，初一（下）读书是没有什么问题了，心中很宽慰。这时季勤先老师召集全班开班会，组织大家在寒假参加助学募捐活动。我自思学费问题已解决，就表示不参加。季老师找我谈：一个人自己好了是不够的，还要帮助别的同学一起解决困难。在季老师教育下，我即参加了募捐活动。我被编在沈永华小组，组内有单海根和我，我家住梵皇渡路（今万航渡路），他俩都住在臭水浜。

学校所以由各年级自己组织，一是便于管理，二是让小同学不依赖大同学自己创天地。大同学在培训时指导我们懂得募捐的 A、B、C。比如，他们告诉我们，路上人来人往，行色匆匆，不是合适的募捐场地和募捐对象，要找有钱人和到消费钱的场所去，比如舞厅、饭店、酒楼，大的高级理发店如王家沙的南京理发店、西藏路的白玫瑰理发店等（因理发的人不会挪动，可以有较长时间向他劝募，但后来我们理发店不大去了，因站在边上劝募会影响理发师工作，所以我们较常去的是舞厅和饭店酒楼）。大同学还告诫我们，劝募时最要紧的是不亢不卑。学姐、学兄的经验给了我们很大帮助，我们就照他们教的进行劝募活动。从静安寺开始，沿南京西路由西向东，两边有名的舞厅有百乐门、大都会、起士林、仙乐斯、Little、安高梅等，有名的饭店、酒楼、咖啡馆有来喜、聚记老正兴、沧州饭店、飞达、梅陇镇、凯司令、D.D.S、康乐、国际饭店丰泽楼、金谷、燕云楼、新雅、荣华楼、大三元等，这些地方，每天都有我们的足迹。

我们三人，每天在家里吃了早中饭出发，一路步行、一路募捐，直到晚上八点左右才回到家里吃晚饭，每日兜一圈南京路。募捐凭证是向学生自治会签领的带有存根的捐簿，还有助学纪念章。我记得第一天从曹家渡出发时，我们心里都很害怕，我们三个人加起来才四十岁不到，小孩三个，别人会怎么对待我们？不睬？耻笑？侮辱？谩骂？或者赶我们、打我们？就这样忐忑不安地走到了静安寺。吃了早中饭出来的，百乐门舞厅还没开市，可赶饭店却正好。百乐门马路斜对门有一家一开间的荣康酒家（就在静安寺庙墙外），说是酒家，实际只是个稍体面的小饭店。我们三人进了门，胆小，迟迟不敢活动。可突然，我们发现了正在吃饭的沈立人校长，就一起上前鞠了个躬，叫声沈校长。不想竟歪打正着。我们三人本来是因为看见老师了，就上前恭恭敬敬招呼老师，沈校长看到我们手中拿了捐簿，知道我们在募捐，就买了一只助学纪念章。对我们来说，这"第一炮"打响了，老师以自己的行动鼓励了我们，给了我们极大的力量。从荣康酒家出来，我们三人勇气大增，三只牛犊，就这么晃晃悠悠迈开了步，感觉不怎么难，就这么干。我们的助学募捐活动，就这样在季老师指引下开始！在沈校长的鼓励下起步了！

劝募是很难的，要劝说别人捐钱出来助学，不是一件三言两语容易的事，更不用说大人们能耐着性子听我们三个小孩絮絮叨叨地"磨"，但我们有的是读书的强烈愿望，有的是不怕失败、不畏困难的勇气，工作再苦再累也不怕！在这些募捐场所，不光劝募难，还有进门难，逗留难。凡舞厅，都有看门、拉门的（BOY 俗称小郎），如仙乐斯、百乐门，因他们是名舞厅中的名舞厅，小郎们看管得特严，要混进门实在难，而有些舞厅如米高梅、Little 的小郎就较和善，好说话，阿哥阿哥多叫几声，他们也就眼开眼闭地让我们溜进去了。进了舞厅因灯光昏暗，只要小心，不惹人注意，逗留时间就长。而饭店却不同，灯光明亮，进门倒也不十分难，难的是逗留，时间一长或时间并不长，给堂馆（服务员）或领班发现了，就会被赶出来，这也是没办法的事，好在舞厅、酒楼多，不泄气，换一家就是了。

寒假时间短，暑假时间长，我们不管刮风下雪，烈日酷暑，风里来雨里去，每天都要干八九小时再拖着疲惫的身子走回家。家境贫寒，吃的是早中饭，又没有好的饭菜果腹，冬天冻饿交迫，夏天饥饿难忍，每时每刻都处在灯红酒绿、美味佳肴的强烈反差中经受考验。我们人小，口才、经验、技巧都严重不足，劝募的进项不多，吃"白板"的日子倒是常有的事，但我们不怕，睡了一晚，休息一上午，又勇气百倍、信心十足出发了。

劝募助学不仅使我们能继续上学读书，更给了我们认识社会、闯荡社会、磨炼自己的机会。这是在课堂里，在书本上得不到的。感谢母校！

2005.5.25

我们坐上了头班车——省吾第一届团支部成立

1951届初中　李定勋

1949年12月11日，省吾中学第一届新民主主义青年团支部成立了。我们是上海解放后第一批建团的学校，坐上了"头班车"。为什么能这样呢？因为早在解放前地下党就在学校里建立了一个秘密的进步青年组织——新民主主义青年联盟。这是一个坚决拥护党的领导，紧紧团结在党周围，坚决完成党交给任务的先进青年组织，是党在地下斗争中有力的助手和后备军。上海一解放，随着形势发展需要，学校里大批盟员按照党的安排，纷纷"参军""参干""南下""北上"，相继离开了学校。留下来少部分低年级盟员，就成了学校里建立团支部的骨干力量。第一届团支部就是在升入初三年级盟员基础上建立起来的。对建团工作学校领导和老师们都很重视，给予了很大关心。特别是季勤先老师，当时她正负责主持学校工作，同时又兼任我们初三年级的级任老师，是她带领我们完成了建团工作。

团支部成立后，我们做的第一件事就是要尽快解决团支部开展活动的场地问题。由于那时候长宁支路校舍小、条件差，拿不出地方来，而没有一个相对固定的场所，必将影响工作开展。怎么办？大家想来想去，最后还是决定自己动手、解决困难，于是大家欢快地干了起来。有的做木工，有的做油漆工……终于把一个年久失修的大花棚改成的亭子，整修一新，成为我们团支部开展活动的场所。

第二件事就是开展向陈仲信烈士学习活动。因为他既是地下党员，又是"新青联"盟员，而且是"新青联"创建人之一。陈仲信烈士是我们学校的光荣，也是我们做人的榜样。我们要永远学习他纪念他。为此，我们把团支部活动场地命名为"仲信亭"并举行了命名仪式，让陈仲信烈士永远活在我们心中。

第三件事就是团员要以品学兼优的实际行动，团结带领广大同学，为建设新中国而努力学习。陈仲信烈士就是一个品学兼优的好学生，把学习陈仲信烈士和提高学习成绩，做品学兼优的好学生结合起来开展活动是团支部工作的主要内容也是经常性工作。

由于当时学校停办了高中，所以第一届团支部的成员初中毕业后都离开了学校，后来相继走上了工作岗位。有的走向了抗美援朝保家卫国的战斗岗位，有的到了国防工业战线，有的走向了科技教育战线。他们中的大部分同志都先后加入了中国共产党，成为保卫祖国建设祖国的有用人才。回首往事，可以无愧地说，我们忠实履行了自己的入团誓言，也没有辜负母校的希望。虽然事情过去已经半个多世纪，但母校留给我们的印象太深刻了，我们永远不会忘记。

在母校创立六十周年校庆即将来临之际，我们高兴地看到朝气蓬勃的年青一代，正在宽敞明亮的校园里，在党的阳光雨露滋润下茁壮成长。我们感到由衷的高兴。

祝愿母校越办越好，培养出更多人才，为全面建设小康社会作出更多贡献。

2005.7.5

忆省吾中学

1951届初中　刘鸿魁

1948年7月我学完小学五年级，怕跳级考不取，改名刘洁，结果考进省吾初中一年级。一进学校，许多事吸引着我，"新型师生关系"，教师学生相互尊重平等。当时班主任严忠璞老师和课任老师姚精华及吕型伟、季勤先老师和蔼可亲的态度，至今还留有深刻印象。"同学间友爱，更使人感到温暖。"特别是高中同学像大哥哥大姐姐一样辅导我功课，使我们较快熟悉中学生活。学校根据需要有时演出活报剧，有时请陈鹤琴先生讲美国见闻，这样，我们进校不久，被吸引在大哥大姐周围。我这个班组学习干事，也参加学校图书馆工作，乐意为同学服务。

我们政治上很幼稚，高中同学章剑平、高炜帮助我们成立了学习小组，使我们了解一些形势，也学习有关油印刊物（印象中是学联印的，学习后即毁掉），使我们逐步认识到反动派的腐败和残暴，对我们党有了一点认识。大哥大姐也在实际斗争中提高我们认识。1949年春，南京发生了"四一惨案"，上海大中学生为了抗议国民党反动派残暴罪行，在交大集会。我也和省吾同学一起到交大参加追悼会。会上介绍四一惨案真相，血淋淋的事实教育了大家。尽管校外被反动派包围，我们在礼堂里还是高唱《跌倒算什么》，要求真和平，反对假和平，一直到和反动派交涉好，我们以小批分散离开交大。我们有五六个初中同学一起走，有陈仲信带我们一起走。过去我们从来没有参加过这样的斗争，大家心里紧张。陈仲信同志告诉大家不要怕，更不要头向后看，以免引起特务注意。他推着车子一路上讲这讲那，我们的紧张心情不翼而飞，一直送到曹家渡五角场，才各自分散。陈仲信那时沉着的态度，勇于斗争、善于斗争的智谋，至今印象很深……斗争教育了我，为了迎接解放，我也参加了应变组织——救护队。家里拿来面粉、铁棒，准备护校。由于形势发展较快，学校提早放假，小同学也没有要求来校。

解放后我们初一学生也要求参加南下，当时规定初三以上学生可以报名，初二个别也有些，这样我们欢送大哥哥大姐姐南下，也参加庆祝解放活动和禁止银元贩卖。

回顾往事，面对三十年后省吾的变化，真是感叹万分。

1978.10.24

回忆我的母校省吾中学

1951 届初中　丁雪英

我是 1948 年 8 月考入省吾中学的。当时，它是一所私立中学，坐落在沪西曹家渡附近。学校不大，是一座假三层花园洋房。一进学校大门，右边是传达室，紧挨着的是音乐室，二楼是单身男教师宿舍。大门后面是操场，它周围有用水泥砌成镂空的花格围墙，上面爬满了葡萄藤或牵牛花。大门左边是一块三角草地，种着好看的花草。沿着小径向前走约百米，便来到洋房前。一楼二楼各三个教室，中间大厅是开会的礼堂，学生会和教师的办公室均在楼上。假三层是单身女教师宿舍。一个年级只有一个班，全校六个班级。

我入学的第一年，班上共有 50 余名同学，到初三毕业时，只剩下 30 余名了。这三年正值旧中国彻底崩溃，新中国诞生之际，学校开展了各种教育活动来培养我们成长。这些活动回忆起来至今仍然饶有趣味，现将我印象较深的事情记叙如下。

1. 选举学生会干事

解放前，在学校里，共产党支部与青年团（那时叫新民主主义青年联盟，简称新青联）都不公开。学生中唯一的组织叫学生自治会，每学年一次选举是学校中的一件大事，搞得十分隆重。整个选举全部由上一届学生会主持，完全放手让学生自己组织安排，民主得很。

先由各班自己推选候选人，本班自己出漫画，布告（相当于大字报那种形式）内容主要是介绍候选人的才干与品德学业。当时我们是初一小学生，还不十分明白，只是怀着好奇的心理观察周围的一切事物。我记得进校第一年大家都选范敬业为学生会主席，所以能记住他的大名。因为他经常主持全校开的大会，代表学生会讲话，并以能吹双口琴而出名，每次组织的游艺会上，必定有学生要拉他吹上几曲。其次是一名叫王宝善的男同学，个子不高，戴着一副眼镜。其实我们也并不认识他。只因他的名字与上海话"黄包车"相似，平时他班上同学就喊他"黄包车"。选举时，把他的大名画成一辆黄包车的模样，叫大家投他的票。中午或下午放学时，经过小径，就能边看墙上漫画边议论，十分热闹。选举时还有唱票开票的人员，当众宣布选举结果。这种民主空气，从我们入学第一年起就熏陶着我们幼小的心灵。

2. 小先生制度

省吾教学有几点与其他中学不同。一是数学与语文课。进校后先经过考试。然后将初中学生按实际语文程度分班上课。一般来讲，初一学生大部分仍在初一上课，有三四个较好的学生则到初二班去上课，而初二班也可能有 3 至 5 名学生由于基础差一点仍在初一班上课，所以全校语文课都在同一时间内进行。记得数学课也有这种试验。这可能是体现了因材施教，并且抓了基础吧。但也带来不少问题，这样试了一个学期就停止了。

另外一点是高中年级对应着低年级有小先生制度。解放前夕省吾中学并没有晚自习或者什么集体辅导课。一般在学习中发现了问题，学生自己互相讨论，或者课外活动时去办公室找老师。往往我们都选择前面的做法。上了一个多月的课后，一天中午我在教室里发现有两三个高中年级男女同学在问我们课程是否能全听懂？有什么疑难。然后通知我们，每周一、三、五下午上课前 20 分钟由高年级同学来我班，领读英语单词、课文或作语法分析。数学是个别解答。小先生每个月换一次。这种小先生制度既密切了高低年级同学间的关系，又减轻了教师负担，提高了教学质量，并且锻炼了高年级学生的工作能力。当时我觉得很有趣，也参加了由小先生教的英语课（几乎有三分之二同学都来参加，就是不参加的同学也在操场里玩，不影响我们上课）。现在看来，小先生制度对增长学生的才干是大有好处的。

3. "灰姑娘——辛格瑞拉"

解放前教师的工作并非"包干制"。每一个新学期开始总是换了一些新的教师。在初一年级就有三位英语教师教我们。记得有一位孟老师，她是北方人，讲话我们听不大懂。初一下是戴眼镜的陈老师来教我们英文，她对我们要求很严格。不准我们在英文单词后面用汉字注上读音。她训练我们听读，平时她不大有笑脸，但经验十分丰富。为了让我们学英语有兴趣，她叫我们每个人做一个英文字母卡片，坐在位子上。她念一个单词，根据单词英文字母的前后顺序，我们双手举着卡片到讲台上站好。由于当时我们不大懂老师的意思，她念一个单词，不少同学慌里慌张向讲台上跑，大家乱糟糟地又问又笑，把陈老师都逗笑了。为了上好这节课（当时在礼堂上课），专门把教室里的桌凳重新排成门形，以便腾出地方来站人。好像在两个班级间还进行了比赛，看哪个班级拼得对，拼得快。

后来，我们就学《辛格瑞拉》这本小册子（学一个学期），完全是英语的，像一个话剧本的形式。就是有名的"水晶鞋"当时译成"灰姑娘"。每次上课时她把单词的意思讲解后，先给我们朗读一遍。她一会儿念凶狠的后母骂灰姑娘："你这个懒骨头！"一会儿又以善良温柔的灰姑娘的口气与松鼠、麻雀等讲话，接着又以骄娇贪吃懒做的两个姐姐的口吻朗读，她念得如此绘声绘色，教室里出奇地安静，我们的注意力全被她吸引住了。她边念边在我们课桌之间走来走去。有一次，她竟坐到学生的课桌上，学着后母骂人的样子，谁也没有笑，而是替辛格瑞拉担心。我记得她还找了初二、初一的一些同学，排练这个剧本的某几场，准备游艺会上演出。后来不知什么原因没有演出。第二学期她就没来学校上课。

4. "山那边呀好地方……"

大约在 1949 年 4 月份吧，学校里开校会，校会一般都在星期一。记得这次却并非星期一，全校从高三到初一在礼堂坐得满满的。不管开什么会，会前总有每班的文娱干事组织唱歌，还相互拉唱，十分活跃，这次开会不知什么内容是由学生会主持的。我们仿佛还记得由高年级哪个班先唱起了"山那边呀好地方，一片稻田黄又黄……年年不会闹饥荒"。我们低年级的学生不会唱，觉得很新鲜。这个歌唱完，接着就有人起来介绍"山那边"的情况（也就是指解放区的生活），我们第一次听到山那边是"人人有饭吃，有衣穿，学生都能上学，没有资本家、地主，什么事情都是自由讨论，民主得很，妇女不再受到歧视"，等等。当时发言的同学并不在讲台上，就在原地座位上站起来讲上几句，讲了一个小时左右就散会了。这是我们第一次听到自由、民主、平等、政治……。可见省吾在当时确实是一所进步的学校。

5. 街头宣传

沪西区解放的头一两天，国民党反动派潜伏下来的特务造谣，搞破坏，人们对党的政策不了解。街上传播着道听途说的消息。我与几位同学常到学校去看看。见到熟悉的同学，他们正准备到街头去宣传，不要抢购物资，不听信谣言，要相信共产党的政策。有位大姐姐带着我与他们几个人组成一个小组，就来到曹家渡五角场附近，先是六七个人唱些歌曲（那些"解放区的天是明朗的天""兄妹开荒"等就是这样学会的），一看行人围拢多了就由一名大同学站在凳子上宣传。然后再换一个地方宣传。几次后就回学校，向老师汇报。不久这些大同学都随军南下了，现在可能都是各个行业各个岗位上的领导骨干吧。很遗憾，我没有记住他们的名与姓，以后我再也没有见到过他们。但我一直把这些活动保存在记忆里，算作我对他们的感谢与怀念。

解放不久，学校里师生换了很多，记得只有初中三个班，我们的班主任是傅鸣皋老师。他教我们历史。他找我与另一个女同学谈话，大意是不要光闷头读书，应当积极参加社会活动。不久他就考入革大学习去了。

6. 设计校徽

各校都有自己的校徽，形状都不一样。学校开展这个活动很有意义，初中年级利用美术课进行，高中班利用自修课，先由学校从校名讲起，大意是讲"吾日三省吾身"。为什么不能念省 shěng 而念 xǐng。动员后每个人设计画好图样交给教师，选出几个好的图样贴在走廊上。让全校同学评选。最后选了我班吴文成同学设计的图样（边上附有说明）立即送去工厂定做，这就是上白下紫中间有五道自下而上指形线条，象征陈鹤琴老校长提倡的五指活动。

7. 演讲比赛

我在念初三上的时候，学校展开了演讲比赛活动，题目自定，每班选一个同学。记得当时要求必须讲普通话，讲的内容要清楚，有说服力，我们班选了金兴才，因为当时只有他会讲普通话。初二班上姓何的同学是北方人，讲一口流利的普通话。我们当时估计这次准是他第一名了。等到比赛那天，领导带着钟，每人限半小时。比赛开始时都讲得不错，尤其这个姓何的同学，但由于他太慢了（为了让大家听清楚重复太多）结果半小时没讲完。我们都为他惋惜。

8. 庆祝苏联十月革命节

可能是 1950 年的 11 月 7 日，为了庆祝苏联的十月革命节，让大家了解世界上第一个社会主义国家的情景，学校决定停课一天举办展览。把一些画报贴起来，选了我们几个女同学当讲解员，这次展览也让校外的人来参观。我们有点害怕，就去找周名炜老师（他是教我们政治的）与季勤先老师，说街道附近有些流里流气的小青年，他们来了，胡闹一通捣乱起来怎么办？ 老师教育我们说，这次是宣传教育，对你们是个锻炼，他们要是捣乱，学校会出面解决。我们才算放了心，分头去准备。到了那天，校门口插上红旗，放着音乐。参观的人一批又一批十分热闹。我讲的好像是拖拉机手的生产活动，当时不明白什么是拖拉机？还是问了老师才懂了。一面讲，心里可是怦怦跳。几次下来就不慌了。到了下午一些流里流气的男青年也来参观了。还好，他们的眼光里流露出的是求知而不是藐视或嘲弄，随着大家的讲解，他们也听得津津有味，可见知识具有多大的力量呀。

9. 辩论

1950年美帝国主义悍然出兵朝鲜，将战火烧到鸭绿江边。中朝两国，唇齿相依，血肉相连。中国人民为保家卫国志愿出兵支援朝鲜，这是举世瞩目的大事。新中国刚成立不久，经济上正处于困难时期，能对付得了当时号称最强大的美帝国主义吗？各种思潮与想法都反映到学生中来。有的认为别人欺侮到我们头上，不打怎么行呢？既然派了志愿军一定能打胜；有的受美蒋特务敌台宣传影响，加上当时还有种种崇美恐美的洋奴思想，觉得非吃败仗不可。怎样认识这些问题呢？记得我们的政治老师周名炜与学校领导决定，在我们初二班开一次辩论会，题目大约是："中朝两国能否战胜美帝侵略者？"要求事先报名参加。到了早期六下午，辩论双方在教室里摆开阵势。记得赞成中国必胜的一方是团员、班干部居多，约有20余人。当时推我作中心发言人。对方是一位善辩的男生，口才特别好。有十几个人。先让大家准备20分钟。我当时急得要命，因为从来没有正经地参加过辩论，大家讨论中，也是你一句我一言，讲理论多，更缺乏必要的历史知识，还不懂怎样抓住对方论点上的问题去驳倒他们，更不会用毛主席的"得道多助"及伟大的抗日战争、解放战争种种史实给予有力论证。因为当时没有学呀，所以轮到我发言时，自己也觉得说得不清楚，而对方强调的是美帝实力雄厚，军事、经济强大。辩论结果，对方占了上风。休息十分钟后双方提出质问（可惜现在都回忆不起来了）并作了答辩。这次辩论学校领导、班主任周老师都参加了。最后是季勤先校长作总结。我现在还能想起当时的情景。季校长总结的大意是我方的观点是对的，但论据不充分，根据还不足，对方的论点是错误的，但论据比较充分，等等。记得对方的中心发言人还站起来说你们应当这样讲……才能驳倒我们的哪一点，等等。这次使我得到锻炼，在大庭广众下也敢起来说上几句话而不再脸红了。

10. 到工厂去

入团不久，领导上就把我们团支部的四名团员（王桢威、王桢华、胡麦赛与我）叫去，要我们利用晚上时间到工厂里教夜校。一是向工人学习，二是去教文化。当时联系的就是附近的纺织厂，给我们每个人安排了小学一、二、三年级的课程，纺织厂的女工大部分是从江、浙一带农村来的，有的从未念过书。有的最多念到小学二年级就出来做工，赚钱养家。每次轮到我们上课的晚上，我们几个早早吃了晚饭就到工厂去了。我教的班安排在游艺室，大家围着乒乓桌坐下，因为没有课本，根据老师的意见是给她们读报纸，并先教名字再教一些常用的词。有一次都讲完了，怎么办呢？就把墙上挂的各国共产党领袖的名字与国家的名称当教材。我也是边看边教，无形中模仿老师的种种教法。这样逐渐养成了我关心国家大事和看报的习惯。当时女工中有的年龄比我们稍大一点，有的像我们的阿姨辈份。课余休息，对我们十分热情，常常给我们讲她们的身世，有的就要求我们帮她们写一封平安家信。

11. 参加军事干校

大约是1951年春天，正值抗美援朝之初，保家卫国，青年有责，大中学掀起了参加军事干校的活动。虽然活动（通知）明确指出是去上军事干校，将来当军事干部的，但一般家长都认为去当兵，要到朝鲜去打仗的。当兵，我们从未想过，但青年学生都有一腔热血。我们是团员，理所当然应当响应号召。我们几个团员都想报名。我回家与母亲商量了好久，把大道理翻来覆去讲，先有国才有家，等等，总算得到家长同意。当我把情况告诉周老师和班主任时，学校决定在全校动员会上让我也发言。这次会开得很好，会后有不少同学纷纷报名，最后批准了四五个学生。我还记得我们班上有顾志良、王桢华参了军。学校里组织了欢送，并到家里去报喜；我由于当时右眼视力0.1未被批准。为了怕我闹情绪，季校长专门把我与桢华叫到办公室，给我讲了未批准的原因，鼓励我在别的岗位上一样可以为国出力。她还以自己身残不气馁的事实开导我。事后我也想通了，还高高兴兴送别好友参军，并能安心学习。

12. 校庆

在初三下的时候，学校里隆重举行校庆活动。记得在五月份吧。天气特别晴朗，上午请了校董会董事长陈鹤琴来讲话，还请到了范敬业来做报告，介绍学校过去的历史，接着全校在大礼堂前拍照留念。拍的时候我正歪着身子去看中间的什么人，结果这个侧影一直留在相片上。下午是各班演出文娱节目。没有舞台，我们把课桌拼起来，上面铺好毯子，临时拉了布幕，就成了舞台了。文娱节目完了以后，就在大礼堂内把桌子拼成方桌，八个同学一桌一起聚餐，还有全校老师参加。那么多同学在一起吃馒头，十分热闹。很多老师都每个桌子转着看看问问，"吃饱了没有"，真是笑语满堂。

13. 勤工俭学

小学时，我就很喜欢看书，到了初中，由于贪玩，一次生理卫生考试竟然不及格。我十分着急，怕姚精华老师批评我，所以从这以后上课时我再也不开小差了，对学习兴趣也越来越大。虽然不求甚解，成绩却逐步提高，还能名列前茅。但到初二由于父亲病故，家里弟妹多，经济上有困难。我不打算再上学了。很多老师知道后都鼓励我继续上学。刚解放不久，省吾还是私立学校，收费比其他私立学校低，但比一般公立学校略高。为了帮助我克服困难，学校给我联系，利用暑假去长宁区文化馆举办的展览会里工作一个月，最后给我开了一个免缴学费的证明。这样我又坚持念到初三。后来，由于学习成绩优良，又享受免费，这是省吾的奖励制度，使我得以念到初中毕业，当时我再也没敢想升高中。还是省吾的老师鼓励我：国家需要建设人才，你又喜欢学习，成绩又不错，还是去考公立学校，坚持念下去吧。就这样我考取了敬业中学并享受着甲级助学金的待遇。

而今，我自己也是一名光荣的中学教师了，与我当年的老师和昔日同学们共同为祖国的教育事业贡献力量。

每当我回顾在省吾三年的种种往事时，一种对母校对教过我的老师的崇敬之情油然而生，是您们默默无声的辛勤劳动，是您们朴实无华、平易近人，为人师表的言行，潜移默化影响着我们，循循善诱，把共产党、革命、真理、知识播种在我们心田。至今，你们的榜样仍指导着我的工作。啊！母校，老师们，您们辛苦了！请接受我的慰问，请接受我的敬礼。

1983.10.21

我从省吾参加志愿军

1950 年初二　顾志良

我是 1950 年底在省吾中学参军的，那时虚岁才 16 岁，但高高的个子似乎已达到了 18 岁，部队接兵的同志笑了笑，就把我收下了。到了部队宿营地，睡的是地铺，吃的是大锅饭，三四十人挤在一起，虽说很艰苦，但心里热乎乎的。为什么呢？因为那时心里追求的是要革命。

1948 年我进入华模读中学，虽然年尚幼小，但华模和省吾一样，也是有地下党组织的，校内经常搞爱国的学生运动。在党领导下，师生们为了迎接解放，参加了反饥饿、反迫害、反内战运动,和国民党反动派展开了不屈不挠的斗争。在这样的革命气氛熏陶下,我们低年级小同学也有不少参加了地下少先队组织,我也是其中一员。1949年5月上海解放了,不少师生纷纷南下北上,参加革命队伍。由于家中原因,我一时走不了,但是要求革命的理想迫切,向往参加革命队伍始终是不变的。1950年转入省吾中学后,继续受到党团组织教育,终于在1950年底参加抗美援朝,投入革命队伍怀抱,实现了自己崇高的理想。

琐事回忆

1952届初中　范起强

我1949年9月进省吾中学,当时学校进步气氛浓厚,听报告、参加示威游行、唱革命歌曲等,省吾的校外活动非常丰富。母校不仅重视教学,也重视学生参加社会实践。回忆往事,记忆犹新,历历在目。

记得一名姓黄的同学组织十多人男女合唱团,每周两次练唱,由他教唱与指挥,一次去纺织厂演出,受到工人非常热情的欢迎,给我留下深刻印象。

学校在江湾有一块土地，我曾两次去参加劳动。夏天学校组织学生去益民食品厂参观冰棒与罐头食品生产线，当时路英芝老师在该厂工作，小卖部冰棒比外面便宜一半，同学们大饱口福。还组织参观解放军驻地（离校不远，靠近静安寺），他们非常客气，要我们介绍学习方法，我们也无经验可谈。后来双方举行一场篮球友谊比赛，解放军打得很好，最后比分相同，两队握手言和。寒假，团区委组织团员学习，在徐汇中学集中住校，班上为了以实际行动支援灾区，号召大家早上洗脸不用热水，将省下的钱捐款，我们都第一次在冬天用冷水洗脸，不顾寒冷疼痛硬了头皮坚持下来。学校还组织募捐衣服支援灾民。另外受外校同学委托，我还上街卖过上海《青年报》。

　　省吾纪律严明，我班有个别同学在教室内打篮球不慎将玻璃打碎，同学间发生矛盾，用刀片将毛料上衣划了一刀，都由季老师决定作赔偿处理，以后再也没有发生类似事情。

　　我校是第一批建立团支部的单位之一，1949年12月我在中西女中参加了长宁区委召开的宣誓大会。黄鑫章是我同学，1951年上半年他光荣参加了中国共产党，是上海第一批在初中生中发展的党员。顾志良在学校里参军，其母去"南京海校"探望，回沪后在区里作报告，其主要内容："儿子长高了，懂事了，把孩子交给解放军我们做父母的真是一百个放心啊。"听了她的报告，我于1951年7月初中毕业，响应祖国号召，也报名上军事干校，学校给我一本日记本。记得当时由季老师在日记本上给我题词。在我成长的道路上我也一直遵循师长们对我的殷切期望努力学习和工作着。我深切体验到，自我踏入社会，取得的每一微小成绩与进步无不与省吾的教育有着密切关系。

2005.6.10

继承省吾精神，做省吾人

1952 届初中　马木咸

在欢欣鼓舞庆祝上海解放的腰鼓声中，经介绍我报考了省吾中学，很幸运我被录取了。

上海解放初期，全市社会性的活动比较多，像"五一"国际劳动节、"十一"国庆节都要大游行，慰劳解放军等。当时尚在暑假，还未开学上课，但我们的学兄、学姐早已对我们这批初入省吾的学弟、学妹关心起来了。他们有组织地对我们这批新生进行家访，一方面了解我们和我们的家庭情况，另一方面动员我们与他们一起参加当时的社会活动，我在学长老同学带领下也积极参加了当时的各项社会活动，在活动中学长们忙前忙后维持秩序，保障活动安全进行。还不时带领我们高呼口号，把我们参加活动的热情进一步激发出来。在活动中我发现，参加活动的不仅是同学们，还有老师们和员工，因此，可以说，参加这些活动的是整个省吾中学。

经过几次活动后我感到我们省吾中学的活动队伍组织纪律好，精神饱满情绪高，师生团结如一人，互相关怀气氛浓。记得有一次市里组织游行集会，定在早上举行，为了保证集会游行能在早上准时进行，市里要求参加的队伍头天晚上在跑马厅（即今人民广场）集合。那天集合时，天气不是很好，到了半夜竟淅淅沥沥下起雨来了。这时有些队伍开始有些乱，有的离队了，有的躲雨去了，惟有一支队伍岿然不动，仍整齐地坚持在原地，而且在高年级同学带领下唱起了《解放区的天是明朗的天》。歌声嘹亮，响彻整个夜空，这支岿然不动的队伍就是省吾中学的队伍。这时我心潮汹涌，可是我还来不及把这些汹涌的心潮用语言表述出来时，一个更为精彩，更为动人的场面出现了。站在我们身旁的袁学贵师傅（当时我们相互不认识，他的名字在开学后才知道，是学校门卫），拿雨衣披在我和另一名同学身上，呀！我们的身心当即被这忘我关心他人的行动震动，感到温暖。抬头环顾左右前后，我看到忘我关心他人的不只是袁师傅一人，带雨具的老师和同学们都这样做。天在下雨，而自己的雨衣却披在别人身上；自己的雨伞撑在别人头上，在雨夜中由心灵美显现出来的这道风景线是多么亮丽，多么动人。我之所以把这称作一道风景线是因为我看到的不是个别的一两个人的表现，而是集体行动。我省悟到了，这就是省吾人显现出来的省吾精神，我暗下决心：好好读书，向老师、老同学学习，继承省吾精神。

我在省吾中学就读三年中受到学校领导培养和关心，同学们的支持，承担学生会联络委员半年，任学生会主席两年，一直牢记原来所下的决心，好好读书，以老师、老同学为榜样，积极参加社会工作，为继承和发扬省吾精神作努力。1950年、1951年的暑假里学校分别招了几个班新生，我和陈嘉祯（第二届团支部书记）同学一起商量，按照我们学校对新同学家访的传统，我们可利用暑假也对这些新同学进行一次家访。我们当即决定召开一次团支部委员、学生会委员联席会议，以便动员和组织"学生干部"们一起参加家访。当然我们的家访活动一直在学校领导关心下进行，那时学校有一个定期召开校务会议的制度，陈嘉祯同学和我作为学生代表列席校务会议。这样，我们能在第一时间聆听到学校领导对当前工作的安排和要求，同时我们也能及时将在家访中了解到的情况，尤其是贫困同学的情况向校务会议禀报。校务会议和学校领导非常重视我们禀报的情况，针对贫困同学的实际情况，当即决定采取多项措施，帮助贫困同学解决入学困难。由此可见，以关心人，帮助人为宗旨的省吾精神时时弥漫在我们校园中。

提起新同学，这里还有一段小插曲，为了更快更好接近新同学，熟悉新同学，做好新同学工作，我和陈嘉祯同学曾进行过两次"看面孔，叫名字"的竞赛活动。在新学年开学后的一个星期里，我和陈嘉祯站在一起，先由陈嘉祯随意指一名新同学让我叫名字，然后由我任意指一名新同学让陈嘉祯叫。叫对名字多的为优胜者。由于我们两人都很认真、很努力，所以我们的竞赛成绩平分秋色，我们开展这项竞赛只是为了相互鼓励，尽早尽快认识新同学，了解新同学，只有这样才能更好更全面地关心、照顾新同学。

  我毕业离校虽已半个多世纪，且加入退休大军也已多年，但对在校时受到的教育、培养、师生团结友爱的情景记忆犹新，历历在目，在我心中一直记着省吾精神。几年前，我在报刊上看到一篇报道说：省吾中学有名女同学两年里两次考进某中学高一，但因经济困难未如愿入学。今天又考取了，同样面临学费问题。读至此我脑海翻腾，心潮起伏，省吾精神燃烧着我，我当即决定支持她完成学业，我把这看作是省吾精神的延续，是省吾精神在社会层面上的显现。

2005.6.10

省吾革命精神的延伸——省吾夜校

夜校教师 竺再琴

省吾于1947年下半年创建夜校。当时严忠璞老师带领省吾初、高中学生,向学校周边各厂等单位宣传省吾即将开办夜校的消息。接着,本校初中同学黄素琴介绍荣成绸厂女工石锋、吕曾、竺再琴等人来校报名。不久又有丽新纱厂李植誉、纺织印刷厂吴志明、孙文标,煤球店袁锦民等20多位职工来报名读书……夜校于同年11月份开始上课,严忠璞老师为校长。

不久,夜校学生增加了周文炳、陈文斌、鲍惠民、何耘、俞仁根等,陆续发展到60多人,严校长将他们分为低、中、高三个班级上课。

省吾夜校利用日校的优势开展"导生制",就是让日校的高中生为夜校学生上课。1948年春季正式上课时,夜校老师已有20名。

夜校校舍是日校的教室。夜校学生们非常满意兴奋,他们十分感谢省吾中学各位老师为夜校职工学生所付出的一切。他们深刻体会到只有努力学习、不断进取,才能翻身得解放。这些夜校学生多数是青年工人,他们深受帝国主义、资产阶级、封建势力三座大山压迫,向往革命、渴求解放,非常珍惜这来之不易的读书机会。他们认真听取老师们宣传的马列主义革命道理,激发起追求真理的愿望与信心。省吾夜校是省吾的延伸。

到1949年5月上海解放时,夜校学生增加到100多名,由李植誉担任省吾夜校学生会主席。后因李植誉工作繁忙,改选何耘为学生会主席。

学生会在地下党领导下，积极开展"应变""奉献"等活动。学生将厂发的"应变米"都拿到夜校来，作为迎接上海解放之备用粮。解放后学生会组织学生走向街头，举办募捐、演话剧、唱革命歌曲、扭秧歌等活动。

省吾夜校地下党力量发展得十分壮大，由四股地下党力量汇拢开展革命活动。严忠璞老师是职工业余教育系统的地下党员；省吾日校高中生如陈仲信、唐林宝、石良耘、谭文修等成立党小组，陈仲信是日校高中学生支部组织委员兼夜校党小组长。大夏大学地下党员程传泰，到夜校做政治老师，传播革命思想；其他夜校的地下党员也参加进来，如瞿保康是胶州路实验民校地下党组织委员，来本校开展革命活动，杨锦然是江南造纸厂地下党员，陆宗德是菜场地下党员等。

在夜校里，金兴杨、程传泰、陈仲信、唐林宝担任政治老师，在课堂上轮流宣传革命形势，如老解放区人民民主平等的幸福生活，解放战争胜利战况，如淮海战役、平津战役、辽沈战役等。宣传社会发展史，历史唯物主义，分析蒋经国限价失败的原因。学生们从中受到了启蒙教育并增加了革命知识。

语文课内容以鲁迅文章为主，如《药》《孔乙己》，解放后还有高玉宝著的《半夜鸡叫》等，旨在揭露旧社会的黑暗，分析劳动人民所受各种苦难和被压迫的原因。严忠璞校长和巢次辰（张开）、李行建、周维民等任语文课老师。董思林老师有时也来代语文课，他上课深入浅出、分析透彻，学生们听得聚精会神，津津有味。

数学课褚萱萱、李亦琴、过国民等为任课老师，主要教四则运算。

夜校学生的文娱活动丰富多彩，主要唱一些革命歌曲。周维民教学生第一首歌曲是《国际歌》，接着教《你是灯塔》《团结就是力量》《山那边呀好地方》，等等。严校长和周维民老师还做导演，教学生排练活报剧——《国民党抽壮丁》，褚萱萱老师教学生舞蹈《朱大嫂送鸡蛋》，石良耘老师教学生扭秧歌舞等。

严校长也担任英语老师，教学生26个大小写英文字母，要求能背诵，默写，使学生对英语有初步了解。李行健老师还教英语歌曲，逗得大家哈哈大笑。

由于夜校是红色据点学校的延伸，褚萱萱、金兴杨老师还组织石峰、吕曾、杨锦然、王国华和竺再琴等同学参加交通大学纪念五四运动的营火晚会,他们通宵活动,唱革命歌曲《团结就是力量》《你是灯塔》等,看演活报剧《打倒地主恶霸》。那天的交大校门口被国民党警察层层包围,众多学生怒气冲天,高呼口号"打倒国民党反动派!",向反动警察示威。

1948年6月5日,周维民老师和日校同学带领夜校同学王岳清、袁锦民、石峰、吕曾、李琴等步行到外滩参加反对"美帝扶植日本"的游行。反动警察恶狠狠用警棍打学生,周老师和同学们高呼:"中国人不打中国人!""把枪口对准美帝国主义!"当看到省吾日校同学被警察抓捕乱打时,石峰急忙机智地将前排学生的一捆标语和漫画安全转移……

1949年3月,褚萱萱老师组织石峰、吕曾、李琴、瞿保康、袁锦民,去杨锦然家畅谈革命形势。此时北平已和平解放,我们提醒同学们高度警惕,准备"应变",迎接上海解放。

同年4月,夜校学生瞿保康两次带领石峰、吕曾、李琴、何耕、俞仁根等去胶州路实验民校听中共地下党领导的报告,其内容是准备迎接上海解放,工人可以当家作主人了。这些学生,在瞿保康介绍下参加了地下党外围组织"工人协会"。夜校同学袁锦民由唐林宝老师介绍参加了"工协",李辉在丽新纱厂也参加了"工协"。

5月25日一早,参加"工协"的同学在瞿保康、袁锦民(人民保安队小队长)带领下,展开护厂、护校、护水电交通的三护工作,直至27日上海全部解放。不幸的是夜校陈仲信老师(人民保安队大队长)在执行任务中光荣牺牲。同学们怀着万分悲痛的心情参加追悼会,送别自己敬爱的老师。

6月至9月下旬,省吾中学夜校一批批学生与日校学生一起参加"南下服务团""西南服务团"。九月下旬,周维民、卞炳章老师带领夜校学生石峰、吕曾、徐俊、陈平、朱俊、王岳清、李辉、李琴报名参加三野九兵团二十七军八十师文工团。

1951年2月,周维民在抗美援朝战场上光荣牺牲。1974年5月,唐林宝在北京为保卫党中央工作过度疲劳,突发脑病而亡。陈仲信、周维民、唐林宝先后被追认为烈士，他们为国捐躯的崇高革命精神，永远活在我们心中。

省吾中学夜校也是中共地下党领导下的红色据点学校，革命的大熔炉。省吾日校、夜校的老师和学生亲似一家人。解放后几十年来，在省吾中学校友会组织下，夜校同学和省吾母校一直保持密切联系，省吾之光永远照亮夜校同学的前程！

陈仲信在建承中学的革命实践

冒金龙

1943年至1946年，我和陈仲信在建承中学同班同学了三年。1943年秋，我们同时进建承中学初中一年级读书，不久，我们几个人就成了好朋友。我们都是穷学生，经济困难，学习都比较用功，成绩比较优秀。陈仲信没有父亲，家住得远，每天来回上学都是步行，中午也是带点冷饭在学校蒸蒸热吃。除了读书，当时还要"轧户口米"，甚至利用假期跑"单帮"，以便帮助家庭克服困难。当时学费很贵，像我们这些穷学生是很困难的。《申报》《新闻报》在社会上发动捐款，发放助学金，但要经过考试。为了不至于失学，必须要学习好。记得陈仲信同志就是考取《新闻报》助学金的。后来，我们几个人又考取了学校的奖学金名额，可以免费读到高中毕业。即使如此，由于生活动荡，也随时可能被赶出校门。事实上也是如此，我们的同学中，就有被迫休学而离开学校的。读了书也不见得就有前途。

由于建承中学的教师和同学中有地下党活动，我们受到了革命启蒙。我们在语文课学习中，读了鲁迅等进步作家的文章，像《狂人日记》《孔乙己》《药》等，模糊地知道要反对吃人的封建礼教。通过阅读传播一些革命书刊，像《钢铁是怎样炼成的》《西行漫记》，知道要革命，中国有光明的解放区。我们记得当时学校里组织辩论会，辩论"乞丐应否救济"。当时抽签决定：我们班级主张乞丐不应该救济。另一班级主张应该救济，大家充分搜集资料、论点，随后公开辩论。当时规定双方各推选五名代表辩论，陈仲信是代表之一。他积极搜集资料，揭露了当时社会上所以有那么多乞丐的原因是由于社会不合理，是剥削阶级对劳动人民的剥削、压迫。而社会上的一些所谓慈善救济团体像"普善山庄"等伪善者的面貌，是为剥削阶级维护升平的帮凶，所以乞丐不是救济能解决得了的。根本是要变革这个不合理社会。在这次准备和辩论过程中，我们受到了一次深刻的社会必须革命的教育，在辩论过程中教育了自己。

在日本军国主义统治下的上海，建承中学抗日气氛很浓。我们出版的墙报、级刊中都反映了这些内容。1945年上半年突然发生了一件对全校震动极大的事。一天日本宪兵队的便衣突然来到学校，把几个教师和同学抓走了，而且派便衣坐镇学校办公室。当时我们出版的一些级刊，抗日气氛很浓，装订像书一样，还留在教导处办公室中。那时我们教导主任，也是我们的班主任，告诉我们，因为我们年龄还小，日本鬼子不注意，要我们混进办公室设法把这些级刊拿出来。当时陈仲信不畏敌人的凶狠，和我们一起，借向老师问功课为名，拥进办公室，趁机把一些级刊拿出来，并一起转移出校，没有被日本鬼子搜去。

抗战胜利，大家欢欣鼓舞，充满了希望。但是不久，国民党反动派接收大员满天飞，美国大兵在我国土地上横冲直撞，物价飞涨，对要求民主，反对内战的爱国民主人士和青年血腥镇压。昆明"一二·一"惨案，四个革命师生的鲜血进一步教育了我们。陈仲信同志那时积极参加了在玉佛寺举行的追悼大会，会后，举行了示威游行。但是国民党反动派并不因为受到人民反对而有所收敛，却在美帝国主义支持下，更加疯狂镇压人民，疯狂发动向解放区的军事进攻。蒋介石当时狂妄叫嚣：三个月、半年消灭解放区，气势嚣张之极。就在这样紧张关头，陈仲信同志参加了光荣的中国共产党，更加自觉投入中国人民的革命斗争。1946年6月23日，陈仲信同志积极发动同学参加反内战示威游行。在游行途中，他不顾危险和同学组成小组，离开游行队伍，向周围的群众演讲，揭露国民党发动内战的阴谋，号召大家起来反对国民党反动派发动内战。游行途中，一批三青团特务进行破坏，游行队伍组织了纠察队保护队伍行进，陈仲信同志又积极参加了纠察工作。

"六二三"大游行以后，国民党不顾人民反对，悍然殴打上海到南京请愿的和平代表，在全国发动全面内战，镇压人民。陈仲信同志当时遵照组织通知，暂时到虹桥路郊区农村住一段时间。我们去看他时，他仍旧充满信心，和我们一起唱革命歌曲。

这年暑假，我们正好初中毕业。陈仲信同志的学业成绩并不因为参加革命工作多了而受到影响。毕业时考了第二名。当时组织决定，为了开辟各校学生运动，要我们离开建承中学，到其他学校去。陈仲信同志困难很大，家庭经济困难，在建承可以免费。家庭中因父亲去世，生活靠兄长，也不是十分顺当。但是他毅然遵照组织决定，到教会学校清心男中去读书、去工作。当我们分别的时候，互相鼓励："要使自己成为火种。"

1979.4.8

忆仲信在清心男中

陈一飞

我不是省吾校友,但我和省吾有着密切关系,对省吾有着深厚的感情。

省吾是在艰难环境下诞生的,是我地下党团结青年和知识分子的一个据点,是上海学生运动的一个"民主堡垒",是培养大批有为青年的革命熔炉。我的父亲陈鹤琴,是省吾的老校长,当年省吾的许多老师经常出入我家。

省吾,同革命烈士陈仲信的名字紧紧连接在一起。仲信,他也是我的亲密战友,是我永远学习的榜样。

1948年1月,跨校的教会男子中学地下党小组,增加了一名清心中学地下党员陈仲信。党小组另两人是圣约翰大学附中的杨之骏和我。我当时在麦伦中学念书。在以后大约10个月的日子里,在上级党的领导下,我们一起过党的生活,共同战斗,建立了深厚的革命友谊。

陈仲信同志是一个坚定的革命青年。他幼年丧父,从小在贫困和苦难中长大。冷酷的现实和党的教育使他锻炼成一个沉着、坚定、朴实的革命者。当时我们常去他家开党小组会。他家在南市陆家浜的棚户区(也就是贫民区),有两三间隔板房,矮小、阴暗。家中有一位老母亲、姐姐和一个哥哥。贫困使仲信几乎失学。面对这种情况,他在党小组里说:"只要还有一点办法,我就要在清心呆下去,坚持党的阵地。"他还说:"穷人不止我一家,劳苦大众只有解放才有幸福。"

陈仲信对党分配的任务从不强调困难,不讨价还价,而是不畏艰难,努力完成它。

那时，他是清心中学唯一的党员，要在这样一所贵族化的反动学校里开展工作，团结群众，发展进步力量，是多么艰难啊！但是他并不叫苦，而是耐心地、脚踏实地、一个一个做团结群众的工作。他通过歌咏、舞蹈、打球、听音乐、参加夏令营、办读书会、办工人夜校、个别谈心等各种各样方式联络同学、建立友谊，提高他们的认识，培养积极分子，发展党员。记得有一次，党小组决定要在教会男中开展跳民间舞蹈的活动来团结同学，这对仲信是个难题。他不太好动，跳舞手脚不灵。但他为了要教别人跳舞，就先自己学。于是，他接连几天刻苦学舞，甚至在青年会照着大镜子不断练习，校正自己的动作。不久，他终于成功了，舞蹈活动也开展了，吸收了许多同学。他常说："我们不要脱离群众，党员身边有了群众就什么也不怕了。"

陈仲信还是一名用功学习、成绩优秀的学生。因此他接连获得学校寥寥无几的奖学金名额，也博得了同学的信任。他说过："要团结好同学，就要把功课学好。"

1948年6月5日，上海学生举行"反美扶日"示威游行的队伍中也有了清心的同学。这是陈仲信长期工作的结果。这一年夏天，我们党小组发展了清心中学第一名新党员。陈仲信是多么高兴啊！

陈仲信待人诚恳、坦率、实事求是。和他相处中，凡见到你的优点、长处，就肯定、学习；当发现你的缺点、错误，就劝告、批评。他的态度是热情的、诚心诚意的。同他一起生活、工作，就感到有活力，有鼓励，有信心。

1948年秋，陈仲信受到反动校方注意和压力，再也不能继续在清心念书了，于是转入省吾高三班。记得仲信去省吾时我请父亲为他写了介绍信。不久，我考进光华大学，我们的党小组就此解散。和仲信分别的时候我们依依不舍，互相勉励。我把我的自行车送给他留念。之后，我有时从秀兰妹妹那里了解到陈仲信的一些情况。使我高兴的是他也成了秀兰的引路人。

1949年5月25日，沪西区解放了，但苏州河以北国民党军队残部还在顽抗。27日虹口区人民保安队在北四川路剧专开会，布置任务。会后，我随手拿起身旁的电话，给三个多月没有联系的家中通话。秀兰接的电话。她告诉我："陈仲信被国民党军队的冷枪打死了！"一声霹雳！我呆了。我哭了，走到后院，我号啕大哭。悲伤我失去了一位好战友，悲伤他未能和我们一起分享解放的欢乐与幸福。当晚，我沉浸在悲痛和反思中。我在工作笔记的扉页上写下了我的誓言；"参加革命，就要像陈仲信同志那样把自己的一生无保留地献给党的事业！"

陈仲信同志的一生是短暂的，但是光荣的。他为了祖国的解放事业无私贡献出自己的生命。他永远是我们学习的好榜样。让我们继承先烈遗志，为实现四化、振兴中华而奋斗！

1989.5.17

维民永远活在我心中

周少春

维民是我的亲侄儿（我哥哥的儿子）。我哥哥28岁去世，那时维民只有2岁，便失去了父亲。我的母亲因哀子早丧，亦于1937年去世。当年，我父亲便娶了一个年轻继母。1938年，维民7岁，他的母亲另行结婚，便将维民交祖父抚养。我的父亲从来不会管教孩子，继母对我们毫无感情，维民便由我照管，我们两人虽是姑母和侄儿两辈人，但那时我才14岁，我们的年龄仅相差7岁，形同姐弟。我们从此得不到父母亲的热爱和教诲，谈不上有什么家庭温暖。在生活巨变中，我们两个孩子只有相依为命。我在生活上需要照料自己，也不懂得如何才能照料好他，幸亏维民从小很懂事，很自觉，跟着我学样，自己穿衣、洗澡、上学，回家做功课从不要我督促，也不吃零食。我们没有富余的钱买衣服，穿着也朴素。他小小年纪，连玩具和玩耍娱乐的机会都很少。我们像两个好朋友和睦相处，从来不争吵。

我在初中三年级时，认识了一些思想进步的同学，在他们影响下，看进步书籍，如高尔基的《母亲》，《钢铁时怎样炼成的》，还有鲁迅著作等。他渐渐长大了，也爱看这些书。我常在家里偷偷唱抗日救亡歌曲，维民也跟着唱。这些进步歌曲对他的思想、感情都有影响，他长大后喜欢唱歌可能是从小养成的。

抗日战争胜利前夕，我在圣约翰大学参加了地下党，在学校搞学生运动，早出晚归，一直很忙。我经常和维民讲日本帝国主义如何侵占我国大片领土，残杀我同胞，国民党如何腐败不抗日等事实。维民年纪虽小，但很用心听我讲，爱憎分明，正义感很强。

1945年沪大教育系地下党员夏孟英、蔡怡曾和李蕊珍等筹办省吾中学，在筹办过程中经历的种种困难我们都非常关心和了解。省吾中学创立后，我立即安排维民进这所学校念书，并向当时担任训育主任的李蕊珍同志介绍了维民的情况，希望维民在这所地下党创办的学校中能得到进一步培养和锻炼，以便引导他最终参加革命。维民进省吾中学时，已有一定思想基础，他很快便以极大热忱投入学生运动中，处处跑在前面。那时，我感到他无论在生活上或思想品质上，都已逐渐成熟，不用我担心了。

1948年初，我结婚后便离开了家庭，日夜忙于工作，很少和维民见面。1948年底，我和爱人梁于藩接受组织指示，撤退到解放区，后随军南下。上海解放不久，维民穿着军装来和我告别，说他已入了团，并参加了中国人民解放军。我非常高兴，勉励他继续努力。谈了一会，他匆匆走了，想不到这一别，竟成永诀。

维民参加抗美援朝志愿军，事先没有告诉我。到了朝鲜以后，收到他一封信，以后就没有消息了。1952年，政府有关部门派人来看我，告知维民在朝鲜前线中弹牺牲了。我对他的死非常悲痛。他20岁，风华正茂，为了保卫祖国，献出了短暂的一生。我不仅失去了一个亲人，而且失去了一个同志，我将毕生思念他，并将以他的优秀思想、品质和革命精神教育我的子女和孙辈。

亲爱的维民永垂不朽。

1990.5

怀念我的舅舅唐志烈士

陶帼英

舅舅唐志（唐林宝）离开我们已经整整16年了，但他的音容笑貌，他待人接物的热忱，以及他对我们全家的关怀，时时在我脑海中闪现。每次想起他，心中就充满无限怀念与敬仰。

舅舅出身贫苦，家中有父母和两个姐姐，全家五口人，仅以小买卖为生。日寇侵占中国时，外公靠在马路边摆布摊来养活家人，吃了不少苦。有一次，地摊前来了一个日本人和一个汉奸，他们无事生非，蛮横地责问外公："布从啥地方来的，有没有通行证？"他们在乱翻一通后，还借故强行将这些零料花布抢收一空。临走，假惺惺告知外公，凭证明在××时候到××地方去拿。事实上，那时候，穷人有苦无地方诉，到哪里去诉冤，又有谁帮你评理呢？就这样，全家人赖以生存的布摊，连本钱都被一扫而光。实在无奈，外公就去卖蔬菜、发芽豆，生活的艰辛可想而知。

抗日战争胜利后，上海劳动人民仍处在被压迫、被剥削和被欺侮的地位。那时，外公在外踏三轮车，这是一个既吃力、收入又低，且经常挨打受骂的苦行业。有一次，一个美国兵坐上了外公的车，到了目的地后，他非但分文不给，还顺手牵羊拿走了三轮车上的小毛毯（那是外婆唯一的陪嫁，冬天给坐车人盖腿用的），外公追上去讨回，却遭到那美国兵一顿毒打，打得他鼻青脸肿，面目全非。一家人在家提心吊胆等到半夜，当开门见到外公那副模样时，都惊呆了，忍不住大哭起来。遭此恶运，外公痛不欲生，外婆亦强忍悲痛，竭力安慰他："你死了，几个孩子怎么办？"就这样，为了一家人的生活，可怜他未等伤痕累累的病体康复，就硬撑着外出做小生意了。

　　在艰难困苦环境中成长的舅舅，从小就很懂事，他同情劳苦民众，憎恨吃人的旧社会。小小年纪就挺认真地帮两个姐姐摆茶摊卖茶，或者卖糖（花生糖、粽子糖），饱尝了生活煎熬。我妈妈和大姨自十二三岁起，先后在玉佛寺、四马路等几家拉链厂做童工。后来，经熟人介绍，妈妈进了新裕二厂（今上棉十四厂）做工，而大姨则去了地处杨树浦的一家日本人开的纱厂做养成工。那年，她约十六七岁。一家人以为这样一来，日子要好过些，岂不料，大姨就此跌入了一个可怕的火坑。说起养成工的遭遇，看过电影《星星之火》的人，对其中小珍子的命运是不会忘记的。养成工即包身工，她们见了洋人要鞠躬，见了工头、领班也要鞠躬，小小年纪，吃不饱，睡不好，干重活，还要挨打骂，不给工钱，更不许回家，受尽折磨。我大姨由于劳累过度，没多久就多次吐血，即使这样，仍不准回家。有一次，病重的大姨偷偷跑回家，外婆实在不忍心让她走，但按厂方规定，养成工如要回家，得向厂方付清饭钱等费用，而此时家里既无钱付饭钱，又无钱给大姨看病。懂事的大姨则再三安慰自己的母亲，抱病返回厂里做工。不久，全家人就眼睁睁看着年仅19岁的大姨悲惨地离开了人间。

　　旧社会的黑暗，家庭的不幸，以及人世间的磨难，在舅舅幼小的心灵深处埋下了仇恨和发奋的种子。由于外公外婆从自身苦难中深深懂得没有文化知识的苦，所以，他们宁肯自己再苦再累，也要设法让自己儿子上学读书。那年，舅舅才7岁，在当时的仁宜小学读书。他读书很用功、刻苦，成绩很好，念到三四年级就跳级上了中学。在他十一二岁时，为家境所迫，曾辍学到学校对面一家玻璃厂干过一段时间。后来因生病了，外公外婆不愿看着孩子吃苦受累，仍咬咬牙让舅舅继续读书。

　　舅舅大约是在进中学后参加革命的。解放前夕，国民党大逮捕，外婆放心不下久不回家的舅舅，曾让我妈妈和爸爸去学校看望过他。直至解放后，才知道那是一所地下党创办的学校。然而，在那白色恐怖年代，即使自己家人也不知道他们在干什么，只是看见舅舅总是带些东西回来抄抄写写，忙到深夜。后来，他经常不回家，有事就到妈妈厂门口与他联系。那时，厂里每周给工人发一次工资，一斗米，妈妈经常直接给早已守候在厂门口的舅舅拿走,让他和同学们在外烧着吃。妈妈至今还记得,舅舅还曾悄悄拿回家不少火炬纪念章,叫妈妈拿到厂里去卖,以散播革命火种,筹集革命活动经费。在国民党反动派统治的时代,舅舅和他的同学们、同志们,冒着生命危险,机智勇敢写传单、贴标语,向人民宣传革命真理,唤醒民众,打击敌人,他们的业绩可歌可泣。好多年后,舅舅在向我妈妈叙述当年险遭国民党逮捕的经历时,是那样毫无惧色,表现了他坚定的革命信念和舍生忘死的无畏气概,令人可敬。

全国解放后,组织上将舅舅调至北方某军事学校学习两三年,后经北京一位部长挑选,舅舅就一直在首都工作。其间,西藏发生反革命叛乱,虽然舅舅刚到北京不久,但他毅然奔赴祖国边远地区参加平叛斗争。他和战友们在条件极端困苦的深山老林里坚持与叛匪斗争,有时,连马都没草料吃,人更是饿得发昏。整整好几个月,他们硬是凭着一颗对人民、对新生的人民共和国的赤诚之心,顽强不屈,终于出色经受了考验,取得了这场斗争的最后胜利。

由于上海与北京相隔较远,舅舅工作又忙,很少来上海,更无暇顾及自己的家。听我妈妈说,他只是在外公患肺癌病重住院时,匆匆回家过一次,甚至在自己父母病故后都没能来上海料理后事,因为他全身心投入革命事业。而作为他的亲人,没有比理解和支持更宝贵的了。在我们记忆里,舅舅有三次来上海给我们留下了很深印象。第一次,是在自然灾害时期,舅舅因公来上海,当他看到我们五个孩子吃不饱的样子很难过,便领着我们到外滩某饭店美美饱餐了一顿。舅舅不停劝我们多吃,他看着我们吃东西时若有所思的专注神情至今历历在目,使我们久久不能忘怀。

舅舅第二次来上海,是在"文革"的动荡年代。妈妈问起他,这几年怎么不见来信,是否受到了冲击?舅舅只是淡淡一笑,然后,很轻松、幽默地告诉妈妈,当时大字报、大标语贴到墙上、门上,还有办公桌上的情景,坦然对妈妈说:"这没什么可怕的。"同时,舅舅还对妈妈说起过,那段时期,上海有人上北京找他,要舅舅证明××同志是叛徒,来人又是软磨又是硬缠地说了好多话。对此,具有清醒头脑和坚强党性的舅舅没有丧失原则立场,他如实把自己知道的真实情况反映出来,对来人需要的所谓

"叛徒"事实和情节，明确告知"我不知道"。为此，对方很是不快，尽管他一再追问、暗示，舅舅始终说，"事实终归是事实"，义正辞严、毫不含糊。在那特定历史条件下，舅舅敢说真话，不顾个人安危，相信、关心和爱护自己的同志，所表现出来的崇高气节令人感佩不已。

舅舅的童年是辛酸、痛苦和难忘的，所以，他很爱孩子，关心下一代。记得我们姐妹几个在念小学时，舅舅每次来信总要叮嘱我们好好学习。我最小的弟弟刚读一年级时，我们还挺认真将弟弟做的两张算术练习纸寄到北京去，向舅舅汇报呢！那时，我们常常想舅舅、盼舅舅，可真的见到舅舅时，又腼腆、拘谨起来。舅舅很爽朗、和蔼地和我们打趣，让我们开动脑筋，做趣味数学题，还折纸玩意给我们看，很快就把我们逗乐了。回忆起来，那是多么美好的时刻呀，可这样的机会太少了。"文革"开始后，红色旋风席卷全国，舅舅好长时间不给我们写信，但多次给我们寄来《解放军画报》、各式纪念章、毛主席著作、毛主席诗词等。在当时，收到这些礼品简直是欣喜若狂，连邮递员那羡慕异常的眼光，我至今还记得清清楚楚。想到舅舅每时每刻都在关心着我们，心里就觉得热乎乎的。我在姐妹中年龄最大，得到舅舅的关心亦最多。记得在我学会写信以后，经常与舅舅通信，向他转告家中情况，向他汇报学习，倾吐思想、报告点滴进步，接受舅舅指点和教诲。我还记得，将自己入团的消息告诉舅舅时的喜悦心情。

尊敬的舅舅不但在学习上严格要求我们，思想上关心爱护我们，同时，还在生活上、经济上经常帮助和接济我们。我们全家七口人，连乡下的奶奶共八口，靠父母两人做工，生活不是很宽裕，因此，舅舅逢年过节总要接济我们。我和二妹去农村插队时，舅舅还给我们寄了钱，准备了用品。他不但在经济上资助，还从精神上给予鼓励，给了我们很大安慰。

舅舅第三次带着小弟弟唐杰来上海，是我们最难忘的一次。那是1970年春天，舅舅还带领我们全家到南京路、外滩直至浦东去游览了一天。我知道，此行，舅舅既是陪我们游玩，又显示了他对生他养他并在此从事学习和革命工作多年的大上海这片土地的无比眷恋的深厚感情。没想到，这幸福欢畅的一天竟是我们最后一次和舅舅相聚在一起。

1974年5月初，当爸爸妈妈从北京带回舅舅不幸去世的噩耗时，我们的泪水怎么也止不住地往下流。回想起在我们成长过程中，倾注了舅舅多少关怀和爱护呀！我们为有这样一位好舅舅而感到幸福和骄傲。然而，我们逐渐长大成人，还没有对舅舅有丝毫报答，甚至没能有多少机会与舅舅在一起叙叙家常，谈谈心，舅舅竟会匆匆离我们而去，啊，这悲痛是多么刻骨铭心啊！

亲爱的舅舅，16年来，您的孩子没有忘记您，您的亲人没有忘记您，您家乡的父老没有忘记您，我们永远怀念您。您的革命精神不断激励着我们，您的闪光事迹永远铭刻在我们的记忆里，您永远、永远活在我们的心里！

1990.4

参考资料

1.《抗日战争时期上海学生运动史》
2.《解放战争时期上海学生运动史》
3.《火红的青春——上海解放前中学学生运动史实选编》
4.《熔炉》
5.《奉献》
6.《省吾人（一）》
7.《省吾人（二）》
8.《省吾人（三）》
9.《上海市青少年教育基地省吾中学基地画册》
10.《上海解放四十周年纪念文集》

后　记

这是一本信史，真实记录了上海市省吾中学创办五年的历史。所写的事件、人物都是由亲身经历的人所回忆。这些回忆和史料都是省吾中学名誉校长季勤先从上世纪七十年代到九十年代一篇篇从全国各地的校友那里征集来的，非常不容易。本书提供了抗战胜利后到上海解放这个进步学生运动风起云涌的年代里，一所由中共地下党创办的学校的真实情况。

我接触省吾中学的历史早在1978年深秋，拨乱反正正在进行，改革开放即将启动，一批"文革"前出版的好书已经由各出版社陆续再版，由罗广斌、杨益言撰写的描写中共重庆地下党斗争的长篇小说《红岩》也在再版之列。季勤先老师得知《红岩》再版后，便托我校图书馆的李家松老师帮她购买33本，用以赠送给省吾中学图书馆供学生阅读。于是我和李家松老师便到我们经常买书的中山公园新华书店去购买，那时并无送货上门服务，将这两大捆书送到季老师住处自然是我这年轻人应尽的职责，于是我第一次见到季老师。

季勤先老师"文革"前任长宁区教育局副局长，1971年下放到市三中学（市三女中1969～1980年招收男生，改名市三中学），我于1974年1月分配到学校，直到1978年深秋才得以认识她，原因在于她1972年被发现患甲状腺癌，接连开了三次大刀，以后便一直病休。我将书送到她住处时她正卧床休息。也许她已从李家松老师处对我有所了解，所以她对我说的鼓励的话都很有针对性。她喜欢发明信片，或请人带纸条，于是后来我便经常去季老师处帮她做些事情。

那时她经常收到过去学生写来的信和回忆文章，她请我帮她抄写和整理这些回忆文章，在她的回忆文章"为了难以忘却的历史"中提到的"忘年交青年同志"就是指的我。我那时对于了解她们那一辈人的经历很有兴趣，兴致勃勃、废寝忘食地做这些事。我后来才知道，她1972年和1975年到过北京、重庆、福建等地，去看望1949年北上南下的省吾校友，并请他们写回忆。从那些来信中我了解了季老师为什么会对省吾中学有那么深的感情，那是一段青春的回忆，是在白色恐怖的战斗年代里产生的深厚感情。在她指导下，我从1980年开始汇总校友回忆中有关陈仲信烈士的材料，做了几百张资料卡片，花了2年寒暑假写成《陈仲信烈士小传》，写作过程也是我向这些投身中国人民解放事业的青年共产党员学习的过程。

帮助季勤先老师做事持续有三十多年，其间我看到她坚持执着地为建设省吾中学这个上海市爱国主义教育基地付出的不懈努力。暑假里，她为编排省吾中学校史展览，每天带三个菜包子，就着白开水就是一顿中饭。她在酷热的天气里赶着编排校史展览版面，为的是能在一开学就能让其他老师做到展板上。

1942年加入中国共产党的季勤先老师，她有着怎样的人生道路？我对此很好奇。有一天季老师给我看了一本小册子，是江阴县志，里面有她的三表哥陈唯吾烈士，他是1929年在前任县委书记茅学勤牺牲后担任县委书记的，一年后由于叛徒告密，三表哥陈唯吾也牺牲了。当年仅十岁的季老师亲眼目睹了茅学勤牺牲的悲壮场面，而那天当小学教师的三表哥却对全家人说："有一天我也会这样的。"共产党人前赴后继的奋斗精神在季老师童稚的心灵上播下了革命种子。青年时代正逢日寇入侵，一本《西行漫记》解开了从童年时起就纠结于季老师心头的谜团，共产党人原来是这样的！于是她产生了寻找中国共产党的想法。在大夏大学，她在各种进步活动中经受了组织考验，终于找到了她日思夜想的党组织。

她对那段地下斗争的生活很是怀念，曾让我去她当年的上级领导李德鸿同志家中采访；她也曾两次让我去找当年一起在《新少年报》工作的段镇同志帮助看稿，段镇同志那时是上海团市委少年部部长；她还叫我去看望陈仲信烈士的战友，当年的省吾学生党支部书记范敬业同志，听他回忆陈仲信烈士的往事。所有这些与其说是她对往事的怀念，莫如说是她对我思想上的引导。她后来写了《寻找中国共产党》和《我的大学生活》两篇回忆，使我了解了她们那一代人寻求真理的艰难道路。她们对理想信仰的执着追求让我好感动！

从1984年开始，她陆续编辑了《陈仲信、周维民烈士纪念册》《奉献》《熔炉》《省吾人（一）》《省吾人（二）》《上海市青少年教育基地省吾中学基地画册》以及《省吾中学校史馆》。她坚持不懈向有关各方征集回忆文章、照片资料，让省吾中学的校史面貌越来越清晰。本书所用资料都来源于季老师三十多年如一日征集到的师生回忆，没有她的坚持不懈，便不会有现在这么完整的省吾中学校史资料。

2013年暑假，得到季勤先老师生病住院的消息，我立即到同仁医院去看她。她见到我，从床边抽屉里拿出她写给当时长宁区委书记卞佰平同志的信，内容是要区里关心省吾中学，支持办好这所中共地下党创办的学校。我很感动！她在那样病重的情况下还牵挂着省吾中学的发展。之后不久，9月20日，中秋节后的一天，季老师逝世了，她在生命的最后时刻，魂牵梦萦的还是青年时代战斗过的地方——省吾中学。撰写《上海市省吾中学创办史》一书也是为了完成季老师的遗愿。

  此书得以完成，要感谢省吾中学学校领导的支持以及这些年来参与省吾中学校史馆和书刊编辑工作的刘玉伯老师、陈钊老师、王鸿海老师，以及将省吾资料保存到光盘上的曹建琴老师，他们为增添和保存省吾校史资料做了大量工作。另外，还要感谢杨豪先生对出版这本书的资助。杨豪先生是陈仲信烈士的战友杨之骏的后人，杨之骏和陈仲信、陈一飞三人从1948年1月至10月都是教会中学党小组成员，他们的党小组在1948年10月，发展了陈仲信在清心中学做好工作的一名新党员后才解散。在陈仲信烈士追悼会上，杨之骏还代表上海人民团体联合会梅达君先生读祭文，悼念他的亲密战友。

  希望这本《上海市省吾中学创办史》可以让青年学生们更清楚地了解前辈学长和老师们当年是怎样学习、成长，为新中国的诞生而奋斗的。我想这应该是延续和丰富了季老师所魂牵梦萦的建设省吾中学爱国主义教育基地的工作，也是她希望我做的事情吧！

陈瑾瑜　2018年10月写
2023年7月修改